本书是国家自然科学基金重点项目的研究成果，项目批准号：0133001

调整结构·创新体制·发展现代农业

TIAOZHENGJIEGOU CHUANGXINTIZHI
FAZHANXIANDAINONGYE

● 张晓山 宋洪远 李惠安 主编

中国社会科学出版社

图书在版编目（CIP）数据

调整结构·创新体制·发展现代农业/张晓山等主编. —北京：中国社会科学出版社，2007.9

ISBN 978 - 7 - 5004 - 6383 - 2

Ⅰ.调…　Ⅱ.张…　Ⅲ.农业经济-经济发展-研究-中国
Ⅳ.F323

中国版本图书馆 CIP 数据核字（2007）第 135181 号

责任编辑　官京蕾
责任校对　张报婕
封面设计　弓禾碧
技术编辑　李　建

出版发行	中国社会科学出版社		
社　址	北京鼓楼西大街甲 158 号	邮　编	100720
电　话	010 - 84029450（邮购）		
网　址	http：//www.csspw.cn		
经　销	新华书店		
印　刷	北京奥隆印刷厂	装　订	广增装订厂
版　次	2007 年 9 月第 1 版	印　次	2007 年 9 月第 1 次印刷
开　本	710×980　1/16		
印　张	20	插　页	2
字　数	346 千字		
定　价	35.00 元		

目　录

前　言

本书是国家自然科学基金重点项目《农业结构良性调整与产业化经营》（项目批准号：0133001，起止时间：2002 年 1 月至 2004 年 12 月）分课题组最终研究成果的精选。该项目由中国农业大学主持，中国社会科学院农村发展研究所作为共同承担单位参加项目研究。项目由中国农业大学傅泽田教授统一负责，下设两个相对独立的课题组，分别由傅泽田教授和中国社会科学院农村发展研究所的张晓山研究员具体负责，研究经费亦分别拨付。中国社会科学院农村发展研究所的课题组成员还包括农业部农村经济研究中心、农业部产业化办公室、中国农业大学经管学院和国家发展改革委员会宏观经济研究院等单位的研究人员，课题组由张晓山研究员、农业部农村经济研究中心副主任宋洪远研究员和农业部产业化办公室顾问李惠安研究员共同主持，特聘中国农业大学的俞家宝教授为课题组顾问。在正式立项后，此重点项目按上述两个课题组的设置分别组织实施。两个分课题组在研究工作中有统一安排部署，紧密围绕研究的主题展开分工合作，加强相互的联系和互补，统分结合，共同创新。在项目按时完成后，国家自然科学基金管理委员会管理科学部组织有关专家于 2005 年 6 月 18 日对此重点项目进行了项目结题验收。专家组在认真听取项目组工作汇报和审阅有关资料的基础上，经充分讨论，认为："项目针对进入 21 世纪以后，我国农业发展的目标、条件与国内外环境发生的重大变化，从多层次、多角度研究了我国实行农业结构调整与产业化经营政策的现实基础和理论依据，提出了当前政策调整的具体建议。""项目在对国内外农业结构的一般规律分析，开放与封闭条件下农产品供求平衡、农业产业化经营组织模式及创新、农业结构战略性调整的政策支持体系、特别是在完善政府公共财政与农业结构调整的资金投入体制改革、农户作为结构调整的主体，以及蔬菜的经济学特征及竞争力等方面思想新颖，提出了具有创新性的观点与政策建议。""验收专家组认为该项目已按项目计划书要求如期完成了规定的研究任务，综合评价为 A。"

中国社会科学院农村发展研究所分课题组在项目完成时提交的全部研究成果为 14 个分报告和 1 份总报告，共计 57 万字。在课题开展期间和结题后的这两年，中国的农村经济社会形势又发生了很大的变化。自 2004 年起，在时隔 17 年后，党中央又连年发布有关"三农"问题的"1 号文件"；2005年 10 月，党的十六届五中全会提出了建设社会主义新农村的伟大历史任务；2007 年 1 月发布的中央"1 号文件"提出发展现代农业是社会主义新农村建设首要任务的重要判断。面对不断发展变化的农村经济社会形势，在课题验收通过后，我课题组不急于出书，而是针对验收时有关专家提出的宝贵意见，开展更为深入的研讨，对课题成果进行进一步的修改和完善，并跟踪本研究领域的最新学术进展和实践的发展，及时把新的理论和实践方面的成果纳入到课题研究之中，为发展现代农业、促进社会主义新农村建设的方针政策提供理论和实证研究两方面的支撑。在经过多次讨论和协调后，课题组主持人将课题组成员各自负责的子课题的最终研究成果编辑成书稿，共 14 章，约 40 万字。2006 年底，张晓山、宋洪远、党国英、马永良四人集中两天时间坐在一起，对书稿进行了认真的审阅和修订，最后由张晓山总纂和统稿。精选后的成稿压缩为 30 余万字。在课题研究和书稿撰写过程中，农村发展研究所科研处刘燕生副处长做了大量的协调和服务工作，科研处的王蕊同志在书稿修订过程中承担了许多事务性工作，这部书稿可以说是课题组全体科研人员和科研管理人员劳动的结晶。但应说明，尽管我们对课题成果经过了多次的修改和完善，但肯定还有疏漏和谬误之处，请热心的读者不吝赐教。

中国社会科学出版社的孟昭宇社长情系"三农"，大力支持本书的出版。中国社会科学出版社的王浩主任、责任编辑宫京蕾女士认真负责，悉心编辑，对书稿倾注了大量的心血。谨在此向他们致以诚挚的谢意！

张晓山

2007 年 5 月

第一章

导论：调整结构·创新体制·
发展现代农业

在新农村建设中，始终要把发展农村产业放在优先位置，其中重要的是发展现代农业产业，为此则必须要对农业和农村经济结构进行战略性调整，在稳定的基础上创新我国的农业基本经营制度。

一 中国现代农业的发展必然受到宏观经济政策和全球化的影响

现代农业也就是在全球化格局中的农业。中国农产品的生产和贸易已经被纳入全球的框架之中，与世界农产品的生产和贸易发生密切的联系。农产品国际贸易对我国农产品的生产和务农劳动者收入的影响也会越来越大，尤其是加入 WTO 后对中国农产品进出口的影响已逐步显现。

随着中国不断融入世界经济，中国贸易额在世界贸易额中的比重从1980 年的 0.9% 上升到 2004 年的 6.2%；中国农产品贸易额在世界农产品贸易额中所占比重从 1980 年的 1.8% 上升到 2003 年的 3.8%。根据商务部统计口径的测算，从 1995—2004 年，中国农产品贸易经历了先缩小后扩大的变化过程，特别是中国加入 WTO 以后，农产品贸易规模逐步扩大，我国农产品贸易总额已经从 1995 年的 265 亿美元扩大到 2004 年的 512 亿美元，增长了 93%。据海关统计资料，2004 年我国农产品进出口总额达 514.2 亿美元，比上年增长了 27.4%。其中，农产品出口额 233.9 亿美元，比上年增长了9.15%；农产品进口额 280.3 亿美元，比上年增长了 48.07%。农产品出口额和进口额均是连续第 5 年增长，均创造历史新纪录。我国农产品进出口总额突破了 500 亿美元大关，已跨入世界农产品贸易大国的行列。若将欧盟国家作为一个统一体，我国列世界第 4 位；若按国别排列，我国列世界第 8 位。

但同时，中国农产品贸易额在中国贸易额中所占比重却是急剧下降，从

1980 年的 28.5% 下降到 2004 年的 5.8%；燃料和矿业产品贸易额在中国贸易额中所占比重也从 13.0% 下降到 8.2%；中国工业产品贸易额在中国贸易额中所占比重从 1980 年的 55% 提高到 85.2%，上升了 30.2 个百分点。2004 年中国农产品进出口贸易差额由上年的顺差 25 亿美元转变为逆差 46.4 亿美元，改变了长达 20 年我国农产品外贸顺差的格局。2004 年中国粮食净进口量高达 2484 万吨，中国粮食净进口量与中国粮食生产量的比率已经达到 5.29%，是 1983 年以来的最高水平；从粮食进口的品种来看，大豆进口量占到粮食总进口量的 67%，小麦进口量占到 24%。

　　2005 年我国农产品进出口贸易总额 558.3 亿美元，比上年增长了 8.6%；其中出口 271.8 亿美元，比上年增长了 16.2%；进口 286.5 亿美元，比上年增长了 2.2%；农产品贸易逆差由上年的 46.4 亿美元减少至 14.7 亿美元，比上年减少了 31.7 亿美元。2005 年，按照中国的粮食口径（注：包括谷物、豆类和薯类），全年谷物和大豆合计进口量 3286 万吨，出口量为 1059 万吨，净进口 2227 万吨。据有关部门资料，2006 年前 5 个月的农产品贸易逆差已经超过了 2005 年的逆差总和，2006 年我国农产品贸易逆差比 2005 年扩大已成定局。①

　　城镇化和工业化是中国经济社会发展的必然趋势。为加速工业化进程，长期以来，中国选择的发展模式是利用廉价的劳动力和廉价的土地吸引外国直接投资，大量出口工业产品，努力将中国打造成为世界工厂。在这样的发展模式下，中国贸易政策的重心必然转移到工业产品上。尽管 2005 年中国农产品贸易额近 560 亿美元，但农产品贸易在中国总贸易中的比重已经下降到 3.9%。中国农产品贸易政策必须服从于整个国家的发展模式和贸易政策，服务于大局，以保证中国工业品的出口。根据与世界贸易组织达成的协议，我国在加入 WTO 减让表中所包含的 977 种农产品的平均关税 2004 年已降低到 15%，而世界农产品的关税平均水平为 62%。② 如果按照中国农产品实际进口的情况加权平均，则中国的实际农产品进口关税水平仅为 7.7%。③ 中国的农产品贸易政策在一定程度上可以说是中国贸易产品与世

---

① 以上数据参看《2004—2005 年：中国农村经济形势分析与预测》，社会科学文献出版社 2005 年版。《2005—2006 年：中国农村经济形势分析与预测》，社会科学文献出版社 2006 年版。陈永福：《农产品贸易变动的实证研究——以中日蔬菜贸易为中心》，中国农业出版社 2006 年（待出版）。

② 柯炳生：《农业：坦然应对冲击，还将负重前行》，《半月谈》2005 年第 3 期。

③ 见柯炳生等《入世以来中国农业发展与新一轮谈判》，中国农业出版社 2005 年版，第 360 页。

界各国贸易进行博弈的必然结果，在这个博弈进程中，中国的农民和农业为中国贸易的大政方针的顺利实施作出了牺牲。

我们同意一些学者提出的调整贸易政策和战略，保护和拓展农业发展空间，掌握贸易自由化进程主动权的政策建议，这是治本之策。但在发展模式和大的贸易政策尚未根本调整的情况下，首先还是要立足于提高我国农产品的国际竞争力，使我们有比较优势的部分劳动密集型产品能够进入国际市场。

二　发展现代农业、增强中国农产品的国际竞争力则必须调整农业经济结构[①]

改革开放以来，特别是 20 世纪 90 年代中期以来，以市场需求为导向和发展养殖业、促进种植业为主线的农业结构调整是富有成效的。农业内部结构发生了明显的变化，以土地密集型的大宗农产品为主的种植业虽仍占有重要的位置，但比重却大幅度下降；劳动密集型的畜牧业、水产业、果业、园艺作物及其他经济作物所占的比重不断上升。这种变化适应了国内外市场的需求，有利于发挥中国农产品的竞争优势，提高了中国农产品的竞争力。

从长期看，农业结构变动的一般趋势是：（1）在工业化和现代化的进程中，随着经济的发展，农业占国民经济的比重将越来越低。中国农业增加值占 GDP 的比重已从 1980 年初的 30% 以上降到 2004 年的 13.1%，2005 年的 12.4%。农业部门就业人数的比重也在逐渐下降。（2）在农业内部，畜牧业和渔业成为中国农业内部各业中发展最快的产业，是推动农业内部结构变动的主要力量。如果从农业与畜牧业结构变动的关系看，农业与畜牧业之间的比例由 1978 年的 84.2：15.8 转变为 2003 年的 60.9：39.1，农牧业结构趋向合理。（3）在整个农业生产结构发生变化的同时，种植业内部结构也发生了变化。粮食作物和传统经济作物的比重稳定下降，园艺作物的比重持续上升，幅度也较大。（4）在种植业结构发生变化的同时，粮食作物内部结构也得到了调整。在整个粮食作物比重下降的同时，稻谷和小麦的比重也相应下降，玉米和大豆的比重上升，薯类的比重则保持稳定。（5）优势农产品生产的区域化布局不断形成。随着农业结构战略性调整的推进，优势产区农产品的集中度进一步提高，产业带更加显现。据农业部资料，2005

---

① 这部分内容参看第 4 章。李国祥同志亦提供了部分资料。

年，小麦、玉米、水稻、大豆四大粮食作物 9 大产业带对粮食增长的贡献率在 85% 以上；三大棉花优势产区的产量占全国的 98%；长江流域油菜带面积占全国的 84%。畜牧业方面，我国已经形成了以长江中下游为中心产区并向南北两侧逐步扩散的生猪生产带，以中原肉牛带和东北肉牛带为主的肉牛生产带，以西北牧区及中原和西南地区为主的肉羊生产带，以东部省份为主的肉禽生产带。这些产业带在提供我国商品农产品中具有越来越重要的地位。(6) 农业优质产品所占的比重上升，一般产品和劣质产品所占的比重下降。优势农产品产业带的形成不仅仅是空间分布与聚集的体现，更重要的是品质的优化。"十五"期间各地先后制定了优势农产品区域布局规划，大力推广优质专用新品种、新技术，扶优扶强，优质化率稳步提高。2004 年，优质专用小麦占全国小麦播种面积的 43.9%，优质专用玉米占 31%，优质专用大豆 49.7%，"双低"油菜占 75%。同时，"双高"甘蔗推广率达到 75%，优新苹果占到全国的 75%，抗虫棉占到 60%。

农业结构这种变动趋势与社会经济发展的整体趋势是相对应的。经济发展和社会分工扩展后，工业和服务业生产率更高，收益更大，于是需要更多的劳动力从农业部门转移到工业和服务部门。农业结构变动也与技术进步有关，因为只有当生产技术提高后，农民的劳动生产率和农产品产量才能大幅度增加，农业才有可能生产出足够的产品满足其他部门的需求。农业结构的变动还与社会居民的偏好有关。随着居民收入的提高，对农产品消费的种类越来越多，要求的质量越来越严格。

加入 WTO 后，我国农民面对国际市场进行生产，面临的不确定性更多，其他国家的政治、经济、技术、气候等变化都可能引起国际市场农产品价格发生变化，进而导致国内农产品价格出现波动。这就需要中国农产品的市场体系和信息网络与国际接轨，能及时对国际市场农产品价格的波动作出反应，引导中国的农产品生产者作出科学的决策。

加入 WTO 几年来，国外有优势的小麦、大豆、棉花等农产品的进口数量不断增加；我国有优势的蔬菜、花卉、水果、畜产品、水产品等的出口则往往遇到技术壁垒或非关税壁垒而受到阻碍。农业结构调整是农业资源打破原来均衡而进行重新配置的过程。在全球化的背景下，这种重新配置必然要受到国际农产品市场和中国对外贸易政策的影响。于是，在这个农业资源重新配置的过程中，原有的生产关系必须进行相应的调整，原有的制度安排和组织形式也要发生相应的变化，才能应对经济全球化的挑战，才能更好地保护中国农民的利益。从这个角度说，调整农业结构、发展现代农业，不仅是发展生产力，同时也要变革生产关系，进行制度变迁和组织创新。

三　发展现代农业、增强中国农产品的国际竞争力需要创新农业基本经营制度

稳定与完善农业基本经营制度是发展现代农业、建设社会主义新农村的制度保障。一方面，要坚持以家庭承包经营为基础、统分结合的双层经营体制不动摇，赋予农民长期而有保障的土地承包经营权。另一方面，要处理好稳定与创新的关系。应该看到，随着农村市场经济与农业的发展，专业化的农产品生产者生产经营规模逐步扩大，生产经营活动各个环节的市场化、专业化和商品化的程度越来越高，农产品生产与国内外市场的联系越来越紧密，他们承受的市场风险和自然风险也更大，收入预期上的不确定性也增大了。新的形势下农户家庭经营的内涵正在发生变化，其对应的以统分结合、双层经营为特征的农业基本经营体制也要不断改进和完善。

（一）中国发展现代农业的主体是专业农户

根据 1996 年第一次农业普查报告，全国农村住户合计 21382.8 万户，87377.2 万人；其中纯农业户 12671.9 万户，占 59.26%；农业兼业户 3901.2 万户，占 18.24%；非农业兼业户 2735.8 万户，占 12.8%；非农业户 2073.9 万户，占 9.70%。时隔 10 年后，现在农户的构成发生了什么变化？具体的农户构成的最新数据要等 2006 年底第二次农业普查的结果出来后才能知晓。我们一个有待检验的判断是：当今中国农户的构成是大量小规模兼业农户与少数专业农户并存。从变化趋势看，纯农户不断减少，兼业户大量增加，专业户正在兴起。中国农村出现的各类专业种植户、养殖户、营销户是在农产品生产市场化、商品化、专业化程度不断提高的进程中涌现出来的，他们从事完全以市场需求为导向的专业化生产，是中国发展现代农业的主力军，应该说是中国农业先进生产力的代表。在分析中国农村的经济现象时，我们不仅要看到在一些农村地区青壮男劳力外出打工，农村中只剩下老人、妇女和儿童，农村出现空洞化的现象，同时也要看到农产品生产和营销专业户在相当一部分农村地区兴起的现实。

如在山东潍坊，随着农业生产的专业化、商品化程度的提高，已经发育和造就出一支专业农户（种植户、养殖户和营销户）的队伍。潍坊 100 多万农户中，专业户占 1/3（人均年收入过万元）。如安丘市，150 万亩耕地，其中 90 万亩种经济作物，这 90 万亩中 45 万亩是创汇基地。因此培养了一

支闯国际市场的农民队伍，一个普通菜农的眼睛都盯住国际市场。

（二）双层经营中"统"的内涵发生了变化

20 世纪 80 年代初，在包产到户后，中央决策部门提出统分结合、双层经营的体制。当时寄希望于地区性合作经济组织能成为双层经营中统的那一层的组织载体，抓那些一家一户办不了、办不好、办起来不合算的事。但 20 多年的实践证明，大部分的地区性合作经济组织未能有效地担负起统的职责。在农产品生产市场化、全球化发展的今天，从事农产品专业化生产和营销的农户的需求不再仅是生产过程的几统一，除了要求原有的还具备一定实力的社区集体经济组织继续承担生产服务、管理协调、资产积累、资源开发等功能外，他们需要高新技术的支撑，提高其产品的科技含量；有力的金融支持；他们需要为其产品的销售提供完整、准确、迅捷的市场信息，更好的市场营销渠道；他们需要有能力与国际市场接轨的标准化的操作流程、质量检验检测机制；他们希望自己的产品能打出品牌，占领一定的市场份额，使中国的农业产业从劳动密集转为资本密集、技术密集和劳动密集相结合的有竞争力的产业。为满足农民市场化导向的需求，近几年大量突破社区界限的各类农民合作组织和中介组织应运而生，形成了各类由从事农产品生产或营销的专业农户组成的超越社区界限的专业合作组织与社区集体组织相配合的新型服务模式，使"统"的内涵更加丰富，这为发展在家庭承包经营基础上的集约农业和规模农业提供了可能。

在鼓励和扶持这些专业大户和技术能手的同时，要关注他们及他们发起组织的协会或合作社能否起示范效应和带动效应，把他们的技能、知识、管理和市场渠道扩散给其他的群众，尤其是村里的弱势群体？是否有一种机制促使和保证他们这样做？

（三）发展现代农业要走内涵式规模经营的道路

人多地少是中国农业的基本国情，有的同志认为小规模的农户经济无法发展现代农业，除非极大地减少农村人口，在农村留下少数农场主。因此，社会主义新农村换个说法就叫做农场主的社区，住的是农场主，不是小农户。应该说，在我国绝大多数农村，要形成大部分的农村人口转移出去、只留下少数农场主的局面将是一个漫长的历史进程，即使在可以预期的将来农村人口减少一半，农村人均耕地也只有三亩多，因而不可能通过简单的土地归并来实现规模化经营。在探索规模经营时，我们首先要明确农业经营的规模如何界定。列宁在 91 年前分析农业中资本主义发展规律时曾指出："资本主义农业发展的主要路线就是按土地面积计算仍然是小规模的小经济，变成按生产的规模、畜牧业的发展、使用肥料的数量、采用机器的程度等计算的大经济。"① "土地的数量只能间接地证明农户的规模，而且农业集约化进行的愈广泛，愈迅速，这种证明就愈不可靠。只有农户的产值能够直接地而不是间接地证明农户的规模，并且在任何情况下都能证明。"② 列宁提出的这些观点对我们现今农业的规模经营仍有指导意义。一个农民原来种 3 亩地，以后扩大到种 20 亩地，种植的作物不变，投入只按比例增长，其结果是劳动生产率的提高，这是外延式的规模经营；一个农民还是种 3 亩地，但通过增加物质和技术的投入，降低劳动投入的比重，生产高附加值的农产品，导致产出有较大幅度增长，同样提高了劳动生产率，增加了收入，这就是内涵式的、与集约化经营相结合的规模经营，这种规模经营在中国的农业发展中可能更有应用价值，我国许多农产品生产专业户的发展实际上走的就是这种内涵式规模经营的道路。

四　发展现代农业、增加务农劳动者的收入则要扩展农业的产业链条

（一）农业结构的调整必须伴之以农业产业链的扩展和形成

发展现代农业，不仅仅是为了保障农产品的有效供给，更重要的是确保务农劳动者收入的增加。但如果只是生产原料出售原料，作为初级产品生产者的农民的收入无法有较大增长。中国农业与农村经济发展新阶段的大背景是改革以来国民经济的持续、高速增长，人民的生活水平、购买力水平普遍提高，对食品消费的需求日益多样化。现代农业的发展，受消费者需求驱动，新科技革命和市场化影响，围绕着农业生产，派生出很多相关联的产业。生产资料供应、食品储藏、保鲜、运输、分割、精深加工、批发零售等产业不断涌现，农副产品加工技术及加工方式不断发展。在这个进程中，中国农产品的供给走向必然与世界其他国家的发展历程相一致，即从田头到餐桌的食品链条越来越长，环节越来越多，结果是消费者最终支付的食品价格中，初级产品所占份额越来越小，加工增值部分所占份额越来越大，这个趋势与在国民经济发展进程中农业增加值占 GDP 的比重越来越低的趋势是相

① 列宁：《关于农业中资本主义发展规律的新材料》（1915 年），《列宁全集》第 22 卷，人民出版社 1958 年版，第 58—59 页。
② 同上。

一致的。联合国粮农组织估计：消费者在食品和农产品上每消费 100 个货币单位，到 1980 年，农业产后所占份额已从 1950 年的 35% 上升到 60%。农业产前所占份额从 10% 上升到 20%，农业产中所占份额从 55% 下降到 20%。在这种形势下，农民（初级产品生产者）通过何种方式来获取或分享初级产品进入第二、第三产业后的增值利润，这是保障初级产品生产者经济利益的一个大问题。

在美国，随着工业化与城市化的发展，传统意义上的农业在国民经济中的份额逐步下降，而以农业为轴心的相关产业的快速发展，使新农牧业与食品经济仍然作为国民经济的一个重要支撑。2000 年，美国单纯农牧业生产领域的增加值在国民经济中所占比重大约为 1%，而食品和农牧业部门两项的增加值合计超过国内生产总值 9%。在就业方面，虽然在纯农牧业生产领域就业的人数仅占全美就业人数的 1%，但美国食品、服装纺织和农牧业就业人员年所占比重达到了 15%。尤其是美国零售行业就业人员的 54% 从事食品零售。

根据有关部门的资料，2004 年，我国农产品加工业产值，按照小口径为 26000 亿元（注：小口径的加工业包括：农副食品加工业，食品制造业，饮料制造业，皮革、毛皮、羽毛（绒）及制品业，木材加工及竹木藤棕草制品业，造纸及纸制品业）。2004 年，我国农产品加工业产值与农产品产值之比，按小口径计算为 0.72∶1。目前，我国农产品加工率大约为 30%。而发达国家的农产品加工率一般为 80% 左右，加工业产值与农产品产值之比一般为 2—3.5∶1。根据一些地区的资料，2002 年，河北省农产品加工产值与农业产值之比为 0.55∶1；江苏为 1.68∶1；2004 年黑龙江省提出，要将农产品加工产值与农业产值之比由 0.57∶1 提升到 1—1.5∶1。这些数据既表明在农产品加工增值方面我们与发达国家的差距，也意味着在发展农产品加工业、扩展农业产业链条方面我国存在巨大的发展空间。

扩展农业产业链条也就是增加农村就业的过程。在农产品加工业中，许多产业往往是劳动力高度密集的，但同时也是技术密集和资本密集型的产业。如生产鸡肉、牛肉菜卷或肉串，一方面，是现代化的传送带及速冻车间，需要技术、设备和资本的投入；另一方面，将肉用生菜叶子包起来；各种肉用竹签串起来，这道工序只有用人力进行，这就把劳动密集与技术密集、资本密集较好地结合了起来。在扩展农业产业链的过程中，每多一道工序，就多一道增加值，多一层就业。发展现代农业，能够挖掘农业生产多领域的"容人之量"，拓宽农业产业多环节的"增收"之道。只有产业链的扩展和形成才意味着农业产业结构调整的完成，这种扩展可吸纳大量的农村剩余劳动力，直接增加农民的收入。

（二）发展现代农业要抓好落实产业链条的每一个环节

现代农业是在国际化、全球化背景下从生产、加工到销售的一个庞大的系统工程。既涉及生产力，也涉及生产关系的调整。在技术支撑、市场信息的提供、金融的支持、销售渠道的开拓、质量的标准化、品牌的发育等方面，都要有一个完整的体系，在每个方面都要抓好和落实从理念、基本思路、人员、机构到规章制度的各个环节。

五 调整农业结构、发展现代农业和扩展农业产业链要注重制度建设和组织创新

发展现代农业，首先是要发展农村的生产力，但在调整农业结构、优化农业资源配置，促进生产力的发展时，农村的利益结构也相应发生变化和调整，联结农民、市场、企业和政府这些利益相关者的是什么？要有相应的制度变革和组织创新，要发展多元化的组织形式和契约联结方式。制度建设在现代农业发展中占据非常重要的地位；提高农民进入市场的组织化程度，发展农民的专业合作社，包括合作社和龙头企业在内的行业协会，更能保障农民和企业的利益，也使农户和企业更能与政府沟通。

（一）农业产业化经营是农产品生产市场化、商品化、专业化程度提高的必然产物

现代农业的发展和农业产业链条的扩展必然导致农业生产方式的变革，这种变革只有通过制度创新和技术创新才能实现，农业产业化经营即是实现生产方式变革的有效途径，制度创新和技术创新的载体。我们所说的农业产业化经营从本质上讲即是农业的垂直一体化经营。美国的约翰·布莱克（John D. Black）是提请人们注意在合作社组织结构中一体化的必要性的最早一批农业经济学家当中的一个。1924 年，在他的前瞻性研究"合作社中央营销组织"[①] 中，他极其关注水平一体化和垂直一体化的概念，认为这涉及大规模营销组织的效率。他在文中列举了 16 个问题，认为都是基层合作社独自没有能力来令人满意地加以解决的：（1）质量控制；（2）生产的标准化；（3）调整生产以适应消费；（4）稳定生产；（5）控制消费以适应生

---

① Minnesota Bulletin #11 (1924).

产；（6）控制（产品）向市场的流动；（7）产品的分发；（8）监测；（9）分级；（10）销售；（11）金融；（12）购买政策；（13）消除竞争性的废料；（14）改善企业实践；（15）利用副产品；（16）研究。

布莱克在文中表达了一种信念，即在农业营销方面提高效率的最大的机会蕴藏在垂直—体化的路径中，无论是合作社的垂直—体化，还是非合作组织的垂直—体化，或是两者的结合。

无独有偶，几乎在同一时间，在前苏联于 1925 年出版了本国农民学家 A. 恰亚诺夫著的《农民经济组织》一书，恰亚诺夫在该书中指出，"表现为合作形式的农业纵向—体化过程比起资本主义的纵向—体化来是向前迈进了一大步，因为在这种形式下是农民自己将农场生产的一些部门交给了—体化的合作组织，而这一点是资本主义在经过多年努力之后都未能做到的。这就是我们对于在资本主义社会条件下农业生产纵向—体化的理解——它既可以表现为纯资本主义的形式，也可以采用合作制形式"。①

尽管中国与美国及前苏联的农业自然条件不同，资源禀赋不同，但布莱克和 A. 恰亚诺夫 80 多年前提出的多种垂直—体化的联结形式应该是在一定程度上反映了农业经济的客观规律，美国的实践也证明了这点。在美国，农业的高度专业化是农业—体化的基础。20 世纪 50 年代后半期，在高度社会分工和专业化的基础上，农业同产前与产后部门（相关联的工商企业）通过经济上、组织上的结合，或通过相对稳定的业务联系，形成一种经营形式或经营系统，被称为现代大农业或垂直—体化经营的农业。农业的垂直—体化经营，依照农业关联企业与农民结合的不同方式和不同程度，可分为三种形式：

（1）农业关联企业与农场结合在一起，形成经济实体，构成农工商综合体。

（2）合同制。农业关联企业与农场主签订合同，在明确双方各自承担的责任和义务的条件下，把产供销统一起来，原有工商企业和农场仍保持各自独立的实体不变。

（3）另一种替代的方式是农民组成合作社，直接参与到农业垂直—体化的进程之中，成为—体化的主体成分。如 19 世纪后半叶，丹麦对英国的火腿出口激增，农民看到私人企业和商人从中赚了大钱。农民决定自己拥有

① ［前苏联］A. 恰亚诺夫著，萧正洪译：《农民经济组织》，中央编译出版社 1996 年版，第 265 页。

屠宰厂，不再是仅仅销售原材料，而是共同销售加工产品，利润通过更高的产品价格的形式回到农民那里。1897 年丹麦建立了第一个合作社生猪屠宰厂。①

（二）如何看待农业产业化经营中"公司＋农户"这种组织形式或契约联结方式

1. 中国的公司加农户在很大程度上即是前面说的农业关联企业与农民结合的前两种方式，尤其第二种方式更为常见，也就是所说的订单农业。公司加农户在联结农民与市场方面，是一种重要的契约联结方式，在一定的条件下对当地农村的发展起到积极作用。农民通过订单农业或其他契约联结形式或组织形式，使自己的产品提高了科技含量，有了稳定的销售渠道，收入相对有保障。农民通过与公司交易不仅能获得技术，生产出的产品能实现价值，而且在实践中学会了如何使自己的产品适应市场需求，如何遵守市场规则，注重信用。

2. 我们认可在农业产业化经营中的农业龙头企业，甚至农业的跨国公司在联结农民与市场方面所起到的积极作用。但也必须正视"公司＋农户"这种契约联结方式在现实经济生活中存在的问题。农业产业化经营中，公司是追求利润最大化，农户是希望自己生产出来的农产品能卖个好价钱。在初级农产品通过储藏运销、深度开发和加工增值形成的新增价值的分割上，两者显然是有矛盾的。由于初级农产品的供给正处于总量阶段性过剩的阶段，农民的组织化程度又很低，公司掌握着技术、信息、资金、市场销售渠道、网络、产品品牌，在剩余的分割上往往占据主动的和支配性的地位，在交易中公司处于强势地位，分散的个体小农户往往处于弱势地位，谈判地位严重不对等，双方的利益格局在很多情况下是失衡的，是一种不平等的互利关系，在劳动与资本两者的关系上，仍是资本支配劳动。

3. 如果认可以上分析的话，那就应该承认"扶持龙头企业，就是扶持农民"这个命题的成立是有一定条件的，并不是绝对的。在发展现代农业中农业龙头企业的带动作用应体现在农户与企业之间公平合理的利益联结机制的建立上。如果一些农业龙头企业能逐步增强其社会责任感，与农民之间能建立较为平等的伙伴关系，通过公司的企业行为，在获取经济效益的同时，保护和增进农民的利益，并帮助当地社区的发展，形成双赢的局面，这

---

① 张晓山、党国英：《丹麦农业与农村发展初探》，《新世纪全球经济与社会发展动态》，经济管理出版社 2003 年版，第 121 页。

样的企业行为才是值得倡导和鼓励的，只有扶持这样的龙头企业，才真正算是扶持农民。

有的龙头企业提出"制欲感恩"的理念。提出"农业发展我发展，我与农民共兴衰"的口号，在一定程度上体现了社会责任感。发展现代农业，是否有一个农户与企业之间的公平合理的利益联结机制，普通农民是否能从现代农业的发展、农业龙头企业的发展中真正得到实惠，这将是发展现代农业的目标能否实现的关键。

（三）合作社在农业产业化经营中的地位和可行的发展途径

1. 农民合作组织自我开展农产品的初加工，并培育产品品牌，将产品直接推向终端客户，以增加利润的获取空间，这也是垂直一体化的一种组织形式。因此，有一种合作社理论将合作社视为是纵向一体化的一种形式（as a form of vertical integration），被称为"农场的延伸"（extension of the farm）[①]，这也就是前述的农业关联企业与农民结合的第三种形式。我们认为，合作社自身成为龙头企业，是发展现代农业、增加农民收入的最佳途径。我们希望农户组成的合作社能够扩展到农产品加工、营销等行业，发展成为合作社性质的公司，把农产品进入第二、第三产业后增值的利润都保留在农民手里。但我们必须立足于中国的具体国情，清醒地看到，在现阶段，"合作社（公司）＋农户"（即合作社自身发展成为龙头企业）的模式还很难成为联结农户与市场的主导形式。当前农民自发组成的合作社或协会往往是从无到有，白手起家，除了资金融通遇到困难外，它们在技术引进、设备改造、农产品质量检测与标准化、企业管理、市场开拓、信息搜集以及经营网点分布等方面，都与专业化的大公司有较大的差距，这也就加大了农民专业合作社发展的难度。

2. 我们希望分散、弱小的农户能够联合起来组成合作社或协会，在与农业龙头企业的交易中处于一个相对均衡的谈判地位。许多地方的实践经验也证明，"龙头企业＋合作社＋农户"是当前发展现代农业产业、增加农民（初级产品生产者）收入的可行的和现实的途径，要着重鼓励和支持其发展。但合作社与龙头企业之间较为平等的伙伴关系以及双赢的局面不是自发形成的，需要创造一定的条件、增强合作社的实力才能实现。作为合作社社员的专业农户对技术、资金、信息、销售渠道、品牌等"统"的需求，在

---

① G. W. J. Hendrikse, *Restructuring Agricultural Cooperatives*, Erasmus University, Rotterdam, 2004, p. 66.

很大程度上要靠龙头企业来满足，这就使农户组成的合作社在与企业打交道时处于不利的地位。但龙头企业也需要规模化的、质量有保证的原料基地，以避免与单个农户打交道的一次性博弈的弊端。如山东宁阳县磁窑镇的生猪合作社，繁育的仔猪远销上海、江苏、浙江等地，2005年，合作社向上海销售仔猪5万头，他们作出的承诺是保证不用瘦肉精。在这方面，如果合作社能在某种或某些种农产品的销售上占有相当的份额，在市场上形成"合法的垄断"①，既可以满足龙头企业对原料的需求，也增强了合作社的谈判地位。这是合作社与农业龙头企业之间建立平等伙伴关系的一个重要条件。

3. 国外农民合作社的实践证明，合作社发展到一定阶段，则应有地区一级的合作社以及全国性的组织体系，这也是一种规模。农民在地区或全国有自己的代言人，可减少交易费用，同时，合作社的地方及中央组织，可以承担下级合作社（包括地方合作社）的某些其自身无法履行的特定功能，并可产生更好的效果。在生产和销售方面具有某种共性的农民合作社在较高层次组织起来，可占有更大的市场份额，对市场信息的了解及对市场的预测也将更容易，同时可以增强与农业龙头企业谈判的实力。这是合作社与龙头企业之间平等伙伴关系形成的另一个重要条件。这样的组织与政府有关部门在农产品的供给和需求方面协商对话、沟通信息，政府也就找到了进行宏观调控、优化资源配置的抓手，最后组成政府有关部门、涉农企业、代表农产品生产者利益的农民合作组织等各方面代表参加的各种农产品的销售理事会，建立起一种农民合作经济组织、与农业有关的商业性企业集团和政府有关部门之间的平等的伙伴关系，共同协商决定农产品的生产布局、结构和数量，农产品的进出口贸易的大政方针，贸易政策和战略的调整才有坚实的基础。

（四）结语

在中国现代农业的发展进程中，发育多元化的组织形式和制度安排来促进农户与市场的对接是一种必然的趋势。应该看到，在世界任何一个国家的农业发展中，任何一种组织形式或契约联结方式都不可能独霸市场。农民组成的合作社或协会也同样不可能包打天下，垄断市场。我们鼓励农民的各种类型的合作和联合，农民可以选择合作社这种形式，也可以选择其他形式，也可以在选择合作社之后转而选择其他形式。只要能有利于农户节约交易成

---

① 参见张晓山、苑鹏《合作经济理论与实践——中外比较研究》，中国城市出版社1991年版，第6页。

本、其产品能够顺利进入市场的组织形式、契约联结方式或制度安排，都有存在的价值和发展的必要。但从建设社会主义新农村、构建和谐社会的长远目标来看，应更注重发展以农产品生产和营销专业户为主体的农民专业合作社，使其成为调整农业结构、发展现代农业、扩展农业产业链、实现垂直一体化经营的重要的组织载体，这样的合作组织如能发展壮大，进而形成更高层次的组织体系，就有可能与农业龙头企业结成较为平等的伙伴关系，甚至进而使合作社发展成为农民自己所有的农业龙头企业，成为一种新型的统分结合、双层经营体制，我们的农业基本经营制度也就在稳定的基础上得到了创新。

六　在发展现代农业中地方政府的职能要界定清楚

1. 政府要有科学执政的理念和相应的政策取向。政府要找准自己的位置，按照市场规律去做，解决农民自己解决不了的问题，不干预经济活动本身。如有的地方政府在办农博会时，政府搭台办会，提供贵宾接待、安全保卫、交通疏导、新闻宣传等服务功能，具体展览事宜则由参展的企业和农户负责，设施也都是个人的。

2. 政府在发展农业方面的政策要保持延续性和前瞻性，政府的各届班子应一届接着一届地把发展现代农业作为中心工作来抓，避免"领导换，主意变"。

3. 政府在发展现代农业的原始积累阶段，应发挥能动的带动作用，如在农户专业化生产的起步阶段给予支持，加速农产品生产市场化、商品化和专业化的进程。

4. 政府在处理与龙头企业的关系时，应鼓励龙头企业与农户建立一种合理的利益联结机制，如有的地方政府对农业龙头企业采取动态管理，评比当地的优秀龙头企业家，谁坑农、害农，一票否决。

七　调整农业结构、创新体制和发展现代农业与宏观经济体制和行政管理体制的改革密切相关①

当前，与发展现代农业相关的宏观的经济体制和行政管理体制还存在诸

————————

① 这一部分内容参见本书第 7 章至第 14 章。

多问题，直接阻碍了现代农业的发展。

（一）国家财税制度和农村财税体制对农业结构调整和发展现代农业的影响

政府的财政支农资金如何使用更有效率？应该说，在过去很长时期里，政府的政策不是"财政支农"，而是"财政吃农"；迄今为止，我国中央财政支农资金的分配，主要采取的仍然是以项目资金为主、中央高度集权的投入体制，中央政府的财政支农资金直接瞄准相关项目，各级政府相关部门按照项目资金的审批程序逐级申报审批。

目前的突出问题，一是财政支农"有政策、没体系"，资金的使用效率很差；二是部门利益影响和条块分割严重，市场配置资源的作用没有得到有效发挥。解决这些问题是提高财政支农效益的当务之急。

中央的一些部、委、办掌握着大量的专项资金，拥有资源的配置权，资金的投放非常分散。投资都是投到一个县这一两千平方公里，但林业部门管林业投资，农业部门管农业投资，水利部门管水利投资，打乱仗，只管各自的部门利益。

（二）金融制度和农村金融体制对农业结构调整和发展现代农业的影响

就总体来说，现有金融和农村金融体系在支持农业结构调整方面，仍然存在一系列的问题。主要表现在六个方面。第一，农村资金大量外流，邮政储蓄和银行、信用社成为农村资金流失的重要通道；第二，农村资金的需求缺口不断扩大，结构调整主体贷款难的问题长期难以根本缓解；第三，农村贷款支持的结构性矛盾比较突出，突出地表现在期限结构、主体结构和区域结构等方面；第四，民间金融的运行成本和经营风险增加，增加了农户、龙头企业通过民间金融融资的成本与困难；第五，龙头企业的融资结构单一，过分依赖银行信用社的间接融资；第六，农村金融服务品种单一，金融服务的时效性和连续性缺乏有效保障。

（三）行政体制和农业管理体制（包括农业科研和推广体制）对农业结构调整和发展现代农业的影响

在我国农业结构调整中，市场的作用要优于行政手段的作用。国家目前的行政管理体制缺乏对农业结构调整的有效支持，很多具体的行政管理制度实际上阻碍了农业结构的调整。目前的农业管理体制沿袭了计划体制时期按行业划分机构和职能的做法，将涉农职能分散到多个部门。结果造成了管理分散，协调成本高昂，机构职能重复交叉，遇利竞相争夺，遇事相互推诿，农业资源及政府支农资金利用效率低下。这些管理体制上的弊端进而又导致了部门和行业分割、生产与贸易脱节、农业生产得不到有效的政策支持、农产品国际竞争力低等系列问题。而地方政府对农业和农民的直接控制更是损害了农民利益，破坏了农产品统一市场的形成。为此，必须改革现行的农业行政管理体制，以促进农业结构调整。

（四）　农产品贸易制度对农业结构调整和发展现代农业的影响

从改革开放以来 20 多年的贸易理论和实践看，有管制的自由贸易制度对国内农业参与国际分工、发挥资源比较优势是有利的，它促进和引导着中国农业结构的调整。长期以来，中国的农业产业管理部门和对外贸易管理部门处于分割状态，发改委和商务部负责农产品对外贸易制度，农业部负责农业生产。从整个农业产业来看，缺乏总体规划。农业产业政策不包括贸易政策，贸易政策更是缺乏与农业产业发展的有效协调。目前我国农产品贸易管理方式发生了一些改变，但在管理思路及方式上并没有彻底摒弃计划管理的老路子。现行的配额管理与计划经济时期没有根本的不同，虽然对取得配额的企业资格进行了规定，但符合条件的企业很多，把配额许可证或许可证分配给谁，最终还是权力部门人为的因素起主要作用。贸易政策与产业政策目标均强调发挥比较优势，但具体实施时往往忽视这一目标而追求平衡贸易的目标；非关税措施以保护国内农业产业为出发点，但在具体应用上缺乏必要的技术支持和经验，引发了价格剧烈波动和贸易纠纷。这些现象均不同程度地阻碍了发挥比较优势的农业结构调整。

（五）　农村土地制度的改革对结构调整的影响

现行的农村土地制度对规模经营、连片开发、结构调整究竟有什么样的影响？结构调整与现实的土地制度体系之间是什么样的关系？农户的土地承包经营权依法受到保护的前提下，如何促进结构调整、搞规模经营和发展现代农业？农地的小规模对采用新技术（区分规模中性和规模相关性的技术）产生什么样的影响？现有土地制度和产权状况为结构调整和发展现代农业提供的空间是否已经充分利用了？这些都是农业结构调整和发展现代农业必须回答和解决的问题。本项研究认为：

第一，在现行土地制度及其关联作用的约束下，破坏了劳资关系的某种可能的平衡，给政府调节企业行为增加了困难。

第二，现行土地制度的缺陷给国民经济的总量平衡的调节增加了困难。

第三，土地制度的缺陷及其关联作用还压缩了中国市场，产生了"资本过剩"与"劳动过剩"一并存在的深刻的结构性问题。

最终的结论是：增强农民的土地产权强度，有利于农业经济结构的调整。

（六）农村劳动力流动的制度变革对结构调整的影响

农村劳动力向城镇流动的趋势也带来了一系列需要回答和解决的问题：如何提高农村劳动力向外转移对农业产业结构调整、区域布局改进、专业化程度提高的正效益？农村劳动力向城市转移，成为两栖化的农民，在哪些方面会影响农村产业结构的调整？农村劳动力向城市转移是否能导致农地规模扩大？到城镇打工的农民，他们的户籍没走，是否会加剧兼业化，降低农业的劳动生产率和土地生产率？是否会对农业结构调整产生负面影响？

本项研究认为农村就业结构的调整是农业结构调整的重要组成部分。通过实证研究发现，农村劳动力流动对农业结构调整可以发挥正面影响，具体表现是：农村劳动力的流动提高了农业生产要素的使用效率；促进了农民增收；扩大了对相关农产品的需求；增加了农村人力资本的积累。

通过对财税体制、农村金融体制、行政体制和农业管理体制、农产品贸易制度、农村土地制度以及农村劳动力流动制度的实证分析，我们认为，宏观经济体制和行政管理体制的改革滞后制约了现代农业的发展，必须改革不适应经济基础的上层建筑，构建有利于现代农业发展的体制和机制。

第二章

城乡结构变动与城乡结构转换

本章着重描述我国城乡结构演变的基本特征，分析影响城乡结构变动的主要因素，介绍其他国家城乡结构变动的一般规律及对我国的启示。其主要结论是：（1）农村改革初期我国工农业二元结构的强度明显缓解，然而，20 世纪 90 年代特别是 90 年代中期以后，二元结构又进一步强化，城乡居民间的收入差距逐步拉大；（2）二元结构强化的主要原因包括：城乡分割体制制约着农村劳动力的非农转移，农业贸易条件下降使一部分农民收入减少，投资结构向城市倾斜造成农村基础设施建设滞后，以城市为中心的财政体制和税收制度使农村财政资金净流出，金融体制和利率制度的商业化导致农村信贷资金的非农化等；（3）根据国际经验判断，我国已经进入工业化中期阶段，正处在工农关系调整的转折时期，调整工农关系，就是要继续推进工业化，实行工业反哺农业，促进农业持续发展。

一 城乡结构的演变及其主要特征

（一）农业和农村经济地位的演变

根据国际经验，伴随着工业化的发展和人民收入水平的提高，农业在国民经济中的地位会逐渐下降。从表 2 - 1 可以看出，改革开放以后，第一产业占 GDP 的比重基本呈现出稳定下降的趋势，由 1984 年的 32% 下降到 2002 年的 15.2%。农村经济占 GDP 的比重表现出先缓慢增加而后又减少的趋势。从 1984 年到 1995 年农村经济占 GDP 的比重由 44.9% 增加到 57.1%。1995 年以后，该比重基本上是处于停滞状态。

表 2 – 1　　　　　　　　　　GDP 的城乡分解

年份	第一产业	第二产业		第三产业		城市	乡村
		城	乡	城	乡		
1984	32.0	35.7	7.6	19.4	5.3	55.1	44.9
1985	28.4	34.5	8.6	21.8	6.7	56.3	43.7
1986	27.1	33.7	10.3	21.8	7.1	55.5	44.5
1987	26.8	32.8	11.1	21.6	7.7	54.4	45.6
1988	25.7	32.4	11.7	21.9	8.3	54.3	45.7
1989	25.0	32.1	10.9	23.1	8.9	55.2	44.8
1990	27.1	30.4	11.3	22.3	9.0	52.7	47.4
1991	24.5	28.5	13.6	23.5	9.9	52.0	48.0
1992	21.8	27.2	16.7	23.3	11.0	50.5	49.5
1993	19.9	25.8	21.8	21.0	11.5	46.8	53.2
1994	21.0	24.6	22.7	19.8	12.0	44.4	55.7
1995	19.9	24.1	24.7	18.8	12.5	42.9	57.1
1996	20.4	28.5	21.0	19.9	10.2	48.4	51.6
1997	18.7	26.9	22.3	21.1	11.0	48.0	52.0
1998	18.0	25.3	23.9	21.6	11.2	46.9	53.1
1999	17.6	27.1	22.3	21.1	11.9	48.2	51.8
2000	16.4	27.6	22.6	21.6	11.8	49.2	50.8
2001	15.2	28.2	23.0	21.9	11.7	50.1	49.9
2002	14.5	28.6	23.1	22.2	11.5	50.8	49.1

资料来源：中国社会科学院农村发展研究所、国家统计局农村社会调查总队：《中国农村经济形势分析与预测》，社会科学文献出版社（1993—2003 年版）。

（二）城乡二元结构的演变

所谓二元经济社会结构，是发展经济学在研究发展问题时广泛使用的一个概念和分析工具。城乡二元经济社会结构，是指发展中国家广泛存在的城乡生产和组织的不对称性，它是发展中国家经济社会不发达的标志。二元经济结构向一元经济结构转换的过程，是农业部门或传统部门的过剩劳动力向工业部门或现代部门转移的过程。随着农业剩余劳动力转移的完毕，农业劳动的边际生产率和非农业劳动的边际生产率趋于相等，城乡居民的收入水平也趋于均衡。发展中国家二元经济结构的特点表现在，农业部门劳动的边际生产率大大低于以工业部门为代表的非农业部门劳动的边际生产率。也就是说，农业部门较大的劳动份额创造出较小的产出份额，而以工业部门为代表的现代部门中，较小的劳动份额却创造了较大的产出份额。下面我们主要用农业 GDP 相对劳动生产率，非农业 GDP 相对劳动生产率和二元结构强度系数等指标对 1978 年以来我国二元经济结构的演变状况进行度量。

相对劳动生产率是指一个部门的增加值比重与劳动力比重的比率。国民经济中农业部门和非农业部门的相对劳动生产率的差距越大，经济结构的二元性越强。相对劳动生产率的国际比较表明，发展中国家的农业相对劳动生产率低于 1，非农业相对劳动生产率高于 1。在二元经济结构加剧的阶段，农业的相对劳动生产率逐渐降低，非农业的相对劳动生产率上升，两部门的相对劳动生产率的差距达到最大值后，农业的相对劳动生产率逐渐提高，非农业部门的相对劳动生产率开始下降，两者都向 1 接近。

表 2 - 2　　　　　　　　　　工农业的二元结构强度系数

年　份	A. 农业 GDP 相对 劳动生产率	B. 非农业 GDP 相对 劳动生产率	C. 二元结构强度系数 （B/A）
1978	0.40	2.44	6.10
1980	0.44	2.24	5.09
1985	0.45	1.91	4.24
1990	0.45	1.83	4.07
1991	0.41	1.87	4.56
1992	0.37	1.88	5.08
1993	0.35	1.84	5.26
1994	0.37	1.75	4.73
1995	0.39	1.66	4.26
1996	0.40	1.61	4.03
1997	0.38	1.62	4.26
1998	0.37	1.62	4.38
1999	0.35	1.65	4.71
2000	0.33	1.67	5.06
2001	0.32	1.68	5.25
2002	0.31	1.69	5.45

资料来源：《中国统计年鉴 2003》，中国统计出版社。

　　二元结构强度系数是非农业与农业相对劳动生产率的比率。该比率越大，两部门的差距也越大。其最小值为1，通常总是大于1。

　　上述三项指标的计算结果见表2-2。从表2-2中可以看出我国二元结构变化的一些基本情况：（1）改革开放初期的1978年到1990年，工农业二元结构的强度有明显缓解，20世纪90年代特别是90年代中期以后，工农业二元结构又进一步强化。从1978年到1990年，二元结构强度系数由6.10下降到4.07。1990年以后，二元结构强度系数呈现出波动性上升的趋势，由1991年的4.56上升到2002年的5.45。（2）经济结构的二元特征还相当明显。反映在相对劳动生产率上，农业部门和非农业部门的相对劳动生产率还有较大的差距。从1990年到2002年，农业部门的GDP相对生产率的年平均值为0.37，非农业部门的GDP相对生产率的年平均值为1.72。反映在二元结构强度系数上表现为该系数依然较高，从1990年到2002年，二元结构强度系数的年平均值为4.70。（3）我国农业相对劳动生产率与一般趋势有较大背离。一般的国际经验是，在快速的工业化阶段，伴随农业劳动力向非农产业的转移，农业部门的相对劳动生产率会逐渐提高。然而，我国的情况是，20世纪90年代以后，特别是90年代中期以后，与快速的工业化相伴随的是，农业部门的相对劳动生产率在缓慢下降。从改革初期的1978年到1990年，我国农业GDP的相对劳动生产率是增加的，由0.40增加到0.45。1990年以后，农业GDP的相对劳动生产率开始波动性下降，由1990年的0.45，下降到2002年的0.31。

　　此外，利用城乡居民收入的绝对差和相对差也可以度量城乡二元结构的演变状况。从图2-1（1990年以后参见表2-3）可以看出，自1985年以来，由于城镇居民人均可支配收入的增长速度大大高于农村居民人均纯收入的增长速度，导致城乡居民收入的绝对差和相对差均呈现出整体扩大的趋势，而且从1997年以后，这种差距迅速扩大。按2002年价格计算，1985年城镇居民人均可支配收入和农村居民人均纯收入分别为2617元和1261元，到2002年该值分别为7703元和2476元，两者的年均增长速度分别为6.56%和4.05%，相差2.51个百分点。1997—2003年，农村居民人均纯收入增量还不到城镇居民人均可支配收入增量的1/5，年均增长速度还不到城镇居民的1/2。从城乡居民收入的绝对差距来看，1985年以后，只有1988年一年的差距比上一年略有下降，其他年份均是逐年上升的。从图2-2可以看出，城乡收入的相对差距呈现出波动性上升的趋势，在考察时期内城乡收入的相对差距出现了两个峰值和两个谷值，第一个峰值和谷值分别出现在

1986 年和 1989 年,第二个峰值和谷值分别出现在 1995 年和 1997 年。1985 年城镇居民人均可支配收入是农村居民人均纯收入的 2.08 倍,1990 年为 2.22 倍,2003 年为 3.23 倍。据世界银行 1997 年对 36 个国家的分析,城乡居民的收入比率一般低于 1.5:1,极少超过 2:1。与此相比,我国的城乡居民收入差距是明显偏大的。如果考虑到城镇居民享有各种补贴、劳保福利和社会保障等隐性收入,以及农民尚需从纯收入中扣除柴草等不可能成为消费的基金、缴纳的税费和用于再生产的部分,有关专家估计,我国城乡居民的实际收入差距大约为 5—6:1。目前,我国农村有近 3000 万人尚未解决温饱,近 6000 万人处于低水平不稳定的温饱状态。即使在一些收入分配高度不平等的发展中国家,城乡居民的收入差距也不像我国这样大。

表 2-3　　　　按城乡划分的人均纯收入和城乡人均收入差距

年份	人均纯收入（2002 年价格）			城乡收入差距	
	全国（元）	城镇（元）	农村（元）	绝对差（元）	相对差（倍）
1990	1927	3232	1459	1773	2.22
1991	2021	3466	1488	1977	2.33
1992	2187	3800	1576	2224	2.41
1993	2336	4162	1626	2536	2.56
1994	2509	4516	1709	2808	2.64
1995	2652	4737	1799	2938	2.63
1996	2863	4921	1961	2960	2.51
1997	3020	5089	2051	3038	2.48
1998	3221	5383	2139	3244	2.52
1999	3494	5884	2220	3663	2.65
2000	3713	6260	2267	3994	2.76
2001	4031	6792	2362	4430	2.88
2002	4519	7703	2476	5227	3.11

注:城镇为人均可支配收入。

资料来源:《中国统计年鉴 2003》,中国统计出版社。

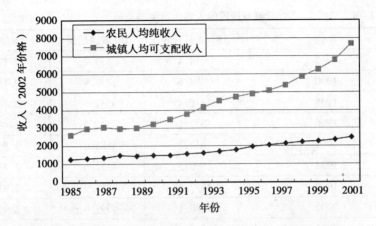

图 2 - 1　城镇居民人均可支配收入和农村居民人均纯收入的变化

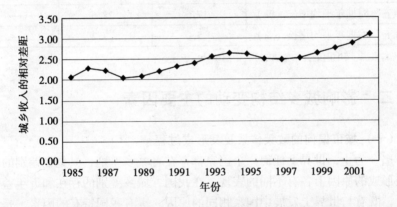

图 2 - 2　城乡居民收入相对差距的变化（2002 年价格）

收入决定消费，城乡收入差距扩大导致城乡居民生活消费差距扩大。从表 2 - 4 可以看出，自 1985 年以来，城乡消费水平差距的变化与收入差距的变化是高度一致的。1985 年城镇居民人均生活消费支出为 673.2 元、1990 年为 1278.9 元、2002 年为 6030 元，分别为农村居民生活消费支出的 2.12 倍、2.19 倍和 3.29 倍，城乡居民生活消费支出差距亦呈现出加速扩大的趋势。

表 2 - 4　　　　　　　　　城乡居民的人均生活消费支出　　　　　　　（单位：元/人）

年份	A. 农村居民	B. 城镇居民	B/A
1985	317.4	673.2	2.12
1990	584.6	1278.9	2.19
1995	1310.4	3537.6	2.70
1996	1572.1	3919.5	2.49
1997	1617.2	4185.6	2.59
1998	1590.3	4331.6	2.72
1999	1577.4	4615.9	2.93
2000	1670.1	4998.0	2.99
2001	1741.1	5309.0	3.05
2002	1834.0	6030.0	3.29
"八五"时期年平均增长（%）	17.5	22.6	—
"九五"时期年平均增长（%）	5.0	7.2	—

资料来源：《中国统计年鉴 2003》，中国统计出版社。

二　影响城乡结构变动的主要因素

（一）城市偏向的政策体系及其形成过程

迄今为止，世界上任何一个国家都存在着城乡差别，只是在差别的程度以及形成的原因上各有不同的表现。在我国，城乡差别的存在和近年差别的扩大，既有与世界上发展中国家相同的原因，也有我国特有的因素，是多种因素综合影响的结果。在这些原因中，既有体制因素，如户籍制度、就业制度和社会保障制度的城乡分割等；又有政策因素，如投资、财政、金融和价格政策的不够完善等；也有发展方面的因素，如农村的教育、卫生和文化等社会事业建设滞后等；甚至我国特有的文化传统也对城乡差别的存在起着推波助澜的作用，如"小富即安"的小农意识就阻碍着部分农民在"身份跨越"上的努力。从根本上说，城乡分割的二元体制和长期实施的城市偏向政策则是主要的原因（蔡昉，2003）。

发展中国家普遍存在的城市偏向政策一直是发展经济学理论研究的一个重点问题。经济学家利普顿是城市偏向论的创始人，他区分了两种不同的城市偏向政策：一是价格政策，二是支出政策。他指出，支出偏向是因某种经济结构而加剧的，在这种经济结构中，乘数效应在城市地区比在农村地区更强；价格平行线则是由于农村地区物价的上涨而加剧的。从某种意义上说，利普顿指责的是政府对农村的忽视而不是具体的政策。诺贝尔经济学奖获得者、美国经济学家贝克尔等人进一步将政府城市偏向的政策概括为三个方面的内容：（1）宏观经济政策（主要是贸易政策和价格政策）扭曲了经济信号，这种政策想把非农产业附加值提高到世界平均价值以上；（2）政府把投资基金主要配置在城市基础设施建设上，根本不考虑在非城市区域也可以获得较高回报率的可能性；（3）在城市区域（尤其是在主要的城市），公共部门的就业已经达到了那种任何一种效率标准也都无法证明其合理性的程度（保罗，2003）。

在多数的发展中国家，决策者坚信，只有推进工业化才能实现经济发展进而提高全体国民的生活水平；为了迅速实现工业化，有效的途径就是从农村获取更多的剩余。因此，工农业产品价格的"剪刀差"政策就成为城市偏向政策的一个重要部分。为了更有效地实现通过"剪刀差"将农村剩余用于城市工业化的目的，许多发展中国家大都制定了强化城市偏向政策的具体措施，有人将其归纳为以下几种形式：首先，通过垄断工农业产品流通，提高工业品价格和压低农产品价格，制造不利于农业的贸易条件。其次，由于形成了上述不利于农业生产的贸易条件，在直接生产活动的组织中往往采取强制性手段，抑制劳动者的积极性。再次，扭曲整个经济发展政策，主要表现在：（1）通过垄断国际贸易，高估本国币值，利用出口农产品补贴进口工业设备；（2）人为阻碍产业发展规律的作用，例如通过政府投资政策的城市偏向，形成工农业或城乡之间的不同发展机会；（3）通过制度障碍阻止农业剩余劳动力向非农产业和城市转移。最后，建立一个不公平的福利体系，通过将农民排斥在各种社会福利体系之外，形成城乡之间不同的生活条件（蔡昉，2003）。

在我国，由于新中国成立初期国内外的政治、经济和社会环境所迫，建立了高度集中的计划经济体制，实行了优先发展重工业的战略。与之相呼应的是实行了一系列城市偏向政策，如农产品统购统销政策、户籍管理政策、城市人口独有的住房、医疗、交通、教育等一系列的社会福利政策和社会保障政策，造成了严重分割的城乡二元格局。改革开放以后，随着经济体制的转型和发展战略的调整，虽然城市偏向政策有所调整和变化，但是由于长期的积累和体制政策的惯性，决策者们头脑中的城市偏向意识仍然存在，新政策中还时常有城市偏向的内容，如教育卫生投入和社会保障安排等。因此，现阶段我国的城乡差别仍很严重。

（二）导致城乡差距扩大的主要因素

1. 城乡分割体制制约着农村劳动力的非农转移。

长期以来，我国实行的是以户籍管理制度为基础的城乡分割体制，把城乡居民划分为农业户口和非农业户口，使农村人口不能自由地向城市迁移，阻断了农民进入城市就业的途径，造成并维持了城乡居民之间过大的收入和消费差距。进入 20 世纪 90 年代以来，随着城镇户籍管理制度的改革，以及城市用工制度的松动，农村大量劳动力进入城市打工，但这只是一种体制外的、暂时的流动，他们的户口仍然在农村，就业也不纳入城市的管理。以户籍制度、就业制度和社会保障制度为主要内容的城乡分割体制并没有发生根本性的改变，使大量的农业剩余劳动力滞留在农业和农村，导致就业结构与产值结构存在较大的结构性偏差（见表 2 - 5）。目前我国是世界上第一产业就业比重最高的国家之一，仅次于缅甸（62.7%）等少数发展中国家。城乡分割体制造成的农村劳动力转移缓慢，是造成我国城乡差距悬殊且时有扩大的根本原因。

表 2 - 5　　　　　第一产业的就业结构与产值结构的偏差值

年份	A. 第一产业产值比重（%）	B. 第一产业就业比重（%）	C. 就业结构与产值结构偏差值（B - A）
1978	28.1	70.5	42.4
1980	30.1	68.7	38.6
1985	28.4	62.4	34.0
1990	27.0	60.1	33.1
1991	24.5	59.7	35.2
1992	21.8	58.5	36.7
1993	19.9	56.4	36.5
1994	20.2	54.3	34.1
1995	20.5	52.2	31.7
1996	20.4	50.5	30.1
1997	19.1	49.9	30.8
1998	18.6	49.8	31.2
1999	17.6	50.1	32.5
2000	15.9	50.0	34.1
2001	15.2	50.0	34.8
2002	15.4	50.0	34.6

资料来源：《中国统计年鉴 2003》，中国统计出版社。

2. 农业贸易条件下降使一部分农民收入减少。

改革开放之初，随着联产承包责任制的实行和农产品价格的提高，农村居民收入增长较快，城乡收入差距曾一度缩小。20世纪80年代后半期和90年代上半期，农产品收购价格和农业生产资料价格都呈上升趋势，前者略高于后者。1994年和1996年，国家先后两次大幅度提高了农产品收购价格，农产品与农业生产资料的价格"剪刀差"一度缩小。1996年以后，农产品和农业生产资料的价格都呈现出逐年下降的态势，但由于农业生产资料价格的下降幅度总体上小于农产品价格，农产品价格与农业生产资料价格的"剪刀差"再度扩大（见图2-3）。近年来，我国放开了部分农产品的交易市场，同时很多农产品的国际价格下降，国内农产品供过于求，价格持续下降，农民的农业收入增长缓慢或下降，城乡收入差距显著扩大。

从图2-2和图2-3也可以看出，城乡居民收入相对差距的变化与农产品收购价格的变化之间呈现出明显的负相关关系。1986—1989年是城乡居民相对收入差距缩小的时期，也是农产品收购价格快速上升的时期；1989—1995年城乡居民相对收入差距的扩大，伴随的则是该阶段农产品收购价格的停滞。从1994—1996年农产品收购价格的迅速上升，在很大程度上可能使1994—1997年的城乡居民相对收入差距缩小。1996年以后农产品收购价格出现了大幅度的下降和停滞，这可能是导致1997年后城乡居民收入差距迅速扩大的一个主要原因。

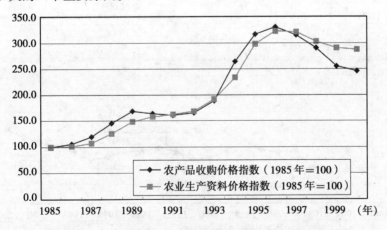

图2-3　农产品收购价格指数和农业生产资料价格指数

资料来源：《中国统计年鉴》，中国统计出版社2001年版。

3. 投资结构向城市倾斜造成农村基础设施建设滞后。

20世纪80年代是我国农村集体和个体投资增长较快的时期，1980—1990年，农村集体和个体固定资产投资年均增长速度达到25%，占全社会固定资产投资的比重由14.6%提高到27.5%。但进入90年代以后，由于国民收入分配向城市倾斜，农民收入增长缓慢，农民的投资能力减弱，社会投资向城市倾斜，农村固定资产投资的增长速度明显降低。在这种情况下，20世纪90年代以来，农村固定资产投资占全社会固定资产投资的比重总体上处于下滑的态势。1990—2002年，农村投资的年均增长速度为16.8%，明显低于同期城镇25.7%的增长速度。特别是在1996—2002年间，农村投资年均增长速度只有6.9%，比城镇投资的年均增速低12.8个百分点。2002年，农村固定资产投资占全社会固定资产投资的比重为18.4%，比1990年降低了9.1个百分点。虽然其间的1995年和1996年有所回升，但自1997年以后又连续6年回落。到2002年，农村固定资产投资占全社会固定资产投资的比重已降到了1981年以来的最低点（见图2–4）。农村公共基础设施建设滞后，导致城乡发展差距扩大。

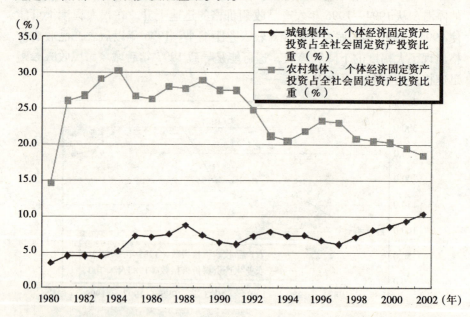

图2–4　按城乡划分的集体和个体固定资产投资占全社会固定资产投资的比重

资料来源：《中国固定资产投资统计数典（1950—2000）》，《中国统计年鉴》，中国统计出版社2003年版。

4. 以城市为中心的财政体制和税收制度使农村财政资金净流出。

（1）农村财政资金流出额逐年扩大。

农业各税和乡镇企业税金是财政部门从农村筹集资金的主要方式，国家财政用于农业的支出是财政部门向农村注入资金的主要渠道。改革开放以来，财政资金在农村的流动明显分为两个时期：1984年以前，财政资金是向农村净流入的，但流入量逐年减少；1985年以后，财政资金是从农村净流出的，且流出数量逐年增加并呈加速趋势。1978—2002年，农业各税和乡镇企业税金由54亿元增加到3412亿元，年均增长18.9%。其中，农业各税由28亿元增加到718亿元，年均增长速度为14.5%；乡镇企业税金由26亿元增加到2694亿元，年均增长21.3%（见图2-5）。国家通过财政手段，从农村拿走的多，给予农村的少，到2001年，农村资金通过财政渠道净流出达1078亿元。

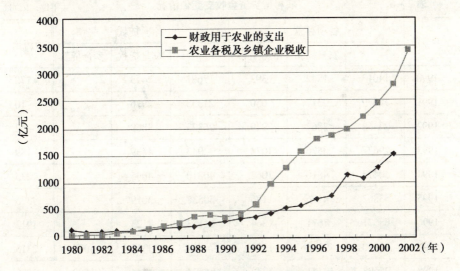

图2-5 农村财政资金收支变化情况

资料来源：《中国统计年鉴》，中国统计出版社2003年版；《中国农业发展报告》，中国农业出版社2003年版。

（2）财政用于农业支出比重逐年降低。

随着农村财政资金流出额的扩大，财政用于农业支出的比重也逐步下降。应当说，改革开放以来国家财政用于农业支出的绝对量是不断增加的，1978—2001年，国家财政用于农业的支出由151亿元增加到1516亿元，增加了9倍，年均增长速度达到了10.5%。但财政农业支出占全部财政支出的比重是逐步降低的，1978年国家财政用于农业的支出占全部财政支出的比例为13.4%，1990年下降到10%，到2001年只有8%，其间虽然在个别年份略有上升，但下降的趋势是比较明显的。

5. 金融体制和利率制度的商业化导致农村信贷资金的非农化。

（1）农村信贷资金净流出额增加。

以农户储蓄存款和农业存款反映金融部门从农村筹集的资金，以农业贷款和乡镇企业贷款反映金融部门向农村注入的资金，据此测算，1996—2002年，农村地区通过信贷渠道流出的资金由1912亿元增加到5473亿元，增长了1.86倍（见表2-6）。另据有关研究，在改革开放以后的多数年份，信贷资金都是从农村净流出的，在1979—1994年的15年间，有11个年度为净流出，流出的资金总量约为882亿元（邓英淘，1998）。

表2-6　　　　　　　　　农村信贷资金收支变化情况　　　　　　　（单位：亿元）

年　份	各项存款			各项贷款			净流出
		农户储蓄	农业存款		农业贷款	乡企贷款	
1990	14013	1842	393	17681	2413		−178
1991	18079	2317	650	21338	2976		−10
1992	23468	2867	949	26323	3869		−52
1993	29627	3576	1074	32943	4839		−189
1994	40473	4816	1063	40810	4645		1235
1995	53862	6196	1196	50538	3019		4373
1996	68571	7671	1364	61153	7123		1912
1997	82390	9132	1533	74914	3315	5036	2315
1998	95698	10441	1748	86524	4444	5580	2165
1999	108779	11217	2126	93734	4792	6161	2390
2000	123804	12355	2643	99371	4889	6061	4048
2001	143617	13821	3083	112315	5712	6413	4779
2002	170917	15406	3764	131294	6885	6812	5473

注：1996年以前农业贷款中包括乡镇企业贷款。

资料来源：《中国金融年鉴》，中国金融年鉴编辑部2003年版。

（2）金融部门支农力度减弱。

近几年国有独资商业银行根据自身发展需要，减少了分支机构。大约60%的邮政储蓄从县以下地区筹集而来，增加了农村金融机构组织存款的难度（中国人民银行，2002）。虽然中国人民银行通过再贷款方式给农村信用社以一定数量的资金支持，但仍无法弥补各商业银行在县及县以下金融机构中减少的资金份额。近几年来，商业银行特别是国有独资商业银行贷款存在着向大城市和大型企业过度集中的现象。这种现象，削弱了商业银行对县域经济和农村中小企业的支持。近几年国有独资商业银行精简了一部分基层营业机构，新的服务体系尚未形成。有些银行对分支行的流动资金贷款权上收过多，对分支机构主动营销贷款缺乏激励和约束机制。不能主动培育和选择客户，又使一些应该发放的贷款没有发放。国有金融机构将资金主要贷给城市部门，导致农村出现严重的资金短缺。

6. 教育管理体制不完善使农村教育经费投入不足。

1985年颁布的《中共中央关于教育体制改革的决定》中规定："把发展基础教育的责任交给地方，有步骤地实行九年制义务教育。实行基础教育由地方负责、分级管理的原则。"后来在1986年9月由国家教育委员会等部门发布的《关于实施〈义务教育法〉若干问题的意见》中，又进一步规定"农村中小学校舍建设投资，以乡、村自筹为主。地方人民政府对经济有困难的地方，酌情予以补助"。将最具公共物品性质的义务教育完全交由财政收入最贫乏的县乡甚至没有财政功能的行政村去承担，必然会造成农村教育水平的低下或事业发展的滞后。2001年，在各级财政性投入的教育经费中，用于初级中学的经费为556.8亿元，其中用于农村初级中学的占52.2%；用于普通小学的经费为1023.4亿元，其中用于农村普通小学的占59.6%。其中用于农村初级中学的经费人均为530.38元，用于农村普通小学的经费人均为584.55元；而用于城市初级中学的经费人均为2377.88元，是农村的4.5倍，用于城市普通小学的经费人均为2401.49元，是农村的4.1倍。有的学者将城乡教育差距的内涵概括为两个方面：一是从小学到大学的各教育阶段升学率的城乡差距，它是城乡教育机会是否均等的最为直观的反映；二是作为教育资源的汲取与分配之结果的在校生人均教育经费的差距，它在相当程度上影响着城乡教育设施、办学条件的优劣和教育质量的高低，并进而影响到城乡学生在更高阶段的升学竞争中的"胜负"（张玉林，2003）。在义务教育经费支出重压下的农村、农民和县乡政府更难以拿出更多的资金去发展生产和进行公共事业建设，这也将会使部分地区的城乡差别在某种程度上进一步扩大。

7. 卫生资源分配不合理对农村医疗卫生事业支持不够。

我们虽不敢妄言 1985 年以后农村专业卫生技术人员数量的波动性下降受农户分散经营和人民公社制度解体的影响，但有一点是可以肯定的，即在人民公社时期，县乡两级政府以及村级组织所控制的资源向医疗卫生事业分配的能力和意愿要比改革后的强一些。众所周知，在计划经济时期，教育事业的分散化和医疗卫生事业的分散化是政府实施的两项最有利于农村社会发展的政策。尽管在计划经济时期，农村经济被剥夺的程度非常之大且令人吃惊，但是中央政府利用强大的行政力量和资源配置能力，以及农村集体的互助功能，为绝大多数农民提供了最低水平的医疗保障。改革开放后，尽管经济快速增长，医疗卫生投入不断增加，但是在医疗卫生投入的城乡差别却在不断扩大，造成农村地区的医疗卫生投入不足，消费能力弱的公众被排斥于医疗卫生服务之外。自 20 世纪 90 年代初期，我国各级财政实行"分灶吃饭"，卫生资源投放主要集中在城市，卫生资源分配与需求呈"倒三角"形，很多地方县乡财政困难，投入逐年减少，卫生资源 80% 集中在城市，其中 2/3 集中在大医院。2000 年农村人均卫生事业费为 12 元，仅为城市人均卫生事业费的 27.6%。我国农村人口占全国的近 70%，花费的卫生费用只占 33%，从 1994—2000 年，七年内平均每年下降 2 个百分点。从 1991—2000 年，全国新增卫生经费投入中只有 14% 投入到农村，而这 14% 中的89% 又成了"人头费"，真正专项用于农村卫生的经费只有 1.3%。从政府对城乡的卫生投入来看，1998 年全国卫生总费用为 3776.5 亿元，其中政府投入为 587.2 亿元，用于农村的卫生费用为 92.5 亿元，仅占政府投入的15.9%。城镇约有 3.79 亿人口，平均每人享受大约 130 元的政府医疗卫生服务。乡村有 8.66 亿人口，平均每人只享受相当于 10.7 元的政府医疗卫生服务（彭伟步，2003）。

三　城乡结构转换：国际经验及其启示

（一）调整城乡关系的实质，是促进二元经济社会结构的转变

所谓二元经济社会结构，是发展经济学在研究发展问题时广泛使用的一个概念和分析工具。城乡二元经济社会结构，是指发展中国家广泛存在的城乡生产和组织的不对称性，它是发展中国家经济社会不发达的标志，也反映了城乡之间存在着明显的制度差异。从社会经济发展史看，城乡二元经济社

会结构是发展中国家从传统社会走向现代化的过渡形态。调整城乡关系，促进协调发展，实质是通过工业化、城市化和市场化，促进二元经济社会结构转变的过程。

我国在特殊的历史条件下快速推进工业化，长期实行优先发展重工业的战略，建立了人民公社制度和计划经济体制，实行严格的城乡分割政策，强化了这种过渡形态，延缓了社会转型的过程。改革开放以来，随着经济体制的转型和发展战略的调整，这种状态有所改变，但由于体制和政策的惯性，这种状态还没有根本扭转，突出地表现在工农业发展不协调，城乡差距持续扩大。从城乡二元经济社会结构向现代经济社会结构转变，是今后一段时期我国社会经济发展的基本走向。改变城乡二元经济社会结构的根本途径，是推进工业化、城市化和农业现代化、市场化。简而言之，就是用先进适用技术对农业和农村经济进行根本改造，通过工业化和城市化实现农业人口向非农产业转移，通过深化改革把农业和农村经济纳入全国统一的市场化和现代化的轨道。

（二）我国已进入工业化中期阶段，正处在重要的转折时期

发展经济学家按工农关系和城乡关系的发展状况将工业化过程划分为三个阶段：第一阶段是农村、农业支援城市、工业发展的阶段，大致相当于工业化初期阶段；第二阶段是农业、农村与工业、城市平等发展的阶段，大致相当于工业化中期阶段；第三阶段是工业、城市支援农业、农村发展的阶段，大致相当于工业化后期阶段。在这三个阶段的两个转折中，工农业及城乡发展有一些公认的量化指标。第一个转折（工业化初期阶段结束，开始进入中期阶段）的结构特征是，农业劳动力份额不超过55%，城市化水平不低于35%，人均GDP不少于1000美元（指1980年美元，下同）；第二个转折（工业化中期阶段结束，开始进入后期阶段）的结构特征是，农业劳动力份额在30%以下，农业GDP份额低于15%，城市化水平在50%以上，人均GDP在2000美元以上（林善浪，2003）。

改革开放以来，我国的工业化进程加快。我国的人均GDP水平，如果以1980年美元计算，1995年就达到了1046美元，如果按当年汇率计算，2003年已经达到1090美元；农业劳动力比重由1994年的54.3%缓慢下降至2002年的50%；而且自2000年以来城镇化率已经超过35%（见表2-7）。根据国际经验判断，我国已经进入工业化中期阶段，正处在工农关系调整的转折时期。调整工农关系，就是要继续推进工业化，实行工业反哺农业，促进农业持续发展。继续推进工业化，既包括工业本身的发展和技术水平的进一步提高，也包括实现农业的现代化，以及由于技术进步和第三产业发展所引起的产业结构和就业结构的深刻变化。

表 2 - 7　　　　　　　　　近几年我国的工业化和城镇化指标

指　　标	2000 年	2001 年	2002 年	2003 年
人均 GDP（美元）	853	921	986	1090
农业产值比例（%）	16.35	15.84	15.38	14.78
工业化率（%）	43.64	43.54	44.41	45.94
城镇化率（%）	36.22	37.66	39.09	40.53
农业就业比例（%）	50.00	50.00	50.00	*
霍夫曼比率	0.66	0.65	0.64	*

注：1. 人均 GDP 是用当年价格 GDP 和当年汇率均价计算。

　　2. 农业产值比例＝农业 GDP/GDP。

　　3. 工业化率＝工业 GDP/GDP。

　　4. 城镇化率＝城镇人口/总人口。

　　5. 农业就业比例＝农业就业人数/总就业人数。

　　6. 霍夫曼比率＝轻工业总产值/重工业总产值。在此之所以用轻工业和重工业代替消费品工业和资本品工业，并用总产值代替净产值，是由于我国缺乏相应的统计分类指标。需要注意的是，计算出的霍夫曼比率可能比实际情况小一些，这有两点原因：其一，我国长期以来推行重工业化战略，工业结构偏向于重工业；其二，所用统计资料中缺乏规模以下的小工业企业产值数据，而小工业企业多为轻工业，故而没有计算在轻工业总产值中。

资料来源：2000—2002 年数据是根据 2001—2003 年《中国统计年鉴》数据计算的，2003 年数据是根据国家统计局《2003 年国民经济和社会发展统计公报》数据计算的；* 为缺乏数据。

（三）城市化是伴随工业化发展起来的，我国已进入城市化加快发展的时期

自 20 世纪 80 年代中期以来，随着工业化进程的加快，我国的城市化进程也有所加快。与改革开放初期相比，2003 年我国的城镇化水平由 1978 年的 18% 上升到 40.5%。但是，与世界人均收入水平相同的国家相比，我国仍将低 10 个百分点；与同等工业化水平的国家相比，我国大约低 20 个百分点；与相近产业结构水平的国家相比，我国大约低 15 个百分点。这是我国城镇化滞后的突出表现，也反映出我国工业化进程和城镇化进程的不平衡性。

美国地理学家诺瑟姆 1975 年通过对多个国家城市人口比重变化趋势的

研究，发现城市化进程具有明显的阶段性变化规律。第一阶段为城市化初期阶段，城市人口增长缓慢，当城市人口超过 10% 以后，城市化进程逐渐加快；当超过 30% 时进入第二阶段，城市化进程出现加快趋势。当城市化率在 50% 前后的一段时期发展最快，这种加快趋势一直要持续到城市人口超过 70% 以后才会趋缓；此后为第三阶段，城市化进程停滞或略有下降（见图 2－6）。

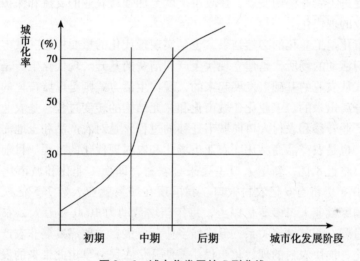

图 2－6　城市化发展的 S 型曲线

目前我国已进入工业化中期阶段，城市化水平已经达到 40% 以上，根据国际经验判断，我国已经进入城市化加快发展的时期。近几年来已呈加快的趋势，估计今后还将进一步加快。调整城乡关系，就是要加快我国的城市化步伐，实行有利于扩大就业的政策，促进农村劳动力向非农产业转移。加快推进城镇化，要在着重发展小城镇的同时，积极发展中小城市，完善区域性中心城市功能，发挥大城市的辐射带动作用，提高各类城市的规划、建设和综合管理水平，走出一条符合我国国情、大中小城市和小城镇协调发展的城镇化道路。

（四）工业化进程受农业发展的制约，推进城市化不能忽视农村的发展

在整个工业化过程中，农业都具有重要的地位和作用。在工业化初期阶段，农业为工业提供"原始积累"所需的大量剩余，为从事工业生产的人们提供食物，为工业生产提供充足的原料和销售市场；在工业化中后期，为城乡居民提供充足的农产品供应，不断提高人们的生活水平，以及为工业和城市部门提供不断增加的劳动力供给。不少发展中国家因为农业停滞，使工业化难以推进，已经实现工业化的国家在工业化中后期仍重视发展农业，到今天仍不放松农业发展的事实，都足以证明，在工业化的任何阶段，都不能忽视农业，都必须保证农业在劳动生产率不断提高的基础上获得足够快的发展。我国已进入工业化中期阶段，农业仍是弱质产业，又面临着激烈的国际竞争，不能再为工业化提供积累，而应该成为接受补助的部门。调整工农关系，促进工农业协调发展，在政策上就要加强对农业的支持和保护，不断推进农业的现代化。

城市化是工业化的必然结果，也是实现现代化的重要标志。城市是现代经济部门活动的场所，是建立现代生产和消费的基础。现代化生产是以工业化的形式从农业的基础上发展起来的，现代生活方式则是以城市化的形式从农村中分离出来的。工业化、城市化和二元结构的转变过程，是农业劳动力向非农产业转移和农村人口向城市迁移的过程，是对农产品和土地需求扩大的过程，也是农产品商品化、农业市场化和农村现代化的过程。目前，我国农村人口将近8亿，新增人口主要来自农村，即使工业化和城市化进展顺利，2020年仍将有6亿农村人口。我国现在城乡就业人数7.5亿人，比整个发达国家就业人口多2亿以上，每年新增劳动力1000多万人，农村劳动力严重过剩。调整城乡关系，促进城乡协调发展，主要靠发展非农产业和推进城市化，加快农村的现代化步伐。要使几亿农民分享由此带来的发展机会和成果，而不能以牺牲农民利益为代价。

（五）调整城乡关系要转变政府职能，发挥市场在资源配置中的基础性作用

我国是一个农业大国，农村人口占绝大多数，农业的基础条件很差，农村发展还比较落后。虽然改革开放多年，市场观念和商品意识已经在我国农村渗透与深入，农产品市场和农村要素市场已开始培育和发展，但不能否认，农业和农村在很大程度上还存在着自然经济和计划经济的痕迹。如果农业、农村不进行全面的市场化改革，在全国建立完善的市场经济体系的目标将会落空。因此，调整城乡关系，促进城乡协调发展，要面向市场，依靠科技，城乡开通，积极参与国际分工，加快农业市场化和农村市场化的进程。

市场并不是万能的，还需要政府在宏观上进行管理和调控，这是由市场机制的缺陷和农业本身的特性所决定的。农业是一个风险高、易波动和市场竞争力弱的产业，又是一个满足人类衣食需要、健康需要和安全需要的基础产业，市场机制调节具有滞后性、短期性，对农业这种公益性、外部效应很大的产业的调节又具有局限性、不完全性。在市场经济条件下，加强政府宏观管理是保持农业持续发展的重要条件。加强宏观管理和调控，要切实转变政府职能。政府职能转变的方向，一方面是纠正"错位"现象，把不应该由政府管的事交给企业、社会和中介机构，更大程度地发挥市场在资源配置中的基础性作用；另一方面是要切实"到位"，政府该管的事一定要管好，要全面履行政府职能，在继续搞好经济调节、加强市场监管的同时，更加注重履行社会管理和公共服务的职能。

（六）促进城乡协调发展是当前的一个紧迫问题，也是一个长期的过程

以城乡居民收入差距为例，几个经济发达国家 20 世纪 60 年代的情况是：以工业就业者收入为 100，农业就业者收入法国为 36，西德为 44，美国为 56，差距都很明显，而这些国家当时已经是现代化国家了。美国农业有着得天独厚的资源禀赋和生产条件，20 世纪 20 年代农业就业者收入为非农人口的 40%，50 年代为 50%，80 年代为 80%，靠大量优惠条件和补贴现在才基本持平。日本经济学家速水佑次郎根据库兹涅茨假说，利用 1990 年的人均 GNP 数据和 19 个国家 20 世纪 70 年代和 80 年代的基尼系数资料，绘制了收入分配的倒 U 型曲线，并通过计算得出倒 U 型曲线的顶部为人均GNP 2000—3000 美元，最高点为 2700 美元（见图 2 -7）。

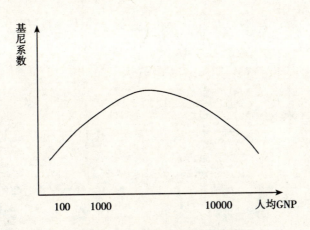

图 2 -7　收入分配的倒 U 型曲线

我国目前的人均 GDP 为 1090 美元，距离人均 GNP 2700 美元还有很大差距，我国农业生产条件总体不好，非农业人口占少数，经济效益又差，还不能用很大力量反哺农业，城乡差距还会在较长的时期内存在，特别是绝对差距。根据国际经验判断，我国城乡收入差距扩大的趋势可能还要持续一段时间。因此，现阶段调整城乡关系，促进城乡协调发展，可能主要是努力抑制城乡差距扩大的趋势，逐步减弱城乡差距扩大的强度，积极为逐步缩小城乡差距创造条件。从差距扩大到开始缩小的"拐点"何时到来，现在还很难作出具体的判断。可见，调整城乡关系，既是一个紧迫问题，又是一个长期过程。

第三章

农村区域经济结构变动与
调整优化区域布局

改革开放以来，我国农业和农村经济全面发展，取得了举世瞩目的成就，但区域间的发展并不平衡。无论是在经济总量上，还是在农民的收入水平上，东部地区都明显高于中、西部地区。我国幅员辽阔，各地在资源条件、市场环境等方面存在着巨大差异。调整优化区域布局，在各区域内部形成合理的产业结构，充分发挥各地的比较优势，促进农业和农村经济的协调发展，是推进农业和农村经济结构战略性调整过程中，必须要考虑的重要问题。本章首先概述20世纪90年代以来我国区域间农村经济结构变化的主要特点：东部地区在农村各业增加值中占有的比重不断上升，东部地区占全部农村就业人员以及各业就业人员的比重都有所下降，90年代中期以来中西部地区的结构转换略快于东部地区，农民收入绝对差距持续扩大，但相对差距近年来有所缩小。本章的研究认为，资源条件、投入水平、体制政策因素和市场发育水平是影响区域结构变动的重要因素。区域结构调整需要注意以下问题：农业生产结构趋同问题，重复投资和重复建设问题，收入公平和产业增长的关系问题等。

一 90年代以来区域间农村经济结构变化

农村改革以来，我国农村区域间的经济结构发生了深刻变化，差异性日趋明显。从东、中、西部①三大地带的变化情况看，20世纪80年代，东部地区依靠区位优势和政策扶持，大力发展非农产业，农村各业发展速度均快

---

① 东部地区包括北京、天津、河北、辽宁、上海、江苏、浙江、福建、山东、广东、广西、海南12个省（区、市）；中部地区包括山西、内蒙古、吉林、黑龙江、安徽、江西、河南、湖北、湖南9个省（区）；西部地区包括重庆、四川、贵州、云南、西藏、陕西、甘肃、宁夏、青海、新疆10个省（区、市）。

于中西部地区。进入 90 年代以来，各地农村经济产值和就业结构转换的步伐都明显加快，但东部地区由于起点较高，在农村经济总产出中占有的份额仍不断上升。

1990—2002 年，三大地带间的经济结构变化呈现出以下特点：

1. 从产值结构看，东部地区在农村各业增加值中占有的比重不断上升。

1990—2002 年，我国农村实现的 GDP[①] 由 7281 亿元增加到了 49325 亿元，年均名义增长速度为 17.3%。其中，东部地区由 3727 亿元增加到 29567 亿元，年均增长 18.8%；中部地区由 2326 亿元增加到 13599 亿元，年均增长 15.9%；西部地区由 1229 亿元增加到 6160 亿元，年均增长 14.4%。增长速度呈由东到西逐级递减。

分产业来看，东部地区第一产业年均增长速度为 10.5%，分别比中部和西部地区高 0.4 和 0.6 个百分点；第二产业年均增长速度为 24.7%，分别比中部和西部地区高 0.1 和 2.3 个百分点；第三产业年均增长速度为 27.8%，分别比中部和西部地区高 2.0 和 1.3 个百分点。这一时期，东部地区农村经济各业发展速度都快于中、西部地区。

由于增长速度的不同，从 1990—2002 年，东部地区占农村 GDP 的比重进一步上升，由 51.2% 提高到了近 60.0%。其中第一、二、三产业所占的比重都有所上升。这一时期，除中部地区占全部农村第二产业增加值的比重稍有上升以外，中、西部地区占各业增加值的比重都有不同程度的下降（参见表 3 - 1）。

表 3 - 1　　　　　　农村各产业增加值在三大地带间的分布结构　　　　（单位:%）

年份		1990	1995	2000	2001	2002
农村 GDP	合计	100.0	100.0	100.0	100.0	100.0
	东部	51.2	53.2	58.6	58.4	59.9
	中部	31.9	31.2	28.2	29.4	27.6
	西部	16.9	15.6	13.2	12.3	12.5
第一产业	合计	100.0	100.0	100.0	100.0	100.0
	东部	44.7	46.8	46.2	46.5	46.2
	中部	35.5	34.6	34.8	34.8	34.7
	西部	19.8	18.6	19.1	18.7	19.1

---

① 　由于缺少分类统计数据，本章中的农村 GDP 由全部第一产业增加值和乡镇企业第二、第三产业增加值合并而成。

续表

年份		1990	1995	2000	2001	2002
第二产业	合计	100.0	100.0	100.0	100.0	100.0
	东部	69.0	63.5	70.1	68.5	70.5
	中部	21.6	25.1	21.9	23.9	21.8
	西部	9.4	11.4	8.0	7.6	7.8
工　业	东部	71.4	66.4	72.6	71.3	72.9
	中部	20.4	23.8	20.5	22.1	20.3
	西部	8.2	9.9	6.9	6.6	6.8
建筑业	东部	52.5	40.5	46.3	42.9	45.7
	中部	29.9	35.1	35.7	40.3	36.6
	西部	17.6	24.5	18.0	16.8	17.7
第三产业	合计	100.0	100.0	100.0	100.0	100.0
	东部	49.5	38.2	51.7	51.3	53.5
	中部	35.4	43.1	33.0	35.3	32.0
	西部	15.1	18.7	15.3	13.4	14.5

资料来源：1991、1996、2001、2003 年《中国统计年鉴》和《中国乡镇企业统计年鉴》。

2. 从就业结构看，东部地区占全部农村就业人员以及各业就业人员的比重都有所下降，中部地区占各业就业人员的比重都有所上升，西部地区第一产业就业人员比重降低。

1990—2002 年，农村就业人员总数由 42012 万人增加到 48492 万人。其中，第一产业就业人员由 33335 万人降低到 31991 万人，占农村全部就业人员的比重由 79.3% 降低到 66.0%；第二产业就业人员由 4754 万人增加到 7428 万人，占农村全部就业人员的比重由 11.3% 增加到 15.3%；第三产业就业人员由 3923 万人增加到 9073 万人，占农村全部就业人员的比重由 9.3% 增加到 18.7%。

农村就业人员总量在各地的分布总体上较为稳定，特别是 2000 年以来，各地农村从业人员占全部从业人员的比重没有明显变化。但是，如果将对比的时点延长到 90 年代初期，情况则有所不同。东部地区的就业人员数量占全部农村就业人员的比重以及农村各业就业人员的比重，都有所降低；西部地区就业人员在全部农村就业人员以及第一产业就业人员中的比重也略有下降。这一现象的产生，除了人口自然增长方面的原因外，可能与东部地区城镇化步伐加快，以及西部地区农民外出就业数量和移民搬迁规模的扩大也有一定关联。中部地区就业人员占全部农村就业人员以及各业就业人员的比重都有所上升，表明中部地区农业劳动力以及农村劳动力的就业转移要相对迟缓（参见表3－2）。

表3－2　　　　　　　农村劳动力在三大地带间的分布结构　　　　　（单位:%）

年份		1990	1995	2000	2001	2002
农村就业人员	合计	100.0	100.0	100.0	100.0	100.0
	东部	41.2	40.6	39.8	40.1	39.8
	中部	33.5	33.9	35.2	35.0	35.1
	西部	25.3	25.5	25.0	24.9	25.1
第一产业	合计	100.0	100.0	100.0	100.0	100.0
	东部	36.9	35.8	35.5	35.3	35.2
	中部	35.2	35.4	37.1	37.2	37.2
	西部	27.9	28.8	27.4	27.5	27.6
第二产业	合计	100.0	100.0	100.0	100.0	100.0
	东部	62.0	58.7	56.6	56.9	55.5
	中部	25.2	27.6	28.9	28.7	29.6
	西部	12.8	13.7	14.5	14.4	14.9
工　业	东部	65.0	62.3	61.9	62.5	61.1
	中部	23.8	26.1	26.7	26.3	27.4
	西部	11.2	11.6	11.4	11.2	11.5
建筑业	东部	55.6	52.2	48.7	48.3	46.8
	中部	28.3	30.4	32.1	32.3	33.0
	西部	16.1	17.4	19.2	19.4	20.2
第三产业	合计	100.0	100.0	100.0	100.0	100.0
	东部	52.0	47.5	43.2	43.5	43.3
	中部	29.9	31.9	32.5	32.3	32.3
	西部	18.1	20.6	24.3	24.2	24.4

资料来源：1991、1996、2001—2003 年《中国农村统计年鉴》。

3. 从结构变动的速度来看，三大地带内部农村经济结构都发生了明显变化，90 年代中期以来中西部地区的结构转换略快于东部地区。

90 年代以来三大地带内部产值和就业结构的变动趋势是基本一致的。呈现出的共同特点是：第一产业在产值和就业中的比重迅速下降；第二产业特别是工业比重迅速上升；第三产业比重有所提高；产值结构的变动快于就业结构的变动（参见表 3 - 3、表 3 - 4）。

表 3 - 3　　　　　　　　三大地带内部农村 GDP 结构　　　　　　（单位:%）

年份		1990	1995	2000	2001	2002
东部	合　计	100.0	100.0	100.0	100.0	100.0
	第一产业	60.0	42.9	29.5	27.1	25.2
	第二产业	34.3	50.9	58.6	59.3	61.1
	工　业	31.0	47.3	54.9	55.7	57.6
	建筑业	3.3	3.6	3.7	3.6	3.5
	第三产业	5.7	6.2	11.9	13.6	13.7
中部	合　计	100.0	100.0	100.0	100.0	100.0
	第一产业	76.2	54.0	46.2	40.3	41.2
	第二产业	17.2	34.3	38.0	41.1	41.1
	工　业	14.2	28.9	32.1	34.3	34.9
	建筑业	3.0	5.4	5.9	6.8	6.2
	第三产业	6.6	11.7	15.8	18.6	17.7
西部	合　计	100.0	100.0	100.0	100.0	100.0
	第一产业	80.6	58.4	54.5	51.8	49.8
	第二产业	14.1	31.3	29.8	31.4	32.4
	工　业	10.8	23.7	23.4	24.6	25.8
	建筑业	3.3	7.6	6.4	6.8	6.6
	第三产业	5.3	10.3	15.7	16.8	17.8

资料来源：1991、1996、2001—2003 年《中国统计年鉴》和《中国乡镇企业统计年鉴》。

表 3 – 4　　　　　　　　三大地带内部农村劳动力就业结构　　　　　　（单位:%）

年份		1990	1995	2000	2001	2002
东部	合　计	100.0	100.0	100.0	100.0	100.0
	第一产业	71.2	63.2	61.1	59.5	58.3
	第二产业	17.0	19.8	20.2	20.9	21.3
	工　业	12.1	13.5	13.3	13.9	14.1
	建筑业	4.9	6.3	6.9	7.0	7.2
	第三产业	11.8	17.0	18.7	19.6	20.4
中部	合　计	100.0	100.0	100.0	100.0	100.0
	第一产业	83.2	75.1	72.5	71.4	69.9
	第二产业	8.5	11.2	11.6	12.0	12.9
	工　业	5.4	6.8	6.5	6.7	7.2
	建筑业	3.1	4.4	5.1	5.3	5.7
	第三产业	8.3	13.7	15.9	16.6	17.2
西部	合　计	100.0	100.0	100.0	100.0	100.0
	第一产业	87.6	80.9	75.0	74.0	72.7
	第二产业	5.7	7.3	8.2	8.5	9.1
	工　业	3.4	4.0	3.9	4.0	4.2
	建筑业	2.3	3.3	4.3	4.5	4.9
	第三产业	6.7	11.8	16.8	17.5	18.2

资料来源: 1991、1996、2001—2003 年《中国农村统计年鉴》。

　　2002 年，东部地区第一产业占农村 GDP 的比重已经下降到了 25.2%，工业比重提高到了 57.6%，表明东部地区的工业化程度总体上已经达到了相当高的水平，无论是在经济发展的水平上，还是在产业结构的高度上，东部地区已经远远领先于中部地区。

　　东部地区农村经济结构变革始于改革开放初期，80 年代一直保持了较高的结构转换速度。据测算，从 1978—1992 年，农村社会总产值五业结构的变动系数①东部地区为 73，明显高于中部地区的 57 和西部地区的 52。②
90 年代中期以来，随着农村经济发展水平的不断提高，东部地区的农村产业结构相对来讲逐步趋于稳定，同中西部地区相比，结构转换的速度有所放慢。以农村 GDP 三次产业结构变动系数来衡量，1990—1994 年，东部地区达到了 48.9，高于西部地区的 47.6 和中部地带的 44.5；1995—2002 年，东部地区为 36.2，低于中部地区的 37.2 和西部地区的 40.9。

4. 从结构变动的结果来看，东部地区的劳动生产率水平明显高于中西部地区，西部地区第一产业和第三产业劳动生产率提高的速度快于中部地区。

在产值结构和就业结构变动的共同影响下，东、中、西部各业的劳动生产率水平不断提高，但是由于增长的起点以及结构变动的速度不同，区域间的劳动生产率的差异非常明显。以就业人员人均创造的增加值来衡量，各业劳动生产率水平基本上按照由东到西的顺序依次递减。在增长速度上，1990—2002 年，东部地区各业劳动生产率的年均增速均快于中西部地区；西部地区在第一产业和第三产业劳动生产率的增速快于中部地区；中部地区尽管在 90 年代中期某些行业的劳动生产率水平曾高于东部地区，但其后来的增速却明显下降（参见表 3－5）。

表 3－5　　　　　　三大地带就业人员人均创造增加值　　　　（单位：元）

年份		1990	1995	2000	2001	2002
增加值	平均	1733.2	5486.1	8785.8	9992.0	10921.5
	东部	2154.0	7320.3	12711.9	14479.8	15982.8
	中部	1651.0	5027.5	7085.4	8193.8	8596.6
	西部	1157.0	3276.6	4712.1	5128.6	5679.7
第一产业	平均	1499.8	3713.2	4446.8	4749.5	5038.0
	东部	1816.1	4859.5	5781.3	6244.5	6626.9
	中部	1513.1	3620.5	4163.7	4445.6	4700.7
	西部	1064.5	2402.3	3098.9	3234.9	3471.9

---

① 结构变动系数 $= \sum | A_{it} - A_{it-1} |$ ，其中 A_{it} 是第 t 年 i 项产值占总产值比重。
② 张新民主编：《中国农村、农业、农民问题研究（农村篇）》，中国统计出版社 1997 年版。

续表

年份		1990	1995	2000	2001	2002
第二产业	平均	3891.8	11264.4	23223.4	24928.5	28126.6
	东部	4331.6	13410.6	28009.5	30271.8	33390.8
	中部	3339.1	9651.2	18417.0	19503.5	22147.2
	西部	2849.5	7390.4	12998.3	14530.1	16812.3
工业	平均	5013.2	12647.0	25371.3	27110.1	30497.5
	东部	5501.0	14797.9	29857.8	32002.8	35249.3
	中部	4315.2	10726.7	19712.2	20912.5	23830.8
	西部	3663.5	8139.5	14674.1	16360.5	18949.9
建筑业	平均	1517.1	6047.1	12853.0	14308.9	15686.4
	东部	1433.8	6056.4	14549.7	16552.1	17967.8
	中部	1604.1	6275.4	13552.7	14549.7	15818.8
	西部	1651.3	5733.9	9164.8	10325.9	11665.0
第三产业	平均	1101.3	6568.0	16178.1	18898.1	18639.0
	东部	1047.8	5967.5	17861.6	22442.0	21915.3
	中部	1304.0	8198.0	16583.9	18097.7	17383.9
	西部	919.3	5247.8	11780.9	12693.9	13396.5

资料来源：1991、1996、2001—2003 年《中国统计年鉴》、《中国农村统计年鉴》和《中国乡镇企业统计年鉴》。

5. 从结构变动的影响来看，农民收入绝对差距持续扩大，但相对差距近年来有所缩小。

农民收入水平是衡量区域间农村经济发达程度的重要标志。90 年代以来，东、中、西部地区农民人均纯收入比值关系的变化，大体经历了两个阶段。1990—1994 年，三大地带的农民收入相对差距有所扩大，东、中、西部地区农民人均纯收入的比值从 1.73：1.16：1 扩大到 2.11：1.29：1；1995 年以后，中西部地区的农村居民收入增长加快，区域间的收入差距有所缩小。1995—2002 年，东、中、西部地区农村居民人均纯收入比率逐年缩小到 1.93：1.29：1。但是由于增长的基数不同，东部地区的农民人均纯收入的绝对增加额仍高于中、西部地区。1995 年, 东部地区的农民人均纯收入为 2127.2 元, 分别比中部和西部地区高 724.5 元和 1066.5 元; 2002年, 东部地区的农民人均纯收入已达到 3404.2 元, 分别比中部和西部地区高 1129.4 元和 1638.6 元 (参见图 3 - 1)。

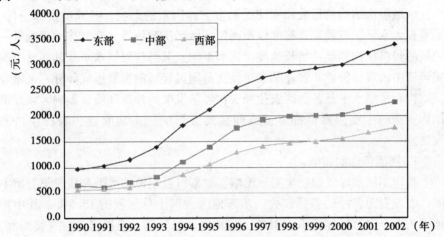

图 3 - 1 三大地带农民人均纯收入水平变化情况
资料来源: 1991—2003 年《中国统计年鉴》。

从结构变动的角度来看, 造成区域间农村经济发达程度和农民收入水平差距的主要原因, 不在于农业内部结构的变动, 而主要来自农村非农产业的发展。2002 年, 东、中、西部地区与全国平均水平比较, 农业结构相似系数①分别达到 0.992、0.997 和 0.990, 表明不同地带农业内部结构差异并不明显。但从农村产业结构看, 地带间却存在着巨大差异。东部地带的农村非农产业发展起步较早, 90 年代以来依然保持了较高的增长速度; 中、西部地区非农产业发展起步较晚, 但近年来增长速度有所提高。从结构转换的速度变化可以看出, 90 年代以来农村 GDP 中三次产业结构变动系数的变化过程与农民收入比值关系的变化过程基本一致, 在一定程度上说明: 近年来中西部地区农村产业结构变动的加快, 虽然还不足以缩小与东部地区的绝对差

---

① 结构相似系数计算公式为: $R = \dfrac{\sum\limits_{i=1}^{n} X_i Y_i}{\sqrt{\sum\limits_{i=1}^{n} X_i^2}\ \sqrt{\sum\limits_{i=1}^{n} Y_i^2}}$。$X_i$ 表示 X 地区(部门)i 行业所占比重, Y_i 表示 Y 地区(部门)i 行业所占比重, R 值介于 0 与 1 之间, R 越接近于 1, 说明相似程度越高。

距，但对遏制收入差距持续扩大的势头无疑产生了积极影响。

二　影响农村区域经济结构变动的主要因素

区域经济结构的形成和变动受到多方面因素的影响，各地的资源条件、要素投入水平、市场发育程度以及国家区域经济政策等，都直接关系到某一地区的经济结构和经济增长速度，进而影响到其经济发展水平及其在整个国民经济中占有的份额。农业和农村经济是国民经济的重要组成部分，区域经济结构和发展水平是各地区农业和农村经济发展的外部环境，影响区域经济结构变动的主要因素也都直接或间接地会影响到本地农业和农村经济的发展。

1. 资源条件的影响。

我国不同地区气候、生物、土壤、地形以及土地的类型和质量都有所不同，农业资源条件的差异较大。东部地区占国土总面积的 13.5%，其中耕地面积占全国总耕地面积的 31%。该地区平原广阔，河网密布，气候湿润，雨量充沛。四季分明，无霜期长，土质肥沃，农田水利设施等基础设施建设配套齐全。抗灾能力强，适宜于农业生产，高产稳产农田约占东部地区总耕地面积的 80% 以上。但由于人口密度较大，人均占有的农业资源较少。中部地区约占国土总面积的 29.7%，其中耕地面积占全国耕地总面积的 46%。该地区河流纵横，平原众多，气候适宜，雨量适中，平原地区农田水利设施基本配套，稳产高产农田约占中部地区总耕地面积的 40%，是农业生产的主产区。主要农作物亦以稻、麦、玉米，棉花为主。西部地区占全国国土总面积的 56.8%，其中耕地面积约占全国耕地总面积的 23%。该地区生物资源多种多样。西南部崇山峻岭，雨量充沛，属印度洋季风气候区，气温属亚热带、暖温带，是中国最大的森林基地，农业开发潜力极大；而西北部地区则高原平展，干旱少雨，沙漠广阔，间有草原牧场，亟待进行改良，农业生产产量低而不稳，大部分地区处于"靠天吃饭"状态。

各地经济发展的基础条件也不相同。东部地区具有明显的区位优势，水陆空海交通发达，铁路、公路、航空网密布，内河航运畅通，交通网络等级较高，配套设施完善；中部地区交通运输也较发达，大中城市又处于全国的枢纽带，经济发展潜力很大；西部地区虽有部分地区通行铁路，大城市也已通航，但总体交通状况呈严重落后状态，远远满足不了国民经济发展的需要。公路网虽然大部分地区已初步建成，但路面等级较低。由于交通运输不发达，严重影响了内陆地区经济的发展，一定程度上也影响了对外开放的速度。

近代以来，东部地区一直是我国经济最为发达的地区。中部地区工业基础雄厚，国有经济比重高，在传统的计划经济体制下，为国民经济的整体发展作出了重要贡献，但在体制转换的过程中，传统的工业优势逐步丧失。西部地区是我国通往亚欧一些国家的重要通道。水能、石油、天然气、煤炭、稀土、钾、磷、有色金属等资源储量大。新中国成立以来建设形成了一批老工业基地、国防工业企业、科研机构和大专院校，集中了一批专门人才，但基础设施落后，工业和服务业发展水平较低，科技和教育发展相对滞后，贫困地区、边远地区、少数民族地区和老工业基地困难较多。各种自然、经济、社会条件客观上对中西部农村经济的发展起到了一定的制约作用。

2. 投入水平的影响。

改善经济条件，发展优势产业，需要足够的资金支持。在三大地带中，东部地区财政、金融、外资利用以及民间自筹资金的能力较强，可利用的资金较多，而中西部区域的财政支付能力有限，自筹资金、可利用的外资和其他资金也相对不足。从财政收支情况看，2002 年，各省（市、区）地方本级财政收入合计为 8515 亿元，其中，东部地区占 66.3%，中部地区占 20.4%，西部地区占 13.3%；财政支出合计为 15281 亿元，其中，东部地区占 51.9%，中部地区占 26.8%，西部地区只占 21.3%。从城乡居民储蓄存款的情况看，2002 年，全部城镇居民储蓄存款余额为 71505 亿元，其中，东部地区占 61.1%，中部地区占 24.6%，西部地区占 14.3%；农户储蓄存款余额为 15406 亿元，其中，东部地区占 60.3%，中部地区占 25.7%，西部地区只占 14.0%。从固定资产投资情况看，2002 年，全社会完成固定资产投资 43500 亿元，东部地区占 57.3%，中部地区占 23.1%，西部地区占 14.2%。① 其中，农村集体经济投资额 4888 亿元，东部地区占 74.2%，中、西部地区分别只占 15.4% 和 10.4%；农村个体经济投资额 3123 亿元，东部地区占 47.8%，中、西部地区分别只占 34.6% 和 17.6%。从利用外资情况看，2002 年末外商投资企业年末登记投资总额为 9819 亿美元，其中，东部地区占 86.1%，中、西部地区分别只占 9.3% 和 4.6%。投资能力不强，不仅制约了中西部地区的经济增长，也制约了其产业结构的优化升级（参见图 3 - 2）。

①　由于存在"不分地区固定资产投资"，故各地区相加不等于 100%。

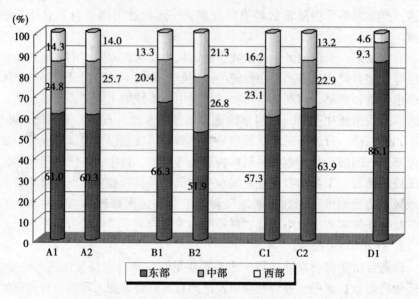

图 3-2　三大地带投资能力比较（2002）

A1：城乡居民储蓄存款余额　　　　A2：农户储蓄

B1：各地财政收入　　　　　　　　B2：各地财政支出

C1：全社会固定资产投资　　　　　C2：农村集体、个体固定资产投资

D1：外商投资企业年末登记投资总额

资料来源：2002 年《中国统计年鉴》、《中国金融年鉴》和《中国财政年鉴》。

3. 体制和政策因素的影响。

在改革开放以来的区域经济发展过程中，宏观经济政策产生了至关重要的影响。为加快国民经济发展，20 世纪 80 年代初期，国家确立了以提高宏观经济效益为主要目标的指导思想，明确了"效率优先、兼顾公平"的地区生产力布局原则，对地区经济发展战略和生产力布局作了重大调整，提出要利用东部地区的区位优势和较雄厚的经济发展基础，"充分发挥它们的特长，优先发展，从而带动内地经济进一步发展"，实施"非均衡的发展战略"，即"向东倾斜，梯度推进"战略。一方面，按东、中、西三大地区有重点，分阶段、求效益、有步骤地展开布局，向东部地区适度倾斜；另一方面，逐步将能源、原材料建设的重点转移到中部，并积极地做好进一步开发西部的准备。1988 年，国家又提出了"沿海地区经济发展战略"，对东部沿海开放地区从财政、税收、信贷、投资等方面进一步给予优惠，并围绕这一发展思路，在计划管理体制、财政体制、投资体制等方面进行了一系列改革。

区域经济非均衡发展战略取得了明显成效。80年代中期以后，随着各种优惠政策的出台，以及财政、金融、社会资金和外资的大量涌入，东部地区经济高速增长，在国民经济中占有的份额不断上升。特别是外向型经济发展迅猛，在短短10多年内就建立了5个经济特区、14个沿海开放城市、15个保税区以及一大批沿江、沿边开放中心城市，不仅带动了东部地区经济的整体发展，也为东部地区农村经济特别是乡镇企业的发展提供了广阔的空间。但是，由于政策向东部地区倾斜的力度过大，加上国家的宏观调控机制和调控手段不完善，这种非均衡的发展战略也产生了一系列问题，最突出的表现是东部与中、西部地区的经济差距迅速拉大。由于缺少必要的资金和技术支持，中、西部地区基础设施和基础产业的发展受到抑制，资源优势难以发挥；同时，受高经济效益和高投资回报率的吸引，中、西部地区原本就十分短缺的资金、技术、人才等资源还大量地向东部地区流入，为这一地区经济的长远发展产生了不利影响。

针对区域经济发展差距扩大的问题，90年代中期前后，国家开始对区域经济非均衡发展战略进行调整。提出要正确处理发挥地区优势与全国统筹规划、沿海与内地、经济发达地区与较不发达地区之间的关系，促进地区经济朝着合理分工、各展其长、优势互补、协调发展，并决定"从'九五'计划开始，要逐步地、积极地解决地区差距扩大的问题，实施区域经济协调发展战略"。

1999年11月，中央经济工作会议作出了西部进行大开发的战略决策。2000年12月，国务院发布《关于实施西部大开发若干政策措施的通知》，指出：当前和今后一段时期西部大开发的重点任务和战略目标是，加快基础设施建设；加强生态环境保护和建设；巩固农业基础地位，调整工业结构，发展特色旅游业；发展科技教育和文化卫生事业。力争用5—10年的时间，使西部地区基础设施和生态环境建设取得突破性进展，西部开发有一个良好的开局。到21世纪中叶，要将西部地区建成一个经济繁荣、社会进步、生活安定、民族团结、山川秀美的新西部。随后国家为加快西部地区发展，又陆续出台了一系列优惠政策和扶持措施。

西部大开发战略的实施，有效地促进了西部地区的发展。2000—2002年，西部12个省市区[①]国内生产总值年平均增长9.4%，快于全国平均增速

---

① "西部大开发战略"中的西部地区包括重庆市、四川省、贵州省、云南省、西藏自治区、陕西省、甘肃省、宁夏回族自治区、青海省、新疆维吾尔自治区和内蒙古自治区、广西壮族自治区等12个省（区、市）。

1.7 个百分点；人均 GDP 由 1999 年的 4312 元提高到 2002 年的 5512 元，平均增加 1200 元。2000—2002 年间，西部地区共完成固定资产投资 22300 亿元，占同期全国的 21.3%。以煤炭、电力、化工、冶金、电子及农畜产品加工为主的支柱产业群初步形成，为西部地区工业生产增速注入新的活力。同时，随着生态环境建设的不断加强和特色产业的逐步发展，西部地区农村产业结构调整的步伐正逐渐加快，农村经济呈现出良好的发展势头。

从今后一段时期我国经济的发展趋势看，东部地区仍将是我国经济增长核心区，随着西部大开发战略的实施，西部的资源优势将快速实现转化，经济发展速度将进一步加快。在这一背景下，中部地区的经济增长和结构优化问题就日益凸显出来。当前，中部地区农业和农村经济发展面临着许多的困难和问题，经济发展的整体水平也远远落后于东部地区。吸取改革以来我国区域经济发展中的经验和教训，进一步深化改革，采取有效措施，促进中部地区发展，应当成为我国区域经济政策的重要内容。

4. 市场发育水平的影响。

改革开放以来，市场机制在优化资源配置、调整产业结构方面发挥着越来越重要的作用，市场发育程度已成为决定各产业和区域发展水平的主要因素。现阶段我国东、中、西部地区经济发展不平衡，市场发育程度不同是一个非常重要的原因。主要表现在三个方面：

首先，从市场主体来看，改革开放以来，东部区域紧紧抓住机遇，着力调整了所有制结构，逐步形成了以非国有经济为主体的多元化所有制结构，非国有经济以其特有的生机和活力，在许多地方成为经济增长的主导力量，促进了经济的快速发展。而中西部地区的改革进程则相对缓慢，虽然个体私营经济有所发展，但普遍存在着规模偏小、布局分散等问题，市场竞争力和对区域经济的控制力不强，对推动经济发展和转变经济结构方面的作用难以充分发挥出来，与东部地区形成鲜明反差。1998 年全国各区域经济的所有制结构比较中，以国有经济为主的区域有 14 个，除北京、辽宁外，全部为中西部区域。东部区域国有经济比重为 35% 左右，而中西部区域超过 50%。[1] 非国有经济比重偏低，经济生活中新的经济增长点就比较少；国有经济比重偏大，不仅受国家宏观调控影响大，回旋余地小，而且受传统体制惯性影响大，经济缺乏生机和活力。改革以来中西部区域经济之所以难以实现高于全国的快速增长，市场主体结构单一是直接因素之一。

---

[1]　林善炜：《中国经济调整战略》，中国社会科学出版社 2003 年版。

其次，从市场体系来看，东部地区也高于中、西部地区。改革以来，东部地区的产品市场和要素市场快速发展，技术、信息、产权等各领域的市场化程度也迅速提高，流通规模显著扩展；而中西部地区则显著落后于东部地区，特别是生产要素市场发育普遍滞后。由于在市场经济条件下，各种要素的配置主要是直接通过要素市场而实现的，要素市场的滞后必然影响到资源配置的效率和整个市场体系的运行。因此，中、西部地区在一定时期内从市场经济发展中得到的好处是有限的，在同等条件下通过市场实现的利益往往低于经济发达的东部地区。同时，在市场机制特别是价格机制的调节作用下，市场发育程度不同的区域之间存在着回波效应，市场发育程度较低的中、西部，资本、人才和劳动力等资源会流向经济较发达、市场发育程度较高的东部地区，给中、西部地区的经济发展造成不利影响，从而进一步扩大区域间的经济发展差距。此外，在市场经济发展过程中，许多在计划经济条件下形成的对中西部地区进行国家扶持的一些政策措施，其所能产生的作用也不断弱化，经济发展的外部支持明显减少。

再次，从人文环境来看，中西部地区发展市场经济还受到许多文化和观念的制约。对于市场和商业行为的认识，各区域的文化有不同的认识，由此也就引发了不同的态度和行为。据有的学者研究，我国内陆地区比东部沿海地区的商品经济发育明显迟缓，特别是改革开放后，这种差距还出现了扩大的趋势，究其原因，这与内地人在文化观念上的商品意识、竞争意识、风险意识较淡，以及与之相关的缺乏驾驭商品经济的能力都有一定关联。

总之，上述各种因素交织在一起共同决定了我国区域经济发展水平和经济结构的变动方向。要实现 21 世纪我国国民经济的快速健康增长，必须采取综合性措施，调整优化区域布局结构和各区域内部的经济结构，促进区域经济的协调发展。这就要求，推进新阶段的农业和农村经济结构战略性调整，必须要与区域经济结构调整相适应，面向市场，因地制宜，充分发挥各地的比较优势，逐步形成与当地的资源禀赋和经济条件相适应的农业和农村经济结构，为各地农业和农村经济的长远发展奠定坚实的基础。

三　农村区域经济结构调整中需要注意的几个问题

改革开放以来，我国区域间的农业和农村经济结构发生了深刻变革，有力地推动了这一时期我国农业和农村经济乃至整个国民经济的快速发展，但也存在着一些矛盾和问题，在推进新阶段农业和农村经济结构战略性调整的过程中，需要给予关注和解决。

1. 农业生产结构趋同问题。

区域间农业结构趋同现象是 20 世纪 80 年代以来我国农业结构变动的一个重要特征。90 年代以来，这一问题虽然有所缓解，但依然十分突出。从表 3 - 6、表 3 - 7 可以看出，1990—2002 年，各区域间的农业结构相似系数虽然趋于下降，但仍保持在很高的水平上。农业生产有着很强的地域性，我国各地区自然条件和资源禀赋差异极大，经济发展的基础和条件也不尽相同。由此也就决定了同一行业、同一产品的生产效益在不同地区必然存在着很大差别。发展农业生产、形成合理的农业结构，必须根据不同地区的自然资源的性质及其组合特点，来确定资源的利用方向，选择行业，充分发挥出各地农业资源和社会经济条件的优势。现阶段存在的区域农业结构趋同现象表明，各区域的资源利用不尽合理，区域优势并没有很好地形成，更没有充分发挥作用。这一问题的形成，原因是多方面的：首先是自成体系、自求平衡的传统生产方式没有根本改变，加上区域分工与协作关系没有广泛建立起来，客观上又助长了这种"小而全"、"大而全"的区域生产布局；其次是全国统一的市场体系还不完善，价格等市场机制在农业结构调整中的作用还没有充分显现出来；再次是国家的区域产业政策不完善，分层调控体制不健全，区域农业结构调整缺乏明确、具体而又可行的引导。因此，今后的农业结构调整，必须着眼于促进各地区合理分工、各扬优势，合理调整农业区域布局，使各地区间形成相互依存、相互促进的良好局面，从而使各地区都能从中受益，进而实现我国农业的持续健康发展。

表 3 - 6　　各地区农村农林牧渔业结构与全国平均结构的相似系数

年份	1995	1998	2001	2002
北京	0.997	0.983	0.970	0.953
天津	0.992	0.996	0.993	0.985
河北	0.994	0.986	0.982	0.987
山西	0.992	0.989	0.985	0.987
内蒙古	0.987	0.987	0.970	0.979
辽宁	0.996	0.993	0.983	0.985
吉林	0.992	0.987	0.987	0.986

续表

年份	1995	1998	2001	2002
黑龙江	0.983	0.974	0.981	0.982
上海	0.993	0.986	0.978	0.984
江苏	0.992	0.991	0.986	0.985
浙江	0.976	0.967	0.959	0.957
安徽	0.996	0.998	0.999	0.999
福建	0.945	0.926	0.919	0.923
江西	0.989	0.987	0.993	0.993
山东	0.986	0.994	0.995	0.996
河南	0.993	0.987	0.988	0.987
湖北	0.9997	0.999	0.998	0.998
湖南	0.995	0.984	0.997	0.997
广东	0.982	0.978	0.976	0.973
广西	0.994	1.000	0.998	0.999
海南	0.913	0.952	0.921	0.915
重庆		0.995	0.994	0.994
四川	0.996	0.993	0.986	0.981
贵州	0.992	0.991	0.988	0.989
云南	0.992	0.991	0.990	0.989
西藏	0.870	0.908	0.921	0.916
陕西	0.991	0.987	0.981	0.981
甘肃	0.989	0.988	0.985	0.985
青海	0.853	0.892	0.832	0.828
宁夏	0.994	0.988	0.990	0.990
新疆	0.986	0.980	0.987	0.986
东部地区	0.996	0.994	0.992	0.992
中部地区	0.998	0.997	0.997	0.997
西部地区	0.994	0.992	0.990	0.990

资料来源：1996、1999、2002 和 2003 年《中国农村统计年鉴》。

表 3 – 7   各地区之间的农村农林牧渔业结构相似系数

年份	1995	1998	2001	2002
东部—中部	0.988	0.983	0.980	0.980
中部—西部	0.999	0.995	0.998	0.998
西部—东部	0.980	0.974	0.966	0.964

资料来源：1996、1999、2002 和 2003 年《中国农村统计年鉴》。

结构相似系数计算公式为：$R = \dfrac{\sum\limits_{i=1}^{n} X_i Y_i}{\sqrt{\sum\limits_{i=1}^{n} X_i^2}\ \sqrt{\sum\limits_{i=1}^{n} Y_i^2}}$。$X_i$ 表示 X 地区（部门）i 行业所占比重，Y_i

表示 Y 地区（部门）i 行业所占比重，R 值介于 0 与 1 之间，R 越接近于 1，说明相似程度越高。

2. 重复投资、重复建设问题。

重复投资和重复建设问题是 80 年代以来我国区域经济发展中一直存在的现象。从初级加工产业到高附加值产业，从区域产业结构现状到区域产业结构发展趋势，从东中西三大经济地带等大的经济区到具体企业，都存在着重复建设严重、缺乏合理的产业分工和产业合作等问题。在农业和农村经济发展中，也存在这一现象，特别是近年来随着各地农业和农村经济结构调整的逐步推进，这一问题还有所加剧。为加快本地经济发展，一些地方缺乏总体规划，盲目上项目、建基地、搞建设，小规模、低水平的重复建设，不仅抑制了区域比较优势的发挥，加剧了产业布局的不合理，而且使区域分工效益和规模经济效益难以产生；还有一些地方在推进农业结构调整中，缺乏对市场潜在风险的分析，定位的特色和优势、确定的产业结构过于集中，主导产业相同，特色产业相近，产品品种品质也没有多大区别，调整方向雷同，从而使一些产业领域中的市场竞争更加激烈，发展空间受到压缩，进一步加大了市场风险。不合理的重复投资、重复建设，造成巨大的资源浪费，加剧了区域产业结构的趋同，延缓了生产的集中过程，造成规模经济要求高的产业分散布局，直接影响到区域结构的调整和优化，并成为影响国民经济整体效益提高的重要因素。

3. 区域间的产业分工和资源配置问题。

发挥比较优势，优化资源配置，是实现区域经济增长和协调发展的首要原则，而区域间的合理分工是发挥区域比较优势和实现资源优化配置的前提。区域间的农业生产结构趋同问题，以及各地在结构调整过程中出现的重复投资和重复建设问题，都在一定程度上折射出我国现阶段区域间产业分工不够清晰，产业布局不尽合理。改革开放以来，各地在经济发展上的自主权日益扩大，我国计划经济时期形成的中西部提供原材料、东部进行加工的垂直分工体系已被打破，区域分工弱化的问题随之显现。虽然在过去相当长的一段时间内，形成合理的区域分工和区域布局结构都是我国宏观经济政策和发展战略中的重要内容，但由于缺乏有效的引导措施和调控手段，取得的成效并不显著。由此也就不可避免地会出现区域经济发展的盲目性以及新的区域产业结构趋同等问题，进而引发区域间过度竞争，造成资源大战，阻碍实现资源的优化配置。

区域布局结构调整应当充分考虑各地的资源条件、市场条件和经济发展水平。从农业产业来看，我国东部沿海经济发达地区和大中城市郊区，发展大宗农产品生产不具有优势，但面向国内、国际市场需求，发展外向型农业，高科技农业和高附加值农业，具有良好的前景；中部地区在粮食等基础农产品生产方面具有明显优势，在稳定提高粮食生产能力的基础上，加强商品粮、加工专用粮和饲料粮生产基地建设，发展畜牧养殖业和食品加工业，提高生产效益，具有广阔的空间；西部地区基本属于生态脆弱地区，但特色农业、节水农业、生态农业和农产品加工业，具有巨大的发展潜力。从非农产业来看，东部地区的工业化和城镇化水平较高，可以充分利用现有的区位优势、资金优势、科技优势和智力优势，发展资本密集型和技术密集型产业，推动产业结构升级；而中西部地区可以利用自身在劳动力、土地、原材料等方面的优势，发展劳动密集型产业，加快工业化进程。我国不同地区的资源禀赋具有较强的互补性，区域间的经济合作前景广阔。应当在加强宏观政策引导的同时，加快市场化改革，建立健全全国统一开放的市场体系，促进资金、技术和劳动力等生产要素的自由流动。总之，建立新型的、有效率的能够充分发挥我国各区域比较优势并实现资源优化配置的区域分工格局，应当成为今后我国区域经济协调发展的重要任务。

4. 收入公平与产业增长的关系问题。

改革开放以来，东部沿海区域对外开放的区位优势和经济发展的潜能得到了充分的发挥。东部地区在吸引资金、引进技术、对外贸易等方面占有得天独厚的有利条件，同时，国家为了从整体上提高投资效益，在体制及政策上给予了优惠，使得东部区域经济获得了中西部地区难以获得的附加值，导致了区域间经济发展及人民生活水平差距的扩大。区域发展不平衡是经济发展和结构变革中必然出现的现象，但如果任其发展，也会引发一系列新的矛盾和问题，不仅会对区域分工、生产力布局等产生负效应，也不利于社会稳定，对此必须要给予高度重视。

公平和效率都是国家发展的目标。效率有利于社会财富的增长，公平有利于社会的稳定和长治久安，因此，效率与公平都是重要的。然而在一定时期，两者是有矛盾的，必须正确处理好效率与公平的关系。根据效率与公平的原则，在未来区域经济发展及经济结构调整中，应当兼顾经济效益和社会效益。在遵循区域经济发展不平衡规律的同时，从经济社会发展的长远利益出发，正确处理发达地区与欠发达地区之间的经济关系，适当弥补完全市场调节下生产力布局不均衡和地区之间收入分配差距可能拉大的问题。在提高资源空间配置效率的基础上，合理考虑收入公平分配和生产力均衡布局的要求，通过统筹规划，帮助欠发达区域选择适合本地条件的发展重点和优势产业，扶持欠发达地区经济的发展，加强发达地区与欠发达地区之间的沟通和经济联系。既防止生产力布局在某一地区过分集中，又要防止生产力布局过度分散的倾向。在促进不同发达程度各地区之间的协调发展的同时，努力实现经济增长与收入公平的双重目标。

第四章

农业结构变动的特点及需要注意的问题

20 世纪 90 年代以来，我国的农业结构发生了很大的变化，畜牧业和渔业成为农业内部各业中发展最快的产业。种植业内部的结构变化最显著的特点是，粮食作物和传统经济作物的比重稳定下降，园艺作物的比重持续上升。在整个粮食作物比重下降的同时，稻谷和小麦的比重也相应下降，玉米和大豆的比重上升。本章的研究认为，影响农业结构变化的主要因素有决定资源利用能力和效率的农业技术水平、作为农业生产最终需求的产品结构和制度安排等。农业结构调整需要注意的问题是，处理好结构调整与粮食生产、农业可持续发展、需求结构变动、就业结构调整的关系，充分发挥市场在资源配置上的基础作用，改善政府职能。

一 农业结构变动的特征

改革开放以来，特别是 20 世纪 90 年代中期以来，以市场需求为导向和发展养殖业、促进种植业为主线的农业结构调整是富有成效的，农业内部结构发生了明显的变化。

1. 种植业在农业内部各业中虽仍占有重要的位置，但比重却大幅度下降。

从表 4-1 可以看出，在整个农业结构变动的过程中，种植业的地位仍然不容忽视，到 2003 年仍占 51.7%。但发生了显著的变化，最突出的特点是，种植业的产值份额大幅度下降。从 1978—2003 年，种植业产值在农业总产值中的比重由 80% 下降到 51.7%，下降了 28.3 个百分点，平均每年下降 1.13 个百分点。

表 4-1		农业内部产值结构的变化情况		（单位:%）
年份	种植业	林业	畜牧业	渔业
1978	80.0	3.4	15.0	1.6
1980	75.6	4.2	18.4	1.8
1985	69.2	5.2	22.1	3.5
1990	64.7	4.3	25.7	5.3
1995	58.4	3.5	29.7	8.4
1996	60.6	3.5	26.9	9.0
1997	58.3	3.4	28.7	9.6
1998	58.0	3.5	28.6	9.9
1999	57.6	3.6	28.5	10.3
2000	55.7	3.8	29.7	10.8
2001	55.2	3.6	30.4	10.8
2002	54.5	3.8	30.9	10.8
2003	51.7	4.3	33.1	10.9

注：2003 年执行新国民经济行业分类标准，2004 年《中国统计年鉴》公布的农、林、牧、渔业总产值中包括了农林牧渔服务业产值。而农业、林业、牧业和渔业在总产值中的比重分别为 50.1%，4.2%，32.1%和10.6%，合计为97.0%。另 3.0%为农林牧渔服务业产值的比重。

资料来源：根据2004 年《中国统计年鉴》。

2. 畜牧业和渔业成为农业内部各业中发展最快的产业，是推动农业内部结构变动的主要力量。

从表 4-2 可以看出，畜牧业的发展波动较大，渔业则比较稳定。如果不把林业计算在内，农业内部结构的变化更为明显。相对于种植业而言，畜牧业和渔业的比重上升较快，幅度也比较大。如果从农、牧两业结构变动的关系看，农、牧业的比例由 1978 年的84.2：15.8，转变为 2003 年的 60.9：39.1，农牧业结构趋向合理。

表4-2　　　　　农业内部产值结构的变化情况（不含林业）　　（单位:%）

年份	种植业	畜牧业	渔业
1978	82.8	15.5	1.7
1980	79.0	19.2	1.8
1985	73.1	23.3	3.6
1990	67.6	26.8	5.6
1995	60.5	30.8	8.7
1996	62.7	27.9	9.4
1997	60.4	29.7	9.9
1998	60.2	29.6	10.2
1999	59.7	29.6	10.7
2000	57.9	30.8	11.3
2001	57.3	31.5	11.2
2002	56.7	32.1	11.3
2003	54.0	34.6	11.4

资料来源：根据2004年《中国统计年鉴》。

3. 在整个农业生产结构发生变化的同时，种植业内部结构也发生了变化。

从表4-3可以看出，变化最显著的特点是，粮食作物和传统经济作物的比重稳定下降，园艺作物的比重持续上升，幅度也较大。

表4-3　　　　　　农作物播种面积结构的变化情况　　　　（单位:%）

年份	粮食	油料	棉花	糖料	蔬菜	果园
1978	80.3	4.1	3.2	0.6	2.2	1.1
1980	80.1	5.4	3.4	0.6	2.2	1.2
1985	75.8	8.2	3.6	1.1	3.3	1.9
1990	76.5	7.3	3.8	1.1	4.3	3.5
1995	73.4	8.7	3.6	1.2	6.3	5.4
1996	73.9	8.2	3.1	1.2	6.9	5.6
1997	73.3	8.0	2.9	1.2	7.3	5.6
1998	73.1	8.3	2.9	1.3	7.9	5.5
1999	72.4	8.9	2.4	1.1	8.5	5.5
2000	69.4	9.9	2.6	1.0	9.7	5.7
2001	68.1	9.4	3.1	1.1	10.5	5.8
2002	67.2	9.6	2.7	1.2	11.2	5.9
2003	65.2	9.8	3.4	1.1	11.8	6.2

资料来源：根据1979—2004年《中国统计年鉴》有关数据整理计算。

4. 在种植业结构发生变化的同时，粮食作物内部结构也得到了调整。

从表4-4可以看出，在整个粮食作物比重下降的同时，稻谷和小麦的比重也相应下降，玉米和大豆的比重上升，薯类的比重则保持稳定。

表4-4　　　　　　　　粮食作物播种面积结构的变化情况　　　　　　（单位:%）

年份	稻谷	小麦	玉米	大豆	薯类
1978	28.5	24.2	16.6	5.9	9.8
1980	28.9	24.9	17.3	6.2	8.7
1985	29.5	26.8	16.3	7.1	7.9
1990	29.1	27.1	18.9	6.7	8.0
1995	27.9	26.2	20.7	7.4	8.6
1996	27.9	26.3	21.8	6.6	8.7
1997	28.1	26.6	21.1	7.4	8.7
1998	27.4	26.2	22.2	4.8	8.8
1999	27.6	25.5	22.9	7.0	9.2
2000	27.6	24.6	21.3	8.6	9.7
2001	27.2	23.3	22.9	8.9	9.6
2002	27.1	23.0	23.7	8.4	9.5
2003	26.7	22.1	24.2	9.4	9.8

资料来源：根据2004年《中国统计年鉴》。

二　农业结构变动的原因

农业结构的变化通常是由农业生产赖以存在的自然资源状况、决定资源利用能力和效率的农业技术水平、作为农业生产最终需求的产品结构等因素的变化决定的。农业自然资源是形成一定农业结构格局的基础，这种基础一般来说又是相对稳定的。随着经济的发展和社会的进步，农业的技术水平和农产品的需求结构可能会有很大的变化。

1. 农业生产技术对农业结构变动的影响，主要反映在土地、劳动力和资金投入结构的变动之中。

（1）从土地要素的投入及其结构看，种植业内部土地的投入结构发生了明显变化。从表 4 – 5 可以看出，粮食作物面积比重出现了不断下降的态势，经济作物面积比重不断上升，其他作物面积比重上升较快。这在很大程度上决定了种植业结构的变化。

表 4 – 5　　　　　　　种植业内部播种面积结构的变化情况　　　　　　（单位:%）

年份	粮食作物	经济作物	其他作物
1978	80.3	9.6	10.1
1980	80.1	10.9	9.0
1985	75.8	15.6	8.6
1990	76.5	14.4	9.1
1995	73.4	14.8	11.8
1996	73.9	12.9	13.2
1997	73.3	13.9	12.8
1998	73.0	13.7	13.3
1999	72.4	13.3	14.3
2000	69.4	14.4	16.2
2001	68.1	14.6	17.3
2002	67.2	14.5	18.3
2003	65.2	15.4	19.5

资料来源：根据 2004 年《中国统计年鉴》。

（2）从劳动力的投入及其结构看，农业内部劳动力的投入结构变化较慢。从表 4 – 6 可以看出，种植业劳动力在整个农业劳动力中所占的比重缓慢下降，林业劳动力比重略有上升，畜牧业劳动力比重有所上升，渔业劳动力比重稍有下降。这在一定程度上反映了农业生产结构的变化。

表 4 – 6　　　　　　　农业内部劳动力结构的变化情况　　　　　　（单位:%）

年份	1980	1985	1990	1995	2000
种植业	91.8	86.7	91.5	90.6	88.6
林　业	1.1	1.3	1.1	1.3	1.3
畜牧业	5.3	8.9	6.3	6.8	8.4
渔　业	1.8	3.1	1.1	1.3	1.7

资料来源：林善炜《中国经济结构调整战略》一书。

（3）从资本要素的投入及其结构看，各部门的中间消耗结构发生了较大变化。从表4－7可以看出，农业中间消耗占农业内部各部门中间消耗的比重大幅度下降，牧业和渔业中间消耗比重明显上升，林业中间消耗比重略有下降。这在很大程度上影响了农业结构的变化。

表4－7　　　　　　农业内部各部门中间消耗结构的变化情况　　　　（单位:%）

年份	1985	1990	1995	1998	2000	2003
农业	61.1	57.2	50.9	52.2	50.3	42.3
林业	3.6	2.7	2.3	2.4	2.7	3.3
牧业	31.9	35.1	38.6	35.8	36.5	39.6
渔业	3.4	5.0	8.2	9.6	10.5	10.9

注：1985年和1990年为农林牧渔物质消耗，其中农业物质消耗项目中包括农作物种植业物质消耗和副业物质消耗。

资料来源：根据1991、1996、1999、2001和2004年《中国农村统计年鉴》有关数据整理。

2. 农产品需求对农业结构变动的影响，主要反映在消费需求、出口需求和工业原料需求结构的变化之中。

（1）从农产品的消费需求及其结构看，随着居民生活水平的不断提高，总的来说人们对农产品的需求增长相对减缓，但在农业内部，各种农产品需求的收入弹性是不一样的。从表4－8和表4－9可以看出，无论是农村居民还是城镇居民，对粮食的直接消费都逐渐减少，对食油、猪牛羊肉、家禽、蛋、奶、水产品的消费稳步增加。畜牧业和渔业产值比重的上升，正是反映了这种需求结构变化的特征。

表4－8　　　　　　农村居民人均主要食品消费量　　　　（单位：千克）

年份	粮食	蔬菜	食油	猪牛羊肉	家禽	蛋类及其制品	水产品	食糖
1978	247.83	141.50	1.97	5.75	0.25	0.79	0.84	0.73
1980	257.16	127.21	2.48	7.74	0.66	1.21	1.10	1.06
1985	257.45	131.13	4.04	10.97	1.03	2.05	1.64	1.46
1990	262.08	134.00	5.17	11.34	1.25	2.41	2.13	1.50
1995	256.07	104.62	5.80	11.29	1.83	3.22	3.36	1.28

续表

年份	粮食	蔬菜	食油	猪牛羊肉	家禽	蛋类及其制品	水产品	食糖
1996	256. 19	106. 26	6. 07	12. 90	1. 93	3. 35	3. 68	1. 37
1997	250. 67	107. 21	6. 16	12. 72	2. 36	4. 08	3. 75	1. 35
1998	248. 90	108. 96	6. 13	13. 20	2. 33	4. 11	3. 66	1. 40
1999	247. 45	108. 89	6. 17	13. 87	2. 48	4. 28	3. 82	1. 46
2000	250. 23	106. 74	7. 06	14. 41	2. 81	4. 77	3. 92	1. 28
2001	238. 62	109. 30	7. 03	14. 50	2. 87	4. 72	4. 12	1. 43
2002	236. 50	110. 55	7. 53	14. 87	2. 91	4. 66	4. 36	1. 64
2003	222. 44	107. 40	6. 27	15. 04	3. 20	4. 81	4. 65	1. 24

资料来源：根据 1998—2004 年《中国统计年鉴》。

表 4 - 9 城镇居民人均主要食品消费量 （单位：千克）

年份	粮食	鲜菜	食用植物油	猪肉	牛羊肉	家禽	鲜蛋	水产品	鲜奶
1990	130. 72	138. 70	6. 40	18. 46	3. 28	3. 42	7. 25	7. 69	4. 63
1995	97. 00	116. 47	7. 11	17. 24	2. 44	3. 97	9. 74	9. 20	4. 62
1996	94. 68	118. 51	7. 13	17. 07	3. 34	3. 97	9. 64	9. 25	4. 83
1997	88. 59	113. 34	7. 20	15. 34	3. 70	4. 94	11. 13	9. 30	5. 07
1998	86. 72	113. 76	7. 55	15. 88	3. 34	4. 65	10. 76	9. 84	6. 18
1999	84. 91	114. 94	7. 78	16. 91	3. 09	4. 92	10. 92	10. 34	7. 88
2000	82. 31	114. 74	8. 16	16. 73	3. 33	5. 44	11. 21	11. 74	9. 94
2001	79. 69	115. 86	8. 08	15. 95	3. 17	5. 30	10. 41	10. 33	11. 90
2002	78. 48	116. 52	8. 52	20. 28	3. 00	9. 24	10. 56	13. 20	15. 72
2003	79. 52	118. 34	9. 20	20. 43	3. 31	9. 20	11. 19	13. 35	18. 62

资料来源：根据 1998—2004 年《中国统计年鉴》。

（2）从农产品的出口需求及其结构看，受国际市场需求及价格变动的影响，中国的农产品出口额迅速扩大（参见表 4 - 10），出口品种也由低层次、少品种向加工品、多样化方向发展。从表 4 - 11 可以看出，蔬菜、水果、水产品等出口增长较快。正是由于出口需求的扩张，拉动了园艺业和渔业的发展。

表4－10　　　　　　　　中国农产品出口额及占世界比重

年份	中国出口额（亿美元）	占世界比重（%）
1985	67.1	3.21
1990	106.8	3.27
1995	146.2	3.29
1996	142.5	3.06
1997	149.9	3.27
1998	139.4	3.18
1999	136.0	3.26
2000	157.0	3.80
2001	160.7	3.90
2002	181.4	－
2003	214.3	－

资料来源：1978—2003年《中国农村经济主要数据》。

表4－11　　　　　　　　海关出口主要农产品数量

年份	1980	1985	1990	1995	1996	1997	1998	1999	2000	2001	2002	2003
活猪（万头）	316	296	300	253	240	227	219	196	203	196	188	188
大米（万吨）	109	101	33	5	26	94	375	271	295	186	199	262
棉花（万吨）	1	35	17	2.16	0.45	0.09	4.5	23.6	29.2	5.2	15	11
蔬菜（万吨）	34	51	98	158	167	167	201	225	245	298	360	432
水果（万吨）	24	21	23	40	56	68	66	73	82	81	113	146
水产品（万吨）	11	12	36	61	64	72	79	109	120	154	163	158
食糖（万吨）	30	18	57	48	66.5	37.9	43.6	36.7	41.5	19.6	32.6	10.3
食用植物油（万吨）	3	16	14	51.7	48.2	82.4	30.9	10	11.2	13.4	9.8	6

续表

年份	1980	1985	1990	1995	1996	1997	1998	1999	2000	2001	2002	2003
小麦 （万吨）				22.5	56.5	45.8	27.5	16.4	18.8	71.3	97.7	251.4
玉米 （万吨）		633.7	340.4	11.5	23.8	667.1	469.2	433.3	1047.9	600	1167.5	1639.1
活家禽 （万只）	1945	3451	4784	5263	5377	5268	4262	4500	4890	4195	4280	3908
鲜蛋 （百万个）	1587	1018	601	358	520	733	578	466	757	614	1001	1292

资料来源：1981—2004 年《中国统计年鉴》。

（3）从农产品的工业原料需求及其结构看，以农产品为加工对象的企业的市场需求对农业结构的变动也是有影响的。从表 4 - 12 可以看出，近几年来，随着我国经济的转型以及企业的升级，农产品加工业的内部结构也发生了变化，其中木材加工、家具制造、纸及制品等行业比重呈上升态势。这种变化，也在一定程度上影响了农业结构的变化。

表 4 - 12　　　　　　各行业产值占全国比重及位次　　　（单位：%）

	1998		1999		2000		2001		2002	
	比重	位次	比重	位次	比重	位次	比重	位次	比重	位次
食品加工业	5.19	2	4.84	2	4.35	2	4.29	2	4.31	2
食品制造业	1.79	7	1.74	7	1.68	7	1.71	7	1.78	7
饮料制造业	2.33	4	2.28	4	2.05	4	1.91	4	1.80	6
烟草加工业	2.03	5	1.91	5	1.69	6	1.78	6	1.84	5
纺织业	6.46	1	6.23	1	6.01	1	5.89	1	5.75	1
服装及其他制造	2.98	3	2.80	3	2.67	3	2.72	3	2.63	3
皮革及其制品业	1.76	8	1.65	8	1.57	8	1.65	8	1.63	8
木材加工及其他	0.73	10	0.77	10	0.77	9	0.78	9	0.75	9
家具制造业	0.44	11	0.44	11	0.43	11	0.46	11	0.47	10
造纸及制品	1.84	6	1.83	6	1.86	5	1.89	5	1.88	4
印刷业的复制	0.80	9	0.80	9	0.72	10	0.76	10	0.75	9

资料来源：1999—2003 年《中国统计年鉴》。

3. 制度安排对农业结构变动的影响，主要反映在不同时期对农业政策作出的调整和安排上。由于不同时期对农业发展要求的侧重点不同，因此某一段时期内的农业政策安排便决定了这一段时期内农业结构变动的特点。进入新阶段以来，对农业结构变动产生影响的农业政策不少，但产生较大影响的则是，推进农业结构战略性调整、鼓励农民外出就业和扩大农产品出口的制度安排。

（1）推进农业结构战略性调整。20 世纪 90 年代中后期，粮食及多数农产品出现过剩，农产品价格持续低迷，而优质专用农产品则相对供应不足，结构性矛盾突出。针对这一问题，政府提出了对农业结构进行战略性调整的方针，实行了以市场为导向和以优化品种、优化结构、优化布局为主要内容的结构调整政策。一些地方采取了"压粮扩经"、"稳农扩工"及"释放农地"等做法，已开始影响到农业结构的变动。

（2）促进农村劳动力转移。为了促进农民增加收入，政府采取了以"公平对待、合理引导、完善管理、搞好服务"为主要内容的鼓励农民外出就业的政策。政府实行的种种鼓励政策，加快了农业劳动力向非农产业和城市的转移，它对缩小农业与工业、城市与乡村的差距有积极的推动作用。但是，由于农业移出的一般都是受过教育的青壮年人口，而留在农村的又多为老弱妇孺，这必然要对农业产生一些负面影响，这种影响也将在农业结构的变动上反映出来。

（3）鼓励扩大农产品出口。推动农产品及加工品的出口，是赚取工业和城市发展所需外汇资金的重要方法。为了扩大农产品出口，政府采取"走出去"战略，针对农产品加工程度不高、出口创汇能力不强等问题，积极鼓励园艺作物和畜禽产品等劳动密集型产品的出口。在政府的积极鼓励和推动下，一些相关农产品的出口获得了较快的发展。农产品出口创汇的增加及国际市场需求的增长，使一些地方对出口创汇的农产品的推广更加努力，相应的，使农业的生产结构也发生了潜移默化的变化。

三　对农业结构变动的合理性判断

1. 农业内部产值结构与劳动力结构变动的偏差。

从产值比重与劳动力比重的比较中可以看出农业内部的结构变化是否协调。若两者偏差值扩大，则说明农业内部结构的协调性下降；若两者偏差值缩小，则说明农业内部结构的协调性提高。从表 4 - 13 可以看出，由于我国种植业的劳动力比重长期偏高，而产值比重变动较快，因而农业内部结构偏差值呈扩大趋势，说明农业内部结构变动的协调性程度下降。

表4－13　　　　　　　农业内部的结构偏差值变动情况　　　　　　（单位:%）

年份	1980	1985	1990	1995	2000
农林牧渔业结构偏差值	32.5	34.9	53.7	64.4	65.9

注：结构偏差值＝∑（Ⅰ部门的就业比重－Ⅰ部门的产值比重）。

资料来源：根据表4－1和表4－6计算。

2. 农业内部各产业的相对劳动生产率。

一般说来，产业结构合理化的过程，就是各部门的相对生产率趋同的过程。如果在农业结构变动过程中各部门的相对生产率差异逐步缩小，说明农业内部各产业结构趋于合理；反之，则相反。从表4－14可以看出，农业内部各产业的相对劳动生产率差异呈扩大趋势。这说明，相对劳动生产率提高较快的部门，劳动力没有得到相应的投入，相对劳动生产率较低的部门，劳动力没有相应的流出，反映了农业劳动力配置结构的非合理性变化。

表4－14　　　　农业内部各产业相对劳动生产率的变动情况　　　　（单位:%）

年份	1980	1985	1990	1995	2000
种植业	0.82	0.80	0.71	0.64	0.63
林　业	3.85	4.01	3.92	2.68	2.92
畜牧业	3.48	2.48	4.07	4.37	3.53
渔　业	0.95	1.12	4.87	6.43	6.41

注：相对劳动生产率＝各产业的产值比重与劳动力比重之比。

资料来源：根据表4－1和表4－6计算。

3. 农业内部结构变动的速度。

结构变化值是反映经济结构变化过程的指标，它等于报告期的经济结构指标值与基期的经济结构指标值与绝对离差的加总。根据表4－15计算的农业结构变化值可以看出，改革开放以来，农业结构变动的速度和幅度是比较快的。从产业结构变化值看，改革开放以后，种植业结构变化值是改革前的

4.43 倍，农业结构变化值是改革前的 5.25 倍。从每年平均的结构变化值看，改革开放以后，种植业平均结构变化值是改革前的 3.5 倍，农业平均结构变化值是改革前的 4.89 倍。

表 4 -15　　　　　　　　　　农业产业结构变化值比较

时期	种植业产业结构变化值		农业产业结构变化值	
变化值	SCV	（SCV）	SCV	（SCV）
改革前时期①	7.4	0.28	15.2	0.58
1978—2000②	32.8	1.47	53.2	2.84
②/①	4.43	5.25	3.5	4.89

注：SCV 表示结构变化值；（SCV）表示结构平均变化值。

资料来源：改革前的数据来源于王广森等《结构变革与农村发展》一书；改革后的数据根据表 4 -1 和如下公式计算。

SCV = $\sum$ | SVLi1 – SVLi0 |

（SCV）= SCV/N

SVLi1 表示报告期的第 I 项结构指标值，SVLi0 表示基期的第 I 项结构指标值，N 表示年份数。

四　农业结构调整需要注意的问题

综上所述，改革开放以来，农业内部结构发生了极其明显的变动。虽然这一变动从总体上来说是良性的，但也存在着一些不容忽视的问题。结合当前的情况和农业自身的特点，在促进农业结构变动的过程中应注意以下几个问题。

1. 农业结构调整与稳定粮食生产的关系问题。

20 世纪 90 年代中后期，粮食连年丰收，价格持续走低，为此，一些地方采取了"压粮扩经"的措施，并鼓励农民发展多种经营，从近几年的情况看，粮食播种面积减少，粮食生产下降，如不采取有力措施，下降趋势仍将继续。我国是一个人口大国，且人口还在继续增加；经济发展起来后虽然人们直接消费的粮食减少了，但由于生活水平提高将会导致间接消费粮食的增多；同时在工业化和城市化过程中，粮食生产资源的流失亦为不可移易之势。长此以往，未来中国本土的粮食自给供应问题不可忽视。根据近些年联合国粮农组织公布的统计数字，整个世界的粮食供应将日益趋紧，在这样一个国际粮食市场供应趋紧、国内粮食消费增多的情况下，粮食生产究竟维持在一个什么样的水平才合理，下降的幅度究竟多少才能终止，稻麦生产与其他粮食生产究竟应保持一个怎样的比例才适当，都值得我们认真研究。我们认为，在农业结构调整过程中，一要处理好粮食生产与人口生产的比例关系，二要处理好稻麦等主要粮食作物与其他杂粮作物生产的比例关系，应将重点放在口粮的生产上，加强粮食综合生产能力建设，充分利用现有的农地资源，努力实现粮食的自给供应。

2. 农业结构调整与农业全面持续发展的关系问题。

对农业结构进行战略性调整，必须重视农业的生态效应和可持续发展。近些年来，畜牧业和渔业的蓬勃发展，一方面，在养殖过程中，由于大批牲畜粪便的处理设施未能及时兴建，使农业本身的污染源扩大；另一方面，由于大面积渔业养殖场的开辟，过量抽取地下水，造成地面沉降，危及部分农地。可以预见，现在的畜牧业和渔业的大发展，将对今后农业的总体发展产生不利影响。因此，应将其发展与改善生态环境结合起来。与此同时，无论从附加价值，还是市场开发潜力，或从保护环境来看，园艺业应得到发展。现实的情况是园艺业虽在发展，但却远远赶不上畜禽和水产养殖业的发展速度，从长远看，这是不利于农业结构良性调整的。可见，如何积极开发园艺作物，压缩那些附加值低、环境成本高的农业产业，是今后农业结构调整中的一个问题。农业结构调整应进一步加强农业的生态保护功能。近些年来，一些地方以加强农村的植树造林和对野生动植物的保护、确保农业资源持续利用为目的，绿化美化自然，给人们到农村休闲创造一个舒适环境，休闲农业、观光农业、绿色农业得到了发展。这不仅可以推动园艺业及林业的发展，还可以增加农业的附加值、制造就业机会和增加农民收入，对促进农业结构的良性调整以及农业的可持续发展都有着深远的意义，应大力推动。

3. 农业生产结构调整与需求结构变动的关系问题。

农业生产结构不合理，需要进行调整，是市场运行的结果，是需求结构变化的要求，不是我们想要调整，而是需求结构的变动迫使我们去调整。以往我们只重视生产结构的调整，而对需求结构的变动则研究重视不够，使生产与消费脱节。在一些产品上，我们不乏促进生产的措施，但由于与消费的变动方向不一致，结果是，生产上去了，需求没跟上。以前的农业结构调整，总是能在诸多产品中找到最迫切需要加强的产品，并大多以增加某一短缺产品的供给为目的，靠倾斜配置资源的方式进行调整。当前和今后的农业结构调整，从整体上来说，已不单纯是解决某个产业或某个产品谁多谁少，短缺与过剩，以及产业间简单的数量比例关系了。因此，不能从单纯地增加或减少某些产品的角度确定农业结构调整的思路，而应从总量、生产、就业、收入、消费等与产业结构相关联的各个方面考虑农业结构调整的思路，统筹研究解决的办法。当前，有相当多的农产品，生产的扩大与需求的增加密切相关，要促进生产，必须促进需求。因此，应把需求与生产统一起来研究，使促进农业生产结构调整的措施与农产品需求结构变动的方向相互衔接，使生产、消费循环起来。

4. 农业产业结构调整与就业结构调整的关系问题。

结构调整，必然要涉及就业结构的变化。从农业内部来看，结构调整就是要通过劳动力的流动，促进种植业剩余劳动力的流出，实现农业劳动力资源的优化配置，提高农业的竞争能力。从农业外部来看，结构调整就是要通过劳动力的流动，促进农业剩余劳动力向非农产业转移，形成适度规模的农业，提高农业的劳动生产率。从目前的情况看，在农业内部，种植业的就业比例明显偏高，从宏观上来说，农业的就业比重也明显偏高，这就使得在农业结构调整过程中，就业结构的调整显得更为迫切。因此，应把产业结构调整与就业结构调整结合起来，在农业内部，促进种植业剩余劳动力的流出，在农业外部，促进农业剩余劳动转移，实现农村劳动力的合理流动和优化配置。

5. 发挥市场机制作用与政府因势利导的关系问题。

对农业结构进行战略性调整，这并不是我们各级政府的主观意识，而是市场运行的结果，是市场要求我们去调整。这就意味着，结构调整，主要依靠市场机制的作用去进行。过去那种由各级政府主动地提出本地区农业结构调整的目标任务，进而直接配置资源，直接进行结构调整的做法，将逐步由市场取代，市场将成为最终决定农业结构变动的主导性力量。发挥市场机制对农业结构调整的基础性作用，当前必须要加快市场化改革，建立全国统一的大市场，促进农产品和农业生产要素的自由流动，推进农业产业化经营，提高农业经营的组织化程度。

但市场也不是万能的，完全靠市场的自发调节也不行，政府也要对农业结构的变动有所作为，施加影响，特别是在现阶段，市场经济体制还在建立和完善过程中，对农业结构变动的方向，政府要因势利导。对农业这个公益性比较强的基础产业，还要实行某种程度的保护政策。必须对传统的农业保护政策和措施进行调整，消除制度障碍，合理设计政策框架，适当放宽农业贸易保护政策，加大政策对农业的支持和保护力度，搞好信息和技术服务，促进农业竞争力的提高和农业的可持续发展。发挥政府对结构调整的积极作用，还要分清哪一级政府该做什么，不该做什么。中央政府要为巩固和加强农业基础地位，增加公共设施建设投入。但要避免盲目建设和重复建设，造成不必要的浪费。

第五章

主要农产品需求

1999 年中央提出了农业结构战略性调整，本轮农业结构调整的重要特点之一是在农产品供求基本平衡，丰年有余，以及市场经济在配置资源中发挥基础作用和我国加入 WTO 的条件下进行的。

在市场经济条件下实现农业结构战略性调整，依据是什么？动力来源何处？这些基本问题在中央提出农业结构战略性调整之初就已经有提出，经过几年实践后仍然不断探讨。有强调农业结构调整的外部条件，如叶兴庆（1999）认为基于 1998 年和 1999 年我国各地普遍出现农产品"卖难"，农产品价格持续下跌，农产品生产与市场需求矛盾加剧的特殊背景下，我国开始了又一轮的农业结构战略性调整；有强调政府在农业结构调整中的宏观调控、提供信息、制定规划等方面的责任（龙方，2000）；有观点认为应通过培养农业科技示范户和农村能人，带动农业结构调整（栾敬东等，2003）；也有学者认为农业结构调整要面向市场需求（黄佩民，2000）；还有将农业结构调整的动力概括为多个机制，如产需平衡机制、利益均衡机制（王雅鹏，2001）。实际上，中央在提出农业结构战略性调整政策时已经明确农业结构战略性调整要面向市场。实施农业结构战略性调整，需要对农产品需求及其结构变化进行探讨。

一　城乡居民食品消费数量结构变化

研究主要农产品需求，大致上可以从两个层面展开：一是依据城乡居民家庭消费食品判断变化规律；二是在居民家庭食品消费研究基础上估计全国性的主要农产品消费或需求。其中，居民家庭消费食品是研究农产品需求的起点和基础。

（一）口粮消费

口粮消费在我国农产品需求中具有特殊的地位。从粮食直接在居民食品消费中的地位变化来看，城镇居民人均口粮消费基本上进入饱和阶段；而农村居民则处于减少阶段。受城乡居民人均口粮消费量变化和城镇化影响，全国城乡居民人均粮食直接消费量总体上逐步减少。综合考虑多种因素，估计我国城乡居民直接消费的粮食总量年均大约以 1% 的速度减少。

1. 我国城乡居民口粮消费变化的一般规律。

20 世纪 80 年代以来，城镇居民家中人均购买的成品粮数量曾在 1981 年达到 145.44 公斤，自此以后，总体上呈现出减少的趋势。到 2001 年下降到 79.69 公斤。根据粮食消费的变化规律，人均粮食消费量下降到一定水平后将处于饱和状态。根据我国城镇居民人均家中购买的粮食数量来看，2001—2004 年大约在 79 公斤上下波动，离差不超过 1 公斤。据此初步判断我国城镇居民家中人均购买量基本饱和。

与城镇居民不同，农村居民人均粮食消费量尚未到达饱和阶段，总体上在不断减少。农村居民人均粮食消费量 1993 年达到最大值，为 266.02 公斤，自此以后，总体上不断减少。2004 年农村居民人均粮食消费量为 218.27 公斤，较上年减少 4.17 公斤。如果将 1981 年假定为城镇居民人均粮食消费量最大值的年份，那么农村居民粮食人均消费量最大值出现的年份比城镇居民滞后了 12 年。根据农村居民人均粮食消费量变化的实际情况，结合城镇居民人均口粮消费的变化规律，基本上可以认为农村居民人均粮食消费量正处于不断减少的阶段，即其他食品不断替代粮食消费的阶段。

尽管城乡居民人均粮食消费量变化趋势存在一定的差异，但是全国人均口粮消费量于 20 世纪 80 年代中后期达到最高水平后也处于不断下降之中。不考虑城乡居民在外用餐粮食直接消费量，且将城镇居民家中购买的粮食数量由成品粮换算成原粮，1984 年全国人均粮食消费量最大值为 242.71 公斤（原粮）。自此以后，总体上不断减少。2004 年全国人均口粮消费量下降到 164.59 公斤。

2. 包括城镇居民在外用餐在内的口粮消费量。

值得一提的是，我国居民食品消费中在外用餐份额不断上升，但上述所指的口粮消费量没有包括在外用餐中消费的粮食数量。这样估算的粮食人均消费量和口粮消费总量一定会出现低估的问题。如果将在外用餐粮食消费量计算在城镇居民粮食直接消费量中，那么我国城乡居民口粮消费量的变化规律是否发生了改变？

假设城镇居民家中购买粮食数量减少受到两个因素影响：一是家中购买其他食品数量增多，二是在外用餐机会增多。根据 1992—2004 年我国城镇居民食品消费时间序列等相关数据，通过线性回归，计算出城镇居民在外用餐中粮食直接消费量。

如果将城镇居民在外用餐直接消费的粮食数量估计值也考虑在内,则城乡居民直接消费的粮食数量有所改变。自 20 世纪 90 年代以来,城乡居民人均直接粮食消费量和全国直接粮食消费总量在食品消费中不断减少的趋势仍然存在。按原粮计算,并包括估算的城镇居民在外用餐消费的直接粮食数量,1992—2004 年期间,城乡居民人均直接消费的粮食数量由 217.52 公斤下降到 171.97 公斤,年均下降 1.94%。

(二) 城乡居民食品消费的数量结构

为了揭示城乡居民家庭人均食品消费数量结构的变化规律,可以对城镇居民家中购买的和农村居民家庭消费的主要食品数量增长速度进行比较。

表 5 – 1　城镇居民家中购买的不同食品以 1990 年为 100 的指数和平均增长速度

	年份	粮食	食用植物油	鲜菜	猪肉	牛羊肉	家禽	鲜蛋	鲜奶	水产品	水果
指数（1990＝100）	1999	64.96	121.56	82.87	91.60	94.21	143.86	150.62	170.19	134.46	131.87
	2000	62.97	127.50	82.73	90.63	101.52	159.06	154.62	214.69	128.35	139.82
	2001	60.96	126.25	83.53	86.40	96.65	154.97	143.59	257.02	134.33	145.71
	2002	60.04	133.13	84.01	109.86	91.46	270.18	145.66	339.52	171.65	137.48
	2003	60.83	143.75	85.32	110.67	100.91	269.01	154.34	402.16	173.60	140.57
	2004	59.81	145.16	88.19	103.95	111.59	186.26	142.76	406.70	162.29	137.31
1990—2004 年均增长%		-3.61	2.70	-0.89	0.28	0.79	4.54	2.58	10.54	3.52	2.29

资料来源:1991 年和 2001—2005 年《中国统计年鉴》。

以 1990 年城镇居民家中人均购买的食品数量为 100,到 1999 年时,粮食、鲜菜、猪肉等则出现明显下降,其中粮食人均购买量的指数下降到 64.96;食用植物油、家禽、鲜蛋、鲜奶、水产品和水果等明显增加,其中鲜奶人均购买量的指数上升到 170.19。1999—2004 年期间,粮食人均购买量继续保持下降势头,其他食品以不同的指数增长(参见表 5 – 1)。可见,城镇居民家中消费的食品结构正在不断发生变化。

如果以 1990 年为基年,到 2004 年,城镇居民家中人均购买的食品中,粮食年均减少 3.61%,而同期增长最快、最稳定的是鲜奶,人均购买量由 4.63 公斤上升到 18.83 公斤,增加了 4 倍多,年均增长 10.54%;其次是家禽和水产品，人均购买量年均增长了 4.54% 和 3.52%（参见表 5 - 1）。至于蔬菜人均购买量不增反而下降，主要与蔬菜统计口径等因素有关。如果考察蔬菜购买支出在食品消费份额并没有下降。

考虑到农村居民人均消费的粮食数量于 1993 年达到最大值，尔后总体上不断减少的情形，农村居民食品消费数量结构变化参照年份选择 1993 年为基年。

表 5 - 2　　　　农村居民消费的不同食品数量以 1993 年为 100 的
增长指数和平均增长速度

	年份	粮食	食用植物油	蔬菜	水果及制品	猪牛羊肉	其中猪肉	奶类	家禽	蛋及蛋制品	水产品
指数（1993＝100）	1999	93.02	112.81	101.36	140.94	118.75	116.94	112.94	153.09	148.61	138.41
	2000	94.06	134.24	104.24	140.63	123.37	122.28	124.71	173.46	165.63	142.03
	2001	89.70	135.71	101.74	156.14	124.14	122.93	141.18	177.16	163.89	149.28
	2002	88.90	142.12	102.90	144.16	127.31	126.15	140.00	179.63	161.81	157.97
	2003	83.62	130.79	99.97	134.72	128.77	126.89	201.18	197.53	167.01	168.48
	2004	82.05	106.16	99.24	130.34	126.37	123.94	232.94	193.21	159.38	162.68
1993—2004年均增长%		-1.78	0.54	-0.07	2.44	2.15	1.97	7.99	6.17	4.33	4.52

资料来源：2005 年《中国农村住户调查年鉴》。

比较城镇居民和农村居民的不同食品消费增长情况，可以看出：尽管两者的不同食品增长速度存在差异，但是结构的变动方向基本一致。粮食消费数量减少，而奶类、家禽、水产品和蛋类消费增长相对较快。

从农村居民家庭消费食品数量来看，1999 年相对于 1993 年，粮食人均消费量指数下降到 93.02，比城镇居民下降速度缓慢；其他食品都不同程度地增长，其中家禽增长最快，指数达到 153.09，这与城镇居民不同。1999—2004 年期间，农村居民家庭人均粮食消费数量进一步减少，蔬菜消费基本稳定，水果先升后降，其他食品基本保持增加（参见表 5 - 2）。

1993—2004 年，农村居民家庭消费的食品数量，增长速度最快的是奶类，达到 7.99%，家禽、蛋及蛋制品和水产品增长也相对较快。可见，农村居民食品消费结构变化的最大特点是动物源性食品增加相对较多。

（三）城镇居民食品消费预算份额变化

从价值角度反映食品消费结构，具有很大的优越性，它能克服不同食品数量的不可比性。因此，研究食品消费结构一般都比较重视不同食品消费支出的份额及其变化趋势。

总体上反映食品消费支出占居民消费支出的比重就是恩格尔系数。一般来说，随着城乡居民收入水平的提高，城乡居民家庭恩格尔系数总体上趋于下降。1985—2004 年，城镇居民家庭的恩格尔系数由 52.25% 下降到 37.73%，年均下降近 1 个百分点；农村居民家庭的恩格尔系数由 57.79% 下降到 47.23%，每两年下降大约 1 个百分点。农村居民家庭的恩格尔系数下降的速度比城镇居民家庭慢，与两者收入的增长速度差异相一致。根据城乡居民收入增长的趋势和恩格尔定律，我国城乡居民食品消费支出在总的消费支出中所占比重还将进一步下降。

表 5 – 3　　　　　　　　城镇居民主要食品预算份额情况

年份	粮油菜果小计	肉禽蛋奶小计	其中：奶及奶制品	水产品
1995	35.98	29.29	1.78	6.83
1999	31.76	27.44	2.91	7.45
2000	29.36	27.39	3.50	7.33
2001	28.43	27.33	3.98	7.55
2002	28.00	27.24	4.61	7.47
2003	28.30	27.26	5.16	7.05
2004	28.57	26.84	4.89	6.57

资料来源：1996 年和 2000—2005 年《中国统计年鉴》。

从主要食品类型来看，1995—2004 年，粮油菜果和肉禽蛋奶等食品消费支出所占份额总体上趋于下降，前者由 35.98% 下降到 28.57%，下降相对更加明显；后者由 29.29% 下降到 26.84%；与主要种植业和畜产品不同，城镇居民的水产品人均消费份额总体上稳中有升。尽管绝大多数农产品及其制品在食品消费支出中所占份额不断下降，但是奶及其制品预算份额却明显上升（参见表 5 – 3）。

二　食品需求影响因素分析

我国城乡居民营养来源的主要食品有粮食、油脂、蔬菜、食糖、猪牛羊肉、家禽、蛋、水产品和酒类等。要研究我国作为食品的农产品的需求，需要分析影响食品需求的因素。长期以来，城乡居民食品消费模式变化的原因分析是相关学术研究的重要内容。国内比较系统研究的学者们认为城市化、市场化和收入变动是居民食物消费需求结构变化的根本原因（黄季焜等，1998）。短期内食品价格也是影响需求的重要因素。本章着重测算收入和价格等因素对不同食品的影响程度。为此，需要借助一定的模型方法。

（一）恩格尔方程估计食品收入弹性

根据经济学需求基本原理，某种农产品的需求主要受价格和消费预算的影响。如果研究长期农产品的需求，则应集中观察城乡居民消费预算对农产品需求的影响。一般来说，消费预算是由收入决定的。因此，研究我国城乡居民对农产品的需求变化，必须同时回答收入的变化趋势。概括收入水平与消费支出水平关系的比较典型模型是恩格尔函数。

恩格尔方程表示收入（或总支出）与食品总支出（或某一食品的支出）之间的关系。当收入增加时，一般预期食品支出的比重，即恩格尔系数下降。为了研究收入与某一类型食品消费之间的关系，通常估计一系列恩格尔方程：

$$\ln f_i = \alpha_i + \beta_i \ln y + \mu_i$$

式中：f_i 表示食品 i 的支出；β_i 为收入弹性；y 表示表示人均收入水平；μ_i 表示误差项。

为了测算特定时期食品消费的收入弹性系数，并与食品收入弹性的长期趋势进行对比，选择了 2002 年全国分省城市居民家庭食品消费支出资料，[①]使用最小二乘法进行估计，通过回归，计算出的收入弹性系数如表5－4。

从计算结果来看，收入变量对食品消费总体的解释能力相对于单一食品项目为大。全部食品消费与可支配收入之间的相关系数最高，达 0.927，高度相关。因此，我国食品消费支出归根到底还是取决于居民的收入水平状况。由于估计恩格尔方程使用的是 2002 年分省数据，可能导致全部食品收入弹性系数高估，达到 1.066，并且统计上十分显著。从长期来看，城镇居民消费食品的收入弹性系数应该小于 1，但是，这不排除在某个特定时期食品消费支出保持相对较快增长的情形。

在不同类型食品中，干鲜瓜果类、在外用餐、水产品类、菜类、奶及奶

---

① 本项研究是《农业结构良性调整》课题的一部分，主要研究工作集中在 2003 年。按当时最新资料，选择了 2002 年的数据。类似地，还有"主要农产品供给"一章。

制品、肉禽及制品的相关系数相对较高，居民消费这些食品的支出与收入的关系很大。尤其是干鲜瓜果、水产品和奶类以及在外用餐的消费支出在很大程度上取决于收入水平。

表 5 - 4　　　　　　　　　　　　对恩格尔方程的估计

项目	收入弹性系数 β_i 估计值	t 值
全部食品	1.066 *	13.298
粮食	0.267	2.677
淀粉薯类	0.455	1.311
干豆类及豆制品	0.825	2.662
油脂类	0.134	0.727
肉禽及制品	0.873 *	4.264
蛋类	0.315	1.459
水产品类	2.827 *	6.329
菜类	0.688 *	5.772
糖类	0.82 *	3.188
烟草类	0.573	1.754
干鲜瓜果类	0.96 *	7.945
奶及奶制品	1.151 *	5.455
在外用餐	1.568 *	6.355

注：* 表示 5% 显著。

总体上来看，城市居民食品消费的收入弹性系数并不高，尤其是粮食等食品消费支出的收入弹性系数相对较小。比较而言，水产品类、在外用餐、奶及奶制品消费支出等仍然具有相对较高的弹性系数。

综合来看，随着居民收入水平的进一步提高，可以预期居民对水产品、奶类等消费可能会以相对较快的速度增长。这就要求在确保粮食安全的同时，也应从战略上高度重视养殖业的发展，以及我国餐饮业的发展。

（二）线性支出系统

按照需求理论，某一商品的需求水平取决于价格和预算支出（或收入）两大因素。在实际估计某一食品的消费水平时，并不是直接根据收入和价格的绝对水平估算该食品需求的绝对量，而是通过对一定模型，如线性支出系统（LES）的参数进行估计，进一步地根据参数推算出收入和价格的弹性系数来。通过弹性系数对某一食品的需求进行估算。

线性支出系统（Linear Expenditure Service）是用来估计不同食品需求的自价格弹性和交叉弹性系数以及收入（支出）弹性系数的常用方法之一。线性支出系统假设消费者首先购买每种食品必需数量，然后把收入中剩余部分以固定比例分配在其他物品上。

线性支出系统利用横断面资料估计不同食品的需求弹性，通常借助至少两个年份的分省资料。利用1998年和2003年的《中国统计年鉴》中两个分省城市居民家庭购买食品支出金额和数量的有关资料，首先估计出粮食、淀粉和薯类、豆类、油脂、肉、蛋、水产品、菜类等13项食品消费支出的边际预算份额 α_i，结果如表5-5。

表5-5　不同食品支出项目的边际预算份额 α_i 的估计值及其检验值

食品类别	粮食	淀粉及薯类	干豆类及豆制品	油脂类	肉禽及制品	蛋类
α_i	-0.127	-0.0136	-0.0101	-0.0225	-0.0988	-0.0355
t 值	-5.006	-3.958	-2.41	-3.445	-4.014	-4.744

食品类别	水产品类	菜类	糖类	烟草类	干鲜瓜果类	奶及奶制品	在外用餐
α_i	0.08311	0.02947	0.00088	0.09298	0.13	0.181	0.703
t 值	4.996	2.398	0.424	7.035	9.924	10.637	18.753

从边际预算份额的估计结果来看，农业发展进入新阶段后，我国城镇居民的粮食、油料、肉禽、蛋类等食品的预算份额随着收入水平的提高反而出现了下降的情形，其中粮食等份额下降的幅度相对较大。相反的，随着居民收入水平的提高，水产品、菜类、水果、奶品和在外用餐等在居民消费支出中所占份额呈现出上升趋势，尤其是在外用餐、奶品、水果在居民食品消费支出中所占份额明显上升。

利用不同食品预算份额的估计值，进一步地估计出不同食品的价格弹性系数和支出弹性系数。从价格弹性系数来看，食品消费总体上受价格影响相对较小，但也有一些食品的消费受价格影响；一些食品价格上涨会导致另一些食品消费支出的减少，而另一些食品价格上涨则没有导致其他食品消费的减少（参见表 5-6）。

表 5-6　　　　　　　　　LES 估算的价格弹性系数和支出弹性系数

		粮食	淀粉及薯类	干豆类及豆制品	油脂类	肉禽及制品	蛋类	水产品类	菜类	干鲜瓜果类	奶及奶制品	在外用餐
自价格弹性系数和互价格弹性系数	粮食	0.272	0.000	0.000	0.000	0.000	0.000	0.000	0.000	0.000	0.000	0.000
	淀粉及薯类	0.216		0.030	0.064	0.417	0.067	0.128	0.185	0.115	0.038	0.184
	干豆类及豆制品	0.082	0.007		0.024	0.159	0.025	0.049	0.070	0.044	0.014	0.070
	油脂类	0.083	0.007	0.012	-0.136	0.160	0.026	0.049	0.071	0.044	0.014	0.071
	肉禽及制品	0.052	0.004	0.007	0.015	-0.190	0.016	0.031	0.044	0.028	0.009	0.044
	蛋类	0.143	0.012	0.020	0.042	0.276	0.091	0.085	0.122	0.076	0.025	0.122
	水产品类	-0.117	-0.010	-0.016	-0.035	-0.225	-0.036	-0.354	-0.100	-0.062	-0.020	-0.100
	菜类	-0.033	-0.003	-0.005	-0.010	-0.063	-0.010	-0.019	-0.056	-0.018	-0.006	-0.028
	糖类	-0.008	-0.001	-0.001	-0.002	-0.016	-0.003	-0.005	-0.007	-0.004	-0.001	-0.007
	烟草类	-0.196	-0.017	-0.027	-0.058	-0.378	-0.060	-0.116	-0.168	-0.104	-0.034	-0.167
	干鲜瓜果类	-0.185	-0.016	-0.026	-0.055	-0.356	-0.057	-0.109	-0.158	-0.300	-0.032	-0.158
	奶及奶制品	-0.411	-0.035	-0.057	-0.122	-0.794	-0.127	-0.244	-0.352	-0.219	-0.692	-0.351
	在外用餐	-0.405	-0.035	-0.057	-0.120	-0.781	-0.125	-0.240	-0.347	-0.216	-0.070	
支出弹性系数		-1.515	-0.173	-0.005	-0.010	-0.014	-0.273	0.029	0.023	0.088	0.290	0.178

　　从粮食消费的自价格弹性来看，粮食自身的价格没有影响到它本身的消费数量或者消费支出的减少。蛋类与此类似。也就是说，粮食、禽蛋等食品的消费不但不受价格的影响而呈现出相反的方向变化，而且随着价格的影响呈现出一致的变化。这种结果既可能与我国居民家庭的恩格尔系数明显下降有关，也可能与模型本身的缺陷有关。但是，可以肯定粮食等食品的消费基本上不受自身市场价格的上涨而出现明显的下降。

　　从不同食品的互价格弹性系数来看，某类食品价格的变化总体上不会影响其他食品消费的明显变化。但具体分析，不同食品存在一定的差异。粮食、淀粉、薯类、油脂、肉禽、蛋类等价格的变化可能会不明显地导致其他食品的相同方向变化，而水产品、菜类、奶类、在外用餐等价格的变化可能会引起其他食品消费的相反方向变化。

从消费支出弹性来看，除了粮食随着消费支出增长明显下降外，多数食品消费支出的增长与消费支出相比变化并不十分明显，这可能与城市居民家庭恩格尔系数下降有很大的关系。在城镇居民家庭消费中，也有一些食品随着消费支出增长而增长，如奶及奶制品为 0.29，在外用餐为 0.178。值得说明的，不同方法估计出的不同食品消费支出对收入或总支出的依赖情况并不完全一致。

不同食品消费量对价格和消费支出的反映存在着一定的差异，要求选择农业结构战略性调整时应采取相应的政策。对于粮食等缺乏弹性的农产品生产应以稳定为主；而对于菜类、奶类、水产品等具有相对较大弹性的农产品生产应保证一定的增长速度。

（三）近乎理想需求系统

通过近乎理想需求系统（AIDS，Almost Ideal Demand System）可以估算出不同食品支出份额的函数形式。根据 Deaton 等人（1980）首先引入的 AIDS 模型[1]，假设效用函数一定（即生活水平一定），而各种消费的支出函数满足最小化要求，从而推导出关于各类不同商品消费份额的函数形式。

通过 AIDS 修正模型，即假定居民家庭消费某类食品支出份额（at－home expenditure share of a food category）（不包括在外就餐部分）为单位价格和相关食品支出的函数。

$$\omega_i = \alpha_i + \sum_j \delta_{ij} \log v_j + \beta_i \log (m/v^*)$$

式中，ω_i 表示某类食品在家中消费份额；m 为人均家中消费支出；v 为城镇居民家庭 i 类食品的单位价值[2]；v^* 为单位价值指数（a unit value index）；α_i，β_i，δ_{ij} 为待估参数。所有变量及总和中下标都是指 n 类食品（i，j = 1，2，3，…，n）。

计算食品的需求弹性，一般是根据时间序列计算，也可能根据横截面数据计算。假定家庭消费预算中食品消费与其他商品需求是相互独立的。这

①　Deaton, A. S., and J. Muellbauer (1980), An Almost Ideal Demand Systems, *American Economic Review*, 70.

②　由于居民家庭购买的某类食品品种多，不同市场采购的价格存在着很大差异，用单位价值（某类食品的购买金额与购买数量之比）代替单位价格。

样，就可以集中讨论家庭消费中的食品需求结构。因此，每类食品需求是家庭食品消费支出及其食品价格集合的函数。

某类食品单位价值反映了该类食品的平均市场价格和消费者对食品质量的选择。事实上，不同家庭购买的食品显然不同质。即使同一个家庭，所购买的不同食品间的质量差异也十分明显。因此，运用单位价值来构建需求模型更加合理。

表 5 - 7　　　　　　　　根据 AIDS 及其修正模型估算出的主要参数

类型	a	δ1	δ2	δ3	δ4	δ5	δ6	β
粮食	0.2170 (0.22)	0.1860 (1.54)	0.0362 (1.12)	-0.2400 (-2.98)	-0.0717 (-2.72)	0.0576 (1.54)	0.0564 (0.67)	-0.0383 (-0.26)
食用油	-0.0712 (-0.29)	0.0252 (0.83)	0.0447 (5.49)	-0.0531 (-2.61)	-0.0083 (-1.25)	-0.0377 (-3.99)	0.0055 (0.26)	0.0231 (0.61)
蔬菜	0.6410 (3.85)	0.0284 (1.40)	-0.0264 (-4.88)	0.0220 (1.64)	-0.0618 (-13.96)	0.0012 (0.19)	0.0211 (1.48)	-0.0643 (-2.56)
肉禽	-1.0490 (-4.60)	-0.2820 (-10.14)	-0.0245 (-3.30)	0.1980 (10.66)	0.2180 (35.96)	-0.0094 (-1.10)	-0.0620 (-3.18)	0.2360 (6.85)
蛋	0.2930 (1.58)	-0.0599 (-2.65)	0.0238 (3.95)	0.0230 (1.53)	-0.0301 (-6.12)	0.0601 (8.61)	0.0187 (1.18)	-0.00622 (-2.23)
水产品	0.9690 (1.37)	0.1030 (1.18)	-0.0536 (-2.32)	0.5036 (0.87)	-0.0462 (-2.44)	-0.0718 (-2.68)	-0.0396 (-0.65)	-0.00945 (-0.88)

注：括号中数据为 t 检验值。

为了利用几乎理想需求系统对居民家庭不同食品消费份额及其弹性情况进行估计，根据 1992—2002 年城镇居民家庭粮食、食用油、蔬菜、肉禽、蛋、水产品的人均消费支出份额和购买数量的抽样调查资料，首先要对不同食品的单位价值进行估计；然后估计出不同食品在全部食品支出中所占份额的方程（参见表 5 - 7）；最后估计出不同食品的单位价值的弹性系数（参见表 5 - 8）。

表 5 - 8　　　　　　　　城镇居民家庭部分食品的弹性系数

	粮食	油脂	菜类	肉禽	蛋	水产品
不同食品在全部食品消费支出中所占份额	8.38	2.84	9.40	20.03	2.60	7.47
不同食品支出的单位价值的弹性系数	0.54	1.81	0.32	2.18	0.76	0.87

根据 AIDS，结合不同食品消费支出所占份额的变化情况，可以计算出不同食品的消费支出弹性系数。通过计算，可以发现在我国城镇居民家庭中

菜类、粮食等的消费支出弹性相对较小，其中菜类单位价值的弹性系数最小，为0.32；而肉禽及其制品、油脂等单位价值的支出弹性相对较大，其中肉禽单位价值的弹性系数达到2.18。

三 粮、油、肉禽消费及其结构变化

实施农业结构战略性调整，重要依据之一就是我国农产品的需求水平与需求结构的变化。在分析影响我国农产品需求因素的基础上，预测我国城乡居民消费的主要食品来源的农产品需求量一直是我国学术界研究的重要课题之一。

(一) 粮食的国内消费

改革开放以来，我国城乡居民人均口粮消费大致经历了明显增加—明显减少—稳中有降三个阶段。城乡居民人均口粮消费量由1998年的200多公斤下降到2004年的170多公斤。城乡居民口粮消费总量和人均消费总量变化方向在时间上并不完全一致。尽管城镇居民人均口粮消费量相对稳定，但是受城镇化率提高和城镇人口绝对规模扩大影响，城镇居民口粮总量不断增加，而农村居民口粮总量则趋于下降。1992—2004年，城镇居民口粮消费年均增长约6%，农村居民口粮消费总量年均下降约4%。2004年城镇居民口粮消费总量约6000万吨，农村居民口粮消费总量估计在1.65亿吨左右。

通过统计分析，我国城乡居民口粮消费总量在1990年达到最大值，为26581万吨（原粮）。考虑到人口、城镇化和食品消费结构变化等因素，预计全国口粮消费总量相对稳定，短期内会稳定在2.2亿吨—2.3亿吨之间。

饲料粮是粮食需求的重要组成部分，而且随着居民食品消费结构的转变，动物源性食品消费的进一步增多，饲料粮的需求在粮食消费中的地位会继续提高。要弄清我国粮食需求量，必须对我国饲料粮进行估计。与口粮消费数量不同，由于缺乏统一的资料，饲料粮的估计数差异极大。饲料粮的估计涉及两个方面的基本数据，其一是畜产品的消费量或者生产量；其二是饲料的转化率。从目前研究现状来看，这两方面的数据都存在着很大的差异。

为了估计我国主要畜产品和水产品的饲料粮消耗量，本章直接利用全国农产品成本收益中畜产品和水产品的饲料消耗情况，求出单位畜产品和水产品的饲料粮消耗的平均值。根据《中国农村统计年鉴（2003）》中农产品成本与收益资料，计算整理出每公斤主要畜产品消耗的粮食数量（参见表5-9）。

表5-9　　　　我国养殖业每单位畜产品和水产品消耗的粮食数量

年份	猪肉	鸡肉	菜牛	菜羊	鸡蛋	牛奶	精养鱼
1995	1.91	1.82	0.54	0.55	2.19	0.39	0.90
1998	2.00	1.86	0.56	0.53	2.05	0.41	1.03
1999	1.85	2.04	0.60	0.57	2.04	0.44	1.16
2000	1.73	1.64	0.49	0.54	1.69	0.39	0.81
2001	1.75	1.63	0.53	0.52	1.64	0.39	0.96
2002	1.77	1.68	0.53	0.56	1.68	0.37	0.94

资料来源：1996、1999—2003 年《全国农产品成本收益资料汇编》；1999、2000 和 2003 年《中国农村统计年鉴》。

　　在对畜产品和水产品单位消耗的粮食系数计算后，再根据我国不同畜产品和水产品的总产量计算出各自的饲料粮消耗量及其总量。从主要畜产品和水产品消耗的粮食总计情况来看，1995 年养殖业消耗的粮食总量大约14158万吨，到了 2002 年饲料粮的消耗数量已经升到了近 1.8 亿吨（参见表5-10）。从长期趋势来看，饲料粮的增长趋势是明显的。

表5-10　　部分年份我国主要畜产品和水产品消耗的粮食数量估计　　　（单位：万吨）

年份	生猪	禽	牛	羊	蛋	奶	水产品	合计
1995	6982.27	1697.96	224.10	111.10	3669.28	261.12	1212.38	14158.21
1998	7747.98	1968.31	255.31	437.15	4148.52	306.81	2248.15	17112.22
1999	7217.03	2274.63	289.67	511.59	4352.65	356.81	2791.07	17793.45
2000	6981.69	1976.29	263.30	148.51	3800.15	362.13	2090.66	15622.72
2001	7322.00	1975.24	291.99	151.02	3822.84	440.18	2622.51	16625.78
2002	7641.48	2102.50	308.67	177.35	4132.41	523.75	2737.26	17623.43

资料来源：1996、2000 和 2003 年《中国农村统计年鉴汇编》；1996、1999—2003 年《全国农产品成本收益资料汇编》。

　　从表5-10 的数据来看，1998 年后饲料粮的消耗增长出现了缓和的趋势。这可能是单位消耗粮食的降低减缓了饲料粮的增长。2002 年估计的主要肉、禽、蛋、奶、水产品的消耗粮食总量大约为 17623 万吨，与 1999 年基本持平。

近年来我国养殖业以一定的速度增长，尽管由于饲料转化率的提高和豆粕等对饲料粮的替代，全国饲料用粮相对稳定，但从长期来看，我国饲料粮的消耗将保持增长趋势。据估计，1978 年我国饲料粮为 4575 万吨，2002 年达到 16454 万吨，年递增率为 5.5%。按照我国主要畜产品和水产品的生产量及其单位主产品用粮数量，推算出 2004 年在 1.8 亿吨左右的水平。随着城乡居民生活水平的提高，饲料粮需求将长期保持增长趋势。预计 2010 年我国饲料粮需求量将达到 2 亿吨以上，饲料粮的缺口将达到 2500 万吨和 3000 万吨。

估计我国饲料粮消费，不但对于深化认识我国粮食需求构成，提高我国粮食安全保障水平具有重要的现实意义，而且对于进一步促进我国粮食供求平衡研究也具有重要的理论意义。随着饲料粮消费的不断增加，它在粮食总产量中的比重也逐步提高。1978 年饲料粮占粮食的比重为 15.0%，1990 年增加到 24.4%，1995 年为 31.2%，2000 年为 34.8%，2002 年达 36.0%。我国饲料粮主要是玉米。2002 年我国饲用玉米为 9300 万吨，占饲料粮的 56%，玉米又是生物能源的重要原料。因此，大力发展玉米产业应是我国农业结构战略性调整的一个重要方向。

（二）油料的国内消费

我国城乡居民食用的植物油主要包括大豆油、菜子油、花生油和芝麻油。但是，我国对于大豆的统计存在着矛盾。传统上将大豆作为粮食作物，而实际上越来越多的大豆是作为油料的，这在估算我国粮油需求量时需要注意。

与口粮消费的增长态势不同，城乡居民人均植物油消费量呈现出一定的增长。从 1992—2002 年，农村居民人均消费的植物油由 4.07 公斤增加到 5.77 公斤，年均增长 3.55%；同期我国城市居民家中人均购买的植物油由 6.65 公斤增加到 8.52 公斤，年均增长 2.51%；据测算，同期城市居民在外用餐中直接消费的植物油由 0.23 公斤增加到 2.50 公斤，由于基期相对较小，年均增长 26.76%，城市居民在外用餐中直接消费的植物油增长相对较快；考虑到城市居民家中消费的植物油和在外用餐中消费的植物油，同期人均消费总量由 6.88 公斤增加到 11.02 公斤，年均增长 4.82%；按照对应年份的城市化率，计算出的全国人均植物油消费量由 4.85 公斤增加到 7.82 公斤，年均增长 4.90%。

随着我国人口的增长，全国居民直接消费的食用植物油总量呈现出相对较快的增长。从 1992—2002 年，城市居民消费的食用植物油总量由 222.82

万吨增加到 553.14 万吨，年均增长 9.52%，农村居民消费的食用植物油总量由 345.13 万吨增加到 451.45 万吨，年均增长 2.72%，农村居民消费的食用植物油增长明显低于城市居民；城乡居民消费的食用植物油总量由 567.95 万吨增加到 1004.59 万吨，年均增长 5.87%。植物油的这种较快增长的态势将持续相当长时期。

（三）肉类畜产品消费

随着城乡居民生活水平的提高，畜产品的消费无论是在食品消费中所占份额，还是数量都明显增加。我国居民消费的畜产品与西方国家存在着明显差异，猪肉消费在我国畜产品消费中具有特殊的地位。与畜产品消费相对应，长期以来养猪业产值在我国畜牧业产值中所占比重一般都超过 50%。

如果考虑到城镇居民人均家中消费和在外用餐中直接消费的猪牛羊肉数量，以及城镇化等因素，全国城镇居民消费的猪牛羊肉总量则呈现出相对更快的速度增长。从 1992—2002 年，全国城镇居民猪牛羊肉消费总量由 717.37 万吨增加到 1511.39 万吨，翻了一番多，年均增长 7.74%。城镇居民猪牛羊肉消费总量的增长超过一半来自于城镇化水平的提高，不到一半源自于人均消费水平的提高。

在肉类消费中，城镇居民禽肉消费与猪牛羊肉消费呈现出一些鲜明的特点。突出特点是城镇居民直接消费的禽肉呈现出全面快速增长。从 1985—2002 年，城镇居民家庭人均购买的家禽由 3.24 公斤增加到 9.24 公斤，增长了近两倍。如果包括在外用餐中直接消费的禽肉，从 1992—2002 年，城镇居民人均消费的禽肉由 5.26 公斤增加到 11.95 公斤，年均增长 8.55%，据此计算的城镇居民消费的禽肉总量由 170.21 万吨增加到 599.88 万吨，年均增长 13.42%。与猪牛羊肉相比，我国禽肉消费的增长则相对更加明显。

由于农村居民消费的肉类人均水平相对较低，而且农村居民人口自 1999 年后已经开始绝对减少，农村居民消费的肉类总量规模已经低于城镇居民。1992 年农村居民消费的猪牛羊肉总量达到 1003.17 万吨，明显高于城镇居民；农村居民消费的禽肉总量为 126.35 万吨；如果将猪牛羊禽肉合计起来，农村居民消费的肉类总量占 55.60%。到了 2002 年，农村居民消费的猪牛羊肉总量达到 1163.44 万吨，消费的禽肉总量为 227.68 万吨；如果将猪牛羊禽肉合计起来，农村居民消费的肉类总量占 39.72%。城乡居民肉类消费总量比例的变化，意味着畜牧业商品化的空间越来越大。

在城乡居民对肉类人均消费水平，尤其是城镇居民消费水平不断提高的情况下，我国肉类消费总量规模明显扩大，增长明显。1992—2002 年，全国城乡居民猪牛羊肉消费总量由 1720.54 万吨增加到 2674.83 万吨，年均增长 4.51%；全国城乡居民禽肉消费总量由 296.56 万吨增加到 827.56 万吨，年均增长 10.81%。

考虑到城镇化、市场化以及我国人口还将继续增加等因素，全国肉类消费总量估计仍将继续增加。由于城镇居民肉类消费水平相对较高，未来农村居民肉类消费可能会以更快的速度增长。肉类消费量的持续增加，是生活水平提高的表现。这就要求我国畜牧业要充分利用这一时机，为城乡居民改善营养结构再作贡献。

在城乡居民肉类消费全面增长的同时，肉类消费结构本身也有相应的变化。随着在外用餐支出份额的增大，城镇居民在外用餐中人均直接消费的肉类数量占全部消费量的比重由 1992 年的 3.39% 增加到 2002 年的 22.66%，而且随着我国城镇居民消费水平的提高，这一比重还将进一步提高。

由于城乡居民肉类消费中禽肉人均消费量的增长一致地快于猪牛羊肉，因此，城乡居民的猪牛羊肉消费总量与禽肉的比率呈现出下降趋势。如果以城乡居民的禽肉消费总量为 1，1992 年全国居民消费的猪牛羊肉与禽肉的比率为 5.80，到 2002 年这一比率已经下降到 3.23。近年来，居民对畜产品消费的结构开始变化，要求畜产品的生产结构必须作出相应调整。加大禽业发展，满足城乡居民对禽类产品的需求是我国新一轮农业结构调整的重要内容之一。

（四）其他农产品的国内消费

1. 棉花。

棉花绝大部分供应棉纺企业。近年来中国棉花需求增长相对较快，一个重要原因是纺织品出口增长强劲。加入 WTO 以来，我国纺织品及服装比较优势进一步转化为现实竞争力，出口量逐年递增。2004 年我国纺织服装出口突破 900 亿美元，同比增长 20% 以上。近年来我国城乡居民服装开支年均增长超过 5%。受出口增长和国内需求增加影响，我国纺织业呈现出快速增长态势，棉花需求持续增加。2004 年我国纺纱总产量超过 1000 万吨，同比增长 15%，棉布总产量超过 145 亿米，同比增长 15% 以上，估计对棉花需求 700 多万吨。2005 年中国棉纺产品比上年增长约 12%，棉纺织品出口比上年增长接近 20%，估计棉花年度需求量将在 900 万吨左右波动。

2. 蔬菜和水果。

在城乡居民食品消费结构转换进程中，人均蔬菜消费总体上逐步增加，尤其是城镇居民蔬菜消费支出的收入弹性较大。但是，蔬菜消费量对价格的弹性相对较大，蔬菜品种多，居民消费蔬菜的交叉价格弹性也较大，这些特性导致城乡居民对蔬菜的消费量年际间明显波动。

根据城镇居民家中购买粮食、蔬菜数量和在外用餐消费支出，以及农村居民人均蔬菜消费量和城乡人口资料，估计2004年城镇居民人均消费蔬菜约150公斤，城乡居民人均消费125公斤，城镇居民和农村居民消费的蔬菜分别约为8000万吨，全年消费蔬菜总量约1.6亿吨，比上年增长3.51%。

近年来，城乡居民水果人均消费量变化不大，城镇居民家中人均购买量约60公斤，农村居民人均消费量近20公斤，受城镇化率提高和城镇居民人均消费相对较多影响，城镇水果消费总量约3000万吨，是农村居民水果消费总量的两倍多。随着城镇化水平的进一步提高，预期水果消费量将继续增长。与城乡居民水果直接消费量基本稳定不同，近年来水果出口保持两位数增长，以及水果加工业发展较快，拉动了国内需求，消化了水果生产扩大新增的供给。

3. 禽蛋的国内消费。

从1985—2002年，我国城乡居民人均消费的蛋类食品由3.19公斤增加到8.18公斤，年均增长5.70%，其中1992—2002年期间的城乡居民人均消费的蛋类食品年均增长5.55%。城乡居民人均消费的蛋类食品的年均增长速度相对比较稳定。

1985—2002年城镇居民蛋类食品消费总量由171.64万吨增加到685.58万吨，年均增长8.49%，其中1992—2002年期间年均增长8.03%。比较而言，农村居民消费的蛋类食品总规模增长则相对较慢。1985—2002年农村居民消费的蛋类食品由165.55万吨增加到364.60万吨，年均增长4.75%，其中1992—2002年期间年均增长4.20%。

无论是城镇居民，还是农村居民消费的蛋类食品都呈现出相对稳定增长的态势。1985—2002年，全国城乡居民消费的蛋类食品由337.19万吨增加到1050.18万吨，年均增长6.91%，其中1992—2002年期间年均增长6.52%。

4. 水产品的国内消费。

从1985—2002年，我国城镇居民水产品消费总体规模由177.67万吨增加到854.03万吨，年均增长9.68%；农村居民水产品消费总体规模由132.44万吨增加到341.13万吨，年均增长5.72%；城乡居民累计的水产品消费总量由310.11万吨增加到1195.16万吨，年均增长8.26%。

在城乡居民人均水产品加速增长的情况下，我国城乡居民消费的水产品总量也呈现出全面加速的情形。从 1992—2002 年，城镇居民消费的水产品总量年均增长 12.07%，农村居民年均增长 5.98%，全国城乡居民合计的水产品消费总量年均增长 9.92%。可见，我国城乡居民水产品消费总量正处于快速增长时期。

（五）主要农产品出口结构

在总的农产品需求中，除了库存外，可以进一步地分为国内使用和出口两大部分。加入 WTO 后，我国农产品出口规模总体上不断扩大。2002—2005 年期间，我国农产品出口年均增长 14.7%，其中 2003 年和 2005 年农产品出口较上年速度增长近 18%。

为了考察我国农产品出口在总的需求中地位变化情况，假设农林牧渔业总产值为总的农产品需求代理变量。比较农林牧渔业总产值和农产品出口增长速度。如果农产品出口的增长速度快于农林牧渔业总产值增长速度，则初步判断为我国农产品出口在总的农产品需求中的地位呈现出上升趋势。如果与农林牧渔业总产值速度相比较，即使与绝大多数国内生产的农产品总产量增长速度相比较，农产品出口速度也属于相对较快的。同期我国农林牧渔业总产值较上年实际增长没有超过 8%，即使是名义增长率，多数年份也没有达到两位数的。因此，加入 WTO 后几年来我国农产品出口估计在总的农产品需求中的份额是上升的。

农产品出口是否将会成为我国农产品需求增长的一股重要力量，这是值得关注和深入研究的问题。根据商务部提供的农产品出口统计数据的分析，近年来我国水、海产品及其制品，和各类菜果园艺农产品在我国农产品出口结构中占据主导地位，其中水、海产品出口在农产品出口份额中所占比重最大。2003 年前接近 50%，而 2004 年和 2005 年这两类农产品出口所占比重已经占到约 55%。

多年来我国水产品的出口量持续增长。1985—2002 年期间我国水产品出口量由 12 万吨增加到 163 万吨，17 年间增长了 12.6 倍，年均增长 16.59%。我国水产品的出口增长速度相当惊人。

随着我国水产品出口数量的增加，水产品出口量占国内当年的生产量比重也逐步提高。1985 年我国水产品出口占生产量的比重为 1.70%，1992 年这一比重增加到 2.83%，2002 年这一比重进一步增加到 3.57%。

我国蔬菜生产具有比较优势。近年来我国蔬菜出口增长较快。2005 年蔬菜出口继续较快增长，全年出口蔬菜 680 万吨，比上年增长 13%。蔬菜出口快速增长成为我国蔬菜需求的一股重要力量。

农产品出口份额的不断上升，对农业结构调整的影响是深远的。这就要求我国农业结构调整，面向需求结构变化，不但要看到国内消费结构的变化，也必须关注国际市场农产品需求变化。如何更好地发挥我国农业比较优势，解决好这些优势农产品出口所遇到的障碍，不但要求相关产品生产者积极调整结构，发展中介组织，而且要求政府主管部门应为优势农产品出口做好服务。

四　小结

国内外农产品市场需求及其结构的变化是实施我国农业结构战略性调整的基本依据。本章在充分考虑我国城乡居民收入及其消费水平、城镇化、进出口等重要因素对我国农产品需求总量影响的基础上，主要利用80年代或者90年代以来的统计资料，选择了恩格尔方程、线性支出系统模型、近乎理想需求系统模型，对我国主要食品需求弹性和所占份额进行估计；同时进一步地选择了粮食、油料、肉类、禽蛋和水产品的需求进行专门深入研究。

通过大量实证分析，主要结论包括：

第一，居民食品消费结构正在发生变化。多数食品缺乏自价格弹性，尤其是粮食等自价格弹性相当小，表明农产品市场价格变化不会对消费者产生明显影响，而可能会对农产品生产者的收入产生影响。食品之间的替代主要受收入影响，互价格弹性系数总体不高，尤其是粮食、油脂、肉禽、蛋类价格变化能够产生相互促进的影响，而水产品、菜类、奶类和在外用餐等价格变化才会引起一定幅度的替代影响。主要食品的单位价值弹性相对较高，表明居民消费越来越注重食品的质量，要求农业结构战略性调整应优先发展优质、附加值高的农产品。

从不同模型的价格弹性的估计来看，食品价格的变化总体上对其消费影响不大。也就是说，农产品需求的增加不能够依赖价格的下降或者调整来实现。相反的，如果农产品价格下降，结果不是农民增收，而是消费者剩余的增加。因此，确保农产品价格总体上趋于上升是保护农民利益，保证农产品稳定增长的必要前提。至于农产品价格上升后对低收入群体生活的影响，可以通过提高低保标准、探索发放食物券等办法予以解决。

第二，农业发展阶段变化后我国粮食供求关系基本稳定，但粮食市场供求关系（即传统意义上的商品粮部分）已经明显发生变化。城乡居民口粮消费总体上趋于下降，但城镇居民口粮仍保持一定的增长，而农村居民口粮总量趋于下降，这一变化对商品粮的供求将进一步产生重要影响。大力发展商品粮生产对于进一步提高我国粮食安全保障水平具有重要意义。多年来，我国养殖业保持较快增长，但由于节粮技术进步等因素的影响，我国饲料粮供求矛盾没有显现。从长期来看，我国粮食问题仍然主要是饲料粮的供求矛盾。

第三，应对不同食品需求增长进行跟踪分析。由于方法的差异和使用资料的不同，利用不同模型估计城乡居民食品消费结构的变化，结论并不完全一致。从目前的资料来看，我国城市居民的食品预算支出相对完整，而农村住户的食品预算支出只局限于主食和副食，这限制了对农村居民不同食品需求增长的深入研究。在外用餐中消费的食品数量越来越多，但多数研究忽略这一消费量。建议国家统计局农调队应尽快开展农村住户不同食品支出的抽样调查。否则，国内农产品需求估计的误差会越来越大。

第六章

主要农产品供给

1999 年我国作出了"农业发展进入新阶段，农产品供求基本平衡，丰年有余"的判断。但到 2003 年下半年，农产品供求关系再度紧张，农产品价格明显上涨，粮食安全保障问题再度摆到人们的面前。粮食比较利益相对较低，农民以预期收益最大化调整农业结构，可能会出现农民增收与粮食安全的矛盾。农业结构如何调整，粮食安全如何保证，如何利用世界农业资源调节我国农产品供求平衡，需要对农产品供给进行分析。研究我国一些主要农产品供给问题，不仅有助于更好地判断我国粮食安全状况，而且通过深入分析有助于为我国农业保护支持政策选择提供参考。

一 主要农产品生产与进口

农产品供给可以分为两种情形，一种是封闭条件，二种是开放条件。封闭条件下某个时期内农产品的供给量主要是由当期的生产量和净库存量两个方面的力量决定。开放条件就是要考虑进出口因素。随着农业国际化，一些农产品进口量会对国内供给量产生越来越大的影响。在不考虑进出口的情况下，很多农产品生产量是影响供给量的最大因素。对于有些不易贮存的农产品，当期生产量的影响更大。值得说明的是，受资料限制，本章没有对农产品库存进行分析。

（一）粮食

确保粮食安全是实现国民经济健康运行和持续发展的重要目标。粮食生产状况是判断我国粮食安全形势的重要指标。受粮食供求关系变化和农业结构调整等因素影响，2001—2004 年期间我国年均粮食总产量大幅度减少。但是，这并不意味着我国粮食生产能力的削弱。自 2004 年以来，受粮食价格恢复性上涨和高位运行影响，粮食连续两年大幅度增产，充分证明了我国粮食生产潜力的存在。

1. 我国已经具有生产 5 亿吨粮食的生产能力。

改革开放以来，我国粮食生产能力总体上逐步提高。在粮食相对短缺的时代，通常根据 1000 亿斤作为粮食一个台阶来划分粮食生产的阶段。从 1978—1998 年，我国粮食总产量从 3.05 亿吨增加到 5.12 亿吨，迈过四个台阶，实现了从粮食短缺到粮食基本平衡、丰年有余的根本性转变。1982 年首次突破 3.5 亿吨，1984 年首次突破 4 亿吨，1993 年首次突破 4.5 亿吨，1996 年首次突破 5 亿吨。1998 年我国粮食总产量曾创历史最高，为 5.12 亿吨。实现了粮食短缺到粮食基本平衡、丰年有余的根本性转变，并经历过粮食难卖和粮食市场价格大幅度上涨阶段。

我国粮食生产能力的提高，主要来源于制度创新和科技创新两大贡献。改革开放初期，家庭联产承包责任制的普遍推行，在粮食市场化改革中多次大幅度提高粮食收购价格，调动了农民种粮积极性，高产优良品种的研究开发和推广，以及农业现代物质投入的不断增加，在我国粮食生产能力的提高中都发挥了重要作用。

展望未来，我国 5 亿吨以上的粮食生产能力仍然存在。单从粮食品种结构的调整来看，即使粮食生产资源没有明显改变，也能够保证粮食总产 5 亿吨的水平。

按国家统计局口径，我国粮食有三个部分组成，分别为谷物、豆类和薯类。谷物是我国最重要的粮食作物，其产量在总产量中的比重在 20 世纪 90 年代初曾超过 90%，2000 年后有所下降，2004 年曾下降到约 87%。由于谷物单产水平相对较高，其播种面积所占比重要比总产量的比重低约 10 个百分点。90 年代初期我国谷物在粮食总播种面积中约占 80% 多，而 2004 年这一比重下降到约 78%。谷物单产水平高，2004 年播种面积不到 8000 万公顷，低于 90 年代初期约 1000 万公顷。如果减少豆类和薯类播种面积，增加谷物生产，粮食总产量就可以大幅度增加。可见，粮食品种间的调整不但在技术上可行，而且可以明显增产。可见，从粮食不同品种的调整来看，我国粮食总产量仍然存在较大的增产潜力。如果再考虑到科技进步和国家支持粮食生产政策等因素，恢复并保持 5 亿吨的粮食生产能力应该比较乐观。

2. 粮食进口对国内供求影响。

我国是一个人口大国，也是一个粮食消费大国。尽管我国人地关系紧张，但无论是我国加入 WTO 之前，还是加入 WTO 之后，粮食进口量占生产量或者消费量的比重并不是很大，也就是说无论在封闭还是在开放条件下，粮食进出口估计都不会对我国国内的粮食供求产生明显影响。

表 6 - 1　　　　　　　　　我国年度粮食总产量和进口量情况

年份	进口量（万吨）		生产量（万吨）		进口量占生产量比重（%）	
	大豆	谷物	粮食总产量	#大豆	含大豆	不含大豆
1992	12	1163	44266	1030	2.65	2.69
1993	10	742	45649	1531	1.65	1.68
1994	5	925	44510	1600	2.09	2.16
1995	29	2052	46662	1350	4.46	4.53
1996	111	1089	50454	1322	2.38	2.22
1997	279	426	49417	1473	1.43	0.89
1998	320	388	51230	1515	1.38	0.78
1999	432	339	50839	1425	1.52	0.69
2000	1042	315	46218	1541	2.94	0.71
2001	1394	344	45264	1541	3.84	0.79
2002	1132	285	45706	1651	3.10	0.65
2003	2074	208	43070	1539	5.30	0.50
2004	2023	975	46947	1740	6.39	2.16
2005	2659	627	48402	1635	6.79	1.34

资料来源：2006 年《中国农村统计年鉴》。

　　一方面，如果不将大豆包括在粮食之内，粮食进口量占生产量的百分比自 1992 年以来没有一起超过 5%，只有 1995 年达到 4.53%（参见表 6 - 1）；另一方面，我国大豆关税降低，大豆进口量大幅度增加，但是，国内大豆生产量并没有萎缩，这主要是需求拉动。我国从 1996 年开始对大豆进口实行单一关税管理制度，即只对进口大豆征收 3% 的关税和 13% 的增值税，不搞数量限制。可见，我国粮食安全的保障性在过去相当长时期内处理得比较好。

　　从粮食净进口量上来看，2004 年中国粮食净进口量高达 2484 万吨，中国粮食净进口量与中国粮食生产量的比率已经达到 5.29%，是 1983 年以来的最高水平；从粮食进口的品种来看，大豆进口量占到粮食总进口量的

67%，小麦进口量占到24%；从进口额来看，大豆进口则占到粮食总进口的92%。如果粮食进口长期处于不断增加的局面之下，就必然会导致国内粮食自给率的下降，就有可能威胁到国家粮食安全保障的问题，需要引起注意。

3. 粮食生产对播种面积的要求。

"十五"期间，我国粮食年均产量下降到4.5亿吨左右。进一步分析表明，粮食增产主要是由于粮食单产的贡献，减产主要是由于播种面积下降引起的。采用因素分析法，对2001—2004年我国粮食总产量年际变化从播种面积和单产两个因素进行分解，不难看出因播种面积减少而导致的减产相对较多，而因单产水平提高而增加的总产相对较多。从2004年来看，全年粮食总产量比上年增加近4000万吨，其中单产影响的总产增量近3000万吨，而因播种面积恢复而引起的总产增量只有近1000万吨（参见表6-2）。

表6-2　近年我国粮食播种面积和单产对总产量年际变化影响的分析

（单位：万吨）

年份	(1) 总产量较上年增量	(2) 因播种面积变化影响的总产增量	(3) 因单产变化影响的总产增量
2001	-953.7	-1015.41	63.10
2002	442	-934.05	1405.04
2003	-2636.3	-1971.37	-694.90
2004	3877.4	951.43	2862.73

注：(1) 栏为当年总产量与上年之差；(2) 栏为当年播种面积和上年单产之积后再与上年播种面积和单产之积后的差；(3) 栏为当年单产和上年播种面积之积后再与上年播种面积和单产之积后的差；"-"表示总产的减少量。

资料来源：2005年《中国统计年鉴》。

"十五"期间粮食总产量减少主要为粮食播种面积减少所致。2001—2004年粮食播种面积年均1.03亿公顷，比"十五"期间年均减少942.7万公顷，且2003年曾下降到1亿公顷以下。比较而言，尽管2001—2004年期间一些年份我国的粮食单产明显低于"十五"期间的年份，但是两个期间总体上的年均单产水平比较接近，而且2004年粮食总产量曾达到历史最高，为4620.5亿吨。从多年的实践来看，我国粮食播种面积普遍超过1.04亿公顷，只有 2003 年降到 1 亿公顷以下。因此，1 亿公顷粮食播种面积可能是我国粮食安全线的警示指标之一。

（二）油料

在城乡居民食用植物油需求拉动下，我国油料的生产量也呈现出较快的增长。1992—2002 年我国油料（不含豆类）总产量由 1641.2 万吨增加到 2897.2 万吨，年均增长 5.85%，豆类总产量由 1252.0 万吨增加到 2241.2 万吨，年均增长 6.00%。与全国城乡居民人均植物油消费总量的增长速度基本一致。考虑到我国未来农民收入的增长和城市化的加速，估计食用植物油消费的增长速度和生产量的增长速度都可能接近 6%。

如果不考虑我国油料以及食用油的进出口，国内油料需求强劲，生产上对资源的要求也很高。1992—2002 年，我国油料作物（不含豆类）的播种面积由 1148.9 万公顷增加到 1476.6 万公顷，最高年份 2000 年曾达到 1540.0 万公顷；同期豆类播种面积由 898.3 万公顷增加到 1254.3 万公顷，最高年份 2001 年曾达到 1326.8 万公顷。油料和豆类的播种面积两项合计数在农作物总播种面积中的比重由 1992 年 13.74% 增加到 2003 年的 18.30%，11 年增加了近 5 个百分点。因此，城乡居民对植物油消费需求的增长，要求农业结构调整中用更多的耕地生产油料作物。这必然导致与其他农作物在占地方面的矛盾。

解决油料生产与其他农作物对耕地资源的占用矛盾，一方面要求必须调整好国家的粮油政策关系；另一方面必须加大科技投入力度，优先开展能够提高单位面积产量的科技创新。

我国是一个食用植物油净进口国家，国内需求长期以来对国际市场依赖程度相对较高。自 1986 年以来，我国食用植物油一直是净进口，而且总体上呈现出不断上升趋势。1986 年净进口 3.2 万吨，到了 1994 年净进口达到 136 万吨，2002 年净进口达到 311.4 万吨。

在食用植物油净进口大幅度增加的情况下，净进口量占消费的百分比也有上升的势头，1993 年食用植物油净进口与当年消费量的百分比为 1.74%，但到了 2002 年这一百分比已经上升到 31%。1992—2002 年食用植物油净进口量占消费量的百分比为 23.58%（参见表 6-3）。可见，我国城乡居民食用植物油消费总体上对进口有较大程度的依赖。我国食用植物油的净进口量年际间的变化很大，意味着进出口对国内市场供求的影响存在着很大的不确定性。

表 6 – 3　　　我国食用植物油进出口量与生产量和消费量的百分比　　　（单位：%）

年份	净进口量占消费量的比	进口量占生产量的比	当年消费量占生产量与净进口量的比
1992	6. 20	6. 35	81. 58
1993	1. 74	2. 49	61. 14
1994	21. 70	22. 54	72. 97
1995	47. 53	30. 86	44. 11
1996	32. 27	27. 89	57. 74
1997	28. 12	31. 97	64. 93
1998	24. 02	34. 11	93. 54
1999	26. 42	28. 35	80. 53
2000	18. 98	21. 44	88. 19
2001	16. 90	12. 11	59. 33
2002	31. 00	20. 98	54. 53
1992—2002 平均	23. 58	21. 24	65. 63

资料来源：2003 年《中国农村统计年鉴》和《中国统计年鉴》。

（三）肉类

我国肉类产量一直保持相对较快的增长。1985—2002 年，我国猪、牛、羊肉生产量由 1760.7 万吨增加到 5228.3 万吨，年均增加 203.98 万吨，年均增长 6.61%；同期禽肉生产量由 160.2 万吨增加到 1250.0 万吨，年均增加 64.11 万吨，年均增长 12.85%。禽肉增长快于猪牛羊肉的增长。

2005 年肉类产量继续保持增长，全年生产的肉类产量 7700 万吨，比上年增长 6.3%。其中，牛、羊肉分别增长 5.6% 和 9.3%。肉品生产结构进一步优化，猪肉生产量在肉类总产量中比重下降到 65% 以下，而牛、羊肉上升到 15% 以上，禽肉上升到 20% 以上。

从肉类生产量的增长速度与消费的增长速度的比较来看，两者的速率尽管不完全一致，但比较相近。1992—2002 年期间猪牛羊肉的生产量与居民消费总量的年均增长速度分别为 5.92% 和 4.51%，禽肉的生产总量与城乡居民消费总量的年均增长速度分别为 10.65% 和 10.81%。比较而言，禽肉的生产量与消费的增长速度更加惊人的相似。

尽管城乡居民消费的肉类总量与生产总量百分比年际间存在着相对大的波动，但从一个相对较长的时期来看，这一百分比则呈现出惊人的稳定性。比较1992—1998年不同年份至2002年期间的居民猪、牛、羊肉消费总量占生产总量的百分比，可以发现这一百分比基本在46%上下变动；禽肉这一百分比的变化幅度相对大一点，平均在45%上下的幅动（参见表6-4）。

表6-4　不同时期我国城乡居民消费的肉类总量与生产总量的比重　　（单位:%）

期间	猪牛羊肉	禽肉
1992—2002	47.37	46.01
1993—2002	46.62	45.10
1994—2002	46.07	43.55
1995—2002	46.06	44.00
1996—2002	46.79	45.32
1997—2002	46.10	46.09
1998—2002	46.36	46.79

资料来源：1993—2003年《中国农村统计年鉴》和《中国统计年鉴》。

上述数据的比较至少有两个方面的意义：第一，从我国统计数据来看，两者数据的比较一致，说明误差并没有一些学者估计得那么高。第二，从我国畜牧业结构调整来看，在相对较长的时期内，我国畜牧业生产结构调整基本上与城乡居民消费结构的变化能够一致。

尽管从理论上来说，我国畜产品具有比较优势，但是，在畜产品国际贸易的现实中，由于各国的消费习惯的差异，以及各国对畜产品的贸易壁垒程度更大等原因，不但农产品国际贸易中畜产品所占比重相对较小，我国农产品进出口中畜产品所占比重也不高。2000—2002年我国畜产品出口值在各类农畜水产品出口总值中的比重平均为19.33%，畜产品进口值在各类农畜水产品进口总值中所占比重平均为19.86%。在我国畜产品进出口中主要为生猪和家禽，这两类畜产品在各类畜产品出口价值中所占比重一般超过50%。

如果考虑到我国出口的大部分肉类产品目标市场是中国香港，则我国肉类产品真正参与到国际贸易的比例很小。我国生产的肉类产品主要用于满足国内消费。如果说我国在粮食等品种上属于大国经济，则在肉类上属于小国经济。世界肉类产量的10%左右参与国际贸易，每年贸易量达到2000多万吨，而我国一般只有几十万吨，所占比例一般不足3%。一些主要生产国和出口国肉类产量的40%以上参与国际贸易。

由于肉类进出口在国内生产与消费中所占比重并不高，因此，封闭开放条件的变化对国内肉类供求影响相对较小。根据我国海关出口的活猪和鲜、冻猪肉以及猪肉罐头等汇总换算，2000—2002年期间，我国猪肉年均出口量大约34.72万吨，占我国国内猪肉生产量的平均比重约0.83%，肉鸡平均出口不足45万吨，占禽肉生产量的比重大约为3.45%。尽管禽肉等畜产品的出口量已经在我国该畜产品国内总产量中占有一定的比重，但我国畜牧业总产值中养猪业占有的份额大约50%。因此，在未来一段时期内很多畜产品的进出口对国内市场的供求影响可以不考虑。当然，随着我国融入国际畜产品市场深度的提升，这一结论可能会改变。

（四）禽蛋

长期以来，我国禽蛋生产不断发展。1985—2002年，我国禽蛋总产量由535万吨增加到2462.7万吨，年均增长9.40%，其中1992—2002年期间年均增长9.21%。我国禽蛋生产在20世纪90年代前半叶总产量一般都保持两位数增长，最高年增长速度还超过20%。1998年后，禽蛋生产年均仍然能够保持5%左右的速度增长。

比较我国禽蛋的生产与消费，不但总产量与城乡居民的消费总量存在较大的差距，而且年际间的波动十分明显，不但每年的增长速度差异十分明显，而且有时增长方向都是相反的。从平均速度来看，我国禽蛋总产量的年均增长速度与城乡居民消费蛋类食品的增长速度存在着一定的差异。1985—2002年期间，我国禽蛋国内生产的总产量增长速度高于城乡居民消费总量的增长速度超过3个百分点。

从相对较长的时期来看，城乡居民蛋类食品消费总量占禽蛋总产量的百分比还是比较稳定。从1992—2002年期间的年际禽蛋消费占总产量百分比来看，极大值与极小值之间悬殊，最大的为1992年的54.74%，最小的为1996年的34.30%，而且年际间的百分比也不一致。但是，不同期间的禽蛋消费总量占生产总量的百分比则相对稳定，一般都围绕42%的比率上下在1个百分点范围内波动。

我国禽蛋生产在国际上具有重要的地位。2002年，世界鸡蛋总产量为

5376 万吨，我国生产的鸡蛋所占比重达到 45.81%。但是，我国禽蛋进出口无论是对国际市场，还是对国内市场供求影响都相当小。我国禽蛋出口金额在整个农畜水产品中所占比重相当小，2000—2002 年，我国出口的鲜蛋金额年均为 1910.67 万美元，不足活猪出口金额的 1/10，不足水产品出口金额的 1/100，同期出口数量为 7.9 亿个，若按每百枚鲜禽蛋 7.5 公斤计算，则出口的鲜蛋相当于 5.93 万吨，在我国禽蛋总产量中所占比重不足0.25%。可见，我国禽蛋的出口对国内市场的供求影响到了可以忽略不计的程度。

（五）水产品

随着我国城乡居民对水产品消费的增加，水产品生产发展速度也相对较快。从 1985—2002 年，我国水产品生产量由 705.15 万吨增加到 4564.50 万吨，年均增长 11.61%。渔业产值自改革以来年均增长速度达到两位数，渔业产值在农林牧渔业总产值中的比重由 1985 年的 3.48% 增加到 1992 年的6.75%，再进一步增加到 2002 年的 10.57%。因此，随着我国居民生活质量的提高，为满足城乡居民改善食品质量结构的水产品的生产地位也不断提升。

比较我国水产品生产量与消费总量的增长速度，发现我国水产品总产量的增长速度相对快于城乡居民消费总量的增长速度。1985—2002 年期间，水产品总产量的增长速度为 11.61%，城乡居民消费总量的增长速度为8.26%，前者快于后者近 3.5 个百分点；1992—2002 年期间，水产品总产量的增长速度为 11.35%，城乡居民消费总量的增长速度为 9.92%，前者快于后者近 1.5 个百分点。如果考虑到我国水产品的净出口增长情形，这一缺口可能能够得到解释。

如果对我国水产品消费总量与生产总量的比率进行考察，就会发现我国水产品的这一比率年际间波动相对较大，但相对较长的时期来看则具有相对的稳定性。1992—2002 年期间，年际间的城乡居民消费的水产品总量占生产总量的百分比在 19.06% 与 29.80% 之间波动，幅度相对较大，时高时低。但是，从相对较长时期来看，城乡居民消费的水产品总量占生产总量的百分比则变得相对稳定，1992—2002 年的 5 年以上的不同期间这一百分比基本稳定在 21%—22% 之间，其中 1998—2002 年期间城乡居民水产品消费总量占全国水产品生产总量的百分比略有上升，这可能是导致水产品价格自2003 年后上涨的原因之一。

二　农产品生产的影响因素分析

农产品生产受多种因素影响，从不同层面可以对这些因素进行分类。影响农产品总产量的基本因素是播种面积和单产。无论是播种面积，还是单产，都受到价格水平、科技水平、投资水平、农业基本建设水平、气候等因素的影响。要测算不同因素对农产品产量的影响程度，可以借助多种模型实现。

（一）生产函数的应用

为了进一步地促进农业结构战略性调整，需要借助生产函数评估农业发展环境因素或者农业投入因素对农业发展的贡献情况。分析影响农业生产的因素，主要包括从事农业的人口、农作物播种面积、化肥施用量（或者单位面积化肥施用量）、农作物收获面积（为农作物总播种面积减去成灾面积）、灌溉面积。

1. 农林牧渔业劳动力的影响。

劳动力对农产品生产的影响应该包括数量和质量两个方面。由于在生产函数中已经考虑科技进步因素，而劳动力素质对农业的贡献往往归入到科技进步因素中，因此，考察劳动力对农业生产的贡献，这里只从数量方面进行评估。

我国农林牧渔业从业人员自改革开放后一直到 1991 年持续增加，而自1992 年起基本上处于绝对额减少的势头。从农林牧渔业总产出不断增加而从业人员总量不断减少的方面考察，根据时间序列测算的劳动力对农业生产的贡献应该不会很大。但是，如果根据时间序列计算的劳动力贡献的结果可能与根据横截面数据计算的结果不完全一致。

2. 土地对农业生产的影响。

土地是农业生产的重要要素之一，对农产品生产的贡献从理论上来说很大。多数情况下反映土地的指标可以用耕地面积。但是，自 1996 年后国家统计局连续多年没有公布耕地面积资源。与耕地面积相关的农作物播种面积则比较系统连续，因而在农业生产函数测算不同因素的贡献时用农作物总播种面积替代。与其他因素相比，农作物播种面积则相对稳定。

3. 农业生产条件的影响。

水资源和耕地资源一样，也是我国农业发展的重要约束因素之一。反映影响农业生产水资源的因素包括人均水资源拥有量、有效灌溉面积等。由于有效灌溉面积是我国农业生产条件的重要组成部分，考虑到资料的可得性，在分析不同因素对农产品生产的影响时选择有效灌溉面积。

从统计资料来看，自1996年以来我国有效灌溉面积每年超过5000万公顷，大约占常用耕地面积的一半，占播种面积1/3。尽管我国农业基本建设投资力度很大，但年均有效灌溉面积的增加极其有限，表明农业生产条件的改善是一个缓慢的过程。

4. 现代物质投入的影响。

从农业发展来看，现代物质投入是重要的物化技术，对现代农业生产有着重要贡献。现代物质投入的种类越来越多，最多的是化肥、农药、配合饲料、农业机具等。不同的现代物质投入在农业生产中都具有重要作用，考虑到资料的可得性，本章主要选择化肥、固定资产、农业机械等因素分析测算它们的投入对农产品生产的贡献。

从改革开放以来化肥施用量的历史数据来看，我国化肥施用量的增长速度相当惊人，2002年，全国农业生产中化肥施用量已经达到4339.4万吨，为1978年的近5倍。大量化肥的使用，虽然对于增加农产品产量，提高农业效率有利，但也带来一些可持续发展问题。农户随着收入水平的提高，投资能力的增强，固定资产规模不断扩大。随着我国农业劳动力的机会成本增大，使用的农业机械动力也越来越多，它们理应在农业增长中发挥重要作用。尽管农户固定资产投资中有一部分是农业机械，但两者的差异十分明显。农户固定资产反映的是投资，范围广，属于微观层次。农业机械动力反映的是在农业生产过程的机械化水平，属于农业宏观层次范畴。两者在模型中是否存在共线性，可以通过一定的检验方法加以判别。

5. 气候对我国农业的影响。

我国是一个农业生产受自然灾害影响比较严重的国家。每年受灾的农作物播种面积一般都超过4000万公顷，占农作物总播种面积的百分比多数年份超过30%。农作物受灾后往往损失比较严重，多数年份成灾面积在2000万公顷以上，占农作物总播种面积超过15%，占受灾面积超过50%，而且还有10%以上的受灾面积绝收（见表6-5）。

从统计资料来看，尽管国家不断加强农业基本建设，但无论是受灾面积，还是成灾面积，甚至绝收面积都没有一致性呈现出递减趋势。农业生产受自然灾害影响一直都比较严重，气候灾害是我国农业风险损失的重要来源之一。

表6-5　　　　　　　不同灾害对农作物播种面积的影响程度　　　　（单位:%）

年份	受灾面积占总播种面积百分比	成灾面积所占百分比		绝收面积所占百分比	
		占总播种面积	占受灾面积	占总播种面积	占受灾面积
1995	30.57	14.86	48.60	3.75	12.26
2000	34.99	21.99	62.85	6.49	18.56
2001	33.50	20.39	60.86	5.28	15.75
2002	30.47	17.67	57.98	4.24	13.92

资料来源：2003 年《中国农村统计年鉴》。

6. 不同因素的综合分析。

为了同时分析农业劳动力、耕地、有效灌溉面积、化肥施用、固定资产投入、农业机械和受灾等因素的影响程度，需要建立生产函数。假设 Y 表示农业产出，$X1$ 代表农业劳动力，$X2$ 代表农作物总播种面积，$X3$ 代表有效灌溉面积，$X4$ 代表化肥投入，$X5$ 代表农户固定资产投入，$X6$ 代表农业机械动力，$X7$ 代表气候的影响，则可以建立生产函数模型为：

$$\ln Y = a_0 + a_1 \ln X1 + a_2 \ln X2 + a_3 \ln X3 + a_4 \ln X4 + a_5 \ln X5 + a_6 \ln X6 + a_7 \ln X7$$

考虑到可利用的统计资料更有助于分析种植业的生产函数模型，故 Y 选择农林牧渔业总产值中的农业产值资料。利用时间序列数据和 2002 年的横截面资料进行多元回归，发现根据时间序列数据分析的结果十分不理想，这里从略。

根据 2002 年分省资料得到的回归系数和一些重要的参数为：F 值为 78.759，F 的概率值为 0.000，Durbin—Watson 值为 2.178，影响农业生产的多种因素对数回归系数及其检验值参见表6-6。

表6-6　根据2002年分省资料建立的农业生产函数回归系数与检验值

	回归系数	t 值	t 的 P 值
常数项	2.629	5.183	0
农业劳动力数	1.08E-02	0.072	0.944
农作物播种面积	-0.395	-1.826	0.081
有效灌溉面积	0.156	0.797	0.433
化肥施用量	0.995	6.986	0.000
农户固定资产原值	0.319	1.873	0.074
农业机械动力	-0.201	-1.320	0.200
成灾率	-2.13E-02	-0.676	0.506

通过多元回归，发现对农业生产作用最大的是化肥施用量，其次为农户固定资产原值，接下来是有效灌溉面积。农业劳动力数量虽然有正的贡献，但影响相对较小。农业机械动力对农业产出价值量的贡献没有显著性，并与农户固定资产原值变量间不存在完全共线性。成灾率也是影响相对较小，但为负的贡献，统计上不显著。

比较有意思的是，农作物播种面积不但对农业产出的价值量没有贡献，而且还有一定的负作用。这一回归结果比较难以理解，但是，至少说明农作物播种面积对农业产出价值量没有明显贡献。不同地方的农作物内部结构决定了农业比较效益的高低。农作物播种面积相对较大的地方，生产的可能是比较效益相对较低的农产品品种，从而导致农作物播种面积在全国中的地位与农业产值在全国中的地位不一致。2005 年，浙江农作物播种面积占全国 1.83%，排序第 23 位，而农业产值占全国 3.34%，排序第 12 位；黑龙江农作物播种面积占全国 6.49%，排序第 3 位，而农业产值占全国 3.66%，排序第 10 位。这一结论能够解释粮食安全在中央与地方政府目标中的差异。

（二）播种面积的影响因素分析

上述分析了不同因素对我国农产品产出价值量的影响。实施农业结构战略性调整，需要提高我国粮食安全保障水平。粮食等大宗农产品生产是耕地密集型的，价值量未必很高，但地位十分重要。为此，接下来专门分析影响我国播种面积的主要因素。

改革开放以来，我国农作物播种总面积基本稳定，但结构不断变化。粮、油、棉的种植面积总体上呈现出下降的趋势，尤其是 1996 年以后大约每年以 1 个百分点下降。改革开放初期，我国粮、油、棉种植面积在农作物种植面积中所占比重大约为 88%，到 1995 年时这一比重约下降为 86%，而到了 2003 年这一比重已经下降不到 79%（见表 6-7）。

在粮、油、棉内部的种植结构中，粮食种植面积总体上不断减少，2003 年较改革开放初期下降近 15 个百分点，比 1995 年也下降约 8 个百分点。与粮食播种面积的变化趋势不同，油料播种面积则呈现出明显的上升趋势。2003 年油料播种面积在农作物总播种面积中的比重，较改革开放初期上升了约 5.7%，较 1995 年上升了约 1%。与粮食、油料播种面积的变动趋势不同，棉花播种面积则基本稳定，占农作物总播种面积的比重大体维持在 3% 左右的水平。

表6-7　　　　　　　　　　我国粮棉油种植结构　　　　　　　　（单位:%）

年 份	粮食	油料	棉花	粮油棉三种合计
1978	80.34	4.15	3.24	87.72
1980	80.09	5.42	3.36	88.87
1985	75.78	8.22	3.58	87.58
1990	76.48	7.35	3.77	87.59
1995	73.43	8.74	3.62	85.79
1996	73.86	8.24	3.10	85.20
1997	73.33	8.04	2.92	84.29
1998	73.08	8.30	2.86	84.24
1999	72.37	8.89	2.38	83.64
2000	69.39	9.85	2.59	81.83
2001	68.13	9.40	3.09	80.61
2002	67.18	9.55	2.71	79.44
2003	65.22	9.84	3.35	78.41

资料来源：2004 年《中国农村统计年鉴》。

1. 耕地收益率直接影响播种面积。

在耕地一定的情况下，农作物的播种面积直接反映农民从事农业生产的积极性。当耕地收益状况相对较好时，必然会激发农民扩大播种面积。反之，当耕地收益状况相对恶化时，农民就可能减少播种面积。

通过对耕地收益率的年际变化率与播种面积的年际变化率互相关分析，发现耕地收益率会滞后影响农作物的播种面积。根据《中国农村住户调查年鉴》中有关农户人均耕地和家庭经营纯收入中种植业纯收入计算出每亩耕地纯收入，然后进一步地计算出 1979—2002 年期间以上年为 100 的年际间每亩耕地纯收入变化率，以及根据《中国农村统计年鉴》计算的同期农作物总播种面积的以上年为 100 的年际间变化率，通过选择 7 年期间的互相关分析，结果显示当年的互相关系数为 0.166，滞后 1 年的互相关系数为 0.324，滞后 2 年的互相关系数为 0.372，滞后 3 年的互相关系数为 0.085，其余年份的互相关系数都很小。可见，耕地收益情况会在未来 1—2 年内影响到播种面积。

比较 1978—2002 年期间农户每亩耕地的纯收入与农作物总播种面积，1983—1989 年期间农户耕地纯收入率徘徊不前，而相应期间农作物播种面积有多年出现下降；1997 年农户经营耕地为 455.56 元/亩，随后有几年连续减少，而农作物总播种面积在 1999 年达到新的最高值（15637.3 万公顷）后，同样连续多年减少，2003 年农作物播种面积下降到 15241.5 万公顷，和 1996 年基本持平，而粮食播种面积则只有 9941 万公顷，跌到历史最低水平。

2. 农产品生产价格对播种面积的影响。

农产品生产价格（2001 年前为农产品收购价格）的变化直接影响到农民从事农业生产的获利，从而会对农作物总播种面积产生影响。从总体上看，农作物总播种面积相对稳定，改革开放以来一直稳定在 1.5 亿公顷左右，上下不超过 1000 万公顷的波动幅度。与农作物总播种面积不同，农产品生产价格则呈现出明显的波动特征。

农产品生产价格总指数是否对农作物总播种面积的变动产生影响呢？利用《中国农村统计年鉴》中的农作物总播种面积数据和农产品生产价格总指数资料，并对农作物总播种面积数据按照上年为 100 的方法进行指数化处理。通过选择滞后期 7 年的互相关分析，显示同期农产品生产价格对农作物播种面积相关系数滞后 1—3 年，尤其是滞后 2 年的影响十分明显，其中滞后 1 年的相关系数为 0.456，滞后 2 年的相关系数为 0.779，滞后 3 年的相关系数为 0.558。可见，农产品价格的变化对农作物播种面积的影响不仅相对显著，而且影响的时间相对较长。

3. 农业生产资料价格对播种面积的影响。

农业生产资料价格直接影响农民从事农业生产的收益。比较 1985 年以来农业生产资料价格指数与化肥零售价格指数，发现两者的波动高度相关，波峰波谷基本一致，两者的相关系数达 0.974。这主要在于我国的化肥在农业生产成本费用中占有相当大的比重。因此，在某种程度上可以通过化肥价格替代农业生产资料价格进行分析。

农业生产资料价格如果上涨，可能就会对农民收益产生负面影响，因而两者的关系理应是负相关的。到底两者是否存在着负相关关系，以及相关程度如何？继续运用互相关分析。根据《中国农村统计年鉴》中 1985—2002 年有关农作物总播种面积和农业生产资料价格指数资料，并对农作物总播种面积进行以上年为 100 的指数化处理，通过两者指数的互相关分析，显示农业生产资料价格对农作物播种面积同期影响相对较小，相关系数只有 0.127，而滞后 1 期的互相关系数为 0.620，滞后 2 期的互相关系数达到 0.692，滞后 3 期的互相关系数为 0.418。

之所以农业生产资料价格对播种面积的影响并不是预期的反向关系，这可能与我国农业生产资料价格与农产品生产价格的变化高度一致所造成的。进一步地对1985—2002年的我国农业生产资料价格与农产品生产价格总指数进行相关分析，发现同期的相关系数达到0.863，农产品生产价格总指数变化的滞后1年对农业生产资料价格指数的互相关系数仍达0.812。这表明我国农业生产资料价格的上涨与我国农产品价格上涨有很大关系，甚至前者可能主要由于后者的推动才出现的。

不管农业生产资料价格与农作物播种面积的年际变动属于何种情形，但两者的影响是客观存在的。至于农业生产资料价格在影响农作物播种面积的多种因素中发挥怎样的作用，可以在下文的动态对偶价值方程的标准二次型分析中进一步地考察。

4. 农业市场化程度对播种面积的影响。

农业市场化对农民生产的决策影响越来越受到重视。为了综合反映市场化对农民生产决策的影响，本章试图从农民家庭经营中从事种植业的收入货币化程度进行考察。从理论来说，如果农业市场化程度高，农民专业化也达到一定的水平，农民主要按照市场来进行决策，则农民从事农业生产获得的现金收入会占有相当大的比重。

根据国家统计局农村社会经济调查总局的《中国农村住户调查年鉴》中有关农民家庭经营中种植业的总收入和现金收入资料，按照现金收入占总收入的百分比计算，1985年我国种植业的农民收入货币化程度为41.40%。长期以来，这一百分比总体上呈现出上升趋势，2002年上升到53.97%。因此，农民从事种植业收入的货币化可以在一定程度上反映我国农产品市场化进程，而且用货币化反映也相对客观。

农业收入的货币化程度越高，既反映农产品市场化程度的提高，也反映市场对农民从事种植业生产的影响程度的提高。考察农民收入的货币化对播种面积的影响，不能完全从年际的变化来看，而应从长期趋势来看。为此，根据《中国农村统计年鉴》中农作物总播种面积的资料，将1984年作为基期，计算出1985—2002年期间的农作物总播种面积的以1984年为100的其他年份指数；根据《中国农村住户调查年鉴》中农民家庭经营种植业收入的货币化程度，仍然以1984年为基期，计算1985—2002年期间各年的指数。对农作物总播种面积的定基指数和家庭经营种植业收入的货币化程度的定基指数进行互相关分析，显示同期相关系数为0.292，滞后期5年上升为0.346，表明种植业收入的货币化程度或者说市场化程度对农民收入存在一定的影响，但影响程度相对较低，且长期的影响程度可能超过短期的影响程度。

5. 农业科技对播种面积的影响。

农业科技虽然通过单产对农产品总产量的影响会超过播种面积，但由于科技进步，如农业机械化水平的提高，也会对农作物播种面积产生影响。

如何估算农业科技进步对农作物播种面积的影响？首先要解决用什么指标来反映农业科技进步。反映农业科技进步的指标主要有农业科技投入、农业科技贡献率、农业科技人力资本等。为了简化起见，本项研究选择财政对农业科技三项费用的投入累积量来反映农业科技进步。考虑到农业科技三项费用对农作物播种面积的影响，可能是累积性的，因而把自 1978 年农业科技三项费用的财政投入累加起来。

为了评估农业科技进步对农作物播种面积的影响，把上述根据《中国农村统计年鉴》中有关累加的农业科技三项费用数据以 1984 为基期进行指数化处理，同时也对播种面积以相同方法进行指数化处理。通过对 1985—2002 年期间累加的农业科技三项费用与农作物播种面积两者定基指数进行相关分析，发现同期相关系数达 0.905，高度相关。尽管这种处理没有考虑货币的时间价值，但高度相关关系能够反映出农业科技进步对农作物播种面积的影响程度较大。

6. 影响农作物播种面积的多因素分析。

在对影响农作物播种面积的单个因素分析基础上，为了评估不同因素同时对农作物播种面积的影响，还需要建立包括多个变量的回归方程。

黄季焜等人（1998）认为我国正处于由计划经济向市场经济的转型期，生产要素的调整需要过程，因而需要根据调整成本理论建立模拟农民的生产行为模型，他们在实证分析中运用标准化的二次价值函数，将农作物分为水稻、其他粮食作物和经济作物，将播种面积和劳动力投入假设为准固定投入，同时考虑价格变量、科技储备量、灌溉能力、制度创新、盐碱化、水土流失和自然灾害，通过 1975—1992 年间的省级横截面数据和时间序列数据，测算不同因素对粮食生产的贡献情况，结果显示对粮食生产贡献率依大小而排列的分别是技术进步、制度创新、价格政策、环境因素。其中，制度创新在改革初期的贡献较大，这种贡献是一次性的。

动态对偶价值方程的基本理论假设是价值方程为二次函数，约束条件包括准固定投入和成本收益函数。

首先假设有一个价值函数 $V(x)$，取决于产出价值和各类投入价值共同构成的向量，其标准化的二次函数形式为：

$$V(x) = \alpha + \beta x + \gamma x^2$$

其次，假设产出价值取决于各类投入，并将这一产出价值方程作为约束条件，对价值函数进行最大化计算。这样，便可以得到一定的、具体的、不同因素的方程。

运用动态对偶价值方程的标准二次方程模型得出的播种面积的最后方程形式为：

$$A_1 = a_1 + a_2 A_{t-1} + a_3 p_{t-1} + a_4 w_t + a_5 q_t + a_6 z_t$$

上式中，A_t 表示播种面积；p_t 表示粮食价格；w_t 表示投入物价格；q_t 表示耕地租赁价格；z_t 表示技术变量和制度变量。其中技术变量包括科技储备量、灌溉条件、水土流失、自然灾害等，制度变量如农产品市场化程度。

为了估计出影响农作物播种面积的各个因素同时对农作物播种面积的影响，需要根据相关变量的时间序列数据进行相应处理。由于 1985—2002 年多种变量的数据相对容易取得，也为了与农产品需求分析相对应，把 1985—2002 年的农作物播种面积作为被解释变量，而把 1984—2001 年的农作物播种面积作为解释变量之一；把 1985—2002 年耕地的亩纯收入按照上年为 100 进行指数化处理，以剔除亩收入的长期化上升趋势；由于《中国农村统计年鉴》中 1984—2001 年的农产品生产价格和农业生产资料价格都是指数化后的，因而无须处理就可以直接利用；农民家庭经营种植业收入的货币化程度和农业科技三项费用的累积量计算后直接代入。这样，就可以进行多元回归分析，以求出各类参数。

一次性将所有变量代入方程，得到的相关系数为 0.994，Durbin – Watson 的检验系数为 2.097，模型的 F 值为 152.824，F 值的 P 值为 0.000，其他系数及其检验值如表 6 – 8。

表6 – 8　　各种影响播种面积因素的多元回归分析系数和参数值

常数项或变量	系数值	t 值	对应的 P 值
常数项	– 79954.72	– 3.398	0.006
上年的耕地面积	1.490	10.068	0.000
耕地的上年亩纯收入	33.014	2.437	0.033
上年的农产品生产价格	109.403	4.597	0.001
上年的农业生产资料价格	– 96.384	– 3.420	0.006
种植业收入的货币化程度	128.070	2.439	0.033
农业科技三项费用	99.972	3.587	0.004

　　经过多元线性回归分析，可以发现种植业收入的货币化程度对播种面积的影响相对较大，而农产品生产价格的影响次之。与单个影响因素分析不同，农业生产资料价格在多元回归分析中所计算出的系数呈现为负数，且绝对值相对较大。

　　上述计量分析表明，提高我国粮食安全的保障水平越来越受到粮食比较效益的挑战。随着农业市场化进程的推进，尤其是在农业市场化大背景下，农业专业化水平会进一步提高，必然会使农民从事农业生产的收入货币化程度继续提高。目前，已经稳定地超过50%。农业结构战略性调整必然会实现农业生产区域化、专业化，这还将促进农业收入的货币化。在农业收入货币化水平逐步提高的环境下，农产品生产价格、农业生产资料价格和耕地的收益率都会不同程度地从不同方向影响种植面积的变动。不断提高粮食生产的比较效益是建立我国粮食安全长效机制的根本。

三　小结

　　大宗农产品生产主要依赖耕地。耕地是从播种面积上确保大宗农产品总产量的决定性因素。大宗农产品供求关系能否维持平衡，以及当受到外部冲击能否及时地恢复平衡，与耕地的保护程度有很大关系。考虑到我国农业支持水平，尤其是大宗农产品的支持保护力度相对较低，但限于国家财力又不能在短时间内改变的现实，加强法律手段和行政力度保护耕地在我国城市化和工业化进程中显得十分重要。为了实现我国粮食安全，必须确保粮食年度播种面积在1亿公顷以上。同时，为了适应城乡居民对油料等大宗农产品高需求增长，必须采取措施缓解与粮食争地矛盾。

　　考虑到我国人口众多，对特定农产品供求关系的要求很高，既不能盲目地扩大某种农产品生产，也不能忽视某种农产品生产，否则就会导致市场的波动。要维持各种农产品的良好供求关系，基础是市场调节，长期任务是增强农业综合生产能力。为此，必须对影响农业各类投入及其环境的因素进行综合考虑，全面改善农业投入水平和质量，确保我国食品安全。

　　影响农业生产的因素很多，包括劳动力、土地、有效灌溉面积、化肥、农药和种子等现代物质投入，也包括气候等外部因素。比较而言，在影响农业生产的众多因素中，较长期影响程度较大的包括化肥等现代物质投入。一方面，要求我国必须加强农业科技投入，为现代农业发展提供数量更多、质量更好的化肥、农药等；另一方面，随着我国农业对现代物质投入的依赖程度越来越高，虽然生产能力在短期内得到了明显提高，但也带来了很多消极影响，包括农业发展的可持续性下降，农产品质量方面的风险增多。化肥等现代农业物质投入的两方面影响，要求必须对现有农业科技进步模式进行反思，探索出更有利于人类的农业科技创新模式。

随着我国农户种植业收入的货币化程度的提高，农产品生产价格对播种面积的影响越来越大。这就意味着耕地最终能否受保护，播种面积能否有保障，关键取决于农产品的生产价格。同时，农业生产资料价格的负面影响也不容忽视。而且，农作物播种面积的调整往往具有一定的连续性，属于一种具有一定准固定性的投入。因此，必须重视在市场经济条件下如何通过经济机制确保农作物按照需求及时调整播种面积。这就要求我国必须在 WTO 农业规则允许的范围内积极探索大宗农产品的市场价格支持。

根据 2002 年全国分省资料，通过建立的多元农业生产函数模型测算，表明农作物播种面积在各地农业中的贡献是负面的，这就意味着农作物生产中大宗农产品的生产比较效益相对较低，越是发展大宗农产品的地方，农业的增长就越受到不利的影响。在以市场为基础的经济环境中，这种格局的结果必然会影响到我国大宗农产品生产的发展。从长期来看，我国粮食安全的突出矛盾主要体现在大宗农产品的生产方面。当单纯地依赖市场解决不了我国大宗农产品的弱势地位的时候，必须发挥政府的作用。从政策上加大对大宗农产品主产区的扶持力度已刻不容缓。

国内畜产品市场需求供给总体上能够保持平衡，但是禽蛋、水产品等年际间波动较大，要求应加强宏观调控促进畜产品和水产品交易的稳定性和持续性。长期以来，农产品进出口对国内市场供求影响不十分明显。但是，随着我国农产品市场开放条件的放宽，国外农产品对国内市场影响逐渐增大，尤其是国内大宗农产品市场受冲击越来越明显。增强畜产品、水产品等出口竞争力的挑战越来越多，要求应将以增强农产品国际竞争力作为我国农业发展的重要目标之一。

第七章

财政制度与农业结构调整

在加入 WTO 和农业发展进入新阶段的背景下，我国的财政支农体系与农业结构调整存在哪些矛盾？形成矛盾的主要原因何在？面向农业结构调整，特别是战略性结构调整的需求，应该如何进行财政体制和制度创新？这一问题已成为近年来理论界和决策层关注的重点问题之一。本章将就这一问题进行专门探讨。

一 现有财政支农体系与农业结构调整的矛盾

近年来，由于"三农"问题日益引起了有关部门的高度重视，财政对农业发展和结构调整的支持力度逐步加大，财政支农的方式和渠道也日益多样化，有无偿拨款，也有国债投资、财政贴息贷款、税收减免、以奖代补和各种间接支持；有支持农业基础设施建设，有支持龙头企业、农业产前产后开发和农业支撑体系建设等。与此同时，适应农业发展形势的变化和农业结构调整的要求，财政对农业的支持结构也不断得到调整和优化。如在增发国债对农业的支持中，对水利支持的比重呈下降趋势，对农村中小型基础设施的支持不断加强。利用增发国债支持退耕还林，就是以国家为主导的大规模农业结构调整行为。[1] 财政支农力度的加大和支持结构的改善，对促进农业结构调整发挥了重要作用。但就总体来说，现有财政支农体系与农业结构调整的矛盾，仍然是比较严重的。[2] 主要表现在以下四个方面：

---

[1] 在增发国债对农业的投入总额中，水利的比重已由 1998 年的 77.1% 下降到 2002 年的 50%。2002 年，国债投资中用于节水灌溉、人畜饮水、乡村道路、农村水电、农村沼气和草场围栏等"六小工程"的达 100 亿元，比上年增加 40 亿元。当年，以畜禽防疫体系建设为重点的动植物保护工程，占国债农业投资的 40%。2002 年，增发国债用于生态环境建设的投资大幅度增加，其中用于退耕还林的投资占 50% 左右，比上年增加了 3 倍（朱刚，2003）。

[2] 本专题完稿于 2004 年，为保持课题成果的原貌，未涉及 2004 年之后财政支农政策的新调整，尽管这种调整的力度是比较大的。

（一）财政支农的资金总量严重不足，对农业结构调整的财政支持存在需求迅速增长与供给增长乏力的矛盾

1. 财政支农资金总量不足的问题长期难以根本改变，财政支农资金稳定增长的内在机制尚待有效建立。

自20世纪90年代以来，我国财政支农资金总量不足的问题一直比较突出。其主要表现是：（1）虽然财政支农支出的总体规模不断扩张，但财政支农支出占财政总支出的比例却不断下降；（2）农业财政支出占国家财政总支出的比例，低于农业GDP占全国GDP的比例；（3）国家财政对农业总投入的增长速度，往往低于国家财政经常性收入的增长速度；（4）如果用财政支农支出与农业税收之差来衡量农业的财政净投入，那么，农业财政净投入占财政支农支出的比例，在90年代末期以前基本上呈下降趋势（张晓山、崔红志，2001；朱钢，2002）。近年来，由于"三农"问题引起了政府有关部门的高度重视，上述问题有所缓解。1999—2003年，国家财政用于农业的支出由1085.76亿元增加到1754.45亿元人民币，年均增长12.7%。但是，就总体来说，我国财政支农资金总量不足的问题，并没有得到根本改变。① 近年来我国财政支农支出的迅速增长，在很大程度上得益于国债投入的增加。如近年来中央财政对农业基础设施建设的投入有较大幅度的增长，但这种投入增长主要来自国债资金。1998年以来，国债资金一直占年度间中央预算内基本建设投资的70%以上，而正常年份预算内基本建设投资不足30%。由于国债规模的增长是长期内不可持续的，因此，如果财政支农支出的扩张主要依靠增发国债，则意味着财政支农投入长期增长的基础并不稳固。近年来，虽然各级政府出台了不少针对农业结构调整的财政支持措施，但就总体来说，财政支农资金稳定增长的内在机制，尚没有根本建立起来。

2. 农业结构战略性调整的深入推进，引发了财政支农资金需求的迅速增长，凸显了财政支农资金总量不足的问题。

从1999年开始启动的这一轮农业结构调整，与以往相比的根本不同之处在于，它是在主要农产品的供求关系发生根本性变化、我国加快扩大对外

---

① 1999—2003年五年间，我国国家财政用于农业的支出占财政支出的比重分别为8.23%、7.75%、7.71%、7.17%、7.12%。按照WTO口径，将支持贫困地区发展的财政支出和粮棉油糖价格补贴计算在内，2000年我国农业支持总量仅为2200亿元，占当年农业总产值的比重为8.8%。这一比例不仅远低于发达国家的农业支持水平（30%—50%），甚至大大低于巴基斯坦、泰国、印度、巴西等发展中国家的水平（10%—20%）（陈锡文等，2002）。

开放的背景下发生的，其主体特征应该是农业结构的战略性调整而非适应性调整。因此，当前针对农业结构调整的财政支持，主要包括两方面的内容：（1）针对农户、龙头企业等结构调整主体的调整行为，通过财政贴息贷款、税收减免和各种间接支持等措施，提供选择性的重点支持和鼓励，包括支持重点区域、重点农户、重点产品或产业链的开发，以及支持延伸产业链、拓展结构调整的选择空间等行为；（2）更为重要的是，适应农业结构调整从适应性调整向战略性调整的转变，为重构农业的支撑保障体系提供政府支持。农业支撑保障体系包括农业信息体系、农产品市场体系、农业标准化体系、农产品质量安全检测检验体系、农村科技创新和推广体系、农民教育培训体系、政府对农业和农村的支持保护体系等方面。以农业支撑体系建设对财政支持资金的需求为例，现有的农业支撑保障体系，主要是在农业发展进入新阶段以前，适应农业增长和农业结构适应性调整的要求，而逐步建立起来的。随着加入 WTO 所引发的国际竞争国内化、国内竞争国际化的发展，随着农业结构战略性调整的深入推进，现有的农业支撑保障体系的不适应性日趋突出；对其进行革命性改造甚至部分重构的要求，也日趋强烈起来。但是，对农业支撑保障体系的革命性改造或重构，是一项耗资巨大、任重道远的系统工程。近年来，农业支撑保障体系建设的进展，远远不能满足农业结构战略性调整的要求。而对农业支撑保障体系建设的投入不足，则是形成这种局面的重要原因之一。农业支撑保障体系具有较高程度的公共品属性，根据其建设类型的不同，通过加强财政支持发挥政府投资的引导、带动或主体作用，是必要的。

　　针对农业结构调整的上述两方面财政支持，往往是同对传统农业、传统农民的改造和农业的结构升级结合起来发挥作用的。因此，相对于现有的财政支农基础而言，农业结构调整对上述两方面财政支持的需求，都会呈现"乘数"甚至指数意义的增长。但是，与此同时，由于财政支农资金稳定增长的内在机制尚待有效形成；农业结构战略性调整的深入推进，必然导致财政支农资金总量不足的问题进一步尖锐化，加剧财政支农资金的供给缺口。

　　（二）财政支农结构不合理，财政支农结构与农业结构战略性调整的矛盾较为突出

　　我国现有的财政支农结构是在农业发展进入新阶段以前，经长期累积而成的。农业和农村发展进入新阶段以后，现行财政支农结构与农业结构战略性调整的矛盾日趋突出起来，主要表现在以下几个方面：

1. 财政支农经费相对较多地用于人员供养和行政运行，但却并未显著增强农林水气等部门对农业结构调整的支持能力。

1998—2001 年，由于人员工资上涨等原因，在全国财政支农的支出结构中，农林水气等部门事业费支出的比重逐年增长，由 28.0% 提高到 36.7%。尽管如此，农林水气等部门的业务发展条件，不仅没有得到明显改善，反而由于出现了比较严重的业务经费短缺问题而有所恶化，甚至较为普遍地存在着事业费支出挤占建设和发展性支出的现象。因此，农林水气等部门事业费的增加，在总体上并没有明显增强这些部门对农业发展和结构调整的实际支持能力。国务院发展研究中心农村部对湖北襄阳和江西泰和县的调查显示，这些县农林水气等部门的事业费甚至保证不了人员工资（陈锡文等，2003，第 250 页）。

2. 财政支农资金的效益严重外溢，对与农业发展和结构调整直接相关的农业基础设施建设的财政支持过少。

1996—2000 年，在中央财政的农业基本建设投入总量中，用于水利基础设施建设的投入占 70% 左右；用于林业生态环境建设的投入接近 15%，且比例逐年提高。2001 年，在全国农业国债投资总量中，用于水利和林业生态的共占 86.0%。而中央财政安排的大部分水利建设资金，被投入到防洪、抗旱、灌溉等重大工程项目上，其效益外溢于农业和农村的特征比较显著（以国债投资为例，详见图 7-1）。甚至由于直接惠及农业发展和结构调整的小江小河治理、农业水利配套建设投入较少，而严重制约着水利建设支持农业发展和结构调整的总体效果。中央财政安排的林业生态建设，更容易出现主要是上游建设、下游受益和农村建设、城市得益的情况。因此，一方面，财政支农及其增长状况容易被数字的表象美化；另一方面，有限的财政支农资金实际支持的，往往不是农业发展和结构调整最需要的支持项目。如自 1996 年以来，在中央财政安排的农业基本建设投入中，用于农业科技、良种工程、信息体系建设、检验检测体系等方面的不足 10%（陈锡文等，2002，第 26 页），而这些方面的改善对于促进农业结构调整，往往具有画龙点睛的作用。又比如，农村中小型基础设施建设项目，直接有利于农户和龙头企业降低从事结构调整的成本和风险，并增加其收益。近年来，虽然由于各级财政特别是中央财政加强了对农村中小型基础设施建设的投入，财政支农资金效益外漏的现象相对有所缓解；但就总体来说，目前各级财政对农村中小型基础设施建设的投入支持较少，仍是一个突出问题。如国家财政用于小型农田基础设施建设的财政投入，20 世纪 80 年代已达 23 亿元，但到

2005 年仅增加到 26 亿元, 扣除价格因素, 实际上是负增长。

3. 在财政支农的资金总量中, 用于流通环节的价格补贴和粮食风险基金补贴过多, 对农民的直接补贴和与农业结构调整挂钩的财政支持相对较少。①

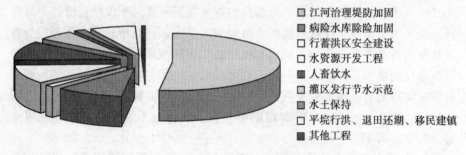

图例：
- □ 江河治理堤防加固
- ▨ 病险水库除险加固
- □ 行蓄洪区安全建设
- □ 水资源开发工程
- ▨ 人畜饮水
- □ 灌区发行节水示范
- ▨ 水土保持
- □ 平垸行洪、退田还湖、移民建镇
- ■ 其他工程

图 7 - 1　2001 年国家水利国债投资的分项目构成

1998 年以来, 我国每年用于粮、棉、油、糖流通的补贴在 500 亿—700 亿元, 占农业支持总量的比重高达 30%—50%。在 2001 年全国财政对农业的支持总量中, 农业基本建设、农业综合开发和扶贫支出合计占 33.1%, 支援农村生产支出、农林水气部门事业费支出合计占 34.6%, 流通环节的补贴占 30.1%, 其他占 2.2%。② 目前, 我国每年的农业科研经费只占农业总产值的 0.43%, 远远低于中等收入国家平均 1.37%、高收入国家平均 3.29% 的水平。以农业大省黑龙江为例, 加快发展畜牧业是其农业结构调整的重要方向。按 2000 年不变价格计算, 2001 年全省畜牧业总产值高达 203.65 亿元。但是, 当年国家通过科技项目对全省畜牧业的科技投入仅为 30 万元。2002 年, 我国在安徽、湖南、河南等省开展对农民直接补贴的试点。此后, 最近两年来, 我国各级财政特别是中央财政对农民的直接补贴显著增长, 直接补贴的方式也逐步多样化。但就总体来说, 如何提高补贴水平、完善补贴方式, 仍是一个突出问题。

从上述分析可见, 就总体而言, 现有的财政支农结构使有限的财政支农资金对农业结构调整的实际支撑能力, 被进一步打了折扣。要切实加强对农业结构调整的财政支持, 必须对现有的财政支农结构进行根本性的调整。当然, 财政支农结构的调整, 实际上面临两难困境: 一方面, 如果主要局限于

---

① 2002 年以来, 特别是最近两年, 这种状况已有明显改善。

② 参见农业部《关于完善我国农业国内支持政策的建议》, 中国农业信息网 (www. agri. gov. cn) 2003 年 5 月。

存量调整，则容易加剧相关部门的生存危机，从而导致既得利益者"从对自身利益的关心上"抵制调整，进而使调整方案趋于难产，或使"调整"的现实远离其初衷；① 另一方面，如果维持现有的存量格局不变，将"调整"的重点放在通过增量结构的调整带动总量结构的变化，那么，受增量扩张空间的制约，要使财政支农结构适应农业结构战略性调整的需要，将会经历一个相当漫长的过程。② 基于这种两难困境，在相当长的时期内，要协调农业结构调整与财政支农结构调整的矛盾，都将面临很大困难。

（三）在对农业结构调整的财政支持中，县乡财政支持能力的弱化与提高支农效益的矛盾比较显著

最近几年来，由于中央政府高度重视"三农"问题，中央和省级财政对农业的支持保护力度明显加大。但是，地方政府特别是县乡财政的支农状况却令人担忧，县乡财政的支农能力严重虚弱已成普遍事实，由此客观形成了财政支农只能主要依靠中央财政的格局。这种格局的表现及影响是：

1. 县乡本级财政的支农能力有名无实或极其虚弱，现实的财政支农只能主要依靠中央和省级财政。

案例 1　粮食主产区黑龙江省北林区的经济发展，居于该省中等水平。2002 年，全区人口 84 万人，其中农业人口 58 万人，耕地面积 262 万亩；人均区本级财政收入 181.0 元、人均财政总收入 261.9 元。近年来，全区本级财政每年能用于支持农业的资金大约 150 万—200 万元，占区本级财政收入的 1% 略强。包括近年实施的大豆振兴计划，全区每年能争取到的农业项目资金大约 2000 万元，占 2002 年区本级财政收入的 13.2% 上下；其中来自中央财政的占 70% 左右，来自省财政的占 30% 左右。区财政主要是支持工资发放保吃饭、支持政府运转，支持农业主要依靠中央和省级财政。当地人戏言，"吃饭靠自己，发展靠中央"。

——资料来源：笔者的直接调查

案例 2　据国务院发展研究中心农村部对湖北襄阳县的调查，1997—2000 年间，该县农业灾害严重，非涝即旱；但县财政支援农业生产的支出，除每年近 20% 的上级拨款外，剩余的 80% 是虚数，共达 4310 万元，相当于

---

① 比如，压缩农林水气事业费，不仅会形成相关部门、相关人员的生存困境，还会妨碍相关事业的发展，从而削弱其对农业结构调整的支撑能力。

② 因为受财政支出总量及其分配结构调整两方面因素的限制，在一定时期内，财政支农资金总量的增长并不是无节制的。

实际支出的 4.3 倍。

——陈锡文等，2003，第 247 页

案例 3　2003 年 9—10 月，我们分别在黑龙江省海伦县、北林区选择 1 个乡镇，在山东肥城市选择两个乡镇，同乡镇长进行了座谈。这些乡镇长普遍反映，当前乡镇政府对农业基本上没有支持能力。以山东肥城市汶阳镇为例，2000 年、2001 年、2002 年 3 年间，该镇的财政支农总支出分别为 20 万元、9 万元和 19.5 万元，而这些支出均来自上级政府的财政拨款，本级财政的支农支出一直为 0。

此外，许多调查表明，与县乡财政收入的增长相比，县乡财政支农资金的增长，往往存在较大的不稳定性。

2. 对于中央和省市的财政支农专项资金，县乡财政往往无力提供配套资金，甚至存在比较严重的截留挪用现象。

案例 4　近年来，为了切实支持农业和农村经济的发展，中央有关部委出台了许多财政支农资金专项；但多要求地方能够提供一定比例的配套资金。1998—2000 年，湖北襄阳县被列入鄂西北部重点农业综合开发县之一，该县还是国家商品粮基地县。国务院发展研究中心农村部的调查显示，中央的专项资金基本上都能到位，但地方配套资金到位率低，却是一个突出问题。以 2000 年为例，县财政配套资金的到位率仅 30%。5 年来，在该县的国家商品粮基地项目，中央专项资金到位率达 98.89%，省级资金到位率 29.79%，而市级资金和县级资金的到位率分别仅及 1.62% 和 7.13%。

——陈锡文等，第 247 页

案例 5　位于西北的 G 省计委①有关同志反映，近年来该省通过财政部门下拨用于支持农业产业化龙头企业的资金，大多数被各级财政截留挪用。有些县（市）的政府之所以对抓项目比较热情，主要并不是为了发展地方经济，而是为了能争取国家财政资金，以弥补地方财政的窟窿。在部分县（市），政府甚至不是支持农业，而是靠吃农业过日子。因为县（市）一级政府的财政收入，主要来自农业税；政府能够向上争取到资金支持的项目，多属于农业项目；而争取到的项目资金，经常被挪用于给政府部门发放工资。

案例 6　类似于案例 5 的现象，不仅在西北 G 省这样的落后地区存在，

---

①　为了不给有关省、县和企业带来不必要的麻烦，本书在某些地方将省、县和企业名，用英文字母代替。而英文字母的选择只是为了区分的方便，与中文名无关。

在部分发达省份的中等发达地区也是存在的。山东 YXY 食品有限公司总部
位于该省 TA 市 TS 区 XJL 镇，是一个国家级农业产业化龙头企业。TA 市 TS
区的经济发展水平居于该省中等行列。2002 年，经过有关项目的审批手续，
中央财政对该公司的技改项目，提供了 60 万元的无偿资金支持。项目原计
划 2003 年底完成。按照有关拨款程序，该项资金需通过财政系统逐级下拨。
为此，TA 市财政局曾给 TS 区财政局下文，告知其已将这笔资金下拨给 TS
区财政局，希望 TS 区财政局按照专款专用的原则，加强监督力度，保证项
目顺利实施。但同时，TA 市财政局又口头告知 TS 区财政局，由于 TS 区政
府欠 TA 市财政局的钱，TA 市财政局只能将这笔资金从 TS 区财政局的欠账
中扣除，并以此代替这笔资金的实际拨付。TS 区财政局也如法炮制，给
XJL 镇财政所下文；同时口头告知 XJL 镇财政所，由于 XJL 镇政府欠 TS 区
财政局的钱十年都还不完，TS 区财政局只能将这笔资金从 XJL 镇的欠账中
扣除，并以此代替这笔资金的实际拨付。因此，XJL 镇财政所最终并没有实
际拿到这笔资金，也不能将这笔资金拨给 YXY 公司。YXY 公司努力争取到
的这笔中央财政的支持资金，实际上成为没有实际作用的"画饼"。YXY 公
司为此曾经找过 TA 市纠风办，纠风办明确告知 YXY 公司，只要他们出面，
肯定能把这笔项目资金落实到 YXY 公司，但如此一来，该公司以后的路子
可能就走绝了；要不要纠风办出面，由 YXY 公司自行决定。YXY 公司权衡
再三，只得主动放弃请纠风办出面落实资金的行动。类似的事情在 YXY 公
司还不是唯一一次。

3. 财政支农对结构调整的需求瞄准机制不完善、财政支农效益的提高
面临重重障碍，影响财政支持农业发展和结构调整的总体成效。

在县乡财政的支农能力严重弱化、财政支农主要依靠中央和省级政府的
格局下，中央财政支农资金的分配有可能按照两种路线进行。第一种路线是
按照某些标准，将中央财政的支农资金直接分配到相关省或地市，但不直接
瞄准相关项目；通常所说的按因素法进行中央财政的转移支付，就是这种思
路；但是，目前从总体上说，在中央财政支农资金的分配中，按照这种路线
的并不多，通常采取的是第二种路线，即中央政府的财政支农资金直接瞄准
相关项目，各级政府相关部门按照项目资金的审批程序逐级申报审批。换句
话说，迄今为止，我国中央财政支农资金的分配，主要采取的仍然是以项目
资金为主、中央高度集权的投入体制。这种体制的运行容易导致以下问题：
一是由于难以解决上下级政府之间、申报单位和政府部门之间的信息不对称
和信息传递失真、渗漏问题，容易导致财政支农资金的需求瞄准机制不完

善，形成财政支农资金供求结构的错位，加大财政支农资金使用监管的困难，甚至导致财政支农资金在项目分配中出现"劣币驱逐良币"的现象。二是由于财政支农项目的申报审批环节过多，人为因素影响较大，客观上会增加寻租现象，进而增加财政支农的社会交易成本。有些地方的计划、财政、科技等部门，甚至不惜在北京设立相关办事处，专门从事"跑部"和项目攻关工作。三是难以有效地发挥中央财政支农资金对地方财政支农资金的引导作用。因为在此情况下，可供引导的地方财政支农资金总量是非常有限的。四是在中央财政支农资金要求地方政府提供配套的背景下，容易导致中央政府的财政支农项目由于缺乏地方财政支持的衔接配套，出现配套功能不健全、项目质量下降、项目完成期限被过度推迟等问题，从而导致其运行效益的下降。这些问题都会影响到财政支农的总体效果和财政支农资金对农业结构调整的实际支持能力。

在县乡财政支农能力严重虚弱的背景下，现有财政支农体制的需求瞄准机制不完善，直接导致了农村中小型基础设施建设，往往成为财政支农较为薄弱的环节。相对而言，农村中小型基础设施建设与农业结构调整的关系最直接，对农户和龙头企业经营成本、风险及效益的影响也最深。最近几年来，虽然中央和省级政府开始加强对农村中小型基础设施的投入支持，如支持"六小工程"等；但就总体而言，在现有的财政体制和投资体制下，中央政府的投资主要负责大中型基础设施项目，很少直接指向广大农村；省级政府的投资主要用于同中央投资配套搞大中型项目；农村中小型基础设施项目的建设，主要由县乡政府和农民承担。由于地方政府的财政支农能力普遍薄弱，让地方政府主要负责农村中小型基础设施建设，在多数地方变相导致了农村中小型基础设施建设少有投入、无人负责的窘境。况且，由于越来越多的农村劳动力大量外出务工经商；由于在推进农村税费改革试点的地区，实行了逐步取消"两工"、对村办公益事业"一事一议"等政策，在传统体制下行之有效的农民集资投劳方式，其实施成本越来越高，可操作性也迅速下降。农村中小型基础设施建设，仍然是我国财政支农最为薄弱的环节。由此不仅直接导致了有限的财政支农资金对于农业结构调整的支持能力进一步弱化，还严重妨碍财政支农宏观效果的提高。

（四）财政支农运行机制的转变相对滞后，农业结构调整与财政支农目标、方式的矛盾较为普遍

农业发展进入新阶段以来，农民增收已经替代农业增产成为农业发展的首要目标。加入WTO以后，随着国际竞争国内化、国内竞争国际化的发展，提高农业竞争力作为农业发展目标的重要性，也迅速凸显起来。适应农业发展目标的变化，近年来，财政支农结构的调整在鼓励增加农民收入和提高农业竞争力方面，进行了不懈努力。如在中央财政支农中，加强了对主要农产品出口基地建设、农产品质量标准体系和检验检疫体系建设的支持力度等。但是，就总体而言，财政支农目标偏离促进农民增收和提高农业竞争力目标的问题，仍然比较突出；许多财政支农项目所瞄准的，仍然主要是农业的增产目标。① 当然，这种状况近年来已开始出现明显改善，但问题尚未根本解决。目前，在我国农业科技人员和科研投资中，仍有 80% 左右主要与农产品的数量增长有关。值得重视的是，在粮食连续几年减产，但国内粮食库存仍比较充裕的背景下，2003 年 10 月、2004 年 3 月两轮国内粮价的恢复性上涨，又激发了某些政府部门支持粮食增产的热情。

　　近年来，适应深入推进农业结构战略性调整的要求，我国的财政支农方式正在进行不断的改革和创新。比如近年来，财政部、农业部已连续几年拨出专款，支持农民专业合作组织的试点和示范项目。特别是近年来相继出台了粮农直接补贴、良种补贴、农机补贴和农资增支综合补贴等政策。但是，现有的财政支农方式在总体上仍然呈现以下特点，一是财政无偿拨款或直接投资较多，财政贴息和补助等引导性投资较少；二是财政支持的所有制壁垒问题仍比较严重，对民营经济和农民专业协会、民营农业服务组织，尚缺乏系统性的支持措施和支持政策。上述两方面的特点，都不利于提高财政对农业结构调整的实际支持能力。因为，随着农业结构调整的深入推进，一方面，农户、龙头企业和其他组织参与农业结构调整的广度和深度都将不断增加，特别是民营经济和农民专业协会、民营农业服务组织，将会逐渐替代国有和集体经济组织，成为决定农业结构调整进展和成效的重要力量；另一方面，单个结构调整主体和农业支撑体系建设，对资金的需求将会呈现数量级意义的增长，而这种增长往往超出单个结构调整主体甚至单个区域的承受能力。因此，具有上述特点的现有财政支农体系，难以有效地发挥对结构调整主体的广泛动员、引导和支持作用。比如，2003 年，山东 TA 市（地）每年对 20 家市级龙头企业提供每家 20 万元的财政无偿支持。由此产生两方面

---

　　① 以 2000 年为例，在政府的农业财政投入中，与农民收入直接相关的仅占 10% 左右，支援农村生产支出、农业综合开发、支援不发达地区发展支出、农林水气等部门事业费和农业基本建设投资等与农民生产生活直接相关的大约占 23%；而与农业有关但属于以间接方式支持"三农"的资金，如大型水利、生态、气象等基础设施投入，大部分农林水气部门事业费和政策补贴等，约占整个资金投入的 67%（陈锡文等，2002，第 26 页）。

的问题。第一，财政支持的惠及面过小，在 20 家市级龙头企业之外的其他龙头企业很难借助财政支持，更好地发挥带动农户从事结构调整的作用；第二，多数市级龙头企业由于规模较大，20 万元的财政无偿支持，所能发挥的作用并不显著。但如将这些无偿支持改为贷款贴息，在支持这些龙头企业方面，将会产生重要的乘数效应。

二　形成矛盾的主要原因

（一）农业结构的战略性调整是个艰巨复杂的系统工程，建立适应农业结构战略性调整要求的财政支农体制，需要经过一个长期渐进的过程

现有财政支农体系与农业结构调整的矛盾，是长期累积而成的。其中部分矛盾形成于农业发展进入新阶段以前，只是在农业发展进入新阶段以后，表现得更为尖锐或有了新的表现形式。另外一部分矛盾，则是在农业发展进入新阶段以后形成的。但是，这些矛盾的形成大多具有深厚的制度渊源。要根本解决这些矛盾，需要触动与此相关的广泛而又深层次的利益关系，难免会受到既得利益者的阻挠。因此，需要经历一个艰苦长期的制度创新过程。与此同时，还要面对现行财政支农体系的运行惯性和路径依赖的巨大障碍，甚至需要政府相关部门逐步形成适应农业结构战略性调整要求的财政支农方式和思维方式。可见，对于财政支农体系的改革，我们一方面，应有强烈的使命感和紧迫感；另一方面，应有作长期不懈努力的准备。

（二）县乡财政困难的普遍化和财政风险问题的严重化，弱化了县乡财政支持农业发展和结构调整的能力

近年来，我国县乡财政困难和财政风险问题较重，主要表现在两个方面：（1）县乡政府的负债种类繁多、规模较大，且有不断扩张之势，呈现负债问题严重化和隐性负债显性化、或有负债直接化并存发展的特征。当前，虽然从总体上说，县（市）级财政的状况好于乡镇，但前几年乡镇财政困难迅速蔓延的趋势，已在县（市）一级迅速再现。国家审计署对中西部地区 10 省市 49 个县（市）的调查表明，到 2001 年底，这些县已累计负债（显性直接负债）163 亿元，相当于当年可用财力的 2.1 倍。① 经济较为发达的山东省肥城市，到 2003 年 8 月，市（县）级财政的显性直接负债已

---

① 国研网（www. drcnet. com. cn）2003 年 7 月 28 日，《李金华报告县乡财政管理中存在的主要问题》。

达 5.1 亿元，全市（县）人均 526.86 元，相当于上年农民人均纯收入的
16.3%。到 2003 年 10 月，该市的全部 14 个乡镇都存在显性直接负债问题，
平均每个乡镇的镇、村两级的显性直接负债规模，大约为 3000 万—4000 万
元；各乡镇本级政府的显性直接负债为 500 万—1000 万元。（2）县乡财政
增收渠道不畅，甚至有所减少，导致其债务清偿能力的增长比较缓慢、财政
风险不断蓄积。以黑龙江省为例，2002 年，该省县级政府的一般预算总收
入为 50 亿元，县级政府平均的一般预算收入为 7500 万元。其中，亿元以上
的县仅有 12 个，占县（市）总数的比重为 17.9%；有 22 个县的预算收入
规模不足 5000 万元，占县（市）总数的比重为 32.8%；甚至还有 3 个县
（市）的预算收入不到 2000 万元。

　　县乡财政困难和财政风险问题的严重化，必然弱化其面向农业发展和结
构调整提供公共服务或财政支持的能力，甚至导致地方政府财政支农的边缘
化倾向，形成现实的财政支农只能主要依靠中央或省级政府的格局。而县乡
财政困难和财政风险问题的成因，概括起来大致表现在三个方面。（1）在
欠发达地区或农业主产区，由于区域经济结构的特点，来自工商业的财政收
入增长缓慢，而增长潜力比较小的农业税费却成为县乡财政收入的重要或主
要来源，由此导致多数县乡财政收入增长的艰难性。近年来，随着农村税费
改革的迅速推进，减免、取消农业税，导致传统的以农业税、农业特产税为
主要收入来源的地区，县乡财政收入迅速萎缩。（2）近年来，自上而下的
增支减收政策频繁出台，加剧了县乡财政的困难性。（3）更为严重的是，
适应市场经济要求的公共财政体制没有根本建立起来，现行财政体制实际上
是分税制和财政包干体制进行机会主义结合的产物，在其实际运行中强化了
各级政府上收财权、下放事权的格局，成为导致县乡财政困难的根本原因之
一。比如，在现行体制下，政府仍大量介入本应由私人投资的一般竞争性领
域的投资活动。农村义务教育的投入责任主要由县乡政府承担，农村义务教
育的日常运转费用及层层下达的义务教育达标升级活动，包括只重形式、不
重成效、缺乏财力支持的高标准的农村校舍建设，则是相当一部分地区县乡
财政困难和财政风险的直接成因。

**（三）财政支农体制和农业宏观管理体制的改革相对滞后，财政支农资
金统筹协调不足的问题尚待根本解决**

　　现有的财政支农体制和农业宏观管理体制，是在计划经济和短缺经济环
境下逐步形成的。以财政支农体制为例，其基本特点是，有限的财政支农资
金分属于不同的部门管理，各部门之间按照事权分配财权。如农业基本建设

投资主要由计委（发改委）系统单独管理或计委与农口主管部门共同管理，农业科研投资由科技和财政或农业部门共同管理，农产品补贴由财政部门管理或财政与流通部门共同管理；支援农业生产支出、农林水气部门事业费、农业综合开发资金由财政部门或财政与农业部门共同管理。但是，与此同时，由于在政府各部门之间仍然存在着职责分工不清、协调整合不足等问题；特别是为了支持农业结构调整而形成的许多新的政府职能，仍然沿袭谁先开拓由谁承担的原则，加剧了财政支农和农业宏观管理体制中机构平行设置，职能交叉重复，产前、产中、产后环节相互脱节，缺乏统筹协调等问题。近年来，财政支农乃至农业宏观管理方面的某些改革，虽然有利于农业产业链的开拓发展和结构调整、农民增收，也因涉及部门利益而难以实施或半途而废，甚至与初衷南辕北辙。要适应农业产业链的运行规律，探索跨区域、按产业链方式支持农业结构调整的经验，还面临重重障碍。比如，面对加入 WTO 的挑战，如何科学地处理行业协会同政府和龙头企业、中介组织的关系；如何结合推进农业产业化，促进农业行业管理体系的优化，仍待进一步探索。

（四）自上而下的压力型体制的运行，强化了政府职能转变滞后的格局，也压抑了地方政府灵活调整财政支农方式和支农重点的积极性

经过改革开放 20 多年的发展，我国行政体制改革虽然取得了重大进展，压力型体制的特性有所减弱。但是，就总体而言，我国行政体制的改革仍然严重滞后于经济体制的改革，现行行政体制仍在一定程度上具有压力型体制的特征。其主要表现是：（1）管理型色彩较浓、服务型色彩较弱，甚至许多服务型职能也要通过管理型方式去履行；（2）上级政府在行政、人事甚至经济社会事务方面，保持着对下级政府较高程度的控制；在招商引资、农业结构调整等方面，动辄实行奖惩指标考核，甚至"一票否决"；（3）下级政府在相当程度上表现出对上级政府的代理化倾向，甚至要以上级政府的好恶作为评判其行为或政绩的标准。压力型行政体制的运行，一方面，会增加地方政府的财政增支减收压力，从而缩小地方政府增加财政支农投入的回旋余地；另一方面，容易导致各级政府之间在财政支农方面的职责分工界限不清，导致各级政府要把主要精力定位于传达上级政府的政策意图、强化对下级政府的控制，从而压抑地方政府适应农业结构调整要求灵活决定财政支农方式和财政支农重点的积极性和创造性。

压力型行政体制的运行，还容易产生职能部门强化与市场秩序建立的矛盾，导致政府越位并加剧政府职能转变的滞后。在农业结构调整方面，具体表现是：地方政府一方面直接干预企业、农户或其他微观经济主体的结构调整行为，甚至"逼民致富"；另一方面直接介入微观经济活动和竞争性行业的投资，甚至将支持某些竞争性领域的发展，作为其投资支持的重点，从而产生"市场调节政府、政府对市场矫枉过正"的后果。压力型体制的运行和政府职能转变的滞后，还会导致政府疏于公共产品（服务）的有效供给，从而导致各级政府对适应农业结构战略性调整要求的农业支撑体系建设，缺乏紧迫感和增加财政投入的主动性和积极性。当前，我国财政支农体系中的许多问题，很大程度上都与此有关。

三　面向农业结构调整的财政体制和制度创新思路

1. 在近中期的政府财政支农体系中，重新调整县乡政府的职能定位，明确中央和省级政府在欠发达地区财政支农中的主体地位。

前文分析表明，当前，在我国大多数地区，特别是欠发达地区，县乡财政已经陷入严重困难的境地；与此同时，县乡财政风险还在不断蓄积，由此导致县乡财政的支农能力严重虚弱、增长艰难，甚至无力支持农业。而县乡财政的严重困难，又是在短期内难以根本消除的一系列体制或制度性因素综合作用的结果。因此，至少在近期内，要显著提高县乡政府的财政支农能力，或根本改变县乡财政支农能力虚弱的局面，在大多数地区，特别是欠发达地区，在总体上是不现实的。因此，要在切实保障各级政府对农业的支持总量稳定增长的前提下，采取务实的态度，明确近中期内中央和省级政府在欠发达地区财政支农中的主体地位，进一步明确并增强中央和省级政府的财政支农责任（包括投入责任），确保今后中央和省级的财政支农投入，成为这些地区政府财政支农投入总量增长和结构优化的主体；确保以中央和省级政府为主、以（地）市县乡为辅的政府财政支农投入的增长，能够有效地促进这些地区的农业发展、农民增收和农村稳定，使政府财政支农的作用能够满足国民经济和社会发展的需求。当前，"三农"问题已经成为影响我国经济社会发展全局的突出问题，通过财政支农缓解"三农"问题，在总体上说，是一项外部性很强的活动。明确欠发达地区的财政支农以中央和省级政府为主体，既是对现实的客观认同，又是"三农"问题较大的外部性特点所要求的。

在多数地区，特别是欠发达地区，近中期内明确中央和省级政府在财政支农中的主体地位，可以从两个方面切实促进国家财政支农能力的稳定增长。第一，有利于防止各级政府相互推诿财政支农责任，导致财政支农行为难以真正地付诸实施。以前，在财政支农方面往往存在这样的现象：各级政府都希望下级政府加大投入，但本级政府的财政支农投入却存在增长艰难或预算难以执行等问题，以至于各级政府在财政支农或增加支农投入方面，往往是"雷声大、雨点小"；由此导致农业问题实际上成为"说起来重要，干起来次要，忙起来不要"的问题。第二，避免因县乡政府财政支农能力的虚假增长，而影响宏观决策的科学性或导致财政支农实际效果的下降。明确欠发达地区中央和省级财政在财政支农中的主体地位，不仅便于采取有效的政策调整或制度建设，切实保障中央和省级财政支农资金的稳定增长；还可以在政策实践中因地制宜，适当下调中央和省级财政的支农专项资金由县级配套的比例。在县乡财政严重困难的欠发达地区，对于中央或省级财政的某些支农专项资金，甚至可以不要求地方政府配套。这样有利于避免因强求地方配套而影响支农项目的顺利有效实施。

明确中央和省级政府在财政支农中的主体地位，与2002年修订的《中华人民共和国农业法》对政府支农投入的要求之间，会不会产生矛盾？特别是就县级政府的财政支农而言。对此，有人可能比较担心。我们认为，这种担心是多余的。《中华人民共和国农业法》对政府农业投入的要求是："国家逐步提高农业投入的总体水平。中央和县级以上地方财政每年对农业总投入的增长幅度应当高于其财政经常性收入的增长幅度。"可见，《中华人民共和国农业法》只是对国家或中央及县以上地方政府的财政支农投入提出了总量要求，并没有针对每级政府的财政支农投入提出具体要求。只要就中央和县级以上地方政府的总体而言，能够保证其每年的财政支农投入总量的增长幅度，超过其财政经常性收入总量的增长幅度；那么，财政支农投入以中央和省级政府为主、以（地）市县乡政府为辅，与《中华人民共和国农业法》不仅没有矛盾，反而是对农业法的进一步补充完善。

当然，财政支农以中央和省级政府为主、以县乡政府为辅，是就全国总体特别是欠发达地区而言的，它并不要求每个乡、每个县甚至发达地区的财政支农乃至每个财政支农项目，都以中央和省级政府的投入为主体。对此不应简单机械地理解。明确中央和省级政府在财政支农中的主体地位，不仅不否定甚至应该鼓励县乡政府在加强财政支农方面发挥积极和能动作用。在少数发达地区，使县乡政府成为财政支农的主体，不仅有其必要性也有其合理性。对于这些地区不宜简单机械地要求县乡政府在财政支农方面处于辅助地位，更不宜为了突出中央和省级财政在财政支农中的主体地位，而束缚乃至限制县乡财政支农投入的增长。

2. 整合资源，突出重点，加强监督，将提高财政支农资金的使用效果与增加财政支农资金放到同等重要的地位。

下面两方面的原因，往往制约着财政支农资金总量的扩张。第一，当前，在我国大多数地区特别是欠发达地区，鉴于县乡财政支农能力的虚弱状况，实际的财政支农只能主要依靠中央和省、（地）市级政府。按照WTO的有关规定，政府利用"绿箱政策"支持农业不受限制。目前，我国对农业保护的总体水平严重偏低，即使按照"黄箱政策"保护农业，我国也存在很大的空间可以利用。但是，至少在近中期内，在财政支农只能主要依靠中央和省级政府的情况下，增加财政支农能力还面临中央和省级财政承受能力的限制；况且，推进新型工业化和城镇化，也亟待各级政府加强财政支持。第二，一般而言，相对于支持工商业、城镇化和信息化的发展，财政支农在凸显政绩、增加工作的显示度，或促进财政增收方面所能产生的诱惑力相对较弱。因此，撇开中央政策的强力影响或其他政策性因素的作用，农业自身在争取财政支持方面的竞争力相对较差，有其必然性。因此，在实际的财政支农中，增加财政支农资金的总量固然重要；优化财政支农方式和支农资金的使用结构，以提高财政支农资金的使用效果同样迫切。在财政支农政策的调整中，应该把两者放到同等重要的地位。

由于农业亟待财政支持的项目和领域众多，而实际的财政支农资金总量较少；财政支农资金存在着多部门分散管理和分散投入、重复投入、"撒胡椒面"等问题，在相当程度上影响着财政支农资金的使用效果。因此，在不违反WTO规则的前提下，财政支农要结合投资结构的调整，进一步整合资源、突出重点，加大向重点领域、重点组织、重点产品、重点项目和重点地区的倾斜支持力度，加强部门整合、资源整合和项目整合工作。比如，在支持重点组织方面，可以结合相关制度建设，加大对农民合作组织和行业协会的支持力度，提高其对农户或中小型龙头企业从事结构调整的带动作用。在支持重点地区方面，可以加大对优势农产品产业带、农产品出口密集区和西部特色农产品生产基地建设的支持力度。鼓励政府各部门结合重点支持和项目带动，加强部门联合和统筹协调工作，有机整合跨部门、跨渠道乃至不同性质的支农资金，形成支持农业结构调整或农业发展的合力。为此，建议根据财政支农项目大类的不同，成立由某个部门牵头、相关部委参加的财政支农部际联席会议制度，建立对重大项目的相互通报和信息共享体系。在暂时无法实现跨部门跨类别资金统筹使用的情况下，鼓励同一部门内部不同单位的相关支农资金统筹使用。

　　由于我国幅员辽阔、经济社会和农业发展的区域差异较大，在不同类型地区之间，影响农业和农村发展的关键因素往往差异悬殊；不同地区对不同类型的财政支农项目，在需求强烈程度上也有较大差异。因此，今后中央和省级政府的财政支农，应该更多地注意针对不同类型地区的特点，选择不同的财政支农优先序和支农重点，以提高财政支农的效果。目前的中央财政支农较多地采用各部门自我管理、自我检查监督的形式，由此容易形成监督流于形式、报喜不报忧的局面。近年来，虽然加强了对中央财政支农项目的审计监督，但多数也只能解决微观监督问题，对于中央财政支农项目的宏观监督和宏观效果，仍然存在监督薄弱的现象。为此可在先行试点的基础上，探索下列方法的可行性。即将中央财政的某些支农专项资金，先按照某种标准和要求，如不同省份对财政支农项目的需求优先序、不同省份影响农业发展和结构调整的关键因素等，分配到相关省份（但不落实到具体项目）；再由省级政府的对应部门根据本省实际和中央政府相关部门对该项支农资金的使用要求，分配落实到具体项目，并对项目的具体实施情况进行监督。在此基础上，由中央政府的相关部门就省级政府对相关项目的支持情况和支持效果进行检查监督。

　　3. 优化调整政府支持农业的方式，实现不同的财政支农方式乃至财政支农与其他支农方式的有机结合。

　　从国内外经验看，财政支农可以采取多种方式，除目前采用较多的财政无偿投资外，还可以采取贴息、税费减免或投资补助等形式。对于公益性较强的领域如公共基础设施建设、公益性的农村科技推广体系建设等，适宜采取财政无偿投资的方式。但是，对于介于公益性和竞争性之间或竞争性相对较强，但政府应该鼓励的领域，如农民培训、良种推广和农产品营销体系建设等，今后宜逐步转向更多地采用贴息、税费减免或投资补贴，甚至以奖代补等形式。进行这种财政支农方式的调整，一方面，是为了使有限的财政支农资金更大程度地发挥作用；另一方面，也为了避免因政府直接介入竞争性领域的投资活动，导致不同类型经济主体之间竞争环境的不平等性，或对产业发展起到矫枉过正的作用。

　　政府支持农业的方式更应多种多样，除财政支农外，还有政策引导和服务、通过支持金融机构的发展促进金融支农等形式。如在支持农村中小型基础设施建设方面，可在政策上鼓励引入 BOT 等新型投融资方式。为此需要注意两个问题。一是将财政支农与政府的其他支农方式有机结合起来，提高政府支农的总体效果，增强政府支农体系的综合功能。二是充分发挥政府财政支农资金对金融等其他支农资金和民间投资的引导作用。从我们的大量调查看，在不需要或需要很少财政支农资金的情况下，政策引导、政府服务等其他支农方式所能发挥的作用，有时可能不亚于一笔数量可观的财政支农资金。

4. 按照健全公共财政的方向，加快行政体制和财政体制的改革，并从战略上培育县乡政府的财政支农能力。

当前，县乡财政的严重困难，不仅限制了县乡政府财政支农能力的增长，也制约着农村经济社会的稳定和可持续发展，甚至影响到县乡政府的正常运转。因此，通过加快制度创新，从长期和战略上逐步消除形成县乡财政困难的制度根源，不仅有利于促进农村的可持续发展，还有利于逐步增强县乡政府的支农能力。在此，增强县乡政府的支农能力包括两层含义。即通过增强县乡财力，消除县乡财政困难，一方面，减少县乡负债，增强县乡政府对农业的资金支持能力；另一方面，促进县乡政府的良性运转，借此增强县乡政府对农业发展和结构调整的政策引导和服务能力。

财政支农大多属于面向农业和农民提供农村公共品供给的活动，按照公共品受益范围的不同，财政支农应由不同层次的政府层次承担相应的事权和支出责任。对于某些直接受益范围不超过所在县乡的项目（以下简称中小型农业和农村公共品供给项目），比如许多农村中小型基础设施建设，如果统一由中央和省级政府承担，将容易出现财政支农供给和需求错位的问题。这些中小型农业和农村公共品供给项目，不仅适宜而且应该由县乡政府承担相应的事权。至于为承担这部分事权所需要的财政投入，可采取三种方式。一是由县乡政府完全承担投入责任；二是通过中央和省市政府对县乡财政的专项转移支付来解决；三是由县乡政府承担主要的投入责任，中央和省级政府给予相应比例的配套补贴。在目前县乡财政严重困难的背景下，对于这些中小型农业和农村公共品供给项目，考虑到其间接的外部性特征，中央和省级政府部分甚至主要承担投入责任，虽然有其必要性，但要看到此举实属权宜之计和适应形势的被动选择。从长期和根本意义上说，对于这些中小型农业和农村公共品供给项目的财政支持，还需要依靠增强县乡政府的财政支农能力来解决。因此，一方面，要看到中短期内欠发达地区财政支农以中央和省级政府为主、（地）市县乡政府为辅的必要性和合理性；另一方面，也要看到从战略上培养县乡政府财政支农能力的紧迫性。

我们认为，从战略上培育县乡政府的财政支农能力，需要从消除县乡财政困难的根源做起。为此，应该按照健全公共财政体制的方向，加快行政体制和财政体制的改革，促进政府职能的转变。（1）重新调整各级政府的职能定位和对下级政府及其主要领导人的考核方式，积极实现政府由经济建设型向公共服务型的转变，加快政府从竞争性、赢利性领域的退出步伐，将政府的主要精力转向提供公共物品或服务、调节收入分配、调控宏观经济运行、为市场主体特别是中介组织的发育提供良好的发展环境上来。结合推进政府职能的转变，加强政府的社会管理和公共服务职能，促进政府行为的规范化、决策的科学化和民主化建设，加强对政府行为的社会监督。（2）强化中央及省级政府在农村义务教育方面的投入责任。（3）加快行政体制的改革和政府级次的调整，取消地市级政府，由省级政府直接管辖县市级政府，并相应取消（地）市级财政，将现有的由（地）市级财政承担的财权下放到县。这样，一方面，可以促进政府职能转变和政府机构的精简，甚至"逼迫"政府职能的转变；另一方面，可以将目前由（地）市级政府管辖的财权下放到县，缓解县级政府财权被过度上收的问题，从而有利于减少县乡财政负债，逐步培育县乡政府对农业结构调整的支持能力。

需要指出的是，从近中期来看，鉴于欠发达地区县乡财政严重困难的实际，可考虑在增加县乡财政透明度的前提下，在中央财政的支农资金增量中拿出一个固定的比例，用于增加或设立准一般性转移支付资金：其具体支持的项目类型由县乡政府根据当地实际和发展趋势灵活确定，报中央和省级政府相关部门备案；但规定其必须用于支持农业的相关领域，用于解决所在区域影响农业发展、农民增收和农业竞争力的关键问题。在各年中央和省级财政的准一般性转移支付资金规模确定的前提下，可由中央财政对省财政、省财政直接对县财政根据其近3年人均可用财力、农民人均纯收入及其构成、受灾人口和耕地面积、县乡负债规模等因素，采用公式法确定对各省、各县的准一般性转移支付资金额。中央和省级发展改革部门对于各县准一般性转移支付资金的使用情况和支持效果，进行检查监督，并将检查监督的结果提供给财政部门，作为今后年度内对该县进行准一般性转移支付的重要依据之一。也可在各年中央和省级财政收入的增量中，拿出一个比例设立用于解决县乡财政困难的转移支付资金，按上述类似方法用于消化对欠发达地区的县乡负债问题。① 当然，前述方法可在多

---

① 值得庆幸的是，近年来已有类似政策出台。如为缓解粮食主产区的县乡财政困难，中央财政对其通过转移支付给予奖励和补助。

方案试点比较的基础上，详细研究其推广的可行性和风险。

5. 根据受益范围和财政能力相结合的原则，逐步明晰各级政府在财政支农方面的事权，实现不同级次政府之间在财政支农方面的有序分工和整合。

目前在财政支农方面，重复投资、分散投资、政府投资缺位和越位现象同时存在，一个重要原因是对各级政府及政府各部门之间的事权界定不清；甚至习惯于计划经济和压力型行政体制的思维定式，把本该由上级政府承担的事权强加于下级政府；或者把部分本该由县乡政府承担的事权，不适当地上移到中央或省级财政。虽然这种做法的动机是值得肯定的，而且在当前县乡财政严重负债的情况下，可能也有其必要性；但由此形成的对提高财政支农效率的负面影响，仍然值得充分注意。因此，有必要在加强研究、充分讨论的基础上，重新调整各级政府在财政支农方面的事权分工，为实现不同级次政府之间在财政支农方面的协调整合创造条件。当然，此项工作是个复杂的系统工程，应该采取既积极又谨慎的态度，操之过急容易产生"先污染，需要再治理"的问题。为此可借鉴渐进式改革的思路，对各级政府之间的事权划分，明确了哪部分就先调整哪部分；对于未明确的部分可继续维持现有格局，待明确后再逐步调整。

第八章

农村金融体制与农业结构调整

农村金融既是农村经济的重要内容，又是农业结构调整的重要支撑。近年来，随着农业结构调整的深入推进，农村金融的需求格局出现了哪些变化？现行金融体制和农村金融制度在支持农业结构调整方面有什么主要问题？这些问题的制度根源何在？应该如何面向农业结构调整改善金融支持，并为此建立有效的机制？本章将对这些问题进行探讨和分析。

一 农业结构调整对农村金融需求格局变化的影响

农业结构调整主要包括四个层次，第一层次是农产品品种品质结构的调整，即农产品的优质化、多样化和专用化。如优质农产品面积和产量的增加及其对普通农产品生产的替代。第二层次的结构调整，即种植业或林、牧、渔业各业内部的结构调整。如种植业内部的减粮扩经等。第三层次的结构调整，主要是大农业内部种植业和林牧渔业之间的结构调整。第四层次的结构调整，实际上是延长农业产业链、加强农业产前产后开发的活动。如发展农产品加工、包装、营销等。随着农业结构调整的深入推进，农业结构调整在农业、农村发展中的相对地位及结构调整的层次性都将不断提高。从近年的现状、规律和运行趋势看，农业结构调整对于农村金融需求格局变化的影响，主要表现在以下几个方面：

（一）导致农户、龙头企业等单个微观主体对资金和农村金融服务的需求明显扩大，引发农村金融服务的需求总量迅速扩张

农业结构调整的推进，会从以下三个方面促进农村金融需求规模的扩大。首先，从同一层面的结构调整来看，农业结构调整的过程，往往更多地表现为面向市场需求发展集约型农业的过程，由此必然导致其对农村金融服务的需求迅速增加。其次，随着结构调整从较低层次向较高层次的推进，如农户从小麦种植转为从事小麦加工，对农村金融服务的需求，往往会出现数量级意义上的增加。再次，随着农业结构调整的深入推进，参与结构调整的

农户和龙头企业数不断增加，由此也会促进农村金融需求的迅速扩张。

（二）促进生产经营资金特别是长期资金和银行中间业务的需求相对增长，甚至引发对股票、债券、期货、保险、投资基金等金融业务的需求不断扩张

大量调查表明，随着对农业结构调整参与程度的提高，农户对资金的需求会出现生活性资金比重下降、生产性资金比重提高的趋势。与此同时，在农业结构调整中，还会出现对长期性资金的需求增长更快的趋势。首先，从同一层面的农业结构调整看，结构调整主体在原有经营领域的退出和新经营领域的进入，可能导致原有的部分专用资产需要退出生产经营，而新的部分专用资产需要加入生产经营；由此会形成农户、龙头企业对专用资产的新的投入需求。而这种需求基本上属于长期性资金需求。其次，相对于同一层面的结构调整，农业结构调整从低层次向高层次的推进，对长期性资金的需求增长更快。以黑龙江绥化市为例，农户饲养两头奶牛每年的赢利按 6000—7000 元计，3 万多元的购牛建圈款不是一两年可以收回的；在现有的收入水平下，这些资金也不是农户可以在短期内方便筹集的。如果农业结构调整涉及农产品基地建设或农产品深加工项目，由于涉及的固定资产或基础设施投入更大，生产经营周期或项目回收期更长，需要的长期性资金投入可能更大。

农业结构战略性调整的过程，同时也是农业产业链不断延伸、农业分工日益深化的过程。农业结构调整的深入推进，不仅会导致越来越多的龙头企业逐步"做大做强"，还会激发大量的新型农村中介组织发挥其对农户、龙头企业从事结构调整的带动作用。这些各具特色的龙头企业和中介组织，其经营领域的拓展和规模的扩大，往往会刺激农村金融需求的分化，导致农村金融服务需求的品种迅速增加，在传统的存贷款业务之外，形成对股票、债券、期货、保险、投资基金等相关金融服务的需求不断增长的格局，甚至会促进汇兑、租赁、信用卡等银行中间业务的需求相应增加。

（三）提高对农村金融服务需求的时效性要求，农业结构的战略性调整还要求按照产业链的运行规律，改善金融服务的协调性

农业结构战略性调整的过程，实际上是农业市场化加快推进的过程，也是市场需求变化对农业发展的决定作用不断提高的过程。由于市场需求是瞬息万变的；结构调整主体能否抢占市场先机，对其从事结构调整的成本、风险和收益往往具有决定性的影响；农业结构调整的过程，也是对金融服务需求的时效性要求不断增强的过程。农业结构调整对资金和金融服务需求的时效性，在农产品收购资金上表现得最为明显。许多龙头企业对农产品收购资

金的需求具有季节性强、一次性需求量大的特点。这种需求是许多企业单靠自身力量无法满足的。

　　当今世界的农业竞争，与其说是单个产品的竞争，不如说是集良种、生产、加工、储运、保鲜、包装、营销、科技等产前、产中、产后环节在内的整个农业产业链的竞争。随着农业结构调整的深入推进，特别是加入 WTO 所引发的国际竞争国内化、国内竞争国际化的发展，农业结构调整日益需要按照产业链思维，加强农业的产前、产后环节，提高产业链各环节的协调配套程度，以增强农业产业链的整体功能。因此，农业结构调整的推进，将会要求面向整个农业产业链，提高金融服务的协调程度，一是提高产业链各环节金融服务的协调配套程度；二是着眼于整个农业产业链，提高金融服务链与资金链、组织链、信息链、物流链的协调配套程度。如果在产业链的某一环节，出现资金供给中断或金融服务缺位，整个产业链的运行效益就可能被迫下降，甚至形成庞大的资源浪费或沉没成本。

二　农业结构调整的金融支持问题[①]

　　近年来，中央政府的有关文件都反复强调，要加快农村金融体制改革，加强对农业和农村经济的信贷支持。中国人民银行和银监会将解决农村贷款难的问题作为工作重点之一，积极支持农业和农村经济结构调整。相关金融机构特别是农村信用社更是将加快改革和调整政策有机结合起来，强化对农业发展和结构调整的支持力度。"十一五"规划则把深化农村金融体制改革，作为建设社会主义新农村的重要内容。尽管如此，现有金融和农村金融体系在支持农业结构调整方面，仍然存在一系列的严重问题，导致其对农业结构调整和农村发展的总体支持能力较弱，在有些地方甚至不断受到削弱。概括地说，当前农业结构调整的金融支持问题，主要表现在以下六个方面：

　　（一）农村资金大量外流，邮政储蓄和银行、信用社成为农村资金流失的重要通道

　　多年来，我国邮政储蓄只吸收存款不发放贷款。因此，近年来虽然全国邮政储蓄的规模迅速扩大、存款市场的占有率不断提高，但却由此导致了农村资金大量流向城市。在全国城乡储蓄存款余额中，邮政储蓄存款余额的比

---

　　① 本章完稿于 2003 年 10 月。有些数据对应的时间比较早，但不至于导致对现状、问题及其成因的误判，成书时也未作修改；成书时仅对可能影响判断的数据进行了增删。

重已经由 2000 年的 7.1% 提高到 2002 年的 8.5%。在全国城乡储蓄市场上，邮政储蓄的相对地位仅次于四大国有商业银行，高居第五位。2002 年底，全国邮政储蓄存款余额 7369 亿元，其中来自县及县以下的高达 65%，直接来自乡镇及其所辖农村的达 33.9%。2000 年、2001 年、2002 年，全国邮政储蓄存款分别较上年增加 761 亿元、1334 亿元和 1457 亿元，同比分别增长 19.9%、29.1% 和 24.6%。[①] 鉴于随着交通的发展和农民流动空间的扩大，县城周边的农民越来越有条件到位于县城的邮政储蓄机构办理存款。因此，邮政储蓄存款中至少有 40% 直接来自农民。按照这一比例进行计算，全国仅通过邮政储蓄系统流向城市的资金，到 2002 年底已达 2948 亿元，其中仅 2002 年一年就达 583 亿元。

除邮政储蓄外，现有的正规金融系统也是农村资金流向城市的重要通道。如不少地方国有商业银行的县支行只有吸收存款权、贷款调查权和收贷权，没有或仅有少量的贷款审批权。这些国有商业银行的县支行实际上变成了上级行的"储蓄所"和农村资金的"提款机"。

（二）农村资金的需求缺口不断扩大，结构调整主体贷款难的问题长期难以根本缓解

如前所述，随着农业结构调整的深入推进，农村对资金和金融服务的需求在总量上呈现迅速扩大的趋势；但是，与此同时，农村资金却通过各种途径大量流失。两方面因素的综合作用，导致农业结构调整的资金需求缺口不断扩大。许多农户和企业的结构调整项目，往往因缺乏资金而难以启动，甚至不可持续。以作为农业结构调整主体的乡镇企业或农村中小企业为例，不仅大额的、长期的贷款需求难以得到满足，短期的、小额的融资也普遍困难。[②] 从下列现象上可以看得非常清楚：在农村中小企业普遍感到贷款难、获得担保难的同时，中小企业信用担保机构对农村中小企业的担保贷款绝大多数仍为短期、小额贷款。如笔者调查的浙江萧山河庄担保公司，主要对位于河庄镇并属于其会员的中小企业提供贷款担保，自 2002 年元月正式运行以来，担保的贷款全为短期、小额贷款。近年来，虽然各级政府都在强调要加强对农业产业化龙头企业的金融支持，但是，根据我们 2005 年对东北三省和浙江、湖南、贵州等省的调查，融资难仍是多数农产品加工业龙头企业的强烈呼声。多数农产品加工企业流动资金短缺，严重影响正常生产，甚至

---

① 根据《中国金融年鉴（2002）》和张明艳（2003）有关数据整理。

② 当然，农村中小企业的小额贷款规模要远远大于农户。

导致其生产能力大量闲置；至于因缺乏资金无力进行设备更新改造或扩大生产能力者，更是极其普遍。甚至一些成为全国农业产业化重点龙头企业的农产品加工企业，也感到融资困难。

（三）农村贷款支持的结构性矛盾比较突出，突出地表现在期限结构、主体结构和区域结构等方面

农村贷款支持的结构性问题主要表现在两个方面：第一，对企业和农户的贷款以短期或流动资金贷款为主，中长期贷款和固定资产贷款比重过小，从而严重影响到许多结构调整项目的顺利实施。因为许多结构调整项目，是以大量的固定资产或基础设施投入为基础的。从农户来看，根据我们2003年9月对黑龙江绥化市20多个农户的直接访谈，对于农户的短期小额贷款需求（期限1年以下，大多数3—6个月；金额5000元以下，大多数2000—3000元），农村信用社通过农户联保的方式，基本上能够满足。但是，农户要到信用社争取5000元以上的贷款和长期性贷款，还是比较困难的。从龙头企业来看，对其中长期贷款过少，往往严重妨碍其产业（产品）结构的升级，甚至导致其挤占流动资金搞技改，严重限制了技改项目的规模和进程；有些企业甚至因贷款期限与资金使用期限的不匹配，被迫求助于民间高利贷以解决其按期还贷困难，从而加大了企业的融资成本。

第二，随着银行商业化改革的推进，银行信用社在信贷资金的投放中，倾向于集中资金重点支持优势地区、优势项目、优势企业和优势农户，导致一般地区、一般项目、一般企业和一般农户所能获得的贷款支持越来越少。比如，农业银行的信贷支持大量流向农村城镇化和电网改造等项目。近年来，在中西部地区和粮食主产区，农民增收的困难和农业结构调整的压力都比较大，但这些地区的企业和农户往往经营能力不强、经济实力和经济效益较差、可供抵押的资产更少，甚至负债经营比较严重。因此，与发达地区相比，这些地区的企业和农户对贷款的可获得性更差。加之，在20世纪90年代加快发展乡镇企业的过程中，这些地区往往形成了大量的银行不良资产，不少地区被列入农村金融的高风险区。因而，国有银行的县级行往往只能吸存（款）收贷（款），不能发放贷款，甚至连收回再贷都面临很大限制，对农村的贷款规模有总量萎缩趋势。

（四）民间金融的运行成本和经营风险增加，增加了农户、龙头企业通过民间金融融资的成本与困难

近年来，在我国农村金融和农业结构调整中，民间金融发挥了重要作用。随着农村经济货币化的发展，在农户和企业通过民间借贷筹集的资金中，高息借贷的比重有增加趋势。但是，在我国绝大多数农村地区，民间金融基本上处于地下、半地下状态，高利贷更是明令禁止的。90 年代初中期，在农业部和地方政府的支持下，农村合作基金会等曾一度得到迅速发展。但从 90 年代中后期开始，合作基金会普遍面临被清理整顿和关闭的厄运。互助会、储金会和股金部也同农村合作基金会一起，被列入需要清理整顿的"三会一部"之中。2000 年以来，中国人民银行进一步加大了清理整顿民间金融的力度，打击高利贷行为。2000 年中国人民银行发布的《关于改进农村金融服务，取缔民间高利借贷的意见》，提出要对民间借贷的原则、形式、利率都进行规范，坚决取缔高利借贷活动。2002 年《中国人民银行关于取缔地下钱庄及打击高利贷行为的通知》，要求各地对地下钱庄和高利贷活动、非法设立金融机构、非法吸收或者变相吸收公众存款以及非法集资活动坚决取缔，并予以公告，没收其非法所得、依法处罚。同时，明确指出民间个人借款利率不得超过中国人民银行公布的金融机构同期、同档次贷款利率（不含浮动）的 4 倍；超过这一标准的，应界定为高利贷行为。

清理整顿农村金融市场，限制非法集资和拆借等活动，导致民间金融发展的合规性障碍不仅没有减弱，甚至还得到了局部强化，从而提高了农村民间金融的运行成本和经营风险，导致民间金融的贷款利率较高，甚至信息不对称性加剧。有些地区民间借贷的年利率达到 36%，甚至更高。因此，农户和龙头企业通过民间金融筹资的渠道变窄，筹资成本和经营风险增加。

（五）龙头企业的融资结构单一，过分依赖银行信用社的间接融资

到 2002 年底，我国农业类上市公司仅 51 家（有统计口径差异），占沪深两市上市公司总数的 5%，主营业务覆盖农林牧渔和农产品加工贸易业，共筹集资金 209 亿元。其中多数是在我国股票市场最活跃的 1997 年、1998 年、2000 年上市的。但是，资本市场对我国农业融资的支撑能力仍然较弱。在第一、第二批共 372 家国家级重点农业产业化龙头企业中，上市公司或上市关联企业仅 41 家。这种状况与农业结构调整对发展龙头企业的要求极不相称。不仅如此，在农业类上市公司中，将资金向农外转移的现象越来越普遍，有的不将募集的资金投向承诺的农业项目而改投其他产业，有的甚至置换出全部农业资产转而经营其他产业，或将从事农业经营的收入投向非农产业。到 2003 年，农业类上市公司主业完全转型的已有 11 家。[1] 20 世纪 90

---

① 尹中立："中国上市公司资本效率研究——以农业上市公司为主的实证分析"，中国社会科学院研究生院 2003 年博士学位论文（打印稿），第 1 页。

年代大规模的企业改制热潮，实际上开拓了其直接融资渠道。但近年来，随着改制热的降温，龙头企业拓展直接融资渠道的空间已迅速收缩，融资结构单一化的问题不减反增。迄今为止，对于绝大多数龙头企业来说，通过债券融资和利用风险投资机制筹集资金，仍是可望而不可即。

（六）农村金融服务品种单一，金融服务的时效性和连续性缺乏有效保障

以农村信用社为例，对农户和龙头企业的金融服务，多数主要局限于传统的存贷款服务。信用社现有的从业人员数量和素质、总体上简陋的设施条件和行业管理体系不健全的现实，要满足点多面广的农户、龙头企业的多样化金融服务需求，在总体上还是不可奢望。农村信用社有限的信贷资金供给能力、严格的贷款审批程序和在贷款市场上的垄断地位，也导致其对结构调整主体的贷款供给往往存在时滞问题，要改善产业链各环节信贷供给的协调性困难更大。在农业结构调整中，因贷款审批时间过长而延误投资机会的事，往往比较常见。此外，农村金融组织体系不健全，也导致农村保险等方面的需求，难以得到有效引导和满足。

三　农业结构调整中金融支持问题的制度根源

（一）金融体制改革严重滞后于整个经济体制改革，在商业化主流下的国有银行仍具有部分垄断地位

经过改革开放 20 多年的发展，我国经济体制的市场化改革取得了重大进展。在许多经济领域，国有经济的垄断地位已基本消失，非国有经济已经迅速成为经济增长的主体。但是，相对于整个经济体制的市场化改革，我国金融体制的市场化改革要慢得多，金融机构的非国有化进程要远远慢于经济增长的非国有化进程。到 2002 年，在我国经济中，非国有经济对 GDP 的贡献已经超过 60%，对工业增加值的贡献已经超过 70%；但非国有经济使用的国家银行贷款尚不足 30%。在金融资源分配和金融市场上，国家银行特别是国有独资商业银行的垄断地位虽然逐步减弱，但是仍然没有根本消除。仅从传统的存贷款业务看，以 2001 年为例，全国金融机构各项存款 143617.2 亿元，各项贷款 112314.7 亿元，其中国家银行分别占 67.8% 和 71.3%；在全国金融机构的资金运用总额中，国家银行的比重高达 76.5%。在银行业务市场上，国有银行的垄断地位容易形成下列后果：

——基于国有独资商业银行—中央政府—国有企业之间较为密切的产权

联系，基于国有企业改造和安排再就业的政治压力，中央政府可能会通过各种方式干预国有银行的资源分配，① 从而一方面，导致国有银行资产质量的下降，推动其强化对金融安全的控制，形成其谨慎贷款的行为；另一方面，在国有银行所能掌握的金融资源总量一定的情况下，由于对金融资源的分配向国有企业倾斜，导致农业和农村所能得到的金融资源相对减少。因此，国有企业在总体上的低效率、低信用状况，及宏观信贷资源的分配向国有银行、国有企业倾斜的扭曲格局，会间接加剧农业结构调整的金融支持障碍。

　　——基于中央银行—中央政府—国有独资商业银行之间的复杂关系，宏观金融政策的目标往往较多地侧重于国有银行的发展，甚至用国有银行的发展目标替代宏观金融的发展目标，将防范金融风险等同于强化国有银行的金融安全，轻视宏观金融效率的改进和金融对经济发展的促进作用，从而抑制金融创新和金融服务供给的增加；甚至将金融监管简化为以国有独资银行为中心的监管，将"整顿金融秩序"的过程简化为国有银行（或者加上农村信用社）清除异己、排斥竞争对手的过程，从而维系国有银行在金融市场上的垄断地位，相对恶化非国有银行特别是民间金融的发展环境。这会从正规金融和非正规金融两个方面，减少农业结构调整主体对金融服务的可获得性。② 回顾改革开放以来的发展过程，我们不难发现正规金融部门所面临的金融竞争越激烈，其"整顿金融秩序"的呼声通常就越高。

　　——放大国有银行商业化改革对农业结构调整的负面效应。加快国有银行的商业化改革，一方面，会强化国有银行基于比较优势和经营利益选择贷款对象的倾向，导致其加快退出农村金融领域，压缩县以下的机构网点，形成业务向大中城市和大企业集中的趋势；另一方面，会增大国有企业从国有银行贷款的难度，从而堵塞先前乡镇企业、民营经济通过国有企业向银行间接贷款的渠道。这两方面因素的综合作用，都会恶化农户、乡镇企业等结构调整主体的融资环境。而在国有银行具有垄断地位的情况下，国有银行商业化改革对农业结构调整的负面效应，会在更大程度上转化为整个金融体制对农业结构调整的负面效应。

---

　　① 近年来，政府对国有银行的直接干预已显著减少，但间接影响还难以消除。比如，通过影响领导人的任免等。此外，国有独资银行还通过各种方式承担了国有企业改革的成本。

　　② 比如，从宏观金融政策到金融机构内部，都强化对金融风险的监管和防范；银行信用社普遍采取建立贷款终身责任制、严格授权授信制度、重视贷款的抵押担保等措施。这些措施尽管都有其必要性，但却会导致多数农户和占农村企业绝大多数的中小型、微型企业离贷款门槛更远。

（二）农村正规金融市场的高度垄断与缺乏竞争

相对于整个金融体制而言，农村正规金融市场的垄断和缺乏竞争问题更为突出。农村信用社、中国农业银行、农业发展银行基本上是三分天下，各管一片，鲜有竞争。农村信用社的贷款对象主要是农业（农户）和乡镇企业、农业产业化龙头企业。但其贷款以短期、小额为主，对农户和企业的大额资金需求往往无能为力。农发行的金融服务对象只是国有粮棉油收购企业，实现收购资金的封闭运行，甚至连非国有的粮棉油收购或加工企业都被排斥在外。农发行功能的单一化，导致其对农业发展和结构调整的支持作用严重弱化。中国农业银行对农村经济的支持主要是大型基础设施建设、生态工程和大型农业产业化龙头企业，而对农村中小型建设项目和中小型产业化龙头企业，缺乏应有的金融支持。在农村正规金融市场上，农村信用社、农业银行、农业发展银行的分工格局已经基本形成，但在三者之间及各自内部的不同机构网点之间，很少形成竞争关系，难以通过竞争形成对提高金融效率和改善金融服务的激励效应，也不能借此促进农村正规金融组织形成核心竞争力。在许多地方，农村正规金融的贷款市场，实际上是农村信用社的独家垄断；存款市场则是邮政储蓄和信用社二分天下。

近年来，农业银行随着商业化改革的推进，大量撤并县以下的机构网点，并将服务重点转移到县城和城镇地区。农村信用社的营业网点虽然主要分布在乡镇所在地，也因大量撤并乡镇以下代办点，甚至部分乡镇信用社，导致业务覆盖面局部收缩。因此，无论是从服务类型、服务品种，还是从服务区域上看，农村正规金融的服务供给都存在大量盲区。农村信用社虽然是农村正规金融的主力军，但就总体来说，它同多数农户之间的资金和信息联系亟待进一步加强。许多信用社对农民的金融需求了解不够，消极和被动服务的问题比较多见。农村正规金融的覆盖面过小，导致其对农业结构调整的支撑能力难有根本提高。

（三）农村正规金融发展环境上的政策性和制度性歧视①

农村正规金融所面临的政策性、制度性歧视，在作为其"主力军"的农村信用社上表现得尤其突出。

首先是与邮政储蓄相比，农村信用社和农业银行等往往处于政策上的不利地位；邮政储蓄享受的超国民待遇，是支撑其超常规发展的重要因

---

① 2003 年以来，由于深化农村信用社改革试点方案和邮政体制改革方案相继出台，这种状况已在逐步改善。本部分描述的更多的是 2003 年及其以前的状态，但这一问题并没根本消除。

素。近年来，按照有关政策规定，邮政储蓄业务对人民银行的关系是转存关系，邮政储蓄将吸收的存款上存于人民银行，人民银行按保证邮政储蓄"收支平衡略有节余"的原则，制定邮政储蓄的转存款利率。虽然从2003年元月起，在邮政储蓄存款利率保持不变的前提下，人民银行将其转存款利率降低了0.54个百分点，降到3.807%，导致邮政储蓄的转存款名义收益率下降为2个百分点。但邮政储蓄的转存款利率仍高于金融机构（包括农村信用社）的存款准备金利率，甚至高于中央银行的再贷款最高利率；邮政储蓄吸收存款的收益率仍高于农村信用社和商业银行的存贷款利差收益率。以2002年为例，邮政储蓄转存款年利率4.347%，高于中央银行再贷款最高利率（3.24%）1.107个百分点。当年邮政储蓄转存款全年平均余额6474亿元，按其全部用于利率水平最高的再贷款计算，中央银行全年需倒贴利息近72亿元（张明艳，2003）。因此，与农村信用社和国有商业银行相比，邮政储蓄的收益率高而且稳定，又没有规模限制和经营风险。这为邮政储蓄高息揽储、提高在存款市场的综合竞争力提供了可能。此外，邮政部门邮政储蓄、邮政、汇兑业务"三位一体"等特点，不仅使其有条件将邮政汇兑资金转为存款，形成违规揽储问题；也使其有条件进入人民银行金融监管的盲区，[①] 为其通过规避金融监管实现加快发展提供了方便。

其次是与国有商业银行相比，农村信用社所能享受的政策优惠越来越少，面临的制度性、政策性歧视却长期难以改变。目前，政府对农村信用社的政策定位是合作金融，但在财政政策和货币政策的执行中，往往又自觉不自觉地将农村信用社视同商业性金融机构。近年来，农村信用社虽能享受一些与合作制有关的政策优惠，但却越来越少。以营业税为例，2001年以前，对农村信用社征收的营业税税率为6%，低于国有银行两个百分点；从2001年开始，国有银行和农村信用社的营业税税率分别降低2个和1个百分点，农村信用社仅低于国有银行1个百分点。在同等条件下，农村信用社与国有商业银行相比，往往处于金融政策的边缘地位。比如，当前在农村信用社的巨额亏损中，有一部分是信用社与农行分设过程中划转过来的，还有一部分是由政策性因素造成的，主要包括两个方面。一是在清理整顿农村合作基金会的过程中，按照有关政策要求，农村信用社从基金会接过来一部分不良贷

---

① 2003年4月成立的银监会，很大一部分职能机构是由人民银行分离出去的。因此，本书所称的人民银行实际上包括当前的人民银行和银监会两个部门。

款，其中估计不能回收的大约197亿元（李琨等，2001）。二是90年代中期农村信用社按照国家政策开展保值储蓄业务，为此多支付了部分利息。1994—1997年间，农村信用社为此多支付利息143亿元，大部分形成亏损挂账。到2003年6月，国务院《深化农村信用社改革试点方案》出台前，对于这部分政策性因素形成的亏损，尚没有一个能够兼顾农村信用社利益的妥善解决办法。而商业银行为开展保值储蓄业务多支付的保值贴补息，已通过国家政策调整予以核销。四大国有商业银行历史上的呆坏账，已由财政注资成立资产管理公司来处理。但农村信用社历史上的呆坏账，却不能通过相应办法给予解决。

（四）金融市场的城乡分割和相对严重的农村金融抑制

从横向比较上看，金融市场的城乡分割和农村金融抑制，表现为政府的金融管制在农村强于城市，导致农村金融创新远远慢于城市，从而形成供给型农村金融抑制。90年代以来，随着市场化改革的深入，政府对城市金融的管制迅速松动，城市金融改革日趋加快，金融竞争日趋激烈，从而导致金融创新迅速加快。城市信用社、城市商业银行、合作银行和其他民营的、区域性股份制商业银行，证券市场、期货市场、保险公司、财务公司、金融信托机构、投资基金等，都是金融改革和组织创新的产物。金融业务方面的创新更是层出不穷、日新月异。由此不仅激发了金融服务供给在数量上的迅速增加和质量上的不断改善，还有效地激活了潜在金融需求向现实需求的转化，形成了金融发展与经济发展的良性循环。但在农村，政府对农村金融的市场准入限制不仅没有松动，甚至还有所强化。[①]比如，90年代中期以来，农村金融创新大多属于自上而下的外部供给型创新，如农业银行与农村信用社的分设、农业发展银行的成立以及农村正规金融机构的许多业务创新等。农村金融机构的内部自主型创新不仅覆盖面小，而且进展较慢。当前，我国金融分业经营的宏观环境，还加剧了农村金融抑制的负面效应。比如，金融分业经营的限制，会导致农村对证券交易、证券融资、农村保险业务的分散化、小规模需求，只能通过设立新的金融组织来满足。但相关金融组织创新又会由于突出的规模不经济问题而难以实现。现有的农村金融监管实际上是以限制竞争为重点的合规性监

---

① 最近几年来，这种状况已逐步明显改善。如开始有限地允许开展民间小额信贷的试点、有限地放宽对民间金融的市场准入等。

管。① 监管规则的制定或多或少地依据正规金融的运行规律和利益要求，对正规金融和非正规金融的惩罚力度不对称，对正规金融违规行为的处罚相对温和，而对非正规金融的处罚既大又猛，甚至带有"痛打落水狗"加"一人犯罪，株连九族"的性质。这种监管特点实际上加剧了农村金融抑制。因为农村金融的需求主体具有规模小、分散性强等特点，它与非正规金融的联系往往相对强于城市。

从纵向比较上看，自 90 年代中期以来，下列政策变化虽然在政策设计的初衷上有其合理性，但在具体执行中由于程度不同地存在着矫枉过正的问题，客观上导致了农村金融抑制现象有所加剧。90 年代中期以后，国家开始整顿金融秩序，清理整顿"金融三乱"（乱集资、乱批设金融机构、乱办理金融业务），导致民间金融的发展开始受到"株连"和更大程度的限制。特别是 1997 年亚洲金融危机爆发后，中央政府不断强化了对金融风险的防范和控制。各大商业银行和农村信用社普遍增加了对金融安全的重视，采取了诸如上收贷款审批权、强化贷款的责任约束制度等措施，从严控制贷款发放。对于此前未经金融监管部门批准，但得到过政府非金融部门或地方政府支持的农村金融组织创新，如农村合作基金会和地方性资本市场等，中央政府一律以防范金融风险为由，将其划入清理整顿或取缔之列。农村合作基金会在经历了 90 年代初中期的高速扩张阶段后，由于政府金融管制力度的加大，分别进入 1996—1998 年的整顿发展阶段和 1999 年以后的清理关闭阶段。

20 世纪 90 年代初中期，在"大力发展乡镇企业"的过程中，许多地方通过贷款形成的大量投资，到 90 年代中后期已陆续进入回收期。但由于宏观环境和市场格局的迅速变化，加之当初的许多投资缺乏科学论证，这部分投资却迟迟难以见效，甚至难以回收投资，变成企业和地方政府的负债、银行信用社的不良资产。投资回收的困难和银行不良资产的增加，驱使中央银行进一步加强农村金融管制，促使从宏观金融政策、金融监管机构到微观层面的银行信用社，全面加强对贷款风险的防范和控制，从而加剧了银行信用社的谨慎贷款或称"惜贷"问题。农村合作基金会清理整顿的"一刀切"，也导致了大量潜在风险的显性化，或形成对农村金融风险的放大效应。因为金融的运行是靠信用支撑的，关闭合作基金会的直接结果是破坏了农村正常的信用关系。何况，当时的农村合作基金会，也

---

① 合规性监管将金融监管的重点放在金融机构的审批和业务经营符合有关政策或法律规定。

有相当一部分是运转良好的。[①]

（五）农村信用社的体制改革和政策定位问题久拖不决[②]

农村信用社是农村正规金融服务的主要供给者，但其体制和政策定位问题却一直难以解决，导致其发挥"主力军作用"心有余而力不足，严重限制了信用社对农业结构调整的支持能力。从政策定位上看，如果农村信用社属于真正意义上的农村合作金融，那么，它自然具有服务"三农"的行为倾向，不存在政府要求其为"三农"服务的问题。但是，政府的相关文件却反复强调其要坚持为"三农"服务的宗旨，这等于将农村信用社变相定位为准政策性金融机构，但却没有给予其政策性金融机构应该享有的权益和"名分"。在具体政策执行中，农村信用社虽被当作合作金融机构，却经常"以合作之名行银行之实"，在金融监管中时常被当作商业性金融机构。因此，农村信用社的发展经常面临多元目标的冲突，包括支持"三农"的政策性目标、合作制主要为社员服务的目标、作为商业性金融机构的赢利目标和作为金融机构的可持续发展目标与追求规模经济目标等。多元目标的冲突造就了农村信用社内部经营和外部管理中的机会主义，成为影响其运行绩效和可持续发展的重要因素，对信用社大面积亏损的形成起到了推波助澜的作用。到 2002 年底，全国农村信用社不良贷款 5147 亿元，占贷款总额的37%。相当一部分农村信用社资本金严重不足，经营陷入严重困境。

农村信用社的行业管理体制不健全，仍是一个突出问题。[③] 人民银行和信用社联社虽然经常被赋予信用社的行政管理和行业管理职能，却经常处于"不管失职，严管违法"的困境。农村信用社虽然具有法人地位，但却无权决定其大额费用支出权甚至进入权，而要将这些权力交给省及其以上管理部门。

从微观体制上看，农村信用社名为农民的合作金融组织，实际上是"准国有金融机构"，甚至农村信用社的改革也主要呈现"政府主导型"特

---

① 郭晓鸣、赵昌文（2001）通过对四川省农村合作基金会的案例研究发现，盈亏相抵，四川省农村合作基金会在总体上仍然是赢利的，与大面积亏损的国有商业银行和农村信用社相比，合作基金会的经营绩效并不算差。

② 客观地说，2003 年下半年以来，农村信用社改革取得了明显进展，因此这种状况已有明显改变。但讨论农村信用社的改革是个比较复杂的问题，因时间所限，本章存而不论。当然，这轮农村信用社改革能在多大程度上解决这一问题，还有待实践进一步检验。

③ 随着《深化农村信用社改革试点方案》的出台，农村信用社的行业管理体制改革已经进入实际推进阶段。因此，这种问题已有所改变。到 2006 年初，全国已有 25 个省（区、市）成立了省级联社。但是，这种几乎"一刀切"的改革，其长期影响如何，对此可能不能过于乐观。

征。在农村信用社与农民或社员之间，"两张皮"的现象比较普遍，不仅农民不承认信用社是农民的合作金融组织，缺乏入股信用社的积极性；就连信用社职工事实上也不承认这一点。信用社的民主管理和社员股金往往形同虚设，有的甚至基本上没有社员股金，为社员服务无从谈起，"内部人控制"更是一个普遍问题。由于外部管理体制不健全、内部所有者缺位和产权制度、法人治理结构等问题，农村信用社转换经营机制、充实资本金、提高抗风险能力和规模经济水平等长期发展大计，在总体上仍然呈现悬而未决的状态；农村信用社内控制度和激励机制不完善的问题长期难以根本改变。

四　支持农业结构调整的中长期金融创新思路[①]

（一）适应经济结构战略性调整的要求，加快金融结构的战略性调整，将加快发展中小银行与促进国有商业银行的产权多元化改革结合起来

今后，中小企业在我国经济社会发展中的作用将有不断增强之势。从国内外经验看，相对于大银行，中小银行经营灵活，具有服务于中小企业的信息优势和成本优势。许多发达国家的中小企业银行，对于解决中小企业融资问题发挥了重要作用。日本、韩国和印度等国甚至将发展中小企业银行，作为对中小企业实行金融扶持政策的核心。在美国，除几家大银行外，还有两三万家小银行为中小企业服务。当前，我国国有独资商业银行的体制、经营和资产问题较严重，它与那些股份制中小银行相比，在服务中小企业方面的相对劣势更大。农村经济基本上是以中小企业和农户为主的经济。在农业结构调整中，虽然大型龙头企业具有举足轻重的作用，但是，相对于城市经济而言，中小企业和农户的相对地位更高。因此，积极发展中小银行，[②] 借此改变金融结构调整严重滞后于经济结构调整的状况，对于促进经济结构、特别是农业结构的战略性调整，具有至关重要的积极作用。所谓银行实质上是金融企业。因此，在中小银行的发展中，应该遵循企业和金融企业的运行规律，加快体制改革和制度创新，完善其法人治理结构和经营机制。基于同样原因，在鼓励发展中小银行的过程中，也要注意中小银行并非规模越小越好，要将发展中小银行与利用规模经济有效结合起来。

---

① 本节涉及的部分改革思路，与近年来的部分金融改革方案不谋而合。限于篇幅，本节将不展开讨论。

② 这里所说的银行包括非银行金融机构。

前文分析表明，在国有独资商业银行对金融资源的分配和金融市场具有一定垄断地位的情况下，不仅难以实现不同类型金融机构的平等发展，也容易形成对农业结构调整的金融支持障碍。加快国有独资银行的产权多元化改革，鼓励民营经济和国外资本参股国有银行，可以在下列方面达到一石三鸟的效果。一是有利于改善国有银行的资产质量，提高其抗风险能力；二是完善国有银行的法人治理结构，克服其经营中的政企不分和政府干预问题，逐步实现其相对独立发展；三是逐步提高宏观金融政策的公平性，减少金融抑制和对非国有银行发展的金融歧视。当然，为了防止骤然推进此项改革影响金融和社会稳定，国有银行的产权多元化改革可以结合其拆分上市等，循序渐进地进行。

（二）加快农村金融监管制度的改革，逐步形成以省级政府为主导、将鼓励适度竞争与防范风险、提高效率有机结合的全程性的新型农村金融监管体系

适应农业结构调整和加入 WTO 的需要，农村金融监管制度的改革应该注意实现以下几个转变：

——由限制竞争转为鼓励适度竞争。目前，农村合作基金会和地方性股权交易市场，都因"防范金融风险"而遭到清理整顿和关闭的厄运。但对两者风险成因的分析都表明，我国农村的金融风险主要不是形成于竞争，而是源自政府的行政干预和政策的不稳定性。目前，在农村信用社和农业银行等农村正规金融机构中，存在比较严重的产权受限问题。而当产权受到限制不能发挥激励作用时，就应该强调竞争方式的激励而不是价格机制了（哈罗德·德姆塞茨，1999，第32页）。因此，限制竞争并不是化解农村金融风险的理想办法，鼓励农村信用社的垄断和专营，并非农村金融监管的有效方式。基于鼓励适度竞争的原则，农村金融监管要以农村经济和金融发展的需求为导向，适度考虑正规金融、非正规金融（或民间金融）运行规则和利益要求的差异。一般而言，正规金融赖以运行的，主要是正规制度和法律秩序，甚至国家信用；民间金融赖以运行的，主要是以邻里之间密切的相互作用为基础的社区文化等非正规制度和乡土信用。乡土信用只能在一定的地域范围内发挥作用。一旦超出了这个范围，乡土信用的约束力就会有较大程度的衰减。这与正规金融的信用基础有很大不同。因此，对两者运作过程的绩效评价和监管应该有所区别。

——由以中央政府（包括监管机构）为主导的监管转变为以省级政府为主导的区域性监管，辅之以中央政府对省级政府监管者的监管。这是由我国农村金融需求的多样性和悬殊的区域差异性决定的。中央政府的金融监管部门应将农村金融准入和监管的权限，逐步移交给省级金融监管部门，特别是发挥后者对农村民间金融的监管作用，增强其防范区域金融风险的责任与积极性。几年前在农村信用社浮动利率改革试点中，由各省自行选择改革的模式，实际上为以省为主承担金融监管职能，提供了良好的开端。国务院发布的《深化农村信用社改革试点方案》提出，将信用社的管理交由地方政府负责，按照"国家宏观调控、加强监管，省级政府依法管理、落实责任，信用社自我约束"的监督管理体制，分别确定有关方面的监督管理责任。这也是一种强调以省为主的农村金融监管思路。但是，要防止省及其以下各级政府将金融监管权限逐级下移，使金融监管实际落空。

　　——从合规型监管转向防范风险与提高效率有机结合的监管，将监管微观金融风险与宏观金融风险结合起来，将改善金融监管与鼓励金融创新结合起来，加强对金融创新的前瞻性研究和对金融风险的预警防范。金融监管不能不注意维护微观金融安全，但如果维护微观金融安全以牺牲金融效率、妨碍经济发展为代价，最终会导致宏观金融的不安全。因此，金融监管要注意将维护金融安全与提高金融效率、强化金融业的核心竞争力结合起来。许多金融创新可以提高金融效率、促进金融企业的发展，但却是以规避甚至违背现有金融规则为前提的。如果采取传统的合规型监管思路，可能会压抑金融创新，妨碍金融效率的提高。要结合金融监管政策的调整，鼓励商业银行适当下放贷款审批权，加强对贷款营销的制度性激励。

　　——从侧重市场准入和事后监管，转向市场准入、市场退出和市场运作有机结合的全程监管。适度放开农村金融市场准入的问题，我们将在下文进行详细分析。建立有效的农村金融退出制度，对于打破农村信用社的市场垄断、促进农村金融竞争、提高农村金融效率的意义，不亚于放宽农村金融的市场准入。一个农村金融机构破产所产生的风险波及效应，远大于若干个同等规模企业的破产所产生的影响。因此，对农村金融机构的破产要采取相对谨慎的态度。但是，在农村正规金融机构无破产约束的环境下，农村金融并非没有风险；而是金融风险由于缺乏释放的通道，只得在金融机构和金融体系内部不断蓄积。但当这种风险的蓄积超过一定界限后，就容易引发金融危机，甚至导致经济崩溃。与此同时，缺乏破产约束，也会导致金融机构改进经营和服务、提高效率和核心竞争力的压力不足，从而会牺牲整个金融体系的效率。因此，从长期来看，农村金融市场缺乏退出制度、农村金融机构缺乏破产约束，并非一种比较有效的制度安排。当然，建立有效的金融市场退出制度，需要一系列的条件以适度熨平金融机构破产所引发的波动。如建立存款保险制度、优化社会信用环境、提高公众应对风险的能力等。因此，建立农村金融市场的退出制度，也有个循序渐进、不能操之过急的问题。

（三）允许并有条件地支持民间金融的发展，鼓励农村金融竞争，加快农村金融改革，逐步完善多种金融机构分工协作、优势互补、平等竞争、充满活力的农村金融体系

早在 1996 年，《国务院关于农村金融体制改革的决定》就指出，"农村经济发展的多层次，要求……形成一个能够为农业和农村经济发展提供及时、有效服务的金融体系"。"农村金融体制改革的指导思想是……建立和完善以合作金融为基础，商业性金融、政策性金融分工协作的农村金融体系；进一步提高农村金融服务水平。""十一五"规划明确提出，要"深化农村金融体制改革，规范发展适合农村特点的金融组织，发挥农村信用社的支农作用，建立健全农村金融体系"。今后，为了更好地支持农业结构的战略性调整，在加快农村金融体制改革的过程中，应该将鼓励不同类型的金融组织分工协作、优势互补与促进平等竞争、适度放松市场准入有机结合起来，加强农村信用环境建设。

1. 谨慎积极地支持民间金融和外资金融的发展，重点支持各种形式的农民合作金融，借此增加农村金融的服务供给，促进农村金融竞争。

许多经济学家通过对发展中国家的大量经验研究发现，正规金融组织对农户金融服务的覆盖面往往不足农户总数的 20%，大量的农村金融服务需要农村非正规或民间金融来满足。当前，我国农村民间金融的问题主要表现在高利贷和金融"三乱"方面。而高利贷现象的产生主要有两个原因，一是迅速增长的农村金融需求，难以通过具有垄断地位的农村正规金融的服务供给来满足，农村资金供不应求的问题比较严重；二是民间金融的合法性障碍，导致其需要用较高的利率作为防范其可能面临的法律制裁的"风险准备"，导致其难以基于可持续发展的预期，通过专业化经营和追求规模经济，享受降低成本的好处。清理整顿金融"三乱"是必要的，但上述两个原因对金融"三乱"的形成也起到了推波助澜的作用。如果适当放松对民间金融的准入限制，有条件地让已经存在但处于地下状态的民间金融合法化，或允许民间资本参股甚至控股城市商业银行和农村信用社，将可以从上述两个方面，特别是第二方面，为降低民间金融的利率甚至减少金融"三乱"现象提供条件。有条件地允许民间金融组织的合法化，还可以为发展真正意义上的农村合作金融，提供良好的环境条件。

农村民间金融借贷手续简便，又没有僵化的规章制度，与农村资金的需求主体之间亲和力较强。在我国多数农户和农村企业普遍缺乏担保抵押品的情况下，发展民间金融可以有效地利用民间的乡土信用资源，为解决结构调整主体的融资难题服务。农村民间金融的发展，不仅有利于促进农村金融市场的竞争，还会激发和推动正规金融组织的改革创新。这将有利于打破金融市场的分割和正规金融组织的垄断，促进正规金融乃至整个金融体系的制度变迁和效率改进、服务优化，从而推动金融市场的供求平衡、利率走势趋于平稳、高利贷现象趋于减少，形成经济发展和金融市场繁荣相互促进、相得益彰的效果。斯蒂格里茨（1981）早就指出，将正规金融市场与非正规金融市场按照公平竞争的原则合理整合起来，可以更好地满足农村各个阶层和部门对金融服务的需求，同时，也有利于金融部门本身提高效率、积累可持续发展的能力。实际上，美国、日本等都曾通过使民间金融"合法化"的方式来规范民间金融，并取得成效。

除农村信用社等所谓的农村合作金融外，农村合作金融是农村民间金融的重要组织形式之一。当前在许多发达国家，合作金融仍是金融业不可或缺的生气勃勃的重要组成部分。它使弱势群体通过团体合作、资金联合的方式实现互助，改变单个社员在融资上的弱势地位，为社员分享农村金融发展带来的成果提供有效的制度保障。在我国农业结构调整的实践中，也涌现了大量的合作金融组织或将金融合作作为重要内容之一的合作组织。从这些合作金融组织的经验看，我国也应该把支持农村合作金融的发展作为一个长期方向。为此需要注意以下三点：第一，借鉴国外经验，遵循合作金融的基本规范，防止过分强调"中国特色"和政府拔苗助长，导致农村合作金融的发展出现异化。在此过程中，注意借鉴农村合作基金会发展的经验教训，是非常有价值的。第二，因地制宜，因时制宜，循序渐进。在加强分类试点的基础上，逐步总结完善。第三，优化合作金融的发展环境，包括加强对合作社、合作金融发展的立法，依法提供必要的税收优惠和其他政策支持。

2. 加强农村社会信用环境和融资支撑体系建设，逐步建立鼓励金融机构和社会资本开拓农村金融业务的制度支撑体系。

如积极发展社会信用中介服务业，完善中小企业和农户的信用评价评级体系；加强社会信用监管和立法执法体系建设，提高对失信行为的制度化处罚力度；以提升政府自身的信用水平为基础，加快完善政府的社会信用监管体系；逐步形成有利于提升社会信用的社会意识和文化环境。对于借"改制"等名义，恶意逃债、废债的企业，要通过加强制度化的处罚机制给予严惩，以提高逃、废债行为的风险和成本。要面向中小企业和农户，加强信用担保体系的建设。在县及其以下，因地制宜地允许甚至鼓励商业银行、农村信用社等突破分业经营的体制限制，代理农业保险和证券等业务。比如，对于代理农业保险业务的，给予一定的保费和运营费用补贴，实行减免所得税等政策支持。

3. 全面推进农村利率市场化和农村信用社的产权制度改革。

农村利率市场化和农村信用社改革，在农村金融的改革和发展中，既是长远工程，又是当务之急。因此，本书将在近期对策选择中进行详细分析。

此外，结合县域金融市场准入制度的调整，督促商业银行将其吸收存款的一定比例通过贷款方式支持农业和农村发展，也是必要的。

五　面向农业结构调整加强金融支持的近期对策建议

（一）将完善邮政储蓄制度与通过再贷款等形式建立有效的农村资金回流机制结合起来

1999 年，国务院和中国人民银行就已批准了建立邮政储蓄银行的改革方案。虽然由于各种原因，这项改革方案最终归于难产；但是，建立邮政储蓄银行作为邮政储蓄制度改革的长期方向是不容置疑的。除此之外，当前需要注意的是，第一，逐步取消邮政储蓄机构相对于其他金融机构的超国民待遇。第二，将县以下邮政储蓄吸收的存款，通过人民银行全额用于增加对农村金融机构的再贷款。最近几年来，中国人民银行连年增加对农村信用社的支农再贷款，这对农村信用社扩大信贷投放发挥了重要作用。在邮政储蓄存款同人民银行对信用社的再贷款之间，建立制度化的转化机制，对于强化对农业结构调整的金融支持能力是有益的。

（二）适应粮食流通体制改革和农业结构调整的需要，重新整合政策性金融业务，调整其业务载体

最近几年，粮食流通体制的市场化改革取得了实质性的突破。农业发展银行传统的主要贷款对象——国有粮食企业也在加快改革进程，大量的非国有粮商也在加紧进入农产品收购领域。随着农业结构调整的深入推进，在缺乏足够的担保抵押品的情况下，许多产业化龙头企业对农产品收购资金的季节性大量需求，也需要通过政策性银行来解决。因此，需要加快步伐重新整合政策性金融业务或调整政策性金融的载体。具体思路可以有以下两种。一

是健全农业发展银行的政策性金融功能，将目前由农业银行代理的政策性金融业务，如农村基础设施建设贷款、扶贫贷款等，重新划归农发行，完善农发行的政策性金融机构功能。应进一步放宽农发行的职能范围，将产业化龙头企业的收购资金纳入农发行的支持范围。二是取消农发行，面向四大国有商业银行和网络覆盖全国的股份制商业银行，公开招标农业政策性金融服务。

（三）全面深化农村信用社改革，为进一步发挥其农村正规金融的主力军作用创造条件

1. 以产权改革为重点加快农村信用社的微观体制改革。

从农村信用社的微观体制改革来看，客观地说，现有的任何一种改革思路虽然都有其理由，但都难以做到十全十美。比较理想的做法是基于"模糊过去，清晰未来，因地制宜，借鉴经验，分类指导，多方案比较"的原则，加快农村信用社的产权制度改革，完善其法人治理结构。在此方面，需要注意以下问题：

第一，考虑到乡镇企业股份合作制改制的过渡性，建议在发达地区鼓励股份制商业银行模式，允许采取股份合作制的合作银行模式。但从现有的改制实践看，在这两类改革模式中，都应该特别重视健全股权退出机制。因为完善的股东或社员权利，应该通过其"用手投票"和"用脚投票"两类方式来体现；甚至与"用手投票"相比，能否有效地行使"用脚投票"权，对于规范组织行为、建立有效的运作机制，对于防止大股东肆意侵犯小股东权益、减少"内部人控制"现象，都具有更为重要的意义。以股份制商业银行为例，只要有健全的股东退出机制，即使地方政府成为商业银行的第一大股东，由于其股份不能超过总股本的10%，众多小股东的"用脚投票"，也会形成对地方政府行政干预的有效制约。当然，股东退出机制的设计，也应适当兼顾商业银行资本金的稳定性。

第二，在现有的农村信用社改革方案之外，允许甚至鼓励进行其他模式的改革探索。如结合农发行整合政策性金融业务的改革，在贫困地区，将农村信用社逐步改造为区域性的政策性金融机构，以便更好地贯彻国家支持贫困地区的政策，促进区域产业开发和农民增收。在部分地区，可以继续维持现有体制，但不再强调完善合作制。与此相关并值得深入探讨的问题是，如何公正客观地评价农村信用社的股份化改革对信用社支农能力的影响。我们认为，一方面，对这一问题的研究，有待于在推进农村信用社股份化改革的过程中逐步深化；另一方面，在对这一问题得出比较深入而又公正的研究结论前，可以加大力度进行农村信用社股份化改革的试点，但不宜盲目追求股份化改革的覆盖面。

第三，在农村信用社加强微观体制改革的同时，结合金融准入政策的调整，允许城市商业银行、股份制商业银行甚至外资银行收购农村信用社。对被收购的农村信用社降低营业税和所得税税率，以此为基础，要求其保证存贷比达到一定水平，贷款的较高百分比用于支持农业、农村和农民。鼓励信用社将业务层面的改革与突破金融分业经营的体制结合起来。考虑到农村金融需求的多样性，为节约成立新机构的庞大成本，在农村信用社体制维持现状的基础上，给予其拓展业务领域、开展金融混业经营的政策支持。

2. 重新调整农村信用社的宏观政策定位。

当前，我国农村信用社已处于一个加快分化的时期，在全国农村信用社系统中，客观地存在着具有合作金融、政策性金融和商业性金融不同属性的机构，甚至同一信用社都存在三种职能的结合问题。因此，不宜笼统地将其定位为合作金融。对于农村信用社的政策定位问题，可依据"少说多看"的原则暂时搁置起来。农村金融需求分散，单位需求规模小，交易成本高，需求的季节性和时效性强；而农村信用社点多面广，具有服务"三农"的比较优势和组织基础，包括同农户的密切联系。因此，多数农村信用社以坚持为"三农"服务为宗旨，有其必然性和合理性。但是，鉴于"三农"问题已成为影响经济社会发展全局的突出问题，对于农村信用社以服务"三农"为宗旨，政府应该通过免征利息税、适当降低营业税和所得税税率等提供必要的支持。主要通过优惠政策的支持，引导农村信用社坚持以服务"三农"为宗旨。

从行业管理来看，按照自下而上逐级入股、自上而下层层服务的方式，组建金字塔式的农村信用社组织体系，不仅有利于其建立覆盖范围广大的资金清算系统和通存通兑系统，增加其行业竞争力和拓展业务的能力；也有利于农村信用社更好地在系统内部调剂资金头寸、参与银行间同业拆借市场，从而增加农村资金供给，增强农村信用社抵御风险和对现代金融业务发展的适应能力。但是，仓促地建立覆盖全国的组织体系，有可能因农村信用社加快改革出现迅速分化，导致覆盖全国的组织体系很快寿终正寝，或难以有效运转；甚至形成所谓"先污染、后治理"的问题。因此，要不要组建金字塔式的农村信用社组织体系，可在若干省以省内经济区为单位先行试点，再逐步探索。在试点过程中，不强求区域范围内的所有信用社都参与入股并接受服务。应该鼓励国有银行和全国性的股份制商业银行吸收符合条件的农村信用社进入其资金清算和通存通兑系统。

（四）积极鼓励农村金融的其他制度创新

如继续完善农户小额信用贷款和联保贷款制度，扩大其覆盖面和农户受益面；加快农村利率市场化进程；谨慎积极地支持区域性多层次资本市场建设的改革试点和区域性农村金融改革试验区建设等。

第九章

行政管理体制与农业结构调整

20 世纪 90 年代后期，我国粮食等主要农产品出现了相对过剩，农产品价格持续走低，农民收入增长极为缓慢。为了增加工业品的市场需求，缓解农村社会矛盾，中央政府制定了依靠调整农业结构增加农民收入的政策。实际情况表明，这项政策效果并不明显。部分地区甚至发生了基层政府以调整农业结构为名，干预农业生产和贸易、破坏土地承包合同、侵占农民权益的现象。

本章讨论行政管理体制与农业结构调整之间的关系。首先回顾改革前政府对农业进行严格控制的目的、手段以及这种控制对农业结构调整所产生的影响；其次讨论农村改革后政府对农业控制的松弛以及农业结构调整的显著变化；再次分析目前行政管理体制对农业结构调整的阻碍作用；最后提出改革农业行政管理体制、促进农业结构调整的建议。有必要指出的是，由于目前政府管理农业的机构并不局限于既有的职能部门，管理的方式也不止于已有的法律和政策条令，而是还包括对农业生产和贸易的直接干预，所以本章研究的农业行政管理体制实际上指的是政府对农业的各种控制和干预。

一 改革以前政府对农业的严格控制

（一）控制的目的

1949 年新中国成立后，共产党掌权的新政府立志要改造整个中国的社会和经济，改造的措施则是从发动工业化运动开始。由于中国工业没有基础，工业化运动是一个全新的建设过程，因此需要大量资本积累。从工业发达国家的经验来看，资本积累一般有三条途径。其一是参与国际社会分工，通过发展自己的优势产业和国际贸易创造经济利润；其二是通过金融市场和直接投资的方式从国外引进资本；其三则是从农业抽取经济剩余。在这方面中国遇到的困难是失去了选择余地。第二次世界大战以后，整个世界形成了资本主义和社会主义两大阵营的对抗。由于意识形态方面的原因，工业技术先进、资本充足的发达国家切断了同中国的经济联系。1959 年中苏关系破裂后，中国从外部利用资源已完全没有可能性。

为了从农业提取经济剩余，国家首先关闭了主要农产品市场，试图依靠工农产品非等价交换的方式进行。于是分别在 1953 年和 1954 年对粮食和棉花等大宗农产品实行统购统销政策，私商被禁止，国家成为唯一的垄断经营者。但是，低价收购的政策引起了农民普遍不满，政府在部分地区与农民发生了严重冲突。土地改革后农民的私有产权增强了其谈判地位，农民有条件反击政府的索取和剥夺。面对农民的抗争，政府没有妥协去寻找资本积累的另外渠道，而是从 1955 年开始发起了一场以合作化为名义的大规模集体化运动，并最终于 1958 年在农村建立了对农民进行全面控制的人民公社体制（周其仁，1994）。

（二）控制的手段

人民公社体制由公社、生产大队和生产队三级组织构成。在这种"三级所有、队为基础"的组织结构中，公社是代表国家行使政权的基层单位，主要任务是负责完成国家规定的生产计划和各项农产品征派购指标。生产大队形式上不属于国家行政机构，因为它的运作费用不列入国家财政预算，大队干部不从国家财政领取工资。但是，大队干部的主要成员要由公社任命，结果它不可避免地出现对公社的依附性。生产大队的职责是将公社规定的任务进一步落实到生产小队，监督管理小队的生产活动和分配。生产小队组织队内农民进行农业生产，它独立核算，在完成国家规定的生产计划和征派购指标后分配产品。简而言之，人民公社是国家与农民强制签订的不平等合约，其中，权利主要由政府控制，而任务则由农民承担（谭秋成，1998）。

在人民公社体制中，农民主要从事农业生产，完成政府规定的各项生产计划和任务，生产队必须完成国家征购后才允许进行产品和收益分配。这一制度安排的缺陷是明显的，因为农民不掌握农业生产决策权，却要承担生产经营后果。为了防止农民从人民公社这一受政府强力控制和剥夺的体制中退出，国家进而实行严格的户籍管理制度，禁止农民在城市和跨区域间迁徙和就业，也不允许农民享受城市居民在教育、医疗、社会保障等方面的福利待遇。户籍制度将城市和乡村、市民和农民割裂开来，政府并依此建立了两套不同的社会权利和福利分配体系，中国的社会和经济被人为分割成二元。

概言之，自 1953 年始，国家为了从农村提取工业发展所需的资本积累，采用了取消农产品市场、组建人民公社体制、推行户籍制度等强制手段，在农村建立了一个严格的行政控制体系。在这一控制体系中，农业生产由行政计划安排，生产要素不能流动；农民不仅失去了对生产资料土地的使用权和让渡权，而且也失去了对自身劳动力的支配权；农民更多的是承担义务和责任，其基本权益得不到保障。

（三）控制的后果

国家对农村、农民的严格控制严重损害了农民的福利水平。1952—1978年，我国农村居民的消费水平增长仅为 57.5%，相当于同期非农村居民消费水平增长速度的一半。由于增长速度上的巨大差异，1978 年我国非农村居民的消费水平高出农村居民 1.9 倍。行政控制割断了农村与城市的正常市场交往后，使得一方面农民完全被摒弃在工业化之外，其人力资本难以得到充分利用；另一方面，国家对劳动力流动的限制使城市职工的工资呈现刚性。结果，城乡收入水平不断扩大。1978 年，我国农村居民人均纯收入 133.57 元，人均生活消费品支出 69.63 元，其中食品支出 46.59 元，占 65.8%，以恩格尔系数衡量，农民处于绝对贫困状态。

表 9 - 1　　　　　　1952—1978 年我国居民消费水平及增长指数

年份	消费水平（元）			指数（以 1952 年为 100）		
	全国居民	农民	非农居民	全国居民	农民	非农居民
1952	76	62	148	100.0	100.0	100.0
1957	102	79	205	122.9	117.1	126.3
1962	117	88	226	103.9	98.8	96.6
1965	125	100	237	132.4	124.8	136.8
1970	140	114	261	147.6	141.4	152.0
1975	158	124	324	163.9	150.9	187.3
1978	175	132	383	177.5	157.5	212.9

注：消费水平按当年价格计算，指数按可比价格计算。

资料来源：1985 年《中国统计年鉴》，第 525 页。

国家对农村、农民的严格控制也没有使中国成功地实现工业化。国家强制推行的工业化运动尽管在短期内通过调整资源分配可取得明显效果，但最终由于制度缺陷失去了发展动力。通过严格控制农业和农民、索取农村剩余来推动工业化，这种发展方式存在的主要问题是：（1）城乡之间缺乏正常的市场交易，结果中国的经济发展完全偏离了自己的资源优势。一方面，农村存在大量剩余劳动力；另一方面，城市工业却利用资本密度高的技术进行生产，这就造成大量劳动力资源浪费。（2）农民因为过于沉重的负担和人民公社体制固有的弊端产生了抵触和偷懒现象，致使农业生产效率长期低下。这一点进而从两方面阻碍了工业化的步伐。首先，工业化进一步推进所需的资本开始枯竭；其次，农民收入处于低水平，购买力严重不足，从产品需求上制约了工业的发展。（3）由于计划体制取消了市场，经济中竞争不再存在，微观经济组织也就没有激励对资源作最优配置，国家为此必须付出大量监督成本。所以，改革开放以前，中国经济体制的运转费用极为高昂。（4）计划体制钳制了思想，压抑了个人和企业组织的创造力，整个社会在技术和制度创新上明显不足。

　　如果以增长指数衡量，1952—1978 年我国工农业总产值增加了 6.8 倍，年均增长 8.22%，这一发展速度与发达国家和发展中国家同期相比是快的。问题是，中国是在一个经济水平非常低的起点开展建设的，20 多年的快速工业化运动并没有将中国带入现代化的行列。深入观察发现，这种经济增长隐藏着结构性的危机。首先，工农业发展严重失调。1952—1978 年，中国工业总产值增长了 15 倍，而农业总产值只增长了 1.3 倍。其次，在这种工业快速增长的背景下，城市化水平并没有提高。1978 年，我国仍有 82.1%的人口生活在农村，而当年农业总产值只占全社会总产值的 22.9%，工业化完全没有惠及农村，也没有带来经济和社会结构的转型。最后，在工业总产值中，重工业部分的增长速度大大高于轻工业部分，这就背离了中国的资源条件，也正好说明我国的工业化是政策人为推动的结果。

表 9 – 2　　　　　　　　1952—1978 年我国工农业增长指数

年份	工农业总产值	农业总产值	工业总产值	轻工业总产值	重工业总产值
1952	100.0	100.0	100.0	100.0	100.0
1957	167.8	124.8	228.6	183.3	310.7
1962	173.0	99.9	276.1	193.6	429.0
1965	268.3	137.1	452.9	344.7	651.0
1970	424.3	166.3	787.1	515.6	1290.2
1975	616.2	202.1	1218.8	748.4	2093.8
1978	779.0	229.6	1601.6	970.4	2780.7

　　注：本表按可比价格计算。资料来源：1985 年《中国统计年鉴》，第 25 页。

　　由于存在着结构性失衡，改革前我国经济快速增长只是一种表象，经济运行质量低劣，且长期处于波动状态，缺乏发展潜力。而且，消费者的生活水平也没有从发展中得到很大提高。1952—1978 年，我国居民消费水平只增长了 0.77 倍，为同期工农业总产值增长速度的 11.3%。由于实行重工业优先的发展战略，日用生活必需品出现绝对短缺。

（四）国家控制与农业结构调整

　　当国家采用户籍制度切断农村劳动力向城市就业和定居的渠道后，农民失去了择业的自由。除非工业部门扩张，城市化过程加快，社会经济发展创造出更多的非农就业机会，否则农民将牢牢地被禁锢在土地上求生存。问题恰恰是，由于我国的工业化运动选择了不符合资源比较优势原则的重工业优先发展战略，加上国有企业内部激励不足、效率低下以及城市自身的人口增长，城市和工业对农村劳动力的需求极为有限。统计表明，1952—1980 年，我国乡村人口和农业劳动力占全社会人口和劳动力的比重仅分别下降 6.9 和8.9 个百分点（见表 9-3）。这期间，由于农村人口高速增长，结果大量剩余劳动力滞留在农村，致使人地关系极为紧张，农村内部争夺资源的冲突不断加剧。

表 9-3　　　　　**1952—1980 年我国人口和劳动力构成**　　　（单位:%）

年份	市镇	乡村	工业	农业
1952	12.5	87.5	6.7	93.3
1957	15.4	84.6	6.8	93.2
1962	17.3	82.7	7.4	92.6
1965	18.0	82.0	7.2	92.8
1970	17.4	82.6	9.2	90.8
1975	17.3	82.7	12.7	87.3
1976	17.4	82.6	13.7	86.3
1977	17.6	82.4	14.1	85.9
1978	17.9	82.1	14.5	85.5
1979	19.0	81.0	15.4	84.6
1980	19.4	80.6	15.6	84.4

　　资料来源：1985 年《中国统计年鉴》。

　　在国家的严格控制下，农民不能根据自身禀赋有效配置资源，因为国家剥夺了农民自由使用生产资料的权利。农民的主要任务就是完成国家规定的生产计划和各项统派购指标。为了防止争夺国有工业所需的资源，国家禁止农村兴办工商业（谭秋成，1998）。在人民公社体制内部，由于农民的收益权利得不到保证以及对内采取的平均主义分配制度，生产效率极为低下。但是，国家坚持发展国有工业的战略，对农业生产低效率问题不是采取改革方式加以解决，反而通过政治运动、以粮为纲的政策，强制地将农村资源投入粮食生产上，而这进一步降低了农业内部生产力和农民的收益。结果出现了绝大部分农民从事粮食、棉花、油料等种植业生产，而我国主要农产品仍然十分短缺的局面。1952—1980 年，我国种植业生产在农业生产总值中占的比重仅由 73.54% 降至 71.68%，下降了不到两个百分点，牧业产值占的比重略有增加，而林业、渔业产值占的比重下降（见表 9-4）。这种扭曲的产业结构反映出国家对农村的控制破坏了农村内部的分工和农民配置资源的能力，并给整个社会经济发展和农民福利造成了巨大的损失。

表 9-4　　　　　　1952—1980 年农业内部总产值构成　　　（单位：%）

年份	种植业	林业	牧业	渔业	副业
1952	73.54	1.58	11.22	12.35	1.31
1957	71.42	3.26	12.18	11.25	1.89
1962	76.75	2.23	10.92	7.95	2.15
1965	75.65	2.68	13.39	6.50	1.78
1970	76.73	2.80	13.38	5.39	1.70
1975	77.00	3.11	14.16	3.99	1.74
1978	76.71	3.44	14.98	3.29	1.58
1979	74.65	3.58	16.82	3.42	1.53
1980	71.68	4.23	18.42	3.95	1.71

资料来源：1985 年《中国统计年鉴》。

二　目前农业行政管理体制的特征

（一）农村改革与国家控制松动

70 年代末至 80 年代初，底层农民和基层干部不满国家的严厉控制和生活贫穷，自发开始了农村产权制度变革（谭秋成，2001）。国家迫于下层改革压力作出了政策退让，农村最终建立了统分结合、以家庭经营为基础的承包责任制，人们公社体制被废弃。家庭责任制的主要内容是：（1）土地所有权由农民集体拥有，村以集体名义按劳动力或人口将土地平均分配给社区内农民承包耕种；（2）农户拥有承包地使用权，可自主决策，自主经营；（3）农户可将承包地租赁，转包；（4）在完成国家税收和乡村集体提留后，农户完全占有其生产成果。显然，家庭责任制给了农户在主要生产资料土地上相当大的自主支配权。

家庭责任制唤起了农民的责任心，粮食等主要农产品产量迅速增长，城市和工业所需的食物和原材料的供给显著增加，多年来困扰中国经济发展的农产品短缺问题大为缓解。受改革成效的鼓舞，国家逐步开放了农产品市场，放弃了对水产品、畜产品、大部经济作物的控制，粮食也由国家统购改为计划收购，农民完成国家计划后可自由出售余粮。农产品的市场化改革使农民进一步摆脱了计划控制，农民与市场有了联系，能更有效地按市场信号配置自己的资源。

与家庭责任制和农产品市场化改革同时进行的另一项重要政策转变是，国家鼓励农村兴办工商业。20 世纪 70 年代初，国家为提高粮食产量、促使地方政府增加对农业的投入，开始允许公社和大队创办以农业机械服务为中心的"五小"工业。70 年代末 80 年代初，国家放宽了农村兴办工商业的范围。1984 年，国家鼓励农村个体和私人企业发展，并在城市开始改革计划体制和国有企业，逐渐放开了工业产品市场和生产资料市场。与此同时，国家鼓励农村劳动力跨区域、跨行业流动，积极推进小城镇发展。这一系列制度改革和政策转变使农民对自己的生产要素劳动力拥有更多的支配权和使用选择权，农村获得了更多的外部资源。

（二）控制松动后的农业结构调整

家庭生产责任制推行和允许农村劳动力自主择业的政策转变，使农民获得了对土地和劳动力要素更多的自主支配权；农产品市场化改革使农民更多地根据市场信号而不是政府计划控制生产经营，使农民的收益更有保障；乡镇企业发展使农村在金融、财政、工业品原材料等方面可控制更多的资源，农民有了更多的发展机会。当农民拥有资源控制权和更多的选择机会并且收益权可得到保障后，农民的企业家精神开始表现出来，农村资源使用上开始受市场信号指引，农村和农业结构调整的步伐显著加快。

农民调整生产结构的积极性首先表现在非农产业的快速发展上。1978—2002 年，乡镇企业个数、从业人员以及增加值分别由 125. 43 万个、282. 56

万人、208.32 亿元增至 2132.69 万个、13287.71 万人和 32385.80 亿元（见表 9-5）；乡镇企业安排的劳动力占农村内部劳动力的比重由 9% 增至 27%（见表 9-6）；乡镇企业创造的增加值占 GDP 的比重由 5.8% 增至 30.9%。乡镇企业的蓬勃发展得益于以下几方面因素：（1）国有工业选择了不符合我国资源比较优势的重工业优先发展战略；（2）国有企业激励不足，效率低下；（3）工商业长期被国有垄断，市场利润率高。

表 9-5　　　　　　　　乡镇企业单位个数、就业人员及增加值

年份	单位数（万个）	从业人员（万人）	增加值（亿元）
1978	125.43	282.56	208.32
1980	142.47	2999.68	285.31
1985	1222.50	6979.00	772.31
1989	1868.63	9366.78	2083.16
1990	1873.44	9264.75	2504.32
1991	1908.74	9613.63	2972.15
1992	2091.96	10624.71	4485.34
1993	2452.93	12345.31	8006.83
1994	2494.47	12017.47	10928.03
1995	2202.67	12862.06	14595.23
1996	2336.33	13508.29	17659.30
1997	2014.86	13050.42	20740.32
1998	2003.94	12536.55	22186.46
1999	2070.89	12704.09	24882.56
2000	2084.66	12819.57	27156.23
2001	2115.54	13085.58	29356.39
2002	2132.69	13287.71	32385.80

资料来源：2003 年《中国统计年鉴》。

乡镇企业的高速发展极大地丰富了我国日用工业品市场的供给；改善了我国的资源配置效率；优化了经济结构；促进了我国经济自改革开放以来的快速发展；推动了我国国有企业的改革。乡镇企业对农村社会经济发展尤其

意义重大，除直接增加农民收入外，乡镇企业安排了农村大量劳动力，这就大大缓解了我国长期以来存在的人地紧张关系，提高了农业内部的资源配置效率。同时，乡镇企业还培养了农村企业家，拓展了农村内部的社会分工和市场化发展。

表9-6　　　　　　　　　乡镇企业就业人员占农村劳动力的比重

年份	乡村劳动力 （万人）	乡镇企业从业人员 （万人）	乡企就业占的比重 （%）
1978	30638	2827	0.09
1980	31836	3000	0.09
1985	37065	6979	0.19
1989	40939	9367	0.23
1990	47708	9265	0.19
1991	48026	9609	0.20
1992	48291	10625	0.22
1993	48546	12345	0.25
1994	48802	12017	0.25
1995	49025	12862	0.26
1996	49028	13508	0.28
1997	49039	13050	0.27
1998	49021	12537	0.26
1999	48982	12704	0.26
2000	48934	12820	0.26
2001	49085	13086	0.27
2002	48960	13288	0.27

资料来源：2003年《中国统计年鉴》。

　　农民调整生产结构的积极性还表现在农业内部。1980—1990年，农业内部种植业产值占的比重由71.68%下降为58.49%，牧业、渔业、副业产值占的比重分别由18.42%、3.95%、1.71%上升至25.63%、6.21%和5.36%（见表9-7），农业生产不再以粮为纲。农业内部结构调整提高了农业资源的利用效率和农民收入，丰富了农产品市场供给，满足了社会对农产品品种多样化和质量提高的需求，增进了整个社会的福利水平。

表 9 – 7　　　　　　1980—1990 年我国农业内部生产结构的变化　　　（单位:%）

年份	种植业	林业	牧业	渔业	副业
1980	71.68	4.23	18.42	3.95	1.71
1981	70.50	4.53	18.44	4.52	2.00
1982	70.48	4.43	18.35	4.67	2.06
1983	70.60	4.63	17.61	4.87	2.30
1984	68.30	5.03	18.24	5.79	2.65
1985	62.99	5.21	22.02	6.30	3.48
1986	62.26	5.01	21.77	6.87	4.10
1987	60.70	4.75	22.79	6.95	4.81
1988	55.87	4.69	27.24	6.70	5.50
1989	56.23	4.36	27.51	6.57	5.34
1990	58.49	4.31	25.63	6.21	5.36

资料来源：1991 年《中国统计年鉴》。

（三）农业目前仍然受政府过多控制

　　家庭责任制尽管给了农民对土地的使用权和收益权，但从法律上删除了农民个人的所有权，并对农民交易土地的权利作了严格的限制，因此给基层政府和其他势力侵占农民财产权利留有借口。20 世纪 80 年代末，部分地区试图推行农业规模经济；90 年代初期，浙江、山东、河南、福建等省份实行两田制，这些都反映出地方政府有强烈的动机侵占农民承包地。为了稳定农业生产，减少社会冲突，中央政府在农村政策中不断重申农村家庭责任制长期不变，将土地承包权由原来的 15 年延长至 30 年，并在 2002 年 8 月颁发了农村土地承包法。然而，土地承包制在保护农民权利方面仍然存在着明显的漏洞。首先，土地承包制规定村集体经济组织或村民委员会须公平、公正地发包土地，不能单方面撕毁承包合同，不能干预承包者的经营活动等。但是，在监督成本高昂的情况下，村集体经济组织或村民委员会成员以权谋私、侵占村民利益的现象肯定无法避免；其次，土地承包制考虑了村集体经济组织或村民委员会可能损害农民利益的问题，但完全忽视了村以外政治组织和势力侵占农民权利的可能性。土地承包制规定土地由农民集体所有，而集体组织在照看财产上显然不如个人用心。再加上村集体经济组织或村民委员会管理体制上存在的弊端，因此，乡镇及其上级政府或其他势力侵占农民土地是完全可能的。

因为农民拥有的土地产权残缺，农民就无法完全实现土地的价值，从土地上应得的收入常常被剥夺。最明显的是，由于土地不能交易，农民完全失去了土地的市场增值收益。除了国家以低价向农民征地外，地方政府常与房地产开发公司或其他商业集团以城镇化、产业化、工业园、科技园等多种形式强行向农民征地，给予农民的补偿很少。土地承包制阻碍了农业结构的调整，因为集体所有制产权无法使农民对土地作出长期预期，投资基础设施建设改善农业生产条件；无法使农民进行规模种植，实现规模收益，促进农村内部分工，提高农业效率。

国家对农业和农民进行控制的另一手段是户籍制度。农民目前虽然可以在城市或乡镇非农部门就业，挣得更多的收入。但是，户籍制度仍将城乡隔离开来，对农民实行歧视性政策。农民不能在城市居住，不能与城市居民在相同的职业岗位上竞争，在城市做工的农民子女不能在城市的学校接受教育，等等。户籍制度也将不同的区域隔离开来。此地的农民可以在彼地就业，但不能在彼地自由定居，获得当地居民身份。

户籍制度严重损害和侵占了农民的利益，限制了农民收入提高。首先，农民在城市创造的增加值中有一部分以税收的方式上缴给了政府，政府以此作为财政收入用来修建道路、通信等基础设施，提供医疗、文化、教育等公共品和服务。由于农民不能在城市定居，他们也就享受不到这方面的服务。同时，也由于这部分税收留在城市而不是分配给农村，农村缺少资金来改善生产生活基础设施。其次，因为户籍制度，农民作为外来人员，与雇主的谈判地位完全不对等。结果，工厂业主恶意压低劳动力价格，以各种名义克扣农民工工资，迫使农民工超强度工作。再次，户籍制度使农民正常的社会权利在城市得不到保障。农民只能干脏、累、危险等城市居民不愿干的工作，进城就业需要交各种各样的费用，并经常被地方政府以种种借口强制清退。

户籍制度阻碍了农村居民向城市迁移，中西部地区农民向东部迁移，限制和剥夺了农民的发展机会，破坏了全国统一劳动力要素市场的形成。由于户籍制度使农民在就业、教育、社会保障等方面的权利得不到保证，农民在农业外生存风险极高，为规避风险不愿意放弃自己的承包地。这些都导致土地不能有效集中，农业不能扩大规模经营，农业结构调整受阻，农业资源利用效率得不到提高。

国家对农业和农民的控制还表现在对粮食、棉花等主要大宗农产品贸易的垄断上。市场化改革允许农民自由出售畜产品、水产品、水果、蔬菜等，但国家仍然对粮食、棉花等产品的交易进行控制，在这些大宗农产品收购上，国有粮食部门和供销社仍占垄断地位。同一切垄断企业一样，这些国有部门和机构常常通过压级压价损害农业生产者的利益。由于官僚主义，粮食市场交易效率低下，农民经常出现"卖粮难"问题。此外，国家对粮食和棉花的收购进行垄断后，农民失去了从事粮食和棉花贸易、加工的机会，减少了投资和就业。最严重的是，国家对粮食、棉花等大宗农产品的控制扭曲了市场信号，破坏了农民的生产预期，增大了农民投资和农业生产的风险。

（四）目前农业行政管理体制的特征

目前，在中央政府一级，涉及农业管理职能的部门主要有农业部、水利部、国家林业局、国家粮食局、国家发展与改革委员会、财政部、科学技术部、国土资源部、国家质量监督检验检疫局。其中农业部是主管农业和农村工作的部门，主要负责农业生产；水利部管理水资源，组织协调农田水利基本建设；林业部负责森林资源管理和森林生态环境建设；国家粮食局负责全国粮食宏观调控、总量平衡以及粮食流通的中长期规划、进出口计划和收储；国家发展与改革委员会负责提出农村经济发展战略，衔接平衡农业、林业、水利、气象、水产、畜牧等发展规划，安排农业基础设施重大项目；财政部负责财政支农政策；科技部负责实施农村与社会发展方面的国家重大科技攻关计划，指导农村重大科技产业示范；国土资源部负责耕地保护和开发；国家质量监督检验检疫局负责动植物检疫和食品进出口安全管理（冀名峰，2003）。

地方政府的农业管理职能部门与中央各部门相对应，其管理职能也基本上雷同，这种上下对口设置职能部门的目的在于完成落实上级部门的计划任务。但是，在地方政府一级，管理农业的部门并不只是相关的涉农职能部门，其管理和控制的范围也不局限于农业内部。由于地方政府不受农业部门监督，加之土地集体所有制、户籍制度及粮食收购制度等控制农民的超常手段仍然存在，地方政府经常超越其应尽的职能，直接干预农业生产和贸易。如强迫农民改变种植计划，对农产品市场进行垄断、管制等。地方政府还常常与农民争利，对农业中出现的新的赢利机会，政府或者自己经营，或者将机会特许给能保证政府自己利益的商人，形成政府与商人之间的裙带关系。

随着技术进步与市场扩展，农业内部分工越来越细化，从生产资料供应到生产、加工、贸易、消费，农业产业链被拉长，农业生产与贸易、金融、财政、资源管理、基础设施建设、科研和技术推广、动植物检疫、食品安全等紧密相连。但是，目前的农业管理体制沿袭了计划体制时期按行业划分机构和职能的做法，将涉农职能分散到多个部门（张红宇，2003；冀名峰，2003）。结果造成了管理分散，协调成本高昂，机构职能重复交叉，遇利竞相争夺，遇事相互推诿，农业资源及政府支农资金利用效率低下。这些管理体制上的弊端进而又导致了部门和行业分割、生产与贸易脱节、农业生产得不到有效的政策支持、农产品国际竞争力低等系列问题。而地方政府对农业和农民的直接控制更是损害了农民利益，破坏了农产品统一市场的形成。

三　行政管理体制与农业结构调整

（一）农业结构变化的一般趋势

长期地看，农业结构变动的一般趋势是：（1）农业部门就业人数和创造的产值在整个国民经济中的地位逐渐下降；（2）在农业内部，传统的种植业所占的比重不断下降，畜牧业、水产业、果业、园艺作物及其他经济作物所占的比重不断上升；（3）农业优质产品所占的比重上升，一般和劣质产品所占的比重下降；（4）农业内部分工细化，产业链条拉长，储藏、包装、加工等附加值高的行业逐步兴起并占越来越重要的地位；（5）农业除继续保持提供食物和轻工业原料的传统功能外，生态、观光旅游等功能日渐显著，与之相关的行业不断涌现。

农业结构这种变动趋势与社会经济发展的整体趋势是相对应的。经济发展和社会分工扩展后，工业和服务业生产率更高，收益更大，于是需要更多的劳动力从农业部门转移到工业和服务部门。农业结构变动也与技术进步有关，因为只有当生产技术提高后，农民的劳动生产率才能提高，农产品产量才能大幅度增加，农业才有可能生产出足够的产品满足其他部门的需求。农业结构的变动还与社会居民的偏好有关。随着居民收入提高，消费农产品的种类越来越多，要求的质量越来越严格。特别是随着时间价格上升，居民将选择更多的已经作了分类和加工的产品。此外，收入增加后居民的需求层次不断上升，需要更优美的环境和更清新的空气。

农业结构也可能受短期因素的影响而作出调整。假如因气候变化减少了小麦产量，这时市场上的小麦价格将趋于上升，在价格刺激下农民必将在下一年度种植更多的小麦。加入 WTO 后，我国农民面对国际市场进行生产，面临的不确定性更多，其他国家的政治、经济、技术、气候等变化都可能引起国际市场农产品价格发生变化，进而导致国内农产品价格出现波动。因为短期内资源禀赋和技术不会变化，这种农业结构调整主要表现为资源在农业内部使用上的一种替代关系。

（二）在农业结构调整中，市场优于行政手段

农业结构调整是农业资源打破原来均衡而进行重新配置的过程。在资源配置中，市场之所以优于行政手段是因为，市场中的价格信号最准确地反映了产品的供给和需求情况。通过众多生产者、市场中介和消费者在市场中不断交易和讨价还价，市场汇集了关于农产品供给和需求的各种信息，如资源状况、技术水平、社会偏好、气候变化、政治环境等，这些信息最后汇总为价格这一简单信号，能迅速、准确地被社会了解和传递。相反，如果依靠行政手段进行调整，由于政府无法掌握数量如此庞大且瞬息万变的信息，加上可能发生的激励不足和信息扭曲问题，资源配置低效率的现象就无法避免。

在农业结构因短期因素而发生变化的情况下，依靠行政手段进行调整显然是不可行的。因为任何人都无法预测这些短期因素是否发生、何时发生，所以这时通过行政手段进行结构调整也就无从谈起。那么，在已经表现出明显趋势的长期结构变化上依靠行政手段进行调整是否可行？我们认为这种方式同样注定要失败。农业结构的长期变动趋势尽管在事后是清楚的，但在事前，没有人能准确预知经济发展水平、收入增加速度、技术创新和居民偏好的变化，因而也就不能预知农业结构变化的速率。

（三）目前的行政管理体制缺乏对农业结构调整的有效支持

农民获得有效的市场需求信息后，根据自己的禀赋，以收益最大化为原则作出生产决策。这就是说，农业结构调整本质上是市场诱导下的农民自利行为。政府的作用是，适应农业结构变动的趋势，从财政、金融、风险规避上给予必要的支持，减少农民在结构调整中的生产成本和交易成本，确保农产品有效的市场供给、农业生产的竞争力和农民收入稳步增加。但是，目前的行政管理体制没有给予有效的支持，使农民在产业结构调整中信息失灵、反应迟钝、难以获得必要的生产要素，同时面临巨大的经营风险。

首先是财政上没有给予农业结构调整必要的支持。在我国的行政管理体制下，财政资源的分配主要取决于各部门和地方的谈判力，因为农民呼声弱小，农业获得的财政资金极其有限。2001年，国家对农业的投资为1456.73亿元，占国家财政投资的7.71％，这一比例与农业在国民经济中的地位是不相匹配的。而且，国家对农业的投资主要是大江、大河等大型水利工程的建设及农林、水利、气象等部门的事业费，对农村道路、土壤改造、灌溉排水、通信、仓储等基础设施方面的投资严重不足。国家对农村公共生产设施投资不足导致的后果是：（1）农民抵御自然灾害的能力弱，为规避风险农民不愿意扩大生产规模，调整产业结构；（2）农产品运输困难，农民得不到有效的信息，农民进入市场的交易成本高，农民从生产结构调整中得到的收益较低；（3）由于基础太差，农业吸引不了资本投入，因此削弱了农民调整生产结构的能力。

其次是金融上没有给予农业结构调整必要的支持。1994 年，商业化改革虽然将银行的政策性业务和经营性业务分离，银行部分摆脱了地方政府的干预，并被要求自主经营、自负盈亏，但银行仍以国有制为主。这种国有制银行一方面由于其规模大以及官办习气，他们不愿意为农民个人提供贷款；另一方面由于受政府严格管制，贷款流向部分地被行政控制。政府无疑要将资金投入工商业，因为这些项目见效快，更能反映 GDP 的增长和领导的政绩。由于难以获得贷款，农民不能根据市场信号作生产调整，没有能力扩大生产规模，引进新的技术和新的品种。

最后是社会保障上没有给予农业结构调整必要的支持。种植传统的作物品种、采用传统的生产技术和经营方式可能效率不高，但农民凭经验能预知生产成本和收益。新技术、新品种、新的经营方式不仅使农民生产能力上面临挑战，而且使农民的生产更加融入市场和社会分工体系，农民面临的不确定性大为增加，农业生产和农民收益更难以预测和控制，农民收入更容易发生波动。风险对农民收入的影响是负面的。首先，大部分农民具有风险规避倾向，即一元期望收入带来的效用不如一元确定性收入带来的效用高。其次，我国大部分农民生活属于生存经济，收入仅供维持最低的生存标准，其抗击风险的能力弱小。外部导致的收入逆向波动将使这些农民进入贫困者的行列，甚至使劳动力的简单再生产都无法继续。我国实行城乡分割的行政管理体制，农村目前还没有建立最低的生活保障制度，对农民失业也没有任何救助和补偿，市场波动给农民收入带来的风险将主要由农民自己承担。农民可能通过储蓄平滑收入、调整支出结构、村民之间相互借贷等方式规避风险。即便如此，收入波动仍可能恶化部分调节能力弱的农民的福利水平，进一步加速农村内部贫富分化，引起整个农村经济萎缩。所以，农村地区缺乏最低生活保障制度使农民和农业不适应市场化发展趋势，降低了农民的市场经营能力和调整产业结构的意愿。

（四）目前的行政管理体制实际上阻碍了农业结构的调整

2002 年，我国农户数为 24569.4 万个，农村劳动力为 48526.9 万人，户均占有耕地 7.9 亩，劳均占有耕地 4 亩，生产规模十分狭小，属典型的小农经营。虽然小规模农户同样追求利益最大化，小农生产还能保证社会稳定，但是这种生产方式在宏观上造成经济效率损失是必然的。受收入水平和经济能力约束，小农更加厌恶风险，喜欢多样化经营而不是专业化生产，以此保证自己家庭的生活稳定。而且，小规模农业生产的目标是自给自足，超出家庭需求的剩余产品虽然可以进入市场，但由于数量小，单位产品交易的成本高，结果限制了农产品市场容量的增加和市场关系的扩展。随着农业生产进一步市场化和农村劳动力转移，我国农业结构将更加以市场为导向进行调整，生产规模将出现适度集中。但是，由于现行的土地承包制完全删除了农民买卖土地的权利、农民对土地使用权的让渡受到严格限制以及乡村组织对土地所有权的最终控制所造成的土地使用权不稳定，土地流转的交易成本极高，农民无法按照有利的生产方式调整土地，实现市场化生产和规模经济。

国家对农业、农村严格控制而使农业结构调整受阻还表现在粮食购销垄断和户籍制度上。前者破坏了市场信号和农民生产的预期，增大了农民调整生产结构的风险；后者则提高了农村劳动力流出的成本，强化了自给自足的小规模农业生产方式。政府对农业过于严格控制产生的另一个后果是，农民和农民企业家成了政府的依附，始终处于分散状态，形成不了自己的经济合作组织。结果，农民不能充分利用市场中的信息，在生产资料购买和产品销售上不能形成规模、提高自己的谈判地位。而且，农民的无组织状态使农民的利益无法表达，上层政府听不到农民的呼声，国家政策常常偏离农民的需要，有利的政策也得不到认真执行。这就导致农民在市场生产中处于弱势地位，不能充分利用外部资源，按照最有效的生产方式调整农业结构。

目前，在农业结构调整上政府仍沿袭计划经济时期使用的行政命令这一套手法。当市场中部分农产品过剩时，政府便以政策号召或行政命令的方式缩减这些农产品的种植面积。这种以政府决策代替农民决策、依靠行政手段调整农业结构的管理方式实际上是建立在市场不反映供求信息、农民对价格不敏感这两个错误的假设上。经过 20 多年市场化改革，我国农产品市场体系已基本形成，所以，这种管理方式不起作用是可以预见的。严重的问题是，一些基层政府以农业结构调整为由，剥夺农民土地，撕毁承包合同，强征农业特产税，推销伪劣种子，为小集团谋利。以行政命令的手段调整农业结构不仅没有增加农民收入，提高农业资源利用效率，反而成了攫取农民的借口。

四　改革农业行政管理体制，促进农业结构调整

（一）进一步改革土地制度和户籍制度，减少国家对农业和农民的控制

目前实行的土地承包责任制使得土地使用权不稳定，土地交易受到严格限制。结果，农民不能按效率原则经营土地，扩大规模和调整结构，不能利用土地市场来平滑收入和消费，抗击风险。地方政府常利用土地集体所有制干预农业生产，损害农民权益。我们认为，应将农村土地制度进一步改革。按照现在的承包格局，将承包地私有化。国家发给农民所有权证书，法律上承认农民个人所有并保护其权利不受侵犯，允许农民对其所有的土地进行买卖、租赁、继承和抵押。对于已承包的荒山、荒坡、荒滩和林地，承包期内仍按承包合同保护承包人的权益，承包到期后进行拍卖，让农民个人所有。

户籍制度早已失去了提取农业剩余的功能，成了农村劳动力转移、城市化和社会发展的严重障碍。这项制度破坏了农村劳动力就业的长期预期，不利于劳动力学习技能，积累经验。随着工业化和城市化的推进，国际资本和技术的流入，我国需要更多的熟练产业工人，在这方面，户籍制度显然起着阻碍作用。目前，反对取消户籍制度的主要是少数大城市居民和沿海发达地区，他们害怕劳动力市场上的竞争，害怕既得利益受损。户籍制度很难靠"渐进式"改革被取消，需要由中央政府颁布法律，明确地保障任何居民有权在全国任何城市和地区就业、定居。

进一步改革土地制度和户籍制度，目的是使农民完全拥有土地和自己劳动力的支配权，真正成为市场生产的主体，根据市场信号自主配置农业资源；同时减少国家对农业和农民的控制，减少地方政府对农业生产的干预和对农民权益的侵占剥夺。

（二）打破国家对粮食、棉花收购及农产品贸易的垄断，减少国家对农产品市场的干预

在粮食、棉花等大宗农产品收购上，国有粮食部门和供销社仍占垄断地位。同一切垄断企业一样，这些部门和机构都存在着欺行霸市的恶习，通过压级压价损害农业生产者的利益。由于官僚主义，粮食市场交易效率低下，农民经常出现"卖粮难"问题。此外，国家对粮食和棉花的收购进行垄断后，农民失去了从事粮食和棉花贸易、加工的机会，减少了投资和就业。因此，不能为了照顾国有粮食部门和供销社等既得利益者而损害农民。应改革

国有粮食部门和供销社。对资不抵债的企业实行破产，对尚有一定资产的企业实行拍卖。允许城市、农村个人和企业从事粮食、棉花等所有农产品的贸易和加工，鼓励农民组建农产品加工和销售合作社。改革粮食和棉花流通体制可以减少国家财政支出，提高主要农产品市场的交易效率，减少交易成本，使农产品市场更加透明，降低农业生产和农业结构调整的风险。

长期以来，我国农产品进出口数量由行政部门审批，具体业务则由国有公司垄断操作。由于手续烦琐、行政效率低下以及国有企业固有的激励不足，这种体制既不能保护农民的利益，也不能有效调剂国内农产品市场。相反，这种依靠行政垄断的外贸体制导致了大量农产品走私现象和寻租行为的发生。加入 WTO 后，根据承诺，我国将在三年之内将外贸审批许可证制度改变为登记许可证制度。任何企业，只要具备基本的经营条件，均可以通过登记获得外贸许可证。允许各类企业参与农产品进出口的做法将促使企业之间展开竞争，降低农产品进出口的经营成本，使国内市场与国际市场更能有效地衔接，我国农业生产更加符合资源比较优势原则，从而提高农业资源的利用效率，保护农民和广大消费者的利益。

（三）改革农业管理体制，增强政府在公共服务方面的职能

改革土地制度、户籍制度、粮食流通体制和农产品对外贸易体制后，政府将不再干预农业生产和农产品贸易，不再与农民争利，农产品市场更加透明，农民真正成为市场生产的主体，按效率原则自主配置资源。政府的作用便是围绕农业生产和农产品贸易提供公共服务，包括：（1）兴建道路、水利、通信工程，从而进一步改善农村基础设施和农业生产条件，提高农业的抗灾能力和产出水平；（2）加强农业科研和技术推广，进一步提高农业产量，改善农产品品质；（3）对农产品质量和安全进行严格监督、检查；（4）增加粮库、大型农产品批发市场、期货市场等方面的基础设施建设，提高农产品区域间的调运能力，改善农产品流通条件，完善农产品市场体系；（5）支持退耕还林、退耕还草和退耕还湖工程，保护生态环境；（6）扩大对农民养殖、种植技术和其他技能培训，提高农民素质和劳动生产力，增加农民就业机会。

为了增强政府在公共服务方面的职能，加强对农业的宏观调控，必须改革目前的农业管理体制，将农业生产、农产品加工和贸易的管理职能相对集中，改变当前部门割据、职责不清、相互争利的局面。增大中央政府在农业管理和宏观调控方面的权威，杜绝地方政府干预农业生产、干预农产品贸易、干预农产品的质量和安全检查和执法、搞地方保护主义等行为。

第十章

农产品贸易制度与农业结构调整

农产品贸易制度是影响农业结构调整的众多因素之一。在经济全球化的今天，没有哪个国家能游离于世界农产品市场体系之外，也没有人否认农产品贸易制度对本国农产品贸易流量及农业产业的影响。改革开放以来，中国农产品贸易制度向开放、自由、市场化的方向不断发展，农业产业结构也处在不断的调整中。本章将讨论中国农产品贸易制度的现状、对农业结构调整的阻碍，并提出促进农业结构调整的贸易制度改革方案。

一 中国农产品贸易制度的现状

中国对农产品贸易实行统一的、有管制的自由贸易制度。国务院对外经济贸易主管部门（主要是国家发改委和商务部）依法对全国的农产品贸易进行统一管理。从总体上看，中国鼓励发展公平、自由的农产品贸易，但出于国际竞争环境、保护国内产业等因素的考虑，在 WTO 规则框架下通过关税、许可证、关税配额等手段对一些关系国计民生的农产品贸易进行管制。

在管理上，国家发展和改革委员会（以下简称"发改委"）和商务部有较明确的分工。发改委的经济贸易司负责监测分析国内外市场状况，负责重要商品总量平衡和宏观调控；编制重要农产品进出口总量计划，监督计划执行情况并根据经济运行情况对进出口总量计划进行调整；管理国家粮食、棉花等储备，指导监督国家订货、储备、轮换和投放；协调流通体制改革中的重大问题。

商务部的对外贸易司负责拟订进出口商品管理办法和进出口商品目录。拟订进出口配额、关税配额管理制度，编报下达进出口商品配额、关税配额年度计划并组织实施；负责供港澳鲜活冷冻商品的管理；制定进出口许可证件管理制度并监督实施；拟订进出口配额招标政策、边境贸易政策并组织实施；制定国有贸易、指定公司经营商品目录并组织实施。

各省、自治区、直辖市的外经贸管理部门根据上级单位的授权，负责管理本辖区的农产品贸易。

在对外贸易经营者的管理上我国实行登记备案制。从 2004 年 7 月 1 日起，从事货物进出口的对外贸易经营者，要向商务部或商务部委托的机构办理备案登记。未办理备案登记的，海关不予办理进出口的报关验放手续。而在此之前，我国实行审批制。

贸易制度总是通过一系列的贸易政策或措施来体现，加入 WTO 后，中国的农产品贸易政策日益公开化和制度化。目前，主要通过关税配额、国有贸易管制、许可证、增值税、出口补贴和增值税返还等政策管理和干预贸易活动。

1. 进口关税配额。

中国从 1996 年起对小麦、玉米、大米和油料的进口实行关税配额管理，但从未公布关税配额的管理办法和具体的配额数量。2001 年底，中国成为世界贸易组织成员，改革农产品进口关税配额管理体制的工作随即展开。2002 年 1 月 30 日，由原国家发展计划委员会发布了《农产品进口关税配额管理暂行办法》。2003 年，商务部和国家发改委对"办法"进行了修改，并于 9 月 27 日颁布实施。

目前，我国实行进口关税配额管理的农产品有小麦（包括其粉、粒，以下简称小麦）、玉米（包括其粉、粒，以下简称玉米）、大米（包括其粉、粒，以下简称大米）、豆油、菜子油、棕榈油、食糖、棉花、羊毛以及毛条。

小麦、玉米、大米、豆油、菜子油、棕榈油、食糖和棉花进口关税配额分为国有贸易配额和非国有贸易配额。国有贸易配额须通过国有贸易企业进口；非国有贸易配额通过有贸易权的企业进口，有贸易权的最终用户也可以自行进口。羊毛、毛条实施进口指定公司经营。

豆油、菜子油、棕榈油、食糖、羊毛和毛条的进口关税配额由商务部分配。小麦、玉米、大米、棉花进口关税配额由国家发改委会同商务部分配。商务部、发展改革委分别委托各自的授权机构负责向经过批准的申请者发放《农产品进口关税配额证》。

商务部和发改委在公历年度内，根据《中国加入世界贸易组织货物贸易减让表》所承诺的配额量，在每年的 1 月 1 日前将配额分配给最终用户。并在每年 9 月 15 日至 10 月 14 日公布下一年度的关税配额总量。配额申请人应当在每年 10 月 15 日至 10 月 30 日向进口配额管理部门提出关税配额的申请。如配额持有者在 9 月 15 日之前未就全部数量签订合同，则其应将关税配额量的未用完部分交还给原发证机构用于再分配。商务部和发改委从 9 月 1 日至 15 日接收关税配额再分配的申请，新的分配量在 10 月 1 日前公布。

农产品进口关税配额根据申请者的申请数量和以往进口实绩、生产能力、其他相关商业标准或根据先来先领的方式进行分配。

属于关税配额内进口的农产品，按照配额内税率缴纳关税；属于关税配额外进口的农产品，按照配额外税率缴纳关税。主要农产品关税配额及配额内、配额外税率见表 10 - 1。

表 10 - 1　　　　　　　　农产品关税配额表　　　　（单位：万吨，%）

项目		小麦	玉米	大米	豆油	棕榈油	菜子油	食糖	羊毛	棉花
配额量	2002	846.8	585	399	251.8	240	87.89	176.4	26.45	81.85
	2003	905.2	652.5	465.5	281.8	260	101.86	185.2	27.57	85.6
	2004	963.6	720	532	311.8	270	112.66	194.5	28.7	89.4
	2005	—	—	—	358.7	316.8	124.3	—	—	—
配额内关税	2002	1	1	1	9	9	9	20	1	1
	2003	1	1	1	9	9	9	20	1	1
	2004	1	1	1	9	9	9	15	1	1
	2005	—	—	—	9	9	9	—	—	—
配额外关税	2002	71	60	60	48	48	48	50	42	54
	2003	68	50	50	35	35	35	50	40	47
	2004	65	40	40	22	22	22	50	38	40
	2005	—	—	—	9	9	9	—	—	—

资料来源：中国加入 WTO 法律文件。

2004 年的粮食、棉花进口关税配额量分别为：小麦 963.6 万吨，其中国有贸易为 90%；玉米 720 万吨，其中国有贸易为 60%；大米 532 万吨（其中：长粒米，即籼米 266 万吨；中短粒米，即其他米 266 万吨），其中国有贸易为 50%；棉花 89.4 万吨，其中国有贸易为 33%。

2004 年棕榈油、豆油、菜子油、食糖进口关税配额量为：棕榈油 270 万吨，其中 18% 为国有贸易；豆油 311.8 万吨，其中 18% 为国有贸易；菜子油 112.66 万吨，其中 18% 为国有贸易；食糖 194.5 万吨，其中 70% 为国有贸易。

2004 年羊毛和毛条的进口关税配额量分别为 28.7 万吨、8 万吨。申请者凭羊毛、毛条进口合同及有关材料申请羊毛、毛条进口关税配额。商务部通过授权机构，按照先来先领的原则，为符合条件的申请者发放《农产品进口关税配额证》。当发放的数量累计达到 2004 年羊毛、毛条关税配额量，停止接受申请者的申请。

从 2003 年我国实施关税配额管理的农产品进口实际情况看，豆油、棕榈油、食糖和棉花的配额使用率较高，进口量分别占配额量的 66.86%、127.88%、41.85% 和 111.45%，谷物类产品的配额使用率分别为小麦 4.68%、玉米 14.13%、大米 5.52%。值得注意的是棕榈油和棉花的进口量均已超出配额量，与 2001 年的进口量相比，玉米、豆油、棕榈油及棉花的进口量均有较大的增长，分别增加了 88.3 万吨、181.4 万吨、180.8 万吨和 84.1 万吨。小麦和大米的进口量分别比 2001 年减少了 31.5 万吨和 3.6 万吨。

2. 国有贸易。

我国对部分重要农产品的进出口实行国有贸易管理。实行国有贸易管理的农产品目录和经授权的企业目录，由商务部会同国务院其他有关部门确定、调整并公布。

目前，实行国有贸易管理的进口农产品有粮食（小麦、玉米、大米）、植物油、食糖、烟草和棉花。进口国有贸易企业及所经营的农产品如下：

中国粮油食品进出口总公司控制粮食的进口贸易；中国粮油食品进出口有限公司、中国土产畜产进出口总公司、中国华润总公司、中国南光进出口总公司、中国良丰谷物进出口公司和中谷粮油集团公司六家公司控制植物油的进口；中国粮油食品进出口有限公司、中国出口商品基地建设总公司、中国糖业酒类集团公司、中国商业对外贸易总公司和中国海外贸易总公司五家公司控制食糖的进口；中国烟草进出口总公司负责烟草类商品的进口；中国纺织品进出口总公司、北京九达纺织品集团公司、天津纺织工业供销公司、上海纺织原料公司享有棉花的进口特权。

实行国有贸易管理的出口农产品主要有绿茶和花茶、大米、玉米、大豆和棉花。中国土产畜产进出口总公司负责茶叶的出口；中国粮油食品进出口有限公司和吉林粮食集团进出口公司负责大米、玉米和大豆的出口；中国纺织品进出口总公司及一些省市所属棉纺厂和集团公司对棉花及棉纱线享有出口权。

　　总体上看，中国的国有公司对谷物的进出口控制较为严格，并在较低的程度上控制油料及其他农产品的贸易。政府欲通过对国有贸易的控制实现其对农产品进出口时间及总量的控制。

　　加入 WTO 后，在实施关税配额管理的农产品中，国有贸易所占比例越来越小。政府通过国有贸易控制农产品进出口的能力在逐步削弱。见表10－2。

表10－2　　　　　　　　　农产品国有贸易所占份额　　　　　　　　(单位:%)

项目	小麦	玉米	稻米	豆油	棕榈油	菜子油	食糖	羊毛	棉花
2002	90	68	50	34	34	34	70	0	33
2003	90	64	50	26	26	26	70	0	33
2004	90	60	50	18	18	18	70	0	33
2005				10	10	10			

　　资料来源：中国加入 WTO 法律文件。

　　3. 卫生检疫措施（SPS）和技术性贸易壁垒（TBT）。

　　SPS 和 TBT 是许多发达国家惯用的非关税壁垒。在中国，农产品标准体系不健全，现有的农产品生产技术标准和卫生检疫标准落后于发达国家，很少通过 TBT 来限定国外产品的进入。但加入 WTO 前中国也曾通过 SPS 措施控制农产品的进口，如因 TCK 而禁止美国西北部太平洋地区的小麦进口等。加入 WTO 后，我国十分重视非关税壁垒措施的运用，并在 WTO 框架下充分行使自己的权利。如2001年5月23日国务院出台了《农业转基因生物安全管理条例》，农业部于2002年1月5日颁布了《农业转基因生物安全评价管理办法》、《农业转基因生物进口安全管理办法》和《农业转基因生物标识管理办法》。2004年，国家质量监督检验检疫总局颁布《进出境转基因产品检验检疫管理办法》，以上条例及办法的实施为中国合理运用 WTO 规则允许的非关税措施限制转基因农产品的进口奠定了制度基础。

　　2004年4月，国家质检局从巴西进口的大豆中发现了混有种衣剂的大豆，予以拒收。随后暂停了23家出口商对华出口巴西大豆，这是中国开始重视并合理使用 SPS 的一个范例。但是，在世界主要的大豆出口国美国和巴西看来，中国颁布的卫生及检疫规定限制了大豆的进口，违背了 WTO 承诺。因为这种规定是随意制定的缺乏透明度的植物检疫规定，事先未进行通告，国外机构也没有机会进行评价。

卫生检疫措施（SPS）和技术性贸易壁垒（TBT）的运用建立在农产品质量标准体系的基础上。日前，中国正在加快建立农产品标准体系，根据农业部和国家标准委《关于加快推进农业标准化工作的意见》，中国力争在"十五"末期完成制、修订农业国家标准、行业标准 2880 项，地方标准9000 项，特别要加速无公害农产品以及农药（兽药）残留等有毒、有害物质限量、动植物病虫害防疫与检疫、转基因产品安全评价等涉及农产品质量安全标准的制、修订进程；积极采用国际标准和国外先进标准，采标率达到50%。农产品标准体系的建设和完善，将为中国合理运用 WTO 规则保护国内产业提供技术支持和保障。

4. 出口农产品的许可证管理。

我国对重要农产品的出口实行许可证管理制度。国家规定有数量限制的限制出口货物，实行配额许可证管理；其他限制出口货物，实行一般许可证管理。

商务部负责全国的农产品许可证管理工作。各省、自治区、直辖市及计划单列市的外经贸主管部门经商务部的授权，负责本地区的出口商品许可证管理工作。

实行配额管理的出口商品目录由商务部制定、调整并公布。商务部在每年的 10 月 31 日前公布下一年度出口配额总量；每年的 11 月 1 日至 11 月 15日受理各地方外经贸主管部门和中央管理企业提出的下一年度出口商品配额的申请；每年的 12 月 15 日前将下一年度的出口配额分配给各地方外经贸主管部门和中央管理企业，各地方外经贸主管部门再将商务部下达的配额分配给本地区的申请企业。

依法享有进出口经营许可或资格，并且近三年内在经济活动中无违法、违规行为的出口企业均可申请出口商品配额。地方管理的企业向地方外经贸主管部门提出配额申请，地方外经贸主管部门对本地区企业的申请审核、汇总后，按商务部的要求，上报商务部；中央管理企业直接向商务部申请出口商品配额。

当国际市场存在不稳定因素时，商务部可将下一年度的出口配额分两次分配。第一次分配应当于每年 12 月 15 日前将下一年度不少于总量 70% 的配额下达分配；剩余部分将不晚于当年 6 月 30 日下达。当国内市场发生重大变化、各地区或中央管理企业配额使用进度明显不均衡时，商务部可以对已分配给各地方外经贸主管部门或中央管理企业的配额进行增加或减少的调整。

商务部及委托机构按照商务部发布的年度《出口许可证管理商品目录》和《出口许可证分级发证目录》签发相关出口商品的出口许可证。全国各类进出口企业出口《出口许可证管理商品目录》中的商品，必须到《出口许可证分级发证目录》指定的发证机构申领出口许可证。

出口企业申领实行出口配额管理商品出口许可证时，应向发证机构提交有关出口商品配额的批准文件（复印件）一份。如果出口配额有偿招标商品，还应当提交中标企业名单和《招标商品配额转受让证明书》或《申领配额招标商品出口许可证证明书》。

2004年，中国实行出口配额许可证管理的农产品有玉米、大米、小麦、棉花、茶叶、锯材、活牛（对港澳）、活猪（对港澳）、活鸡（对港澳）和蚕丝类商品；实行出口许可证管理的商品有活牛（对港澳以外市场）、活猪（对港澳以外市场）、活鸡（对港澳以外市场）、牛肉、猪肉和鸡肉；实行出口配额招标的商品有蔺草及蔺草制品。

5. 出口补贴和增值税返还。

出口补贴和增值税返还是中国采取的鼓励出口的重要政策措施。1991年1月起中国取消了直接的出口补贴。2001年，中国在加入WTO议定书中也承诺不对农产品维持或采取任何出口补贴。但由于个别粮食品种供过于求造成的压力，这一承诺在执行中存在一些问题。1996—1999年，中国粮食作物连续四年丰收，总产量平均超过5亿吨，粮食供求形势由供不应求转化为结构性的过剩，粮食价格持续下降。为保护粮农利益，国家从1998年6月起开始执行"敞开收购"的粮食政策，由于国内外粮食供求形势的变化以及"收购条例"设计本身存在的一些问题，这一政策的实施造成国有粮食购销企业库存增大，特别是东北的玉米，给中央和地方财政以及粮食购销企业带来了巨大的资金和存储压力。为减少粮食陈化及超储补贴带来的损失，1999—2003年间中国玉米的出口还享受一定的补贴。随着国内粮食存储压力的减小及美国等农产品出口大国的不断施压，中国终将兑现取消出口补贴的承诺。

中国另一鼓励出口的贸易政策是出口退税政策。1985年起，我国采用世界各国通行的做法，对出口商品实行退税政策，旨在提高中国产品的出口竞争力，扩大国际市场份额。此后，政府根据国内产业发展需要及国内外供求形势的变化，对出口退税率进行了几次调整，如1996年下调退税率，农产品出口退税率仍为3%；以农产品为原料加工的工业品和按13%的税率征收增值税的其他货物，出口退税率由 10% 调减为 6%；按 17% 的税率征收增值税的其他货物，出口退税率由 14% 调减为 9%。1999 年我国农产品的出口退税率由 3% 提高到 5%；以农产品为原料加工生产的工业品及其他货物的出口退税率提高到 9%。

2004 年，我国开始了出口退税政策的新一轮调整，根据《财政部、国家税务总局关于调整出口货物退税率的通知》（简称《通知》）（财税 [2003] 222 号）文件，从 2004 年 1 月 1 日起，中国进一步降低出口退税率，但对农产品的出口退税率则予以维持或调高。对现行出口退税率为 5% 和 13% 的农产品以及现行出口退税率为 13% 的以农产品为原料加工生产的工业品维持现行出口退税率不变，而小麦粉、玉米粉、分割鸭、分割兔等按《通知》附件二所列明的货物的出口退税率，则由 5% 调高到 13%。在总体退税率调低的情况下，维持和提高对农产品的出口退税率，充分体现了政府对农产品出口的鼓励和扶持意向。

二　贸易制度对农业结构调整的影响

贸易制度是我国基本经济制度的重要组成部分，随着经济制度的变革而发生着相应的变化。新中国成立以来，我国的对外贸易制度经历了从管制到开放、从集权到分权、从计划到市场的发展历程。不同时期的贸易制度对农业结构调整产生着不同的影响。

1. 作用机制。

贸易制度总是通过一定的贸易措施或政策来体现，主要有关税、配额、进出口检疫等。贸易制度对结构调整的影响最终是通过供求——价格机制发生作用。关税、配额、进出口检疫进口量等贸易政策的变化，会影响农产品的进出口量，导致国内供求关系发生变化，进而对国内相关商品价格产生影响。而在市场机制作用下，价格波动正是农户调整农业结构的信号。价格的波动刺激或抑制生产者的生产，从而带来农业结构的调整。

2. 改革之前的贸易制度与结构调整。

改革之前的中国按自力更生、自给自足的经济战略来发展经济，进行农产品贸易是为了出口创汇、弥补国内生产的不足。当时的农产品贸易制度具有鲜明的计划经济特征，每年的贸易规模和贸易品种均按外贸管理部门制定的计划执行。

外贸管理部门所属的国有进出口贸易总公司是计划的执行者，实行垄断经营。出口的农产品按国家计划价格收购,进口按国内调拨价供应用户。国家对经营结果统负盈亏。农产品国际市场价格对国内同类商品价格、对农业生产者不产生任何影响。

农业生产领域也同样受计划控制。结构调整是政府的计划行为而非农户的市场行为。尽管中国政府曾强调"以粮为纲、全面发展",但由于存在较大的粮食供给缺口,事实上"以粮为纲"是 20 世纪 70 年代农业生产的主旋律,因此,在农业生产领域形成了较为单一的农业生产结构,即农业以种植业为主,种植业以粮食为主。1978 年,种植业产值占农业总产值的比重达 80%,粮食作物的播种面积占农作物总播种面积的 80.34%。

计划体制造成农业生产的低效率,农产品产不足需。重要农产品均需凭票证供应。

3. 改革开放之后的贸易制度与结构调整。

改革开放后,中国选择了外向型经济发展战略,与此相适应,外贸管理体制和经营体制也进行着不断的变革,先后进行了下放经营权、农贸结合、承包制、汇率并轨、按现代企业制度改组外贸企业、打破垄断经营等一系列探索。2001 年 11 月中国加入 WTO 前后,政府加快了贸易制度建设速度,出台了大量的对外贸易法律、法规和部门规章,使政府对农产品贸易的管理更加透明、公正。

改革开放以来贸易制度的变迁促进了农产品贸易流量的增长,中国在全球农产品贸易中的地位不断提高。1985—2002 年,我国农产品贸易额从118.13 亿美元增长到 306.31 亿美元,增长了 2.59 倍,年均增长 5.76%。中国在世界农产品贸易中所占比重由 1980 年的 1.5% 增长到 2003 年的3.3%,增加了 1.8 个百分点。2003 年中国已成为世界第四大农产品进口国和第五大农产品出口国,中国农产品进出口动向影响着世界市场同类农产品的价格水平,对世界农产品市场的影响力增大。

农产品贸易流量的增长体现了中国参与国际分工的事实。在农业生产领域的变化主要反映在农林牧渔业及种植业内部的结构变化上。见表 10 – 3。

表 10 – 3　　　　　　　农林牧渔业占农业总产值的比重　　　　　（单位:%）

年份	农业	林业	牧业	渔业
1978	79.99	3.44	14.98	1.58
1980	75.63	4.23	18.42	1.71
1985	69.25	5.21	22.06	3.48

续表

年份	农业	林业	牧业	渔业
1989	62.75	4.36	27.55	5.34
1990	64.66	4.31	25.67	5.36
1991	63.09	4.51	26.47	5.93
1992	61.51	4.65	27.08	6.75
1993	60.07	4.49	27.41	8.02
1994	58.22	3.88	29.66	8.24
1995	58.43	3.49	29.72	8.36
1996	60.57	3.48	26.91	9.04
1997	58.23	3.44	28.73	9.6
1998	58.03	3.47	28.63	9.87
1999	57.53	3.61	28.54	10.31
2000	55.68	3.76	29.67	10.89
2001	55.24	3.59	30.42	10.75
2002	54.51	3.77	30.87	10.85

资料来源：2003 年《中国统计年鉴》。

1978—2002 年，农业（种植业）占农业总产值比重下降了 25.48 个百分点，林业上升了 0.33 个百分点，牧业上升幅度最大，达 15.88 个百分点，渔业上升了 9.27 个百分点。在种植业内部，粮食作物种植面积占总播种面积的比重从 75.78% 下降到 67.18%，下降了 8.6 个百分点，而蔬菜播种面积占总播种面积的比重从 1.22% 上升到 11.22%，上升了 10 个百分点。

贸易制度的变迁收到了较好的效果。主要体现在以下几个方面：首先，贸易结构向有利于发挥资源优势的方向发展。从农产品出口结构上看，我国具有比较优势的农产品出口有较快增长。1985—2002 年，以美元计价的肉食、蔬菜、水产品出口分别增长了 4.55 倍、11.40 倍和 10.58 倍，年均增长率分别为 9.32%、15.39% 和 14.89%。进口农产品主要是我国缺乏比较优势的小麦、大麦、大豆等粮食类产品。

其次，通过进口国内紧缺农产品，缓解或部分缓解了国内部分农产品供给紧张状况，基本上满足了国内需求。1985 年，大豆和食用油进口量占国内供给量的比重只有 0.01% 和 0.9% 。进入 90 年代中后期，随着人民生活水平的提高和粮油统销制度的解体，国内对大豆和食用油的需求快速增长，大豆和食用油进口占国内供给量的比重不断上升，到 1999 年比重分别达到23.53% 、22.82% 。1999 年 7 月，国家恢复进口豆粕 13% 的增值税，豆粕进口量迅速减少，进口大豆压榨更有利可图。这直接影响到 2000 年之后大豆和食用油的进口结构，到 2002 年，大豆和食用油进口量占国内供给量的比重分别为 40.12% 和 17.43% 。正是大量的进口填补了国内供给缺口。1985—2002 年，大豆和食用油进口量占国内供给量的比重变化见表 10 - 4。

表 10 - 4　　　　　　　大豆和食用油进口量占供给量的比重　　　　（单位：万吨,%）

年份	国内供给量		进口量比重	
	大豆	食用油	大豆	食用油
1985	936.1	388.3	0.01	0.90
1990	1006.1	642	0.01	17.45
1991	860.1	695.1	0.01	8.78
1992	976.1	696.2	1.24	6.03
1993	1502.6	1040	0.66	9.94
1994	1481.9	970.9	0.35	32.19
1995	1342.2	1455	2.22	24.93
1996	1414.1	1165.7	7.88	22.94
1997	1742.8	1091.5	16.56	25.64
1998	1817.9	778.3	17.61	26.56
1999	1836.3	937.8	23.53	22.82
2000	2561.4	1010.9	40.68	18.51
2001	2908.8	1537.1	47.92	10.90
2002	2752	1842.4	41.12	17.43

注：由于没有库存数据，国内供给量粗略估计为当年产量加进口量减出口量。

资料来源：根据 2003 年《中国农业发展报告》数据计算整理。

再次，出口贸易的增长，缓解了一定时期内部分农产品供过于求的状况，促进了农民收入的稳定和提高。1980—2002 年，中国的蔬菜、水果和水产品出口量从 34 万吨、24.2 万吨、11.2 万吨增长到 360 万吨、113 万吨、

163 万吨，年均增长速度达 11.32%、7.26% 和 12.94%。出口蔬菜、水果及水产品已经成为一些地方的支柱产业和农民收入的主要来源。

农产品进出口贸易的发生源于国内外市场同类商品相对价格的比较，当中国农产品价格高于世界市场，进口商有利可图时，中国就会进口，反之亦然。但贸易的发生必须有相对开放、自由的贸易制度作保障。正是贸易制度的变迁使我国打开国门，使外贸企业成为相对独立的经济实体，并在利益的驱动下组织了农产品的跨国界流动。1985—2002 年的 17 年间，农产品进口额、出口额、进出口总额分别以年均 5.35%、6.07% 和 5.76% 的速度增长。

总之，从改革开放以来 20 多年的贸易理论和实践看，有管制的自由贸易制度对国内农业参与国际分工、发挥资源比较优势是有利的，它促进和引导着中国农业结构的调整。虽然我们无法明确判断改革开放以来各个阶段贸易政策的具体目标，但仍可以发现大体趋势，即从出口创汇、调剂余缺的相对单一目标向平衡供求、参与国际分工、发挥资源优势、提高农民收入的多重目标方向发展。

三　现行贸易政策对结构调整的阻碍

现行农产品贸易政策有多重目标，其中发挥比较优势的贸易制度目标与农业结构调整的目标是一致的，但平衡供求、增加农民收入的政策目标有时与农业结构调整目标发生冲突，特别是贸易政策与产业政策的分离，导致贸易政策甚至成为结构调整的障碍。现行贸易政策存在的问题及对农业结构调整的阻碍如下：

1. 平衡供求和增加农民收入的贸易政策目标与发挥资源优势、追求效率的结构调整目标的冲突。

平衡供求、增加农民收入是目前中国农产品贸易政策的主要目标之一。但这一贸易政策目标并不利于发挥农业资源优势的农业结构调整。

在市场机制发挥作用的条件下，价格的高低直接影响着生产者的收益，是结构调整的信号。平衡供求的贸易政策如果发挥作用，可通过贸易来缓解国内供求矛盾，使价格保持稳定。而在生产成本不变的情况下，稳定的价格意味着收益的固化，不利于农业生产要素在产业间的合理流动。

为了平衡供求，政府往往在关税和增值税上作一些调整。当农产品供过于求、价格下降时，提高关税、对进口农产品加征增值税等贸易保护措施的实施，可以提高进口农产品的价格，使国内生产者免受进口农产品的冲击。

这在短期内对保护国内生产者利益是有利的，但长期看，这将给生产者发出错误的价格信号，鼓励他们更多的生产，这与发挥资源优势的农业结构调整目标相悖。

2. 贸易政策与产业政策的分离，影响结构调整的发生和效果。

长期以来，中国的农业产业管理部门和对外贸易管理部门处于分割状态，发改委和商务部负责农产品对外贸易制度，农业部负责农业生产。农业部从保护农民利益出发制定政策，贸易部则为实现平衡供求而出台政策。从整个农业产业来看，缺乏总体规划。2003 年，农业部发布了 2003—2007 年优势农产品区域布局规划，但由于管理权限的问题，其中并不涉及贸易问题。事实上，没有贸易政策的配合，我们很难实现这一产业规划。试想，如果国际市场价格低于国内价格，我们又没有相应的贸易对策，如何阻止国外农产品的涌入及对国内市场的冲击。在国内农产品价格下降的情况下根本无法实现"农业产业规则"中的产量目标。

农业产业政策不包括贸易政策，贸易政策更是缺乏与农业产业发展的有效协调。大豆产业的现状可以充分说明这个问题的存在及危害。

我国是世界大豆主产国之一，目前产量居世界第四位。1995 年之前，我国是净出口国。1985—1995 年的 11 年间，年均净出口 89.73 万吨，其中有 6 年净出口逾百万吨。

自 1996 年起，中国大豆的进出口格局发生实质性变化，我国成为大豆净进口国。特别是近几年，大豆进口量迅速增加，尤其是 2000 年之后，大豆年进口量过千万吨，2000 年、2001 年和 2003 年的进口量分别达到 1042 万吨、1394 万吨和 1132 万吨，分别占三年供给量的 40.68%、47.92%、41.12%，2004 年，大豆进口高达 2000 万吨以上，超过国内供给量的 50%。我国已经成为全球最大的大豆进口国。

进出口格局的变化源于国内对大豆及其制品需求的快速增长以及由此带来的国内油脂加工业迅猛发展。目前，进口大豆占国内油脂加工原料的比例上升到 70% 以上。但国内压榨业的崛起并没有为其上游产业——种植业带来相应的发展。自 1985—2002 年，我国大豆种植面积占农作物总播种面积的比重变化不大。1985 年大豆播种面积占农作物总播种面积的比重为 5.37%，1993 年这一比重曾达到 6.40%，但由于大豆进口的迅猛增长（1985 年大豆进口量为 0.1 万吨，1994 年为 5.2 万吨，2002 年增长到 1131.5 万吨），国内大豆播种面积在随后的几年不增反降，2002 年的播种面积比 1994 年下降了 0.76 个百分点。见表 10—5。

表 10-5　　　　　大豆播种面积占农作物播种面积的比重变化　　　（单位:%）

年份	1985	1990	1993	1994	1995	1999	2000	2001	2002
比重	5.37	5.10	6.40	6.22	5.42	5.09	5.95	6.09	5.64

资料来源: 2003 年《中国农村统计年鉴》。

产生这一现象的原因是多方面的, 但主要原因是国外大豆的价格优势和中国低关税政策形成了大豆的大量进口。1996 年起, 我国对重要农产品的进口实施关税配额管理。虽然大豆实施关税配额管理, 但一直没有公布配额量, 因此, 所有进口大豆实际上均享受了配额内关税 3% 的待遇。

中国油脂业的快速发展需要大豆进口, 但进口的快速增长, 带来许多问题。

一是对农民收入形成冲击, 随着进口量的增长, 国内大豆的零售价格指数在 1998 年、1999 年和 2001 年、2002 年均出现不同程度的下降, 分别比上年下降 7.4%、15.9%、2.4% 和 3%, 影响了农民的种植积极性。

表 10-6　　1993—2002 年大豆进口数量变化及对国内供给的贡献率（单位: 万吨,%）

年份	生产量	进口	出口	国内供给量	国内供给变化	进出口差	进出口变化	国内产量变化	进出口贡献率	产量变化贡献率
1993	1530	9.9	37.3	1502.6	526.5	-27.4	26.5	500	5.03	94.97
1994	1560	5.2	83.3	1481.9	-20.7	-78.1	-50.7	30	244.93	-144.93
1995	1350	29.8	37.6	1342.2	-139.7	-7.8	70.3	-210	-50.32	150.32
1996	1322	111.4	19.3	1414.1	71.9	92.1	99.9	-28	138.94	-38.94
1997	1473	288.6	18.8	1742.8	328.7	269.8	177.7	151	54.06	45.94
1998	1515	320.1	17.2	1817.9	75.1	302.9	33.1	42	44.07	55.93
1999	1425	432	20.7	1836.3	18.4	411.3	108.4	-90	589.13	-489.13
2000	1541	1041.9	21.5	2561.4	725.1	1020.4	609.1	116	84.00	16.00
2001	1541	1394	26.2	2908.8	347.4	1367.8	347.4	0	100.00	0.00
2002	1651	1131.5	30.5	2752	-156.2	1101	-266.8	110	170.15	-70.15

注: 由于没有库存数据, 供给量粗略估计为当年产量加上进口量减出口量, 不包括上年结转库存。进出口差为进口减出口。

资料来源: 2003 年《中国农业发展报告》(中华人民共和国农业部, 中国农业出版社)。

二是过度依赖进口, 加大了国内市场的不稳定因素。贸易可以暂时平衡供求、稳定价格，但过度依赖世界市场，会制造新的不稳定。1993—2002年，中国大豆供给中，进口大豆所占比重越来越大，对国内供给变动的影响越来越大。给国内加工产业的发展带来新的不稳定源。见表10-6。

2004年，国际市场大豆价格暴涨，由于原料主要依靠进口，油脂加工厂不得不在高价位大量采购，更加剧了国内外市场价格的上涨。随后国际市场价格持续下跌，跌幅达一半以上，下游产品豆粕和豆油的价格也一路走低，造成高价采购原材料的国内加工企业的大面积亏损。

总之，由于缺乏对大豆产业发展的长期规划，导致大豆加工产业布局不合理，国内生产者很少分享需求增长带来的市场空间。大豆加工能力的扩张主要集中在沿海地区，这些地区的加工能力约占全国的70%。受运输成本的约束，这些企业主要依赖进口大豆。大豆需求的扩张主要为国外大豆打开了市场，而国内生产者并未因此有多大的收益。相反，由于主产区的加工企业在规模和压榨能力上无法与沿海大企业抗衡，造成一些企业已经处于停产或半停产状态，在一定时期甚至减少了对国内大豆原料的需求。目前的大豆贸易政策及产业布局缺乏有效协调的局面，显然不利于立足国内市场的大豆产业发展目标，也不利于农民收入的提高。

3. 逆向调节加剧了价格波动，不利于结构调整。

由于体制所造成的部门分割和市场分割，1994—2002年的9年间，中国的粮食贸易有5年是逆向调节，即国内供应量减少时反而增加出口，而国内供应量增加时反而增加进口。见表10-7。这说明粮食贸易决策部门对国内市场变动缺乏正确的预见和预测。

2000年，中国的粮食产量比上年减少4621万吨，但出口却比上年增长了84.62%。2002年，粮食贸易虽然是正向调节，即粮食增产，出口增加。但是应该看到，当年全国的粮食总产量仅为45706万吨，比1998年减少了5524吨，根本无法满足国内消费需求，但我国粮食出口却出现了自1985年以来最大的出口量，共出口粮食1514.3万吨，比2001年增长67.68%，而进口却比上年减少18.51%。

出现逆向调节的原因是多方面的，我们特别注意到以下几点原因，一是生产者及决策者决策依据的同一性，即上一生产年度的价格信号。价格是生产者调整结构的信号，同时也是决策者制定进出口计划或确定进出口量的依据。价格高，给生产者的信号是扩大种植面积，给决策者的信号是供不应求，应增大进口，平抑价格。结果往往是，国内产量增加，净进口量也同时增加。或者是相反的情况，价格下降，国内减产，同时，出口也扩大。由于生产者和决策者决策依据是相同的，作用方向是一致的，造成有些年份进出口贸易的逆向调节，加剧了国内价格的波动幅度，为下一生产年度的结构调整提供了错误的价格信号。

表 10 - 7　　　　　　1994—2002 年粮食生产和进出口情况　　　　　（单位：万吨）

年份	生产量	进口量	出口量	净进口	产量变化
1994	44510	924.9	1187.5	-1139	-262.6
1995	46662	2070.1	102.5	2152	1967.6
1996	50450	1195.5	143.6	3788	1051.9
1997	49417	705.5	853.6	-1033	-148.1
1998	51230	708.6	906.5	1813	-197.9
1999	50839	772.1	759	-391	13.1
2000	46218	1356.8	1401.3	-4621	-44.5
2001	45264	1738.4	903.1	-954	835.3
2002	45706	1416.2	1514.3	442	-97.6

资料来源：2003 年《中国农业发展报告》（中华人民共和国农业部，中国农业出版社）。

二是配额发放的计划性不适应市场的变化性。根据农产品进出口配额管理的有关规定，我国的进出口农产品配额的发放每年仅有两次。进口配额的发放在每年的 1 月 1 日前，10 月 1 日前对不能完成的配额进行一次调整。出口配额的发放在每年 12 月 15 日前。当国际市场存在不稳定因素时，商务部可将下一年度出口配额分两次分配。第一次分配应当于每年 12 月 15 日前将下一年度不少于总量 70% 的配额下达分配，剩余部分在当年 6 月 30 日前下达。

目前，进口配额量受加入 WTO 承诺的约束，但出口配额量的确定和发放则由商务部和发改委相关部门决定。发放出口配额时，下一生产年度的新粮尚未播种，主要依据当年粮食的产量对下一年度的供求状况作预测。但农业生产受自然风险和市场风险的双重影响，这种简单的预测方法及配额发放方式，容易出现偏差，而出现了偏差又不容易调节，往往是"一错错一年"，造成当年的出口和国内供应形势脱节。以玉米为例，1994—2002 年的 9 年间，竟有 6 年是逆向调节。见表 10 - 8。

表 10 - 8　　　　　1994—2002 年玉米进出口及国内产量变化　　　　（单位：万吨）

年份	国内产量变化	净进口
1994	- 342	- 874.7
1995	1271	514.9
1996	1548	20.9
1997	- 2317	- 666.8
1998	2865	- 444
1999	- 487	- 425.4
2000	- 2208	- 1047.6
2001	809	- 596.1
2002	722	- 1166.7

资料来源：2003 年《中国农业发展报告》（中华人民共和国农业部，中国农业出版社）。

三是缺乏农产品生产、销售、需求量的基础数据及数据质量差导致的决策失误。目前，我国农产品市场数据的发布不规范、不及时。产量数据每年年底才能公布，进出口销售数据每月公布，但需求数据一直没有权威部门发布，决策部门和生产消费者都很难及时了解农产品供求的变化。对决策部门来说，更是缺乏科学决策的基础。

由于农业生产、贸易涉及部门多，政府对数据发布也没有明确规定，导致有些部门不作为，有些部门甚至拿着数据不公开发布，而是出售。信息不透明、不真实，导致价格机制难以发挥作用。

4. 在农产品进出口配额管理上不利于公平竞争。

首先，进出口商竞争不充分，形成垄断经营，中小企业受到不公正待遇。根据《2003 年重要农产品进口关税配额分配实施细则》取得配额资格的企业，必须是国有贸易企业，或者是具有国家储备职能的中央企业及 2002 年有一般贸易进口实绩的企业。除此之外，对各类生产企业取得配额有不同的规定，如：日加工小麦 400 吨以上的生产企业；以玉米为原料，年需要玉米 5 万吨以上的配合饲料生产企业，或者以玉米为原料，年需要玉米 10 万吨以上的其他生产企业；取得稻谷和大米配额的企业必须具有粮食批发零售资格，年销售额 1 亿元人民币以上的粮食企业；以棕榈油为直接生产原料，年使用量在 3000 吨以上的食品生产企业；取得豆油配额的企业必须是日处理毛油 200 吨以上、生产精炼油的油脂加工企业；取得菜子油配额的企业必须日处理毛油 200 吨以上、生产精炼油的油脂加工企业；日加工原糖 600 吨以上的制糖企业；纺纱设备 5 万锭以上的棉纺企业可以申请棉花的配额。

以上规定意味着中小企业不能取得配额，而大型企业和国有公司垄断进出口形成寡头垄断。垄断会造成国内价格的剧烈波动，并不利于结构调整。

另外值得我们特别注意的是，得到垄断进出口权的国有企业也有自身的利益，有时企业利益与国家利益发生冲突。因此，公平竞争更能反映市场的真实情况，为结构调整传递真实的价格信号。

其次，配额管理方式上仍延续着计划经济时期的行政方式而非市场的方式。目前，我国对农产品配额管理主要是行政部门发放配额和许可证的方式，配额的有偿使用及招标使用的很少。2003 年只有蔺草及蔺草制品实施出口配额招标管理。而其他均是许可证管理和配额许可证管理。

事实上，现行的配额管理与计划经济时期没有根本的不同，虽然对取得配额的企业资格进行了规定，但符合条件的企业很多，把配额许可证或许可证分配给谁，最终还是权力部门人为的因素起主要作用。企业拿到一般许可或配额许可都有成本，因此不愿意放弃使用。同时，现行制度也促使企业全部用完进出口配额。如相关的农产品进出口商品配额管理办法中规定，地区或企业在规定时间内未将当年的配额量完成并交还原发证机构的，外贸主管部门会在其下年度扣减其相应的配额量。这些规定影响着企业根据市场供求情况作出进出口决策。

如果发证机关能准确预测当年国内外市场的供求形势，配额可以起到调控作用。但令人遗憾的是准确预测很难，近些年的外贸实践证明我国大多数的进出口贸易都是逆向调节，因此，这些规定会强化过分出口或进口的倾向，对国内价格的稳定产生不利影响。

目前的配额管理是以平衡贸易为目标的。对政府而言，价格高时害怕过度出口影响国内供求平衡，少发配额，价格低时多发配额，甚至不得不采取退税、暗补的方式鼓励出口。对于企业而言，国外市场价格高时，拿不到配额，没钱赚。国外市场价格低时，拿到配额也无利可图或只有微利。

5. 卫生检疫措施（SPS）和技术性贸易壁垒（TBT）有较大的随意性，造成价格的剧烈波动，并引发贸易争端。

首先，由于管理政策朦胧多变，导致企业加大库存，带来价格的非正常波动。这突出地表现在对转基因农产品的进口管理上。

国务院于 2001 年 5 月 9 日颁布了《农业转基因生物安全管理条例》，根据该条例，我国对转基因农产品的进口实施安全分级管理评价制度和强制性标识制度。

2002 年 1 月 5 日，我国农业部签发了三个法令——《农业转基因生物安全评价管理办法》、《农业转基因生物进口安全管理办法》和《农业转基因生物标识管理办法》，并于 2002 年 3 月 20 日起实施。

2002 年 3 月农业部发布的《转基因安全管理临时措施公告》，公告规定，临时措施有效期截至 2002 年 12 月 20 日。在临时措施到期之前的两个月的 10 月 21 日，农业部决定延期临时措施至 2003 年 9 月 20 日。2003 年 7 月，农业部再次宣布临时措施延长至 2004 年 4 月 20 日。

2002 年 8 月 2 日，国家质量监督检验检疫总局公布了《进境动植物检疫审批管理办法》，于 2002 年 9 月 1 日起施行，之后，又公布了《进出境转基因产品检验检疫管理办法》，对过境转移的农业转基因产品实行许可制度。过境的转基因产品，货主或者其代理人应当事先向国家质检总局提出过境许可申请。国家质检总局自收到申请之日起 270 日内作出答复，对符合要求的，签发《转基因产品过境转移许可证》并通知进境口岸检验检疫。机构货主或者其代理人在办理进境报检手续时，还应当提供法律法规规定的主管部门签发的《农业转基因生物安全证书》和《农业转基因生物标识审查认可批准文件》。

农业部和质检局关于转基因农产品的贸易政策不断出台、不断变化，在临时措施到期后会有什么样的措施来限制进口，谁都说不清楚，但是市场人士普遍认为，政府通过控制"临时证明"和"检疫许可证"的发放速度，可以达到调控进口速度的目的。即使国际市场的转基因大豆或豆粕便宜，也难以进入中国市场，企业只有加大库存来抵御可能出现的进口中断风险。加大库存无形中加大了企业的经营成本。企业的集中采购导致价格的上涨，而之后的消化库存导致价格下降。同时，多变的政策也为市场上投机资金的炒作提供了素材，围绕着转基因政策的利空利多，市场价格波动加剧了。

其次，"临时证明"和"检疫许可证"的发放方式及管理思维，造成中国转基因农产品进口信息的公开化，加剧国内外市场的波动。以大豆进口为例，2003 年 8 月起的急速上涨与政府主管部门相关政策有关。

伴随着 2003 年国内大豆收获季节和转基因农产品安全管理临时措施实施期限的临近，管理部门欲通过控制"临时证明"和"检疫许可证"的发放来保护大豆产业的目的，引发了国内大豆市场的涨势。与此同时，美国公布 2003 年度大豆供需报告，大幅减产的信息进一步刺激了芝加哥期货市场及大连期货交易所大豆价格急剧上涨。为平抑涨势，质检局加快了许可证的发放，以进口大豆为原料的加工商在高价位进口了大量大豆，在中国采购基本完成后，国际市场价格一路下降，跌幅高达 50% 以上，造成 2004 年国内压榨企业的大面积亏损。

政府管理部门欲通过卫生检疫措施（SPS）和技术性贸易壁垒控制进口的出发点是好的，但对国际市场供求形势判断的失误导致调控政策的失误，最终造成低价时不让进口，高价时放开进口的现实。可见，我国运用卫生检疫措施和技术性贸易壁垒控制进口的能力和经验还十分欠缺。

四　改革农产品贸易政策促进农业结构调整的建议

第一，农产品贸易政策要兼顾国家的农业产业政策，保持与农业产业政策的一致性，以发挥我国农业的比较优势为政策目标。而平衡贸易、稳定价格仅能作为贸易政策的短期目标。农业产业的特殊性（较长的生产周期、需求弹性小、自然风险的不确定性）使农产品市场处于不稳定状态，贸易可以缓解暂时的过度需求或过度供给。但我们不能将平衡贸易作为长期的目标，否则将与追求效率及比较优势的目标发生冲突。只有当主要农产品价格波动的幅度超出一定限度时，政府才可通过贸易政策引导贸易方向，以稳定急剧波动的物价。

为保证贸易政策与产业政策的一致性，可考虑美国的农业管理模式，强化农业主管部门对生产和贸易的一体化管理，使贸易政策与产业政策更好的结合，以保证贸易政策与产业政策的统筹性和一致性。或者维持现有管理体制，成立一个专门的农业生产贸易委员会，共同制定农业产业发展规划和农产品贸易政策。

第二，在贸易管理方式上多采用市场化手段，尽量弱化行政权力的作用。在配额及许可证的分配上给予中小企业平等的贸易权，以鼓励竞争，打破垄断；推行配额的有偿使用及招标使用，增加配额发放的透明度，防止配额分配中寻租行为的发生。对我国有优势的欲扩大出口的农产品，要打破垄断经营，鼓励企业间的平等竞争，通过不断提高每年最低出口限额的方法来鼓励企业增加出口；在进出口配额的发放上，采取"随来随领"的发放方式，使企业根据国内外市场供求情况自主地进行贸易，更好地把握贸易机会。

第三，整合信息资源，建立信息窗口，制定农产品信息收集、发布制度，为决策部门及生产经营者提供准确的决策依据。配额总量的确定、SPS及 TBT 措施的实施有赖于对国内外市场的正确的预测，而正确的预测建立在充分而准确的信息基础上。我国的农业、统计、海关、商务部门等均有自己的渠道得到国内外市场农产品供求信息，这些信息有些是重复的，有些却是空白，由于信息的采集和发布没有相关的法律、法规制约，难以保证信息的准确性和及时性。改变这种状况的具体措施是：制定农产品信息收集、分析、整理和发布的法律、法规；重新整合信息资源，建立专门的、统一的窗口发布农产品信息，包括国内外农产品供求信息、质量、标准信息、农产品进出口预警预报信息等。

美国的农产品市场信息传播方式值得我国借鉴。农业部每月公布美国及世界主要国家主要农产品的供求及库存情况，每周公布农产品的出口销售、出口检验数据。此外还定期公布农作物生长状况，较充分地满足了公众及决策者对决策信息的需求。中国农产品信息的发布也要制度化、规范化，以保证农产品信息的及时发布和更新，让生产、经营、消费者的知情权得到落实。

此外，中国应保持贸易政策的相对稳定和连续性，减少非市场因素对价格的冲击，使市场机制成为农业结构调整的导向。

第十一章

中国农村土地所有权状况对农村经济结构调整的影响

近几年中国农村改革的步伐加快，成绩可观。但在改革的诸多方面中，农村土地制度改革相对滞后。从种种迹象看，除了农村土地的"农转非"以及相应的国家征地制度可能有改革的可能性之外，决策机构对农业土地制度尚没有改革的打算。然而，研究工作者已经对农地制度改革有不小的呼声，虽然这种呼声尚不足以影响政府决策。研究工作者的呼声当然是对土地制度的现实问题的反映。本章拟用作者近两年的调查以及其他学者的研究结论，对我国农地制度及相关政策的主要问题作一讨论。尽管作者大量使用了调查统计资料，但本章的分析总体上是理论实证分析，而非经验实证分析。

一 中国农村土地的所有权状况

经济学常常用产权清晰与否作为评价产权状况的一个分析性概念，这个概念的使用常常引起争议，但争议主要来自对这个概念的误解。例如有论者指出，土地的集体产权不存在产权清晰的问题，理由是国家法律对土地的归属有明确界定。事实上，法律常常不能解决产权清晰问题，中外产权的法律史上概莫能外。产权清晰的衡量尺度可以用在某种产权基础上发生的相关经济往来的交易成本来表示，可看作产权清晰程度与交易成本高成正比。这个认识是本章讨论中国农村土地所有权状况及其影响的基础。

经济学把一项财物的使用权、处置权、收益权作为关于这项财物的所有权，这是一种便于分析的定义。在实际社会生活中，关于所有权的诸项权利都在不同类型的交易中得以体现，通过交易活动中的成本收益比较来确定财物的所有权状况，便是有意义的方法。下面对中国农村土地所有权状况的讨论正是在这个认识的基础上进行的。

（一）《农村土地承包法》使所有权在国家与集体、农户之间发生分割

《农村土地承包法》规定，耕地的所有权属于集体（村或村民小组），但国家"赋予农民长期而有保障的土地使用权"，这种权利具体表现为农户对土地的所谓承包权。

从法律条文上看，集体这个土地所有者的权利受到极大的限制。集体不拥有土地的收益权、抵押权。集体必须把耕地发包给农户，而集体的权利只是对农户使用土地进行监督。集体的义务也在于保障农户的土地承包权利，甚至还要为农民提供服务，要保障政府土地规划的落实。仅仅从法律条文的字面上看，"集体"这个"主体"的权利和义务是不对称的。它的义务多于它的权利。承包关系是一种经济关系，"集体"的这种关系按说要获得收益。没有收益，它不可能履行自己的义务。显然，这里暗含了一种立法思想，试图把集体的土地所有权"名义化"。

除了"发包权"之外，"集体"的权利实际上是虚拟的；而从义务上看，它在代理国家行使职能。制止农户对农业资源的破坏、改变土地用途本质上是国家权力的要求，体现了国家对土地的所有权分割，但法律没有让国家这个"主人"出台，把国家的权力变成了集体的义务。至于"依照承包合同约定为承包方提供生产、技术、信息等服务"这一法律条款，实在也是模糊不清。这种服务可以是国家的责任，土地承包法可以不涉及它；这类服务如果发生在集体和农户之间，那是一种商业关系，土地承包法同样可以不涉及它。

总之，土地承包法实际上显示了国家、集体和农户对土地所有权的分割，但却没有明确地合理界定它们之间的权利边界。深入想，这种界定是不可能的。土地承包法的本意是要克服传统集体所有制的弊端，但又想继续维持集体所有制的框架，不免在逻辑上漏洞昭然，在实践中弊端丛生。

当法律不能清晰界定权利边界，或者界定之后又不能维护这种界定的有效性，实际的政治力量就要发生作用。这其中最大的问题是在政治关系中处于弱势地位的农民会受到利益的侵害，而法律本来想削弱的"集体"力量却因现实的政治关系而得到加强。

（二）政治权力结构使乡村干部成为土地所有权的人格化主体

"集体所有权"是抽象的，或者是虚拟的。在对这样一种所有权进行分析时，我们不免要问：谁是实际的集体所有权的人格化代表？集体所有权总是要被人格化的，必须有实际的人来行使与所有权有关的各种具体权力。多数情况下，政治权力的重头在村集体的代理者（干部）一边，所以，把集体所有权称为乡村干部所有权这种极端的说法能够流行，就不奇怪了。在2004 年上半年清理整顿开发区工作中，全国清理了 70% 的开发区，发现土地违法行为 4.69 万件。① 据国土资源部初步统计，1999—2002 年，全国立案查处土地违法案件达 54.9 万件，涉及土地面积 12.2 万公顷，即达 12.2亿平方米。对土地违法责任人给予行政或党纪处分的 3433 人，刑事处罚的363 人。国土资源部先后对 23 起土地违法案件进行了曝光。

　　大量的调查发现乡村干部对土地控制的强度决定于下述方面的因素。

　　第一，国家权力的配置状况

　　在经济学的概念中，所有权概念最能反映国家权力配置状况，中外概莫能外。中国关于农村土地一系列法律、政策要通过乡村干部来落实，而国家监督乡村干部正确执行法律的成本极高，使得干部拥有实际的土地控制权力。

　　1992 年，笔者在华北某地调查发现，地方政府违反中央土地承包法关于承包期限的规定几乎没有任何风险。土地承包的频繁调整已经不是村干部的行为，而变成乡里、县里的行为。县政府把调整土地作为一个时段的中心工作去抓。县政府调整土地承包期限的动力在于增加税收（我们后面要专门分析这一点）。

　　在目前政治权力格局之下，每一级政府对上级政府都有很强的隐蔽信息的能力，除非有告状事件（特别是集体"上访"事件）发生，上级部门并不纠正下级的违法行为。因为大多数农民不反对调整土地，集体上访的事情在土地调整中事实上很少发生。②

　　第二，土地收益情况

　　干部在多大程度上使用这种权利并决定是否重新分配土地，取决于这种行为所获得的利益和成本的比较。

　　农民的土地使用权的保障程度尽管在各地有所不同，但有清楚的规律可循：承包权的稳定性与土地的市场价格（影子价格）成反比。土地的市场价格与土地的收益（包括转移用途所产生的级差收益）成正比。在农业经济条件差、土地转为非农用途概率小的情况下，土地的承包关系比较稳定；

---

　　① 谢炜：《全国清理 70% 开发区　温家宝要求调查 19 件土地案》，《新京报》2004 年 7 月 1 日。

　　② 按笔者在华北某地的调查，约 80% 的农民主张经常调整土地。也有其他调查者发现的数据小于笔直的调查。在土地方面的集体上访主要发生于大资本与政治权力相勾结而大面积廉价征用农民土地的时候，因为这种行为常常涉及数十户以上农民的利益，农民才会联合起来告状。

土地的农业收益高、转作非农用途概率大的情况下，土地承包关系就不稳定。这个问题的实质是，在经济发达的地方，城市工业集团的政治力量强大，他们一方面与农村干部建立联盟，另一方面又竭力影响政府官员，使普通农民的政治谈判能力相对衰弱，不能保护自己的土地权利。

廖洪乐等人的调查研究能够证实上述推理（廖洪乐，2003）。他们的研究发现，村里的第二、第三产业比重越大，村距离县城的距离越小，则越容易发生土地的大调整。这两种情况下，土地的非农收益与农业收益之间的差距都比较大。

第三，税收制度的影响

农民作为纳税主体，会有比较高的征税成本，而通过对土地分配的控制，乡村干部有可能降低税收征收成本。计量农民的实际收入很困难，但计量土地数量比较容易。土地耕种面积与农民收入之间的关联性也会得到农民的认可。

在粮食主产区，只要农民家庭人口增加以后没有得到土地的补充，农民就有"合法"的理由拒绝缴税。为了完税，乡村干部也有动机不断调整土地，使土地的占用平均化和细碎化。

第四，意识形态的影响

中国一些学者坚守这样一种观念：中国土地私有制是历史上土地制度的主要形式，并有土地市场存在。还有的学者据此认为中国早已有了关于农业的市场经济体制。这种观点是令人怀疑的。据秦晖的研究（秦晖，1999），中国的土地私有制在宋代以后才出现，且国家的权力高度渗透于所有权关系中，国家与农民的矛盾仍然超过地主与农民的矛盾。这种历史影响对农民的土地观念有深远影响，以致农民至今有"国有土地"的观念，而代表国家力量的人物则被看作是政府官员。农民的"国有土地"观念加强了他们的"官本位"观念，这使得官员对土地的控制更加肆无忌惮。

尽管农民有"国有土地"的观念，但不能认为农民不希望拥有属于自己的土地。在农民没有自由迁徙权、对土地权利的保护没有信心的情况下，农民自然会主张平均分配土地。如果农民获得自由迁徙权，且对土地权利的保护比较容易，我们可以相信农民会欢迎土地的私有制。

（三）农户而非个人作为承包权的主体产生了承包制的内在不稳定性

《土地承包法》规定："家庭承包的承包方是本集体经济组织的农户"，但在具体确定土地承包数量时，是按照农户的人数多少来考虑的，户主自然是农户的代表。由此产生了妇女的土地承包权益问题。多年来，官方妇女组织一直呼吁这个问题的解决，但法律似乎爱莫能助。毫无疑问，中国的宗法传统在法律制定中起了作用，而土地的个人承包所产生的对集体所有权的动摇以及不断依照人口变化调整的土地承包所产生的操作成本，则是法律制定时的另一种影响因素。人口是不稳定的，但农户数量是相对稳定的。即使发生分家，原来户主也可以自己在农户内部解决土地承包权的分割问题。

《土地承包法》规定："承包期内，妇女结婚，在新居住地未取得承包地的，发包方不得收回其原承包地；妇女离婚或者丧偶，仍在原居住地生活或者不在原居住地生活但在新居住地未取得承包地的，发包方不得收回其原承包地。"按这个规定，如果妇女在新居住地取得了土地，原居住地就可以收回土地，这就意味着土地重新调整。

法律自身显然存在内在的逻辑上的矛盾：一方面，它反对"增人增地、减人减地"；另一方面，它又规定农户是承包权的主体，给户主保留了"增人增地、减人减地"的权利诉求。简而言之，土地承包制具有内在的不稳定性。

（四）农户的不完整的土地财产权

有一种深化农村土地改革的思路，叫做土地的"物权化"，实际上是要确立农民的土地财产权。但在现行法律框架下，确立农民的土地财产权是不可能的。农民的土地财产权不完整的主要表现是：

1. 农民没有退出集体经济的权利。

《土地承包法》规定："承包期内，承包方全家迁入小城镇落户的，应当按照承包方的意愿，保留其土地承包经营权或者允许其依法进行土地承包经营权流转。""承包期内，承包方全家迁入设区的市，转为非农业户口的，应当将承包的耕地和草地交回发包方。承包方不交回的，发包方可以收回承包的耕地和草地。"法律还规定："承包方在承包期内交回承包地的，在承包期内不得再要求承包土地。"按这个规定，农户的土地使用权仅仅限于农村，一旦农民离开农村，土地使用权立刻消失。

2. 农民没有完整的自主经营权。

《基本农田保护条例》规定：禁止任何单位和个人闲置、荒芜基本农田。承包经营基本农田的单位或者个人连续两年弃耕抛荒的，原发包单位应当终止承包合同，收回发包的基本农田。这个规定显然是不合适的。农业生产已经是一种市场化程度比较高的经营活动，农民在一个季节里是耕作还是休耕，取决于他对投入和产出的计算。例如，农产品价格低到一定程度，农民选择休耕不仅对农民自己有利，对国家也是有利的。如果强制农民耕作，反倒于私于公都十分有害。

3. "少数服从多数"原则侵害部分农民权利。

《土地承包法》规定："承包方案应当按照本法第 12 条的规定，依法经本集体经济组织成员的村民会议 2/3 以上成员或者 2/3 以上村民代表的同意。"这意味着 1/3 农民不同意承包方案时，只能被迫接受。在具体的土地承包工作中，村民代表的产生容易被村干部操纵，结果是多数农民被迫接受他们不同意的土地承包方案。《中华人民共和国土地管理法》规定："农民集体所有的土地，可以由本集体经济组织以外的单位或者个人承包经营，从事种植业、林业、畜牧业、渔业生产。农民集体所有的土地由本集体经济组织以外的单位或者个人承包经营的，必须经村民会议 2/3 以上成员或者 2/3 以上村民代表的同意，并报乡（镇）人民政府批准。"这一条款同样有上述问题。

4. 农民的土地使用权保障预期很低。

有不少文献反映，农民自己希望根据人口变化调整土地，并不赞成"增人不增地，减人不减地"。在笔者组织的一次调查中发现，490 户农民中，反对土地调整的户数为 70 户，赞成的户数为 225 户，表示随便的户数为 195 户，他们相对总户数的比例分别是 14%、46% 和 40%。在这些农户中，分别问他们对未来土地调整的预期，认为不调、调整和难以肯定的三种答案分别占总样本数的百分比为 19%、30%、51%。据廖洪乐等研究者的文献统计，824 个样本户中，有 688 户认为应根据人口变化调整土地的占到总数的 83.5%。

二　土地制度对国民经济结构的影响

中国的改革未能在结构改革方面下大工夫，其中的难点是土地制度的改革。多少年来，我们在宏观调整和微观结构改革两者之间总有些顾此失彼。宏观形势稍一紧张，结构改革的环境就不好了，只顾得上调整总量关系，结构改革不能全面展开。宏观形势稍一宽松，结构方面的问题又似乎压力不大了，也就不去管它了。我们总想绕开土地制度改革这个难点，结果是处处碰壁。

（一）逻辑与假设

农业结构调整从经济现象上说，是农业生产者在农业内部对投资方向的调整。这种调整当然受许多因素的影响，其中土地制度是重要的影响因素。

农业结构调整在本质上是农业生产要素在空间上的分布的变化，农业领域各种生产要素所涉及的权利结构必然对农业结构的调整发生影响。

决定结构调整的因素，从表面上看，最重要的是农村产品利润率，而这个利润率是产品价格和成本之差与资本额的比值。如果不考虑转产的成本，那么，一种农产品的利润率高，农民就有可能放弃现在的生产转而生产那种利润率高的产品；如果考虑转产的成本，可以把它作为生产利润率的一个修正值。对转产成本以及生产利润率发生影响的因素，可以具体分为以下几种：

第一，自然资源因素和技术进步因素。土地肥力和技术进步因素可以影响到生产成本、产品数量和质量，进而影响到生产利润率。技术因素还影响到农业生产的规模经济，进而影响到转产的成本。

第二，资源价格和产品价格。

第三，资本积累的速度、规模和资本市场的交易成本。结构调整的过程是一个由低级结构向高级结构的转化过程，这个过程中投资一般要增加，因此，资本积累的速度、规模会影响到农村经济结构的调整。资本市场的交易成本会影响到转产的成本，从而影响到结构的调整。

第四，土地交易（或转让）的自由程度以及土地的集中度。土地交易的自由程度会影响到转产的成本。土地的集中度会影响到技术进步的作用。这两方面都影响到结构调整。

第五，农业劳动力的知识更新的难易程度、农业劳动力的规模和劳动市场的自由程度。劳动力知识更新的难易程度会影响到转产的成本和采纳新技术的成本，从而影响到结构调整。农业劳动力的规模（在土地数量一定的情况下，规模问题也是人地比例问题）会影响到农民的技术选择类型，从而影响到农业经济结构调整。劳动力市场的自由程度，会影响到劳动力在城乡之间的流动，从而会影响到农业劳动力的规模；这个因素还会影响到农业劳动力在乡村之间的流动，从而影响到农业区域经济结构。

第六，农民面临风险类型与农民对避险方式的选择。在生活方面，农民面临产品歉收的风险；农民通常用粮食储备来规避风险。在生产方面，农民面临丧失土地的风险，规避风险的办法是多占土地，具体如多生孩子，特别是生男孩子，获得宅基地等。农民还面临市场风险、采用新技术的风险，等等。各种风险越大，规避风险的能力越弱，农民转产越困难，结构调整也越困难。

第七，国家对经济总量平衡和结构协调的控制能力。经济总量平衡会影响到产品和生产要素的价格，且不同产品和要素的价格上升幅度并不相同，因此会影响到结构调整。国家的结构调整政策会直接或间接地影响到资源的价格和产品的价格，并对农民的转产发生影响，进而对农村经济结构调整发生影响。

上述这些可能决定农村经济结构的因素，可以受到多方面因素的影响，但我们只分析土地制度对这些因素的影响。为分析这种影响，要对土地所有权作用于上述因素的机理作出分析。

我们假设，土地所有权的"强度"对上述几种决定结构调整后果的因素都会发生影响，从而对结构调整本身发生直接或间接的影响。

土地所有权的强度可以用下述不同"指标"来反映。由于调查工作本身的困难，这些指标不一定很容易被数量化，但还是具有很强的可观察性。

土地转让的自由程度。自由转让程度越高，意味着土地产权的强度越大。

农户土地的分割程度。分割程度越低，意味着土地产权的强度越大。可以用农户的地块数量来表示土地的分割程度。

农户在土地转让中所获收益的完全程度。完全程度越高，土地产权的强度越高。可以用土地转让者的收益与土地最终受让者支付的价格来表示农户转让土地所获收益的完全程度。

土地抵押的自由程度。抵押的自由程度越高，土地产权的强度越高。

农户在土地经营中的自由程度。这种自由程度也与土地的产权强度呈正比。

农户使用土地的契约的可靠程度和契约的有效时间长度。这个因素也与土地的产权强度呈正比。可以用农户土地承包权在一定时间里的调整次数（大调整和小调整）来表示这个因素。

（二）土地产权强度与影响结构调整的自然因素和技术进步因素

可以把自然因素看作一个外生变量，认定土地的产权强度对它没有影响。技术进步在很大程度上也是一个外生变量。土地的产权强度只是对技术的采用发生影响。技术可以分为规模中性技术和规模相关技术。规模可以是土地的规模，也可以是资本使用的规模。

技术采用当然和许多因素有关，但我们只分析它和土地产权的关系。从一般观察看，土地产权强度和规模中性技术的采用关系不大，而和规模相关技术的采用密切相关。

在人民公社制度之下，因为集体统一经营，土地的集中程度比较高，规模相关技术的采用比较容易，但技术使用的效率比较低下。在承包制条件下，土地经营比较分散，规模相关技术的使用比较困难。但是，有两方面的因素可以减弱土地产权对技术的总的使用状况的影响。第一，大量的农业技术是规模中性技术，例如，优良种子的使用，农药和化肥的使用，中小型农业机械的使用，等等。第二，政府在规模相关技术的采用中可以发挥积极作用。例如，大型灌溉工程的利用，人工降雨，大范围农业病害的消灭等，政府可以发挥作用。

总体来看，土地产权通过对农业技术的使用来影响农业经济结构，其程度不显著。

（三）土地产权强度与影响结构调整的资源价格因素和产品价格因素

中国农村目前的确存在土地使用权的交易。但我们对这种"交易"要作具体分析。

一种"交易"是经营性的交易，即交易的一方为了获得"地租"，另一方为了获得经营规模的扩大。如果交易中的价格大于零，即可认为是这种类型的交易。

另一种是进城务工的农民把土地交由在村农户"看管"的交易，这种交易几乎没有价格，甚至是负的价格。负的价格是一种"看管费"。

上述两种"交易"在研究中常常被混同起来，一起被作为现行土地制度支持土地转让的"证据"。

在笔者主持的调查中（表 11 – 1），发现半数土地转让不是真正的"交易"，因为这些转让的价格等于零或小于零。

表 11 – 1　　　　　　　490 个样本户的土地交易情况

交易类型	出让方无收益	出让方零收益	出让方正收益
户数	14	33	49
发生额（亩数）	33.5	52.55	84.84

在 2002 年河北省的典型调查中发现，土地转让的价格（地租）即使大于零，也在每亩 100 元左右。如果按照市场利率折算，这个转让价格的"资本化"不过每亩地价 4000 元左右。可见这个价格是很低的。另据笔者2002 年在厦门市的调查，市场化的价格可以达到 400—500 元。这是目前发现的土地的最高转让价格。

市场化的地租是多少？因为中国普遍没有土地私有制，这个价格实际上是发现不了的。因此，由土地制度所产生的价格扭曲的程度也很难确定。但是，市场化的地租价格大于零是可以肯定的。近一半的地租等于和小于零，说明土地使用价格的扭曲是存在的。

地租的低廉，很难归结为土地所有权强度的高或低，而与土地要素的边际收益有关。后者可以受到税率、产量和产品价格的影响，其中，税率和产品价格是显著的外生变量，而产量与土地的产权强度关系不大，这一点被许多研究所证明（姚洋，1998）。

从一些案例观察看，地租的低廉对结构调整是有利的。在收益减损的压力下，一些农户通过较多地租入土地，调整种植业方向，实行规模经营，增加了收益。但因为这种租入土地一般是短期契约，农户不可能在土地上进行长期的固定投入，经济效益是受影响的（廖洪乐等，2003）。

（四）土地产权强度与影响结构调整的资本积累的速度、规模

现有的调查表明，土地的产权强度会影响到农户的各种投资资金的分配。廖洪乐等研究人员发现，土地的不稳定性（弱产权强度的表现）会影响到农户的投资资金的分配，但对亩产量不会有大的影响（廖洪乐等，2003）。

文贯中在1995年的研究表明，改革开放以来，中国农民在住房上的投资是生产投资的2—11倍（Wen, James, 1995）。1995年以后的资料表明，农民的资本积累水平很低，生产性固定资产投资占收入的比重一般低于5%，住房投资占收入的比重则一般在10%以上。农户房屋投资仍然超过生产性固定资产投资，但倍数已经下降。1998年之前，农民的边际房屋投资倾向大于边际固定投资倾向，此后两者关系发生逆转。这说明，农户在住房面积明显高于城市居民、达到人均26平方米的情况下，农民的建房意愿在下降。

但是，值得注意的是，在用资金量表示的边际住房投资倾向明显下降的情况下，用实物量表示人均竣工住房面积并没有显著下降，而1995年间建材价格指数也没有显著变化（由104下降到97），说明农民建房的意愿强于在住房上的投资意愿。这种情况的发生可能与农民试图通过扩大房屋的建设占用宅基地有关（表11-2）。

农民储存谷物是影响资本积累的另一个重要因素。中国农民大量储备谷物，是一种降低风险的措施。中国农村不存在任何有效的保险机制。中国农户大约储存3亿—4亿吨谷物，代价是：其成本是每年损耗相当于谷物价值的15%—20%。如果农民为防范通货膨胀动机而储存2.5亿吨谷物，每吨

谷物以 1000 元计，则全国的总成本大约是 375 亿—500 亿元；或者换言之，农民在储存谷物上占用了 2500 亿元的资本。

表 11-2　　　　　　　　农民固定资产投资和房屋投资变化情况

乡村总人口	农民个人生产性固定资产投资总额（亿元）	农民个人房屋总投资（亿元）	农民人均生产性固定资产投资（元）	农民人均房屋投资（元）	农民人均收入（元）	人均收入增长率(%)	边际固定资产投资倾向(%)	边际房屋投资倾向(%)	人均竣工住房面积（米²）
85947	299	1709	34.79	198.84	1558				0.77
85085	293	2251	34.44	264.56	1936	24	-0.093	17.385	0.93
84177	286	2405	33.98	285.71	2090	8	-0.299	13.733	0.92
83153	279	2402	33.55	288.87	2162	3	-0.588	4.386	0.93
82038	871	1908	106.17	232.58	2210	2	151.287	-117.3	0.94
80837	935	1969	115.66	243.58	2253	2	22.080	25.585	0.93
79563	1069	1908	134.36	239.81	2366	5	16.543	-3.333	0.86
78241	1167	1956	149.15	250.00	2476	5	13.451	9.261	0.89

（五）土地产权强度与影响结构调整的土地减损因素

耕地的大量流失与现行土地制度有关。耕地的流失表现为各种形式的圈占土地。从行为主体上看，农民、城市工商业者和政府三方面，都有强烈的动机圈占土地。圈占土地的激励，主要来自现行土地制度。

我们先来看农民方面。

《中华人民共和国土地管理法》规定，农村村民一户只能拥有一处宅基地，其宅基地的面积不得超过省、自治区、直辖市规定的标准。这个规定看起来是要节约土地的，但实际具有相反的作用。

这个规定便是农民占地的一个法律依靠。前些日子，美国三一学院的文贯中教授看中国的统计资料，提出一个问题：近些年来，为什么中国农户数量在增长，而农民人数在下降？他真是看到了一个有趣但也严重的问题。从 1999—2002 年，中国农村农户数量增加了 1.1%，但农民数量下降了 1.6%。分出一户，就能占一块宅基地，这便刺激农民的大家庭尽可能地分户，也尽可能地生儿子，不生女儿。笔者了解华北某个农户，他有 6 个儿子，5个儿子在外面工作，有的早已是城市居民，但他的每个儿子都分到了一块宅基地。

表 11 – 3 乡村人口数和乡村户数的变化

	1999	2000	2001	2002	平均增长率
农户数	23810	24148	24432	24569	1.1%
乡村人口	82038	80837	79653	78241	−1.6%
户均人口	3.45	3.34	3.26	3.18	

在目前的土地制度下，农民用分户、盖房的办法占地，实在反映了农民的理性，几乎是无可指责的。但这种占地的方式至少有三个危害：第一，农民的资本积累转化成了房屋投资，而房屋的利用率并不高，这使得农村潜在的资本效率下降。第二，农村土地利用率也下降了。第三，农村社会结构也受到破坏，特别是加剧了农村人口性别比例的失调。如果这个局面能得到扭转，农民积累的资本用在城市购房、建房，整个国民经济的效率会提高，土地也会得到节约。据河南省国土资源厅调查统计，河南农村宅基用地浪费非常严重，其中仅"空心村"就浪费耕地150万亩。河南省正阳县就存在大量的"空心村"。由于农户新建住宅像"摊煎饼"一样不断外扩，全县户均宅基地达3亩，是国家宅基地划拨标准的10倍，浪费耕地20万亩。有一户人家的宅基地面积达13亩，且长年闲置。兰青乡杨楼村共2100人，分散在21个自然村，村庄总占地面积达1500亩，中心位置的一个自然村目前仅有20多人居住，严重"空心化"。

我们可以算一笔账，假设全国农村户均占宅基地1亩，农村户数按近年的1.1%增长，那么，在20年以后，农户宅基地占用土地总量将达到3亿亩耕地，在50年以后，会达到4亿多亩土地，比现在差不多多出2亿亩。宅基地占用的一般都是良田，这意味着仅此一项就可能使我国粮食减产10%以上。这是一个粗略的计算，反映了一种可能的趋势，当然会有一些因素发挥遏制这种趋势的作用。

当然，对土地圈占的最大的力量不是农民，而是政府和城市工商业者。政府（特别是城市政府）和城市工商业者在土地圈占中往往是联合起来的力量，我们很难把他们分开。城市政府在建设"开发区"时，常常把土地廉价"批租"给工商业者，使工商业者从土地转让中可以获得巨额利润。

建设用地滥用的情形复杂，它可能凭借国家的力量，也可能凭借资本的力量。农民多占宅基地则凭借近水楼台先得月的优势，凭借传统的社区居民的亲情关系的压力，也可能凭借乡村干部权势。总之，这里没有竞争性市场的力量，没有清晰的产权关系的力量，因此当然没有价格的约束。

表 11-4 　　　　　　　　　　　征地案例辑要 　　　　　　　（单位：亩，万元）

地点	时间	土地面积	补偿总费用	每亩地补偿费用	最高商业转让价格	用途	资料来源
四川自贡市	1992—2004	7700		3	60	工业	南方周末 2004.7.15
浙江省	1998—2003			0.8	8.5	工业	半月谈 2003.5
浙江省上虞市百官镇梁家山村			15000	2.5	100	工业	同上
浙江省富阳市后周村		（人均0.6亩地）		成人人均年补600元	40	工业	同上
济南	2001	1177			100	工业	21世纪经济报道 2003.9.4
济南郊区	1993	2400		0.07	700	工业	改革内参 2004.2.2
江苏省新沂市新安镇城关村	1997		27.8	"少量补偿"	15	工业	农民投诉材料
江苏省新沂市新安镇城关村	2003		160	"少量补偿"	42.6	工业	农民投诉材料
陕西子长县城关镇	2004	零星交易		10—40	70—150	商业	作者调查
北京市昌平区东小口镇中滩村	2004	70			326	商业金融	北京市有关部门公告
北京市大兴区旧宫镇旧宫三村储备土地	2004	116			831	住宅	北京市有关部门公告

从 1997—2003 年，全国减少耕地 1 亿亩，其中建设用地每年都在 200 万—300 万亩之间。从数量上看，建设用地与农民宅基地的增加旗鼓相当。这是一种抗衡，一种权利的抗衡。但两种权利都在滥用，而防止滥用的监督者是国家，具体是国土资源部以及它的下属管理系统。可惜，这个监督力量实在不够强大。如果监督力量很有效，就不会发生江苏一个私人钢铁企业侵占万亩土地的事情，当然也不会发生一户农民占用 13 亩耕地做宅基地的事情。

真正使农民土地大量减损的是制度性的因素。究竟农民与国家的关系中，农民损失了多少土地利益，过去并没有准确的估计。下面是作者对农民土地权益损失的一个估算。

有资料显示，从 1949—1983 年我国失去耕地近 10 亿亩，同期新垦耕地 8.1 亿亩，净减耕地 1.9 亿亩。在 10 亿亩土地中，有多少用来做非农建设用地？从城市扩张的速度看，估计这个数值在 4 亿—6 亿亩之间。1983 年以后的占地情况也不完全清楚。据国土资源部统计，1987—2001 年，全国非农建设占用耕地 3300 多万亩。这个数字嫌小，因为据国土资源部的另一项"不完全统计"，截至 2004 年，全国开发区多达 6015 个，规划面积 3.54 万平方公里，相当于 5300 多万亩。开发区之外还存在大量非农建设用地。近几年的非农建设用地每年在 230 万亩左右。保守估计，新中国成立以来，全国非农建设用地按保守估计在 5 亿亩左右。

为了估计农民在土地财产权上面所丧失的利益，笔者搜集了一些土地征用的案例。

从上面这些案例，我们没有办法直接估计出农民土地财产权不稳定所产生的利益流失总量，但大体还是可以看出这方面问题的严重程度。

农民因土地被占用，究竟给社会贡献了多少资金，这是一项很不容易算好的账。表 11-4 只是提供了不同地区土地被划拨或征用过程中的价格情况。因地理位置的不同和土地需求强度的不同，各地耕地在转为建设用地时的最高价格有很大差异。

按照市场经济的原则，即使政府征用土地，也应按照市场价格来支付土地购买费用。这应该是估计农民在出让土地中的利益损失的一个基础。但市场价格是很难确定的，因为在市场扭曲的情况下，无法确定一个合理的市场价格。我们也不能把各地最终土地使用价格拿来计算，一是因为这个价格根本无法获得，二是这个价格有很大的投机因素。

作者不得不考虑用经济分析的办法来测算农民土地权益的损失。分析的依据有两个：第一，按照一般经济理论，在比较充分的竞争态势下（例如美国经济），国民收入一般分解为三大要素的收入，[①] 而地租收入一般占到国民收入的10%。第二，新中国成立以后，我国农民作为土地的所有者，在他们的土地大量转为非农用途以后，没有获得过地租收入，只是在改革开放以后，农民的土地被占用后，获得了很少数量的"补偿费用"。

按国家统计局发布的统计数字，我们只能找到1978年以后的非农产业的GDP。GDP与国民收入之间的差异，没有准确数据可资推算，按一般情形，依10%扣减后的余额为国民收入。1978年以前的GDP没有数据，也不好从工业品的物质总量中推出。我们按1952—1982年间的人口增长率（2%）为GDP的增长率，因为假设这个时期人均生活水平没有提高，比其他假设更具有合理性。

另假设1956年以后国家开始无偿使用农民土地，此前的GDP中的土地报酬假设已经归土地所有者所有。即使后来剥夺了这些居民的土地报酬，但他们已经是城市居民，不属于农民，故不在我们的考察之列。

按照以上假设，笔者推算出以下两项结果：

第一，从1952—2002年，农民向社会无偿贡献的土地收益为51535亿元。

第二，以2002年无偿贡献的土地收益为7858亿元计算，相当于无偿放弃了价值26万亿的土地财产权（按照目前的银行利率3%计算）。从有关数字看，自从我国实行土地征用补偿政策以来，我国累计支付的土地征用费不超过1000亿元。[②]

应该说这个分析是保守的。据国土资源部的统计，在全国省级以上900多家开发区中，国家批准规划了近3000万亩地，已经开发的仅占规划总面积的13.51%，近2600万亩土地闲置荒芜。[③] 这说明，在征用农民土地的总量中，只有一部分进入了产业领域，成为非农产业的生产要素。而在我们的测算中，实际上仅仅涉及了这部分土地。这说明，中国农民放弃的土地财产权的总价值要大于20万亿元人民币。

---

① 经济理论分析中还会有一个"余值"，作为技术进步的报酬，但在实际的国民收入分配中，全部收入被分配为工资、利润和地租。

② 按1997年的《中国统计年鉴》，1996年支付的征地费区区63亿元，而这年是土地征用量比较大的一年。

③ 《21世纪经济报道》，2003年9月4日。

按照这个分析结果，农民的实际收益应该比目前高出40%以上。但是，这些收益被转到了社会其他阶层和政府手里。如果20万亿的财产权收入用来给农民购买房屋，按20万元一套的价格，可购买1亿套房屋，正好是目前农民进城务工的总数。如果用来做进城务工农民的社会保险基金，也极为可观。20万亿的财产权收入，已经超过了我国改革开放以来累计各项社会保险收入。

在已经作过的调查中，问起土地的所有者是谁，总有一部分农民回答说土地是国家的。农民的这种观念是对现实经济关系的反映，因为现实经济关系告诉农民，国家权力是影响农民的土地利益的最重要的力量。尽管如此，因为土地对农民的利益有太直接的关系，农民还是要尽力维护自己的土地利益，虽然农民的这种态度不能阻止土地圈占过程。

土地被大量圈占，会在两方面发生对农村经济结构调整过程的影响。一方面，土地的减少会逐步改变我国人地比例关系，使土地的相对价格提高，从而影响到我国农业结构。在这个影响之下，土地密集型农业生产将受到制约，而劳动密集和资本密集型农业生产将受到更多的刺激。但是，因为土地被圈占的数量和中国的土地基数相比还是少量的，圈占过程对结构调整并不会有显著的影响。另一方面，土地被大量圈占，农民的利益受到损害，会降低农民对土地权益的预期，从而影响到农民对土地长期投资。

（六）土地产权强度与影响结构调整的土地集中度因素

目前，依照现有法律，土地在农户之间的转让受到政府的鼓励。但是，从现实看，这种转让是受限制的。农户土地的零散程度是土地转让受限制的标志。假设转让的成本为零，我们有理由认为农户会通过相互之间的转让，使每一个农户的土地集中为一个整块的土地。

设定农户零散土地集中以后产生的收益为A，转让行为发生的成本如果大于A，则转让不会发生。从我们的调查看，农户土地的零散化是普遍的，这说明土地转让的成本是很大的。在我们的调查中，有效样本的492户中只有47户是一块土地，不到总数的10%。峰值是一家3块土地的户数达121户。

可以设想，如果农民预期土地不再调整，则农户会通过利益的计算来彼此交换土地，使土地集中。但如果预期集体还会调整土地，那么，农民彼此间为土地集中而进行的交换将产生很大成本，可能使交换不能发生。从我们的调查看，3/4以上的农户对土地的稳定性是没有信心的。这是影响他们调整土地的重要原因。

在土地总面积一定的条件下，土地集中度高，有利于节省劳动投入；反之，则会增加劳动投入。土地集中度高，还有利于农户对土地的整治，使他们选择专业化的生产，集中经营少数农作物。总之，土地集中度高，有利于农户在结构调整中提高适应性。

表 11 – 5　　　　　　　　　　492 农户的土地分散状况

一家 1 块 土地	一家 2 块 土地	一家 3 块 土地	一家 4 块 土地	一家 5 块 土地	一家大于 5 块土地	总农户数
47	95	121	63	40	126	492

表 11 – 6　　　　　　　　　　492 农户对未来土地调整的预期

农民的土地调整的预期	预期调整	无法预期	预期不调
户数	146	249	97

如果把劳动生产率作为考察对象，那么，在农业生产中，影响劳动生产率的最重要的因素是土地经营的规模。

现行土地制度使得农村劳动力向城市转移遇到极大障碍。固然还有一些制度性因素在阻碍农村劳动力向城市转移，例如户籍制度、劳动力市场的不统一以及城市政府所实行的某种对农民的歧视制度，等等，但最重要的因素仍然是土地制度因素。如果土地制度搞活，进城农民可以从放弃土地中得到利益，其他障碍可以用支付货币的办法来化解，这个货币当然来自农民放弃土地时的收益。此判断的可能性我们在后面还要讨论。基于这个分析，我们作出以下估算。

1. 计算的依据和假设。

（1）主要考虑粮食生产方面的规模经济对劳动生产率的影响。这样做一是为了简化对问题的分析，二是考虑到农民收入问题主要发生在种粮农民身上。

（2）在外出务工劳动力中，假设在县城务工的劳动力愿意兼业，不愿意放弃土地。在大中城市务工的劳动力愿意脱离农业，并且在合适的条件下愿意放弃土地。据笔者的调查，可以假设 20% 的农村劳动力在县城务工，80% 的劳动力在大中城市务工。另据李强教授调查，在城市务工的劳动力中间，大约有 9% 的劳动力处于半流浪状态，他们没有工作的时间在半年或半年以上。① 按目前对农民外出务工总量为 1 亿人计算，其中有 0.72 亿劳动力的职业是稳定或比较稳定的，他们在一定条件下可能放弃土地。在这 0.72 亿劳动力中，又有 37% 左右是女子，② 她们绝大部分是陪同丈夫务工。未婚女子也多嫁给打工丈夫，不愿意返乡。由此可以推断，至少 2664 万户农民已经不再从事农业，他们的土地转由他人耕种。另外有 1872 万男性打工者中的已婚者把配偶放在家里，不妨假设其中有一半是潜在的城市定居者。这样，我们假设有 3600 万户农民可能放弃土地定居城市。

2002 年，乡镇企业增加值 32385 亿元；城镇平均工资水平 7667 元，乡镇企业工资总额一般约为增加值总额的 1/3，为 10700 亿，据此计算，乡镇企业的平均工资水平大约为 8231 元，超过城镇平均工资水平。不难理解，两个乡镇企业职工的收入使一个家庭不再依赖农业生产是完全可能的。

按上面的计算，全国至少有 1 亿农户有可能将他们的土地转租出去，或干脆放弃农业生产，成为非农产业领域的居民。

（3）从事粮食生产的农户数占总农户数的比重按目前的统计资料估计，大约为 67%（假设农户结构与播种面积的结构相似。实际上蔬菜种植业的户均土地面积要小于粮食种植业的户均土地面积，这里对这种差异忽略不计）。假设外出到大中城市务工的劳动力主要来自粮食种植农户。这项假设具有合理性，因为其他类型的种植（特别是蔬菜）是劳动密集型产业，蔬菜的销售也常常由农户来完成，比较费工、费时。如果他们外出务工，更有可能在县城或本镇务工。根据这个理由，同样假设乡镇企业的农户也来自粮食种植业农户。依照这些假设，估计全国粮食生产农户大约为 1.6 亿农户（2002 年数据为基础），这些农户耕种着大约 13 亿亩粮田，其中，1 亿农户是可能放弃粮食生产的。

（4）粮食价格和其他生产资料的价格以 2004 年数据为准。

---

① 据李强 2002 年的调查，在本县境内打工的占全部打工的 26%（李强，2002）。据农业部软科学办公室组织的调查，在大中小城市打工的劳动力占总打工劳动力的 74%（2001）。

② 据农业部软科学办公室课题报告推算（2001）。全部打工者中有 30% 左右的是女性，则 1.4 亿打工者中有 0.42 亿女性，假设她们中没有流浪者和失业者，或者承担相夫教子的作用，则 1 亿常年稳定的大中城市中有 37% 的女性。另据湖南电视台的一项报道，在已婚打工者中，67% 是夫妇同行。

2. 静态计算结果。

按照以上假设，如果土地制度改革适当，促进一部分愿意并且已经在大中城市就业和乡镇企业就业的农民放弃粮食生产，我国粮食种植业农户数量可能剩下 6000 万，户均土地面积达到 21.6 亩。

按照 2004 年年中的有关价格计算，中国的综合粮食产量为每亩约 650 斤，每亩综合成本（不包括劳动力报酬）约 200 元，每斤综合粮价约 0.7 元。如果不计算税费，每亩纯收入为 255 元。这样，粮食种植户均收入为 5500 元，人均 1730 元。

如果不考虑劳动力转移因素以及由此产生的经营规模的变化，目前粮食种植户在粮食生产上的收入人均仅 652 元。但如果考虑了上述因素，以 2003 年农民人均 2622 元计算，则人均收入增长 41%。考虑到目前农民人均收入数字高于粮食种植户的人均收入，这个增长率是一个保守的数字。显然，这个增长没有到来，这是一种损失。

3. 动态计算结果。

根据中国统计年鉴，近年我国乡村人口数量在持续下降。

依照表 11-3 提供的信息，我们可以进一步计算出未来可能的规模经营变化条件下粮食种植业农户收入增长的情形。

需要补充的假设是：第一，粮食种植业农户的户均人口数量不再变化。这是出于计算的方便。第二，假设在 10000 万农户转移的基础上，每年继续有 1.6%×80% 等于 1.28% 的农户稳定转移到大中城市。第三，假设粮食种植面积不变。另外，前述其他假设不变。

按照所有上述假设，我们推算出下表。

表 11-7　　　粮食种植业在假设条件下规模经济和收入的变化

（单位：万户，万，元）

年份	2004	2010	2015	2020	2025
粮食种植业农户数量	6000	5554	5207	4882	4578
户均经营规模	21.6	23.4	25.0	26.6	28.4
户均粮食种植纯收入	5500	5969	6366	6790	7241

表 11-8 说明，如果仅仅改变土地制度，不采取积极的城市化政策，粮食种植户在粮食种植方面的纯收入可以按照每年 1.3% 速度提高。从现在到 2025 年，这方面的纯收入总量可以提高 31%。这个数字与杨小凯等人对 1992 年之前在假设条件下的农民收入增长速度的估计，是非常接近的。

如果在土地制度改革的同时，采取积极的城市化政策，例如，假设粮食种植业农户向城市转移的速度提高2个百分点，情况会发生很大的变化。这个假设应该说具有合理性。目前，我国城市原有居民的增长速度已经大大减缓，上海等大型城市的人口已经开始出现负增长。城市经济的扩展客观上需要农村劳动力更快地向城市转移。按这个假设，则有下面的计算结果。

表11－8　　粮食种植业在劳动力转移速度增加2个百分点条件下
规模经济和收入的变化　　　　　　　（单位：万户，万，元）

年份	2004	2010	2015	2020	2025
粮食种植业农户数量	6000	4912	4157	3519	2978
户均经营规模	21.6	26.5	31.3	36.9	43.6
户均粮食种植纯收入	5500	6749	7974	9420	11130

在这个假设条件下，粮食种植业农户的经营规模在2025年将达到43.67亩。这些农户在种植业方面的收入年均增加3.4%，这已经很惊人了。这个经营规模在中高产田上（亩产两季约2000斤），户均收入仅此一项就可达到4万元，如果再有多种经营的收入，农民的收入可以超过城市居民的收入水平。

按照一般的国际经验，户均土地经营面积达到1公顷以上，农业的专业化程度将显著增强。目前，日本农场规模大约在2公顷，台湾地区则1公顷左右。日本和中国台湾的经验说明，这样的农场经营规模已经能够发展专业化农业。依照表11－9提供的数据，如果中国没有目前的土地制度缺陷，且有积极的城市化政策，目前粮食种植业农户的经营规模就可以达到1.4公顷，在10年后，就可以达到户均2公顷。在这个基础上，中国农业的专业化水平将大大提高。

（七）土地产权强度与影响结构调整的人力资本因素

从观察看，现行土地制度会在下述几个方面影响农村人力资本因素。

第一，影响农村人口的性别比例。按照农村的传统，男性可以立户，可以分到宅基地，因此，生育男孩子受到鼓励。与土地制度相适应的是养老保障的家庭化，这也鼓励了多生男孩子。中国计生办常务副会长杨魁孚先生认为，中国的出生性别比例，到2000年已接近117：100，在农村地区这个比例更高。[1]

---

[1]　2004年3月7日《中国青年报》报道，转自同日中国新闻网。

　　第二，影响农村劳动力向城市转移的速度和转移人员的结构。现行法律规定，农民进城以后将收回土地，并且不给任何补偿，这使得一部分农民不愿意到城市定居，也无力到城市定居。在现行土地制度下，农村劳动力向城市转移还导致所谓"逆淘汰"，即高素质的劳动力向城市转移的数量更多一些，转移出去的劳动力的平均素质高于留在农村的劳动力的平均素质。劳动力的素质越高，对高收入职业的向往也越强烈。在农村土地规模经营受到限制的情况下，预期收入水平决定了农民在土地上的科技投入和管理投入不会很大，高素质的劳动力自然要转移到城市经济部门中去。这种逆淘汰过程只有在土地经营规模达到一定程度以后才会停止。

　　第三，影响农村教育的发展，特别上损害了妇女受教育权利。据笔者在河北某地的调查，初中毕业之前已经有 40% 的学生流失。前面我们已经分析过，现行土地制度实际上没有重视保护妇女的土地承包权，损害了妇女的社会地位，其后果之一是农村女孩子辍学率比较高。一些贫困地区的农村儿童辍学现象不少，尤其是女童辍学比例更高。[①]

　　农村经济结构调整需要较高素质的劳动力，也需要大量劳动力从农村部门中转移出去。不合理的土地制度既影响转移的速度，也影响转移的性质。

（八）土地产权强度与影响结构调整的宏观政策因素

　　前面我们提到，国家对经济总量平衡和结构协调的控制能力，是影响农村经济结构调整的重要因素，而现行土地制度则是会影响到国家对经济总量平衡和结构协调的控制能力。

　　按现行法律，农民进入城市的社区工作和生活，其所承包的土地必须交回村集体，不再享有作为集体成员之一的那种抽象的土地所有权。这个制度使农民在进入城市以后得不到放弃土地财产权的任何补偿，农民也不愿意放弃土地，使得农民不得不选择定居农村、做工于城市的生活。这个法律规定显然不利于农村剩余劳动力转移到城市，也不利于城乡经济的统筹协调发展。这个由政策导向所产生的结果，造成了深刻的国民经济的结构性缺陷，极大地约束了国家对经济总量平衡和结构协调的控制能力。

　　第一，在现行土地制度及其关联作用的约束下，破坏了劳资关系的某种可能的平衡，给政府调节企业行为增加了困难。从资本方面看，一个国家的城市经济部门中一半左右的劳动力不是居住在就业点附近，而是不稳

---

① 2004 年 3 月 7 日《中国青年报》报道，转自同日中国新闻网。

定地在大的地域范围里流动，无疑会给城市工商企业的发展增加风险。工商企业因此难以制定用工计划，也难以执行订货合同。2004 年上半年出现的"民工荒"已经显示出这方面的后果。企业经营本来要面对产品价格变动的风险、资金运用的风险和各种竞争所产生的风险，现在平添劳动力供应的风险，这自然给国家使用传统手段调节经济增加了困难。从劳动方面看，目前的制度也不利于公正的劳资关系的建立，不利于人力资本的积累。本来，决定劳动力流动方向的主要因素是地区间的平均收益水平，而目前的制度结构使得土地远期收益以及劳动者流动成本也成为决定劳动力流动的因素。后两个因素很难成为政府调节劳动力区域布局的手段，这便增加了政府调节劳动力市场的难度。

第二，现行土地制度给国民经济的总量平衡的调节增加了困难。农民工进城就业，他本来既是生产者，又是消费者。他占有了城市的就业岗位，同时也带来了消费的市场，从这个意义上说，不存在农民工与城里人抢饭碗的问题。但是，中国的农民工往往在城里扮演生产者角色，又在乡里扮演消费者的角色。在这里，"萨伊定律"（供应等于需求）的作用被打了折扣。这种情形导致两方面的效率损失。一方面，在宏观上，因为存在收入的转移，城市经济部门的总量均衡状态为总供给大于总需求，而农村经济部门表现为总需求大于总供给。产生"事后均衡"的途径是物价变动。这就可以解释为什么县以下的物价水平常常高于大城市的物价水平。另一方面，在微观方面，这种情况又导致农民作为消费者的福利损失，农民是高昂物价的直接承受者。这种状况同样增加了政府对宏观经济实行调控的难度。

第三，土地制度的缺陷及其关联作用还压缩了中国市场，产生了"资本过剩"与"劳动过剩"一并存在的深刻的结构性问题。因为劳动者的利益保护的困难，使得中国廉价工业品包含了制度性因素产生的成本"节约"，为国外市场保护主义者所诟病。同时，因为我们并不熟悉国际市场，而国内市场在低工资之下变得狭小，这就造成了"资本过剩"（表现为利率低）与"劳动过剩"一并存在的结构性问题。中国是一个有"有教无类"传统的国家，基础社会的百姓曾经享有高于欧洲国家的教育水平，可是现在竟然成了一个提供廉价劳动力的国家，想来让我们羞愧。我们的廉价劳动力主要是制度的结果，而不是所谓"素质"低下的结果。这个结构性问题加深了中国经济的二元结构的矛盾，同样给政府的宏观政策实施带来了困难。

上述三个方面问题归结起来，可以认为，因为土地制度缺陷所产生的直接或间接的影响，政府对宏观经济调控的能力受到削弱。后一种结果自然会对农业经济结构的调整发生不利影响。

三　几点总结性的讨论

本章第一部分从法律层面及其经济意义上分析了我国农村土地制度状况，主要说明我国农村土地制度的产权特征。集体产权从来不会是强产权，有的只能是集体领导的实际的强产权，但这种情况并不多见。农户的承包权是产权的一种表达，但承包权是一种弱产权。国家对农村土地在法律上没有所有权，但在经济意义上，它可以有实际的产权；这种产权有时候显强，有时候显弱；或者在有的方面显强，有的方面显弱。

本章第二部分分析了上述产权特征对农业经济结构调整的影响。我们没有办法用数量来表示产权的强度，也没有办法用数量来表示农业经济结构的高级程度，因此不能直接刻画这两者的数量关系。但是，农民对土地的投入意愿，土地细碎化程度，土地的转让价格（出租和征用价格）和转让的难易程度，土地重新分配的频率，等等，都可以反映土地的产权强度。而经验表明，单从土地方面来说，土地的经营规模和土地经营的预期收益是决定农业经济结构高级程度及其变化的最重要的因素。决定农业经济结构其他因素，例如技术进步、资本积累、人力资本水平等，也会受到土地产权强度的影响。我们从八个具体方面分析了土地产权强度对农业结构调整的影响。这个讨论能够说明的问题是：

第一，土地产权强度对农户经营规模的长远变化会发生重大影响，从而影响到农业经济结构的调整。

第二，土地产权强度，特别是农民与政府（以及由政府认可的开发商）在土地交易中的竞争性程度，对农民收入有重要影响，从而对农民的资本积累有重大影响，最终会影响到农业经济结构的调整。

第三，土地制度还会影响到国家宏观经济运行状态，使国家不得不更多地采取行政手段干预经济，包括更多地干预农业经济，从而影响到农业经济结构的调整。

本章研究的主要结论是，增强农民的土地产权强度，有利于农业经济结构的调整。增强农民的土地产权强度的主要办法是：

第一，改革土地承包制度，使农民拥有永久的、可继承的土地使用权。集体所有权表现为一次性的土地发包权和土地合法使用的监督权。

第二，农民的永久土地使用权的交易要市场化，交易价格要有竞争性。为此，要改革国家土地征用制度，征用价格要以市场价格为依据。

第三，全面修改现行有关农村土地的法律和法规。法律调节的重点是土地的使用和交易。法律精神是保障土地使用在经济与环境方面的可持续性以及政治上的公正性。

第十二章

农村劳动力流动的制度变革
与农业结构调整

调整农业结构、发展现代农业，必须提高农业劳动生产率，实现农业的规模经济。这就要使外出打工的农村劳动力能够真正转移出去，进入城市定居。本章着重分析农村劳动力在城市就业、建立城乡统一的劳动力市场方面的制度性障碍，并提出解决问题的思路与对策。

一 农村劳动力流动的基本状态

（一）农村劳动力流动的历程

自实行改革开放政策以来，大量农村劳动力进行了地域流动和职业转换，农民流动已持续了 20 多年。1978 年农村劳动力外出就业约 200 万人，到 2003 年已增加到 9800 万人，年均增加 380 多万人。其间，随着改革的逐步深入和外部经济环境的不断变化，农村劳动力的流动也发生了阶段性的变化。

1. 改革开放初及 20 世纪 90 年代。

1978 年以前，农村劳动力的流动受到严格的限制。城市劳动力统一由国家进行指令性安排，而农村几乎所有的劳动力都从事农业生产，多余的劳动力无法从传统农业中解放出来，大量零值劳动力沉淀于其中。农村改革以后，农业劳动生产率大幅度提高，农产品供给明显增加，农村劳动力剩余问题也逐渐凸显出来，农村劳动力开始向外流动。20 世纪 80 年代前期，农民的自由流动空间是很狭小的，这时期率先走出家门的是农村中素有走南闯北传统的能工巧匠和敢于冒险的农村青年劳动力。农村劳动力较早外出以及较早吸收外来劳动力的主要是最早开放的沿海发达地区，如浙江、广东等省份，但流动规模是很小的。20 世纪 80 年代中后期，乡镇企业的发展和城市体制改革步伐的不断加快，为农村劳动力流动提供了广阔的空间，流动速度开始加快。尤其是 80 年代末，沿海地区实行外向型经济发展战略，出口加工工业提供了大量就业机会。1988 年广东省东莞县的外来劳动力增加到30万人，其中近30%来自外省区。1987年四川省出省的劳动力为47万人，1989年达到68万人，社会上出现了所谓的民工潮现象。此时，农村劳动力进入了一个异地就业的新时期。从流动规模来看，如果包括乡外县内部分，1988年的农村劳动力流动人数为2600万人，其中跨省流动的人数为500万人；1989年的农村劳动力流动人数为3000万人，其中跨省流动的人数为700万人。

2. 90年代至今。

1992年，我国经济改革进入了一个新的高潮，非国有部门的迅速增长产生了对廉价农村劳动力的强烈需求，并带动农村劳动力流动也进入了一个高峰期。1993年农村劳动力跨省流动达到2200万人（"农村劳动力流动"课题组，2001）。

从流动区域来看，农村劳动力的流向相对集中，以不发达地区向发达地区、农村向城市流动为主；流出的农村劳动力主要来自农产品主产区的东北和中西部地区，如吉林、安徽、河南、四川、湖南、湖北等地的农村；外出农民进入东、中、西部地区的比例约为6：3：1，进入大中城市、小城镇（含县级市）和农村的比例约为4：4：2；劳动力绝大部分为跨省、跨县流动，如江西、重庆、安徽、贵州4省市，跨省流动就业分别占本区非农转移劳动力的65%、63.8%、58%、56%，广西、湖北、湖南、四川4省区在40%—46%之间；产业流向上，95%以上的农村外出劳动力是进入非农产业，不到5%的是异地务农；从流入地来看，可分为两类，一类是大中城市，主要进入商业服务业、建筑业，进入工业的比重较低；另一类是东南沿海苏南、温州、闽南、珠江三角洲等发达地区，加工贸易型的外向经济发展快，乡镇企业和三资企业占重要地位，外来农村劳动力进入工业企业的则占60%—70%；在流动劳动力中，男性占57.4%，女性占42.6%。从年龄结构看，20—34岁人群占流出劳动力总量的54%，40岁以上的人群则呈递减趋势；外出务工经商的农村劳动力具有初中以上文化程度并有一定技术专长者正在大幅度增长。据人口普查资料统计，外出劳动力中具有初中文化程度的占56.7%，约有30%左右劳动力有过专业技能培训经历。

进入21世纪以来，农村劳动力流动规模继续扩大，转移劳动力中女性劳动力增加较快；劳动力继续趋向年轻化；文化程度进一步提高；商业、服务业就业比例明显增加；跨省流动就业比例有所增加；仍是以中西部的农村劳动力进入东部地区就业为主要特征。

　　从性质上看，我国农村劳动力的转移具有明显的兼业性。这些转移的劳动力绝大多数还保留着对土地的承包权，每年除在外务工外，农忙季节都要回家从事农业生产，属亦工亦农性转移。兼业长短因家庭劳动力的多寡与从事劳务收入的高低而不同。一般而言，家庭劳动力较多，从事劳务收入又较高的，在外工作时间就长，反之则短。兼业性还体现在劳动力转移存在一定的间隔性，今年外出，而明年可能不外出。农村劳动力在流动过程中移而不迁，并且从发展趋势看，兼业化在较长时期内仍将是我国农民的主要就业方式。

（二）农村劳动力流动是调整我国就业偏差的主要方式

　　1. 农村劳动力向非农产业的转移及其对就业偏差的调整。

　　改革开放以前，农村劳动力长期滞留在农业生产领域。1952—1978年，农业劳动力占社会总劳动力的份额仅从83.5%下降到70.9%，年均下降0.5个百分点。改革开放以后，实行家庭承包经营体制，农业劳动生产率迅速提高，释放了大量沉淀于农业的劳动力。同时农村非农产业迅速发展，城市化进程不断加快，为农村劳动力转移提供了广阔的空间，农业就业比重迅速下降，非农就业比重明显上升。1978—2002年的20多年间，农村劳动力总量由30638万人增长到48526.9万人，净增17888.9万人，其中从事非农产业的劳动力从2182万人增长到16536.3万人，净增14354.3万人（见表12－1）。农业劳动力与农村非农劳动力的数量之比由1978年的约13：1下降到2002年的约2：1。农村新增劳动力的大部分都转移到了非农产业，就业结构的调整取得了很大进展。

表12－1　　　　　　1978—2005年农村劳动力就业情况　　　　（单位：万人,%）

年份	农村劳动力		农业劳动力		农村非农业劳动力	
	数量	比重	数量	比重	数量	比重
1978	30638	100	28456	92.88	2182	7.12
1980	31836	100	29808	93.63	2028	6.37
1985	37065	100	30352	81.89	6713	18.11
1990	42010	100	33336	79.35	8674	20.65
1995	45042	100	32335	71.79	12707	28.21
2000	47962	100	32798	68.38	15164	31.62
2004	49695	100	30596	61.57	19099	38.43
2005	50387	100	29976	59.49	20411	40.51

　　资料来源：《新中国五十年农业统计资料》（国家统计局农村社会经济调查总队，中国统计出版社，2000年和2006年）《中国农村统计年鉴》。

　　农业劳动力向非农产业的转移，一方面，使农业就业份额与产业结构份额的偏差明显缩小。1978 年农业从业人员占社会从业人员的比重为70.53%，同年，农业占 GDP 比重为 27.9%，就业结构偏差为 42.6%。到 2005 年，农业从业人员占全社会从业人员比重下降到 44.8%，农业 GDP 比重为 12.6%，就业结构与产业结构偏差缩小为 32.2%（见表12 – 2）。27 年间，平均每年结构偏差下降 0.4 个百分点。另一方面，使我国的城市化水平有了大幅度的提高。1978 年全国人口 96259 万人中，城镇人口和农村人口分别为 17245 万人和 79014 万人，城市化水平为17.92%。到 2002 年，全国人口为 128453 万人，城镇人口和农村人口分别为 50212 万人和 78241 万人（见表 12 – 3）。农村人口数量基本不变，增长部分主要向城镇转移，使城市化水平提升到 39.09%。平均每年城市化水平提高 0.88 个百分点。

表 12 – 2　　1978—2005 年农业就业份额与产业结构份额及其偏差　　　　（单位:%）

年份	农业 GDP 比重	农业从业人员占社会从业人员的比重	农业就业份额与GDP 份额的偏差
1978	27.9	70.5	42.6
1980	29.9	68.8	38.8
1985	28.2	62.4	34.2
1990	26.9	60.1	33.2
1995	19.8	52.2	32.4
2000	14.8	50.0	35.2
2004	13.1	46.9	33.8
2005	12.6	44.8	32.2

资料来源：2006 年《中国统计年鉴》。

表 12 – 3　　　　1978—2005 年我国农村人口城市化进程　　　　（单位：万人,%）

年份	全国总人口	城镇人口	农村人口	城市化率
1978	96259	17245	79014	17.92
1980	98705	19140	79565	19.39
1985	105851	25094	80757	23.71
1990	114333	30195	84138	26.41
1995	121121	35174	85947	29.04
2000	126743	45906	80837	36.22
2002	128453	50212	78241	39.09
2004	129988	54283	75705	41.76
2005	130756	56212	74544	42.99

资料来源：2006 年《中国统计年鉴》。

2. 农村劳动力流动是剩余劳动力转移的主要方式。

农业的集约化经营、发展农村的非农产业和加快城市化，是吸收农村劳动力的三个主要领域。但随着经济的发展，农业产业份额的下降必然带动其就业份额的逐渐下降，从事农业生产的劳动力数量将越来越少。事实上，大量农村剩余劳动力已经实现了从农业向非农产业的转移，并将继续向外转移。

分阶段来看，20 世纪 90 年代以前，农村劳动力能成功地实现向非农产业的转移，主要是得益于乡镇企业的迅猛发展，就地转移是这一时期农村剩余劳动力转移的主要途径。据估计，这一时期转移的农村剩余劳动力约 1.3 亿人，其中就地转移的占 70% 左右（白南生，2002）。而 90 年代以后，乡镇企业的发展速度下降，吸纳劳动力的能力明显减弱，特别是 1997 年以来，由于乡镇企业所处的整体经济环境发生较大变化，其自身也处于结构调整和体制创新的转折阶段，这一问题更趋严重。1995 年乡镇企业吸纳农村劳动力约 800 万人，1996 年降至 600 万人，1997 年进一步降至 400 万人（赵树凯，1999）。1998 年以来，乡镇企业每年仅吸纳农村劳动力 180 万人，相当于"七五"时期的 30%，"八五"时期的 25%。这时农村剩余劳动力的转移就主要依靠劳动力外出打工引起的跨区域流动。若以出县流动就业来衡量，中西部多数省区跨地区流动就业人数，都超过了在当地乡镇企业就地转移的人数。1989—2000 年，乡镇企业新增就业 3192 万人。同期，跨地区流动就业人数增加了约 4300 万人。

事实表明，改革开放 20 多年来，农村剩余劳动力转移已经明显地经历了一个从农业、农村内部消化到跨区域、跨城乡流动的重大变化（张正河，1999，2001）。据测算，今后 10 年左右的时间里，大约有 1.5 亿—2 亿农村剩余劳动力需要从农业中转移出来，而受发展速度下降和企业技术进步、资本有机构成提高及布局分散等因素影响，乡镇企业对吸纳农村劳动力的贡献不会太大，农村劳动力向外流动将是农村剩余劳动力转移的重要途径。

二　农村劳动力流动与农业结构调整的关系

（一）农业就业结构的调整是农业结构调整的重要方面

农业生产结构的战略性调整不仅包括产品结构和组织结构的调整，还应包括生产要素结构的调整（农业部，2001）。劳动力作为农业生产必不可少的要素之一，其就业结构的调整就是农业生产结构调整的重要方面。

　　近年来，农产品结构性过剩、农村劳动力就业困难等问题，是农业结构不适应市场消费需求的集中表现。出现农产品总量过剩，究其根源在于对农产品的消费需求不足，特别是对商品农产品的有效需求不足。对商品农产品消费需求不足，根本原因又在于我国城市化水平低，城乡人口比例失调。只有加快城镇化进程，把农业劳动力从农业生产中解放出来，把农民从农村有限的区域转移出来，农业结构调整才是战略性调整。

　　国际比较显示，与其他人均收入水平相近的国家相比，我国农业就业比例明显偏高。经过改革以后20多年的调整，目前我国农业产业与就业结构的偏差仍高达28%左右，劳动力就业结构变动严重滞后于产业结构的变动。经济结构的变化以就业结构变化为根本标志，工业化、城市化是经济结构变化的外在表现形式。没有就业结构的变化，经济结构调整的成果就不能得到巩固（杜青林，2002）。

　　所以说，农业和农村经济结构调整的过程，实际上就是农村劳动力非农化的过程。在调整过程中，最重要的任务就是要将大量的剩余劳动力从农业中转移出去，降低农业就业比重，提高劳动生产率。

（二）农村劳动力流动对农业结构调整的带动作用

1. 农村劳动力的流动提高了农业生产要素的使用效率。

　　人多地少是我国的基本国情，农业现代化又面临着资金短缺的矛盾，在这种情况下，要优化农业各种生产要素的配置，提高农业生产效率，最主要的途径是对劳动力要素进行调整。近年来，农村非农产业发展不足，就业空间狭小，外出就业便成了输出地调整劳动力要素配置的重要方式。外出就业可以充分利用劳动力资源，不仅优化了当地的就业结构，也提高了农村劳动力要素的使用效率。通过将多余的劳动力从农业生产中转移出去，可以使大量沉淀于农业、尤其是种植业内部的零值劳动力，向正的生产率方向积聚，在一定程度上缓解了人地矛盾。

　　劳动力的流动还能够促进包括土地在内的其他生产要素合理流动，从而扩大农业经营规模、实现由传统农业向现代农业的转变。我国农业实现现代化，必定要通过土地适度规模经营来实现。而土地集中、适度规模经营的前提是农村的剩余劳动力要转移出去。有资料显示，在家里有承包地的外出农民中，其土地绝大多数由家庭其他成员耕种，常年在外务工的，有部分将其出租或雇人耕种。农业劳动力不断转移出去，其承包土地也要不断地被转让出来，一些种田能手或者大户，就可以将土地集中起来耕种，逐步实现农业由一户三五亩地的小规模生产方式向几十亩甚至上百亩地的农场经营方式转变。通过土地流转，提高了土地效益，实现了农业资源的优化配置，为农业结构调整创造客观条件。

根据我们对安徽省阜南县所作的研究，近20年来，阜南县的土地生产率和劳动生产率均呈较快的增长趋势。土地生产率从1986年的59.22元增加到2002年的184.47元，后者是前者的三倍之多。劳动生产率则在1999年达到最大值，每单位劳动力的净产值为1290元，是1986年的近3.3倍。进一步对总要素生产率的增长模式进行分析发现，90年代以前，该县由于农村剩余劳动力未能有效转移出去，土地价格相对较高，形成了这一时期以土地生产率为导向的农业生产率增长模式。然而，90年代中期以来，阜南县农业劳动力大量外出务工，使得劳动生产率快速增长，以土地生产率导向的模式逐步转向"中性"导向模式，甚至未来会出现劳动生产率导向模式。所以说，农村劳动力的流动提高了要素的使用效率，促使各要素的配置向帕累托最优的状态接近。

2. 农村劳动力的流动促进了农民增收。

进入新阶段后，农民增收严重受阻，最根本的原因就是农业劳动生产率太低，特别是在国际市场竞争日益激烈的情况下，问题就变得更加突出。由于劳均农业资源过少，使得我国单位农业产值中的人工费用远高于发达国家，从而削弱了我国农业的国际竞争力（1999年我国单位农业总产值中人工费用占32.89%，而1997年美国该数字仅为6.93%，见农业部发展计划司，2003）。农村剩余劳动力向外转移，使其他劳动力的劳动生产率提高，活劳动成本有所降低，收入也随之增加。如果农业劳动力不转移，农业产业结构调整的效果就不会太好，结构调整的收益上升速度赶不上农业边际生产率的下降速度，农民收入增长缓慢的局面得不到改变。

劳动力外出打工还可以直接增加农民的现金收入。在农村，现金收入是衡量农户实际支付能力的重要指标，在传统农区的农民收入中，由农户自食、自用和储备的农产品等折合的实际收入一般占有较大比重，而这部分收入基本上是不变现的，因而在农户的名义收入中，现金收入的多少可视为农户生产生活水平高低的重要标识。而在各类农户中，有劳动力外出的家庭现金收入水平明显高于没有劳动力外出的家庭（白南生，2002）。据国家统计局调查，2001年，有出乡就业劳动力的农户户均收入为7508元，而没有出乡就业劳动力的农户户均收入为 6256 元，两者相差 1252 元。

特别是近几年，在农民来自农业的纯收入连续减少的背景下，全国平均的农民纯收入之所以还能保持低速增长，重要原因之一，就在于农民外出打工的收入在增长。据国家统计局农调队测算，1999 年，农民人均纯收入中外出打工收入为 203 元，劳务收入增长占人均纯收入增量的 25%；2000 年，农民人均外出打工收入达到 240 元，占农民纯收入的比重为 14.85%，劳务收入增长占人均纯收入增量的 86%；2001 年，农民人均劳务收入 375.7 元，占农民纯收入的比重为 15.9%；2002 年，农民外出务工收入为 298 元，对农民纯收入增加的贡献率为 41.8%。2004 年，四川、重庆、湖南、安徽、江西等省市农民劳务收入已占农民人均纯收入的 30% 以上。

农村劳动力的流动，从多方面增加了农民收入，农民收入的增加反过来又积累了农业生产资金，使农民更有能力投资于农业结构调整，发展农业生产。

3. 农村劳动力流动会扩大对农产品的需求。

农业结构的现实转变，不仅取决于农产品市场需求结构的变化，还与农业自身的商品化程度相关。传统体制下，大量零值劳动力滞留于农业生产过程中，农业生产的目的主要是为了满足农民自己的消费需求。在自给自足的条件下，农业不会太多的关注市场需求结构的变化，只有在商品化因素提高之后，农业才会跟随市场需求变化调整生产结构。农村劳动力流动使城市化水平得以迅速提高，这是农业实现商业化的必要条件。农业人口大规模地向城市转移，使得可用于交易的大量农业剩余产品的产生成为可能，更重要的是，城市化的发展会带给人们消费观念的转变和消费结构的升级。人们对农产品的需求向着优质化、多样化的方向发展，简单的初级农产品将不能满足人们的需要，精深产品的市场需求不断扩大，对农产品的深加工又将有力地推动农业产业化经营。尽管粮食的需求总量不断增加，但是直接口粮消费水平在不断减少，粮食需求的大多数为转化需要的用粮，这将带动畜牧业内部生产的不断调整（农业部软科学委员会，2001）。

另外，农业人口以及农业劳动力比重的快速下降与就业弹性较大的轻工业的快速发展是相适应的，以农产品为原料的轻工业部门的扩张必然带来对相关农产品需求的扩张，因而促成农业内部由粮食作物向原料作物的转换，引致农业生产结构的变化。如对毛纺、皮革的需求扩大可带来畜牧业的发展，畜牧业的发展又引致对于饲料性作物需求的扩张，从而促动农业产业结构的调整。

4. 农村劳动力流动增加农村人力资本积累。

人力资本理论认为，使一个人从所从事的一项工作转到另一项更好的工作的成本可以作为对作出这种转移的人的一种投资。我国农村劳动力的流动，大部分是从不发达地区向发达地区的转移，农民在流动过程中，边干边学，可以积累许多经验，技能素质、生活适应能力和生产经营能力都得到了提高。外出劳动力在城市工作和生活过程中，接触现代文明，逐渐形成了能够与城市生活相适应的价值观、生活态度和社会行为模式。随着农民逐渐摆脱了乡土关系的束缚，传统的小农意识逐渐减弱，在学习新的知识和技术的同时，开阔了眼界，增加了社会阅历，培养了风险精神、商品意识和市场观念，降低他们的行为保守性和心理封闭性，并增加他们的自我依赖和自我效能感（周晓虹，1998）。他们在流动过程中可以将掌握的知识、技术、信息带回家乡，在农业领域开辟新的生产项目，选择农业中的规模化种植和畜禽、水产养殖业，发展成为当地的种田能手、经营大户，起到了经济带头人的作用。并通过示范效应带动其他农户的生产，促进输出地农业产业结构的调整，对产业化经营的发展起到积极的推动作用。

外出劳动力对人力资本积累的影响不仅体现在劳动者本人素质的提高，还体现在家庭其他成员的身上，特别是对子女的教育问题上，从而为整个农村社区今后发展所需人力资本的积累奠定了一定的基础。

（三）农村劳动力流动对生产结构的负面影响

劳动力的流动有力地缓解了我国农村人地比例关系紧张的局面，优化了资源配置，并在资金、技术等方面为农业生产提供了有效的支持。不仅如此，还拉动了对农产品的需求，促进农业的商品化和产业化经营。然而，任何事物都有它的两面性。农村劳动力的流动在某种程度上对输出地的农业生产也会造成一些负面影响，如农地撂荒现象的出现，优秀农业人才的流失，农村社会老龄化的加剧，宅基地浪费、闲置等问题。

首先，由于农业生产的季节性特点，生产高峰时期的劳动力缺乏，可能会在某种程度上对农业生产造成损失。一般所说的农业剩余人口是从总体而言的，而在以农户为基础的农业经营方式下，在季节性的生产高峰期，会存在劳动力缺乏的局面。在农村劳动力市场不完善甚至不存在的条件下，季节性的劳动力需求由于缺乏劳动力市场无法调剂（都阳，2001）。某些地区可能会出现结构性的非剩余流动，从而制约了当地农业的可持续发展，如20世纪80年代中期到90年代初我国苏南地区出现的撂荒现象（徐增文，1995）。如果在一定时间内，劳动力资源来不及重新进行配置，那么这些地区和家庭不可避免地会出现农业生产的萎缩，当然更无力进行农业结构的调整。

其次，农户兼业化的经营方式使外出打工和农业生产两种经济活动对具有较高人力资本的劳动力形成竞争关系。在我国，农村人口的素质本来就比较低，年轻力壮的劳动力因各种原因又大多不愿在家从事农业生产，而是选择进城务工或在当地从事第二、第三产业。农业劳动力外流导致从事农业生产的青壮年劳动力的缺失，加剧我国农业劳动力老龄化、妇女化的倾向，影响农业劳动力的整体素质，削弱农业生产的后劲。并且一般来说外出打工者，除了在年龄上占有优势外，也都是具有相对高文化素质的人群，他们的外流可能会影响到农业新技术的推广和采用、科技知识的普及和土地的改良，进而对农业生产结构的调整产生制约。

再次，当前有劳动力外流的农户大多数属于兼业性经营，可能会导致农业的粗放经营。兼业农户的生活不完全依赖纯农业收入，对于进一步加快农业生产的发展缺乏动力，农业生产所需投入未必得以保证。近年来，农业比较利益下降，非农收入在农民收入中所占比重越来越大，外出务工对农民增收起着支撑作用，有一些地区农民将农业生产当作副业，实行粗放经营，甚至出现农地抛荒或撂荒的现象。对这些农户来说，农业生产不是收入的主要来源，只是为了满足家庭的口粮或是把土地作为生存的保障，而不愿放弃土地。他们对农业生产没有太高的积极性，农业结构调整的动力也就不大。

我国目前有2亿多分散的小农户，兼业化经营率在70%以上，且农村改革20多年来，一直维持在该水平上（温铁军，2004）。关于农户兼业化对农业产生的影响，就不同地区所作的研究得到的结果不尽一致。如梅建明、陈秀华（2003）以湖北省为例对兼业农户的经营状况进行分析，发现纯农户的生产率水平要高于兼业农户，一兼农户的生产率水平又要高于二兼农户。一兼农户的存在及其在一定程度上的普及在不同地区对农业生产率的影响并不显著，但二兼农户如果过多对农业生产会造成一定的负面影响。并且纯农户的耕地实际利用率要高于兼业农户，兼业农户土地的抛荒比例相对较高。而高强、赵贞（2000）等人在陕西洛川开展的农户调查则得出了相反的结论。他们认为，由于一兼农户占用劳力、土地、资本等生产要素较多，从效率来看，无论是费用产出率、土地产出率还是劳动生产率都是第二类兼业农户最高。第一类兼业农户在土地产出率和劳动生产率方面略高于专业农户，但费用产出率不如纯农户。调查还显示，随着兼业的深化，农户对农业相对投资减小，但农业绝对投资增长，由 130.3 元增长到 339.37 元。

二兼农户每公顷生产费用最高为 1511 元，其次为一兼农户 1505 元，最低为纯农户，只有 927 元。

由此可见，农村劳动力的流动对农业生产结构的调整会产生正反两方面的作用，要全面地衡量其影响，需对这两种不同的效果相互作用后产生的净效果进行评价，不能一概而论。从总体上说，可以认为，农村劳动力流动的正面影响大大地超过了负面影响，而且，许多负面影响主要是因兼业化经营方式引起的暂时现象，从表象上看，是大量农村劳动力流动导致了农户的兼业化，但其根源在于体制上的不完善。随着城乡二元分割体制的瓦解，这些不利方面在长期内是可以减弱或消除的。比如，兼业农户不愿放弃土地，就涉及农地制度、社会保障制度等多重因素；劳动力的季节性缺失则有赖于劳动力市场的进一步发育。而且，农村劳动力外流及兼业化经营可能在某些地区、某个方面，的确造成了对农业生产结构调整的抑制，阻碍了农业的发展。但与此同时，在另外的地区、另外的方面它又能通过其他形式促进农业生产，就我国的农业和农村来看，在更大范围内，农业劳动力的报酬几近于零，劳动力外出对农业生产及产业结构的调整利大于弊。

（四）农业结构调整可以缓解农村劳动力转移的压力

农业产业结构的调整，能够在农业内部扩大就业容量，在时间和数量上适当缓解农村劳动力转移的压力。不同农产品，劳动密集和土地密集程度是不一样的，有的是土地密集，比如谷物、棉花、油料以及薯类等；有的是劳动密集，比如花卉、蔬菜、水果等园艺类产品和畜牧、水产养殖产品等（见表 12-4）。农业结构调整的基本趋势是，在城市化水平不断提高和农业人口比重不断下降的动态过程中，适应国民收入增长和市场需求结构的变化，高收入弹性产品对低收入弹性产品的替代。而随着收入增长需求迅速扩大的那些农产品，如花卉、果蔬、畜产品等，大多是劳动密集型的。相反，需求收入弹性较小的大宗谷物产品，又多为土地密集型的。需求结构的这种变化拉动农产品市场结构随之变化，高收入弹性产品市场需求的不断扩大势必引起生产结构的转换，吸引包括劳动力在内的各种农业生产资源向其集聚。另外，从资源和成本角度看，美国等发达国家，地广人稀，工资成本相对较高，生产劳动密集型的农产品不具有优势。相反，我国人多地少，劳动力价格较低，更适宜生产劳动密集型农产品和特种农产品。所以说，通过生产结构的调整，适当减少土地密集型农产品的种植面积，增加劳动密集型农产品的种植面积，不仅提高了农产品的国际竞争力，还可以在一定程度上扩大农业部门的就业机会，促进农民就业和增收。

表 12-4　　　　1985—2003 年粮食和苹果每亩用工量对比表　　　（单位：日）

年　份	1985	1990	1995	1998	1999
三种粮食平均	17.60	17.30	15.90	13.80	12.80
苹　　果	71.48	63.32	65.20	48.80	48.20
年　份	2000	2001	2002	2003	2004
三种粮食平均	12.20	12.00	11.50	11.10	9.97
苹　　果	43.90	38.10	34.70	38.10	42.70

资料来源：1985、1991 和 2005 年《全国农产品成本收益资料汇编》。

　　国际经验也表明，凡城市化水平较高即农业人口和农业劳动力比重低的国家，其农业内部结构中，高收入弹性产品的份额较大，而低收入弹性产品的份额较小，如 1994 年的荷兰，农业就业比重为 4%，畜牧业和园艺业产值分别占农业总产值的 56.9% 和 28.4%，大田作物产值仅占 14.7%。这些城市化水平很高的发达国家，农业结构的转换速度已逐渐趋缓，而处于城市化和工业化进程中的发展中国家，农业结构的转换则较为明显（郭剑雄、王学真，2002）。这说明，农业结构的转换主要发生在农业人口比重和农业劳动力比重下降最为显著的时期。我国当前正处于城市化快速发展时期，农村劳动力流动将使农业产业结构调整的效果得到进一步的巩固和提高。

三　农村劳动力流动的制度障碍及解决思路

（一）农村劳动力进城务工的制度障碍

1. 缺乏基本的就业服务。

农村劳动力进城务工缺乏基本的就业服务：一是信息服务，二是职业培训，三是生活服务，四是法律服务。目前，一些用工单位还不能充分地尊重农村劳动力的合法权益，农民工由于人地两生，法律意识淡薄，难以切实维护自己的合法权益，一些农民工常常遭遇到不仅办经营证难，而且还受到城管、联防不分青红皂白的盘查；用工老板肆意拖欠工资等困难，均让进城务工的农民工忧心忡忡。据新华社在北京等地的随机调查，80 位民工中有 72.5% 的人表示他们的工资不同程度地遭到拖欠。因此，应切实维护农民工的合法权益，尽快开展对农民工的法律常识的普及和必要的法律援助。

2. 就业歧视依然存在，合法权益得不到保障。

由于计划经济的许多残余仍然在起作用，农民进城大多不具有"合法"形式，因而具有农民和市民双重身份。部分城市政府对外来劳动力仍存有偏见，对其在当地的生存继续加以种种限制。尤其是在一些大城市，政府为了保证城市人口的就业机会，常采取一些政策限制某些行业和工种招收外来劳动力就业。1994 年 11 月，国家劳动部颁布的《农村劳动力跨省流动就业管理暂行规定》第 5 条对用工单位跨省招聘农村劳动力作了严格限制：只有经劳动就业服务机构核准，本地劳动力无法满足需求时，才可考虑。一些地方城市政府则以保证当地下岗职工再就业为借口，向外地民工收取"准入"费，有的高达上千元，限制农村劳动力在本地的就业机会。《中国青年报》曾登载过一位在京打工者的题为《一个外地打工者的心酸》的文章，其作者认为对外地人的歧视首当其冲的就是就业歧视。由于城市管理的需要，北京市的劳动管理部门多年来都在制定和公布《本市允许和限制使用外地务工人员的行业工种》。2000 年，限制性行业从 1999 年的 5 个增加到 8 个，限制性工种从 34 个增加到 103 个；允许外地人从事的行业和工种多是建筑、环卫、化工等行业和工种。尽管如此，一些企业不按照国家的相关规定，对农村务工人员的生产安全、职业病防治、劳动保护等方面也缺乏基本的保护措施，致使重大责任事故时有发生；企业老板随意变动工作时间，长期的超时加班，严重地损害了劳动者的身心健康；各种污辱农民工人格、侵害农民工人身权利的违法行为也屡屡发生。农村务工人员虽然有所意识，但一方面迫于就业压力，另一方面求助无门，只好忍气吞声。此外，农民工居住、卫生、安全条件也没得到必要的保障，交通、环境卫生等基础公共设施严重缺乏。

3. 社会保障不落实，对未来生活担忧。

我国的社会保障主要是针对非农业人口实行的，广大乡村人口享受的保障范围极其狭小。长期以来，我国政府在土地家庭承包制度安排中，也将所有农村人口的社会保障加载到土地上，使土地不单单承载为城市居民提供生活资料和为工商业发展提供生产资料的功能，同时也承担了农村家庭的教育、就业、医疗、养老保险等社会保障功能。随着市场经济的进一步深入，农民离乡离土的越来越多，在中西部欠发达地区，进城打工已形成潮流。一个共同的现象，是土地弃耕抛荒增多。据四川省农业厅对 6 县区所辖 10 个乡（镇）、18 个村、382 户调查统计，调查户所承包的总耕地面积 34.8 万亩，抛荒面积已达 2.84 万亩，占耕地面积的 8.16%，其中，常年抛荒和季节性抛荒分别为 1.65 万亩和 1.19 万亩，分别占抛荒面积的 58% 和 42%。农村劳动力千方百计地想进城，却又割不断与土地之间的脐带，于是，土地成了"食之无味，弃之可惜"的"鸡肋"，农民工既想占有土地又不得不抛荒土地，实在是一种无奈的选择，这也是制约农业产业化和农村现代化的制度障碍之一。对绝大部分农民来说，进城务工，拿上了工资，绝不意味着土地已可有可无。如果说，逐步完善的社会保障制度，使城市人口在就业风险中拥有了最基本的生存保证，那么，对于进城务工的农民而言，土地就是他们规避经营风险、就业风险的避难所，是安身立命的根本所在。这也是农民宁愿赔本经营，甚至抛荒也不愿放弃土地的根源所在。一方面，农民工虽然抛弃农业生产有限的收入，但却不愿放弃土地的承包权，并承交各种农业税和其他涉农费用；另一方面，农民工在城市又争取不到与城市人口同等的待遇。这使得农民工的就业成本相对比城市职工，甚至比城市下岗职工高得多。然而，由于自身素质等原因，农民工一般又很难进入高收入行业，获取的收入也不足以为自己的生、老、病、死作充分的准备。在这进退维谷的状况下，他们对未来生活缺乏信心，甚至是十分担忧。

（二）解决的思路与对策

如何让农村劳动力走得出去，生活得好，工作得安心，是一个涉及经济、政治、社会等方面的综合问题。诸多的专家学者阐述了种种观点，不少地方也作过一些有益的实践。笔者认为，在市场经济的大背景下，农村劳动力作为生产要素的自由配置，享受城市人口同等的国民待遇，不是一蹴而就的，而是一个非均衡的发展过程。当务之急是要解决好三个问题：

1. 废除阻碍农村劳动力自由配置的制度壁垒，建立城乡统一的劳动力市场。

劳动力要素的自由配置是现代经济动态属性的必然，是现代经济增长的重要变量之一。首先，应废除传统的二元户籍制度。在重工业优先发展的战略下产生的城乡二元户籍制度从根本上否定了劳动力的自由流动在生产要素配置中的重要作用，排斥了市场经济的一般规律，是农村长期处于消费低迷的制度性原因，也是束缚我国生产力发展的体制性障碍。而依附在户口上的各项利益差别则直接导致城乡居民的不平等。废除户籍制度并不是取消"户口"，而是要打破"农业人口"与"非农业人口"的界限，使公民获得统一的身份；剔除附着在户籍关系上的种种社会差别功能，使城乡居民在发展机会面前人人平等。其次，应取消城市政府设置的农村劳动力市场进入性限制和地方就业保护，让企业自主合法地使用农民工。严格审核、清理农民进城务工就业的手续，取消专为农民设置的登记项目，逐步实行暂住证一证管理。同时，禁止非法或变换手法向民工乱收费。各行业和工种要求的技术资格、健康等条件，对农民工和城镇居民应一视同仁。最后，应建立完善的就业服务网络。健全的、发达的劳动力市场需要多层次的中介服务，包括用工信息发布、职业介绍、合同谈判、法律援助等多方面。

梅建明（2003）的调查结果显示，如果具备相应条件，有75%的兼业农户明确表示将完全放弃农业经营，愿意改变农民身份成为城市市民。这些条件包括"在城市有稳定工作、稳定收入，有了自己的事业基础"、"有城市户口，享有各项市民待遇"及"农村承包的土地全部转让，没有后顾之忧"。如果能把现在的兼业农户进行职业上的分化，实现由单一的农民向农业工人、农场主、非农产业的生产者、非农产业的经营者和城市市民等身份的转变，既可以消除兼业化带来的不利影响、扩大农户经营规模，又能够提高城市化水平，有助于农业产业结构的调整和经营方式的转变。但要实现这些农民的愿望，必须依赖于破除城乡分割的二元社会结构。

2. 建立农村进城务工人员的教育和培训体系。

劳动和社会保障部培训就业司在北京、天津、广州、深圳、西安、乌鲁木齐等24个大中城市进行的调查表明，用人单位对农民工的文化素质要求越来越高。在文化水平方面，90%以上的岗位要求具有初中以上文化程度的人员，其中，20%以上的岗位需要高中以上文化程度。在技能水平方面，80%的岗位需要达到初级工以上的水平，其中，13%的岗位需要具备中级工的职业资格；81%的岗位需要熟练工人。而目前我国农业人口中不识字或识字很少的约占14%，小学文化的约占42%，初中文化的约占37%，高中及以上文化的约占7%，农业人口平均受教育年限约6.5年。这样的文化水平是很难适应城市经济的发展的。

据统计，目前，全国在城镇就业的农村劳动力达8800多万人，他们当中多数人年富力强，主要集中在以手工操作为主、技能要求较低的传统部门。原因是他们当中的绝大部分人员文化程度较低，制约了他们转入更高层次的工作空间。近些年来，有关部门已在一些大城市组织务工青年进行培训，可也只是杯水车薪。如何让更多的务工青年接受技能教育，使他们能及时拿到多层次的职业"护照"？笔者认为，在我国职业教育资源严重不足的情况下，一是可根据农民工流动状况，在流动劳动力较多的地区选择一部分学校开设职业技能课程，让农民工在出门前就得到相关的职业技术培训。二是应鼓励社会力量介入职业技术培训，并给予相关的优惠政策，以弥补现在培训资源的不足。三是在大专院校开办各种职业技能进修班，让已进城就业的农民工能得到技能的提高培训。

此外，还要加强对妇女的职业培训和对儿童的义务教育、公共卫生等各方面的投入。目前，妇女在农业生产中的地位上升，而且随着服务业的发展，妇女将有更多的非农就业机会。提高妇女的文化素质，不仅可以扩大她们的就业空间，更重要的是由于母亲在孩子成长过程中具有特殊的地位，妇女文化程度的高低对孩子人力资本水平有着明显的影响，进而决定了未来农村劳动力的质量。劳动力的价值是由生产和再生产劳动力的成本决定的，它包括生活费用、文教娱乐费用、医疗保健费用等多个方面的内容。据我们在河南省所作的调查，从改革开放初期到现在，农村劳动力再生产成本虽然有了大幅度的提高，但和城市相比费用还是很低。当前在农村养育 3 个孩子的成本只相当于 1996 年在城市养育 1 个孩子的成本（剔除物价因素的影响），其差距是非常大的。无论是进城打工，还是留乡务农，农村劳动力的素质都需要进一步提高。只有改善劳动力质量，才有可能获得较高的劳动生产率，实现劳动力要素增值。

3. 逐步建立起进城务工农民的保障体系。

课题组认为：①进城民工的社会保障不应仅系于其所承包的土地。近年来，农业经营的绝对收益越来越低，有些地方农业经营收益甚至出现亏本。随着我国加入 WTO，多数农产品的提价空间不大，降价的压力增大，而农业经营的成本却不断上升，越来越多的农民视土地为"鸡肋"甚至是包袱，土地的保障功能被大大削弱。②由于我国经济发展水平较低而且不平衡，还不具备普遍推行农村社会保障社会化的条件，农村社会保障非均衡发展成为必然选择。也就是说，必须根据地区经济发展好坏来确定不同群体的社会保障的"优先秩序"。③由于农民工流动性大，特别是跨地跨省流动频繁，离开原工作单位时所买保险被迫中断，加之不同地区在保险的接续与转移处理程序和方式上还存在不完善的地方。基于这三个方面的原因，笔者认为，进城务工的农民工的养老保障可根据其在城镇工作年限，是否具有相对固定的工作和收入等资格条件渐次推进。符合条件的纳入当地社会化养老保障体系，对暂定不符合条件的，暂缓纳入保障体系，待达到条件后，再由企业申报、社保部门审核办理。对达不到要求的，责成企业和个人办理其他多种形式的补充保险。

农民工子女教育问题是农民工流动方式从"单枪匹马"到"拖家带口"变化的必然结果。农民工们最初带着正逢学龄的孩子来到城市的时候，是因为他们在原籍解决不了子女抚养问题。在城市里，这些为人父母的农民们千方百计地想让自己的孩子能够受到一些哪怕是很原始的教育，于是就有了"窝棚私塾"，这种教育形式的产生显示出了惊人的活力，于是就有了打工子弟学校，而打工子弟学校在发展过程中与现行教育管理体制之间矛盾日趋激烈，农民工子女教育也就成了"问题"。当然，农民工子女教育之所以成为问题这是另外一个因素——户籍制度——决定的，这一点不需要多说，由于学籍管制，农民工子女教育被忽视在城市变得"理所当然"。

我国目前有9800万长期流动人口，有统计表明，学龄儿童、少年超过2000万人，而有专家认为这个数字可能有些保守，而且，随着流动人口政策的宽松，这个数量会被不断放大。他们受教育的状况的确没有理由不引起高度关注，这是一个庞大的群体，他们的前途事关国家的未来。美国在这方面的做法值得借鉴。

四 建立城乡统一劳动力市场的路径

(一) 统一劳动力市场过程中的政策转变

城乡统筹是新时期提出的五个统筹之一，它包括城乡之间在社会、经济、文化生活等各方面的协调，但其首要的任务应是建立和完善城乡统一的劳动力市场，实现劳动力在城乡之间的自由流动和迁徙，使城乡劳动者在提供同等质量劳动的前提下，公平竞争，机会均等、同工同酬。客观地讲，农村劳动力的流动对城乡劳动力市场的统一起到了重大的推动作用。但在流动之初，受一些负面因素的影响，政策上对农村劳动力进入城市劳动力市场有着很多限制性的条件，农村劳动者在求职、就业、管理等方面遇到许多不平等待遇。其后，国家对农村劳动力流动的态度开始转变，逐步消除对农民工的不公正待遇，近年更是出台了多项政策促进城乡统一劳动力市场。

2000年，在"十五"纲要中提出要打破城乡分割体制，逐步建立市场经济体制下的新型城乡关系，改革城镇户籍制度，形成城乡人口有序流动的机制，取消对农村劳动力进入城镇就业的不合理限制，引导农村富余劳动力在城乡、地区间有序流动，废除阻碍统一市场形成的各种规定，坚持城乡统筹的改革方向，逐步实现城乡劳动力市场一体化。2002年初，又规定取消对外来务工人员的各项收费，包括暂住费、计划生育管理费、城市增容费、劳动力调节费等。并要求各地对进城农民要公平对待，合理引导，完善管理，搞好服务。2003年，国务院办公厅又发出通知，取消对企业使用农民工的行政审批，取消对农民进城务工就业的职业、工种限制，对农民工和城镇居民一视同仁。这一重大的政策转折，标志着农民工已经被纳入到城乡统一的劳动力市场当中。2004 年中央在"一号文件"中又明确提出将农民工定位在"产业工人的重要组成部分"，并就他们的问题提出要求，"改善农民进城就业环境，增加外出务工收入"。后来，《最低工资法》颁布并实施，第一次以法规的形式提出要保护非"正规"就业领域劳动者的合法报酬权，使民工的合理报酬得以保证。

随着中央各项政策的出台，各地也纷纷放宽管制，取消对进城民工的不合理限制，并着力维护民工的合法权益。

如在解决民工欠薪问题上，北京市规定对恶意欠付农民工工资并造成社会影响的建筑企业，实行"一票否决制"，一律清出北京建筑市场。到 2004 年 1 月 16 日，北京市农民工工资兑现已基本完成预定目标。北京各集团、总公司和中央在京四家企业 2003 年度建筑企业劳务费兑付率平均达到了 99.33%；深圳市建立了欠薪保障基金，基金主要来源于各用人单位预交的保证金；贵州省出台规定，承包单位承包工程后，要按承包工程合同总价的 1% 缴纳工资保证金，一旦发生拖欠、克扣民工工资问题，首先用工资保证金解决。上海市则宣布在计算人均 GDP 的基数时，将把外来务工者也计算在内，打破了以往只算常住人口的惯例。

山东省近期制定了一系列政策措施，要求各级政府建立覆盖城乡的劳动力供需网络，广泛收集、定期发布劳动力供求信息，取消了一切对农村劳动力进城就业的限制性规定，对城乡劳动者在求职、考试、招聘、录用等方面一视同仁。同时制定相关政策保障农民工权益，对进城就业农民在子女上学、社会保障、同工同酬等方面要与城市工人大体一致。省里今年还组织菏泽市与东部发达地区共同实施劳动力"西输东接工程"，很短时间内就有十几万菏泽农民在东部地区找到了工作。青岛市还建成了近 2000 平方米的全省第一所外来从业人员职业介绍中心，以引导农村富余劳动力有序流动。

浙江省余姚市 2003 年底出台了以三个"城乡统一"，即统一就业、失业登记制度，统一就业管理制度，统一劳动力市场体系为主要内容的城乡劳动力统筹就业制度。建立了市和乡镇两级劳动力职业技能培训体系，向近 10 万名农村剩余劳动力发放《求职登记卡》，凭卡到各乡镇职业技能培训基地免费培训。建立劳动力状况数据库，在全市形成了以城区中心劳动力市场为龙头、乡镇为基础、社区为窗口的职业介绍服务网络。自城乡统一就业政策出台至今，余姚市已有 1.8 万名农民参加了 32 个种类的就业培训，其中

1.5 万人实现了就业。

2004 年珠海市为促进农村富余劳动力转移，把农村就业工作纳入政绩考核。市劳动保障部门将建立完善城乡一体化劳动力市场和劳动就业服务平台，农村劳动力在当地的劳动保障事务所可以享受到免费的职业培训、职业指导、职业介绍和创业指导"一条龙"、"一站式"服务。此外，还将加大劳动监察力度，及时督促用人单位与招用的本市农村劳动力签订劳动合同、依法参加社会保险，确保农民工的合法权益得到保护。

湖南省提出了就业准入平等、就业后享受的权利和义务平等、依照法律和政策规定参加社会保险平等等各项政策。临澧县还实施了城乡劳动者统一的就业保障证，覆盖了所有城乡和外来劳动者，适用于各类企业，包括劳动保障领域的各项内容，实现了一证在手，走遍全县，进出自由。就业市场化使临澧县的城乡就业状况大大好于全国的平均水平。目前临澧的城乡就业率水平非常接近，城市就业率为 91.9%，农村就业率为 92.9%，农村就业率比城市还高出 1 个百分点。这与全国平均农村就业率远远低于城市的状况形成了鲜明的对比。

四川省把劳务培训纳入农村经济发展一级目标考核内容，财政安排 400 万元资金启动省级培训，共培训劳务人员 210 万人次，获得证书的达到 147 万人。该省劳务输出基地县已与北京、上海、浙江等地达成 10 万名保姆培训输送协议。全省 2003 年共转移和输出 1370 万人，其中跨省输出 660 万人，外派劳务输出 7000 人，全省农民人均劳务收入 697 元，占人均纯收入约 1/3。四川省还在全国率先建立以华西民工救助中心为龙头的民工维权救助体系。

此外，2003 年 8 月初，中华全国总工会发出《关于切实做好维护进城务工人员合法权益工作的通知》，宣布将尽可能多地组织农民工入会，并将离开家乡到城镇打工的农民定义为职工队伍的成员。此后一个多月的时间里，全国有 3400 多万农民工加入了数以百计的打工地城镇工会组织。2004 年 2 月 23 日，黑龙江省又有 2000 名农民工举行了全国总工会会员入会宣誓仪式，是黑龙江省首批正式以城市企业职工的身份成为全国总工会会员的农民工。

河南省信阳市在最近两年的时间里，普遍建立了维护外出务工人员合法权益工作小组，各县区及各乡镇均成立了外出务工人员工会联合会，全市近 500 多个行政村都成立了外出务工人员工会小组。在接纳吸收农民工入会的同时，他们还设法与外地工会联系并征得对方同意，在上海、广东、新疆、苏州、杭州等外出务工人员集中地，建立了 40 多个务工人员工会联合会，接受当地总工会领导。由此，形成了农民工输出地与输入地两地工会联手双向维护农民工合法权益的新机制。这种机制使农民工的工会关系可以"飞来飞去"，身份可以随时转变——外出打工前，可在当地办理工会会员证；外出务工时，接受当地工会管理，享受会员待遇；回乡务农时，打工地会籍自动取消。这种形式受到了农民工的普遍欢迎，其经验做法已得到河南省及全国总工会的认可和赞扬。

以上例子足以说明，各级政府已经认识到建立城乡统一的劳动力市场的必要性，并把它作为政府部门的一项重要工作来抓，政策效果也已初显。但实现城乡统筹就业是一项极其复杂的系统工程，它的完成需要其他各项政策的配套支持，在改革过程中还需要不断地进行探索。

（二）对城乡统一劳动力市场的进一步探讨

劳动力价格主要由其生产成本决定，同时受供求关系的影响。据估算，当前农村劳动力再生产成本总量约为改革初期的 6 倍，而农民人均纯收入仅为当时的 3 倍（剔除物价因素的影响），劳动力价格上升的幅度远远低于成本的增幅，甚至在个别地区还不抵物价上涨的速度。比如，在深圳打工的外来民工工资 15 年内增幅只有 10% 左右，除掉在外生活必要的消费，辛辛苦苦一年下来，却所剩无几，民工连最基本的生存需要都难以满足。农村劳动力价格低廉，特别是农民工的工资偏低，是一个不可否认的事实。这一方面是劳动力市场供求关系不平衡导致的，另一方面是农村劳动力素质过低造成的。

1. 劳动力市场供过于求压低了劳动力价格。

自 1978 年以来，全国共创造 3.3 亿个就业岗位，城乡从业人员 2002 年增加到 7.3 亿人，有 2 亿多农村劳动力实现了非农就业。然而随着农业劳动生产率的进一步提高，还有大量农村剩余劳动力亟待化解，在 10—15 年左右的周期内，农村剩余劳动力转出的总规模需要达到 1.5 亿—2 亿人才行。除了农村剩余劳动力外，城镇新增劳动力和下岗职工也是造成就业形势紧张的重要原因。"十五"期间，每年新增劳动力将升至峰值，加上现有城镇下岗失业人员，每年城镇需安排就业 2200 万—2300 万人，而每年新增就业岗位 700 万—800 万人，年度供大于求的缺口为 1400 万—1500 万人。有预测表明，我国劳动年龄人口（15—59 岁）比重在 2010 年前后达到其最高点，之后将趋于下降。劳动力供给的总量则在 2020 年左右达到其峰值，之前这段时间是中国劳动力资源最为丰富的时期，劳动力资源供给总量一直会维持在 8000 万人以上，之后将逐年减少（见表 12 - 5）。

表 12 – 5　　　　2005—2100 年我国总人口及劳动力人口变动趋势　　（单位：万人,%）

年份	总人口	劳动年龄人口	劳动年龄人口比重
2005	133401	88493	66.34
2010	138619	91764	66.20
2015	143781	93321	64.91
2020	148255	94623	63.82
2030	154450	90790	58.78
2040	157150	89316	56.84
2050	156933	86459	55.09
2060	154731	84748	54.77
2070	153485	83705	54.54
2080	151785	81776	53.88
2090	150551	80671	53.58
2100	149497	79297	53.04

　　资料来源：蔡昉、王美艳：《中国人口老龄化与养老保障制度改革》，《中国人口年鉴》，2003 年版；转引自张二力、郭震威等《中国中长期人口发展趋势预测》，载于《全国和分地区人口预测》，中国人口出版社 1998 年版。

　　与此同时，因经济结构调整，经济增长对就业的吸收能力却呈现出不断下降的趋势。从 20 世纪 80 年代开始，我国的就业增长率就一直低于经济增长率。80 年代 GDP 增长率为 9.3%，就业增长率为 3%；90 年代 GDP 经济增长率为 10.4%，就业增长率为 1.1%（李剑阁，2003）。从最近几年看，1997 年 GDP 增长率为 8.8%，就业增加了 1.1%；1998 年 GDP 增长率为 7.8%，就业增加了 0.5%；1999 年 GDP 增长率为 7.1%，就业增加了 0.9%；2000 年 GDP 增长率为 8.0%，就业增加了 0.8%（张车伟、蔡昉，2002）。可以说，我国劳动力供给的可持续增长与劳动力需求的有限增长之间的不平衡现象十分严重，并将在长期内继续存在下去。

　　随着经济的发展和社会的进步，劳动力再生产成本还会进一步增加，劳动力生产成本的上升必将推动劳动力价格的上升，这是经济发展的客观规律。据分析，我国劳动力总量绝对过剩状态会在今后 10 年内发生变化，会出现结构性的求大于供现象推动劳动力价格上涨。

　　2. 农村劳动力素质低造成其价格难以提升。

　　一般认为，发展中国家被分割的劳动力市场由以下三个部分组成：农村劳动力市场、城市非正规劳动力市场和城市正规劳动力市场（蔡昉，

2000），前两者属于从属劳动力市场。在我国，由于有庞大的农村剩余劳动力作为储备，从属劳动力市场的容量远远大于正规劳动力市场，供给弹性和需求弹性也都大于正规劳动力市场。大量低素质劳动力的存在导致了非正规劳动力市场的供过于求，而高素质的劳动力较少，却导致某些技术含量高的岗位出现供不应求的状况，因此两种市场上的劳动力价格相差悬殊。当前，城市对外来人口采取的限制措施对在城市主要从事自营性较强的服务性行业的农村劳动力进城没有产生显著的影响，只对那些主要在企事业单位就业、与当地劳动力存在着岗位竞争的来自外省农村和其他城市的劳动力的流入具有显著的限制作用（彭代彦，2003）。但由于农村劳动力自身素质的限制，即使大型企事业单位等城市部门完全向农村劳动力开放，非正规劳动力市场上的劳动力也是很难进入正规劳动力市场。除了少数高学历的优秀人才以外，大多数农村剩余劳动力的素质是无法满足正规劳动力市场的要求的。所以说，是农村劳动力的低素质决定了他们在市场竞争中必然处于劣势地位，在劳动力市场供求关系发生逆转之前的 20 年内，其价格不会出现明显的上升。

建立城乡统一的劳动力市场是解决我国就业问题必要的制度保障，但限制农村劳动力进入城市就业的根本原因在于严峻的就业形势和劳动者市场的素质门槛而非户籍制度（肖文韬，2004）。深层次意义上的城乡统一劳动力市场不仅仅是取消对进城农民的户口管制，其更重要的内涵应当是无论城乡，对所有劳动者，按照人力资本含量多少及生产率水平的高低确定其劳动力价值和报酬。所以说，对农村劳动力而言，简单地放松对其流动的限制是远远不够的，最关键的是要加大对人力资本的投入，提高劳动者素质。唯有如此，才能使更多的劳动者有机会进入到正规劳动力市场，适当地缓解非正规劳动力市场上的供给压力，才能较好地理顺劳动力价格和成本间的关系，才能打破市场分割，真正实现劳动力市场的统一。

第十三章

农业产业化经营与农业结构调整

农业产业化经营，是指以农村家庭承包经营为基础，以市场需求为导向，通过各种类型的龙头组织带动，将农业产前、产中、产后各环节用利益机制联结成一体化经营的一种新的生产经营形式。农业产业化经营是我国农业经营体制的创新，是推动农业结构调整的重要带动力量，是发展我国现代农业的重要途径，是建设社会主义新农村的一项重要战略举措。

一 农业产业化经营的内涵

农业产业化经营从 20 世纪 90 年代初兴起，经历 15 年发展的丰富实践，给农业产业化经营注入新的内涵。

（一）农业产业化经营是一种新型的农业经营方式

在传统计划经济体制下，农业产业被割裂，农业再生产的产前、产中、产后诸环节的内在联系被截断。而在市场经济条件下，农业再生产过程各环节实质上都有紧密的内在联系，各环节在农业再生产的过程中都不再是孤立存在的，这就需要有一种联结产前、产中、产后各环节进行一体化经营的新的机制，这就是农业产业化经营。从经济学角度看，农业产业化经营是以市场需求为导向，以农村家庭承包经营为基础，依靠龙头企业、农民专业合作经济组织及其他中介组织等各类龙头组织的带动和多样化的利益机制，将农业的生产、加工、销售各环节有机结合、相互促进、实行一体化经营的一种新型的农业经营方式。

（二）农业产业化经营作为一种新型的农业经营方式，它最大的特点在于农业一体化经营

所谓农业一体化经营，就是按照现代企业管理的理念把农业产业链条中的两个环节或更多环节的经济活动，在有效的统一管理下结合在一起。在这种农业一体化经营方式中，农业一体化系统内是市场安排和非市场安排相结合，从而实现了生产要素的合理组合，有效发挥参与一体化经营的各市场主

体的优势。

（三）农业产业化经营的核心是利益机制

从经济学观点来说，参与农业一体化经营的各市场主体对一体化系统的投入，包括土地、劳动、资金、产品、知识、技术等和它们在系统内部的产权得到承认，并得到可以接受的回报和收益，这是激励其积极性和创造性的动力源。

利益机制是通过多种分配方式来实现的，其实现形式，就是各参与主体之间签订的合同。作为农业产业化经营的龙头企业以及多元参与主体的一体化经营系统，其利益机制要比一个经营主体内部的利益分配复杂得多，由于农业产业化经营的具体组织模式不同以及所实行的微观结构不同，各自的利益机制类型和分配方式也不相同。

（四）农业产业化经营要以健全的农业产业组织体系作组织制度保障

农业产业化的"经营"，实质上是依托农业产业化组织体系而开展的。构成农业产业化组织体系的主要成员是：农产品加工龙头企业、农民专业合作经济组织、专业农户、农业行业协会及其他中介组织等。在这个产业组织体系中，各成员扮演的角色或功能是不一样的，龙头企业主要起开拓市场、科技创新、引导生产、加工增值、融通资金和带动农户等功能。龙头企业的最大特点在于：（1）龙头企业与多元参与主体之间有直接的共同利益；（2）龙头企业与所带动的农户有一定的制度维系；（3）龙头企业与多元参与主体是按照产业组织体系的分工与一体化运行机制来运行的。专业农户主要是农产品原料的生产者与供应者。农民专业合作经济组织等中介组织主要是起中介或载体作用，发挥其组织农民、商业谈判、提供服务等功能。农业行业协会主要起促进行业发展、保护行业合法权益、约束行业自律等作用。维系农业产业组织体系的组织结构，大体上有三大要素：（1）利益联结机制；（2）制度保证；（3）运行约束机制等。只有形成了稳定的农业产业组织体系，才能确保农业产业化经营健康、有序发展。

（五）农业产业化经营是一个逐步发展和完善的过程

这主要包含两层意思，一层是，农业产业化经营是由一个从初级到高级，从不完善到完善的发展过程。另一层意思是，随着农业产业化经营发展，至少伴随着三个过程的进行和发展：（1）农村经济体制改革与创新过程。随着农业产业化经营的深入发展，必然会涉及农村生产关系的调整，通过生产关系的调整，促使各市场主体之间结成新的经济关系，从而使"农村以家庭承包经营为基础，统分结合的双层经营体制"注入新的内容和活力。（2）农业专业化、企业化、社会化发展过程。（3）农业现代化实现过程。

总的来看，我国农业产业化经营已经从20世纪90年代的局部探索转入全面推进，形成了规模扩大、领域延伸的新格局。到2004年底，农业产业化龙头组织已达到11.4万个，固定资产总额8099亿元，销售总收入14261亿元，分别比2000年增加70.9%、91.7%和141.7%。带动农户8454万户，比2000年增加41.8%，农户从农业产业化经营中平均增收1202元，比2000年增加302元。

二　农业产业化经营的组织形式

农业产业化经营组织是指参与产业化经营的两个或者两个以上的市场主体或利益主体，在农业一体化经营组织体系中组合的方式或形式。经过十多年的探索，当前我国农业产业化经营的组织类型已基本稳定，共有以下几种类型：

（一）"公司＋农户"组织类型

这是以农产品加工企业为龙头，围绕一种或几种农产品的生产、加工、销售，与原料生产基地的农户实行有机连接，实行一体化经营的一种组织类型。在实际运行中，龙头企业连基地，基地连农户，在农产品原料生产、加工、销售等环节进行专业性协作。

河南省漯河临颍县龙云集团近几年大力发展无公害蔬菜产业。3年来公司按照国家规定的标准建立并经省农业行政主管部门检查认定的无公害蔬菜生产基地10个，面积达3.5万亩。基地内蔬菜生产模式有日光温室、简易大、小弓棚、露地栽培4种，基地建设的主体是农户，由公司担保，从信用社获得小额信贷，每户平均1000元。公司专门设基地办公室，共聘请30位农民技术员为公司的"合同工"，月工资400元，公司在每个基地安排2—3个农民技术员，这些农民技术员都是蔬菜种植大户。公司通过这30位"合同工"再与1.8万户蔬菜专业户签订"六统一"合同，即统一供蔬菜良种、统一施肥标准、统一赊供化肥和农药等生产资料、统一病虫害防治、统一技术培训、统一回购产品。为保证蔬菜品种、质量，公司按农户蔬菜产量的70%回购，其余30%由农户自销，公司收购价格一般比市场价格高5%—10%。云龙集团通过直接与专业大户签订合同的方式，有力地促进了当地蔬菜业的发展，目前已在周边形成了20多个无公害蔬菜专业村。

大型农产品加工企业，能不能直接与农户签订合同？四川省大业国际投资股份有限公司的实践回答了这个问题。"大业"是一家以草产业为主导产业的现代化大型企业，牧草饲料生产能力达47万吨，生产规模、市场占有率均居全国第一，几年来该公司先后在四川大凉山、甘肃河西走廊投建了5个牧草饲料加工企业，公司自建牧草示范及种子基地7万亩，加上农户自建共计面积达30万亩。2002年以来，"大业"又发展良种牛羊胚胎生产、繁殖、销售产业，在四川投建了三座良种牛羊胚胎生产中心和胚胎移殖繁育基地。总公司及下属各加工企业都设立了基地建设部，全公司投入基地建设与管理的工作人员达500余人，从上至下建立了一套完整的服务与合同管理体系。公司通过直接与农户签订合同的形式，带动农户3.5万户。公司根据不同产业，与农户签订的合同内容也不同：（1）牧草收购合同。主要内容：确定牧草品种、种植面积、预计产量、产品质量与收购价格。公司为农户提供牧草种植种子、田间管理技术手册和技术服务；提供机械收割服务，前三年免收收割、打捆服务费；对运距较远的合同户给予运输补贴。（2）波尔山羊胚胎移殖协议。协议主要内容：确定胚胎单价、移殖数量、怀胎率、提供全程技术服务、种羊回收标准及价格。（3）奶牛寄养协议。公司推广奶牛寄养办法的初衷是，回避困扰推广胚胎移殖技术所面临的"受胎率"与"后代性别"两大问题，加快奶牛繁育速度，降低培育成本。协议主要内容：公司将断奶母犊牛（3月龄）交农户寄养，确定寄养数量、回收价格及标准等。公司提供断奶母犊牛，提供防检疫、兽医、饲养管理等技术服务。

近几年来，在一些地方的农村，由于一部分劳动力流向城镇，土地流转速度加快，并向一些种田能手聚集，产生不少种植业专业大户。养殖业的发展，更涌现出众多养殖业专业大户。在这种情况下，一些地方的龙头企业，不再同小农户签订合同，而是同这些专业大户签合同，并依托专业大户作为示范来带动一般专业户或小农户。如内蒙古包头海德实业集团，是一个以马铃薯为原料的食品加工企业，它带动农户的做法是：公司与6个专业大户签订商品薯产销合同，面积3000多亩，依托当地农技部门对这3000亩实行"统一供种、统一技术标准、统一病虫防治、统一搞保护价收购"，公司以这3000亩作为示范基地，依托这6个专业大户联系周边1000多农户，建立稳定的6000多亩商品薯供给基地。这种方式形成"公司＋专业大户＋农户"模式。

从调查来看，要实施"公司＋农户"这种组织类型，起码具备三个方面的条件：一是公司设有专门部门负责基地建设，与农民打交道；二是公司有精干的服务体系，或通过社会化服务体系对合同农户进行服务；三是公司对农户的服务基本上实现了系列化。

（二）"公司＋中介组织（或中介人）＋农户"组织类型

这种组织类型与"公司＋农户"最大的不同点，就是公司一般不与农户直接签订合同，而是同某个中介组织或中介人签订合同，中介组织或中介人再与农户签订合同。中介组织或中介人，有的是乡镇政府、乡镇农技推广部门，有的是村委会、农民专业合作经济组织、基层供销社，有的是农村中的经纪人，还有的是国有农场（如新疆、黑龙江垦区），等等。这些中介组织或中介人，实际上是农业产业化经营组织体系中龙头企业与农户之间的载体。

江苏民康油脂公司，是一个以双低油菜子为主要原料的中型油脂加工企业，该公司在淮安市周边地区建立"双低"油菜基地 30 万亩，大豆基地 10 万亩。民康公司主要委托乡农技站和种子营销大户作为中介，与 6.7 万农户签订了产销合同，并且做到了"免费统一供种、免费统一供给硼肥、统一技术培训、统一收购油菜子"等"四统一"及"保证全部收购、保证按全省同期市场最高价收购、保证现金结算、保奖励（公司从利润中提取一定的奖励基金，一般为利润的 4%，对推广面积大的乡镇农技部门或油菜子亩产量超过 200 公斤的农户分别给予现金奖励）"等"四保证"，该公司所带动的农户从"四统一"和"四保证"中得到了实惠。

河北辛集市有一个主营优质专用面粉的"黑马"公司，并由"黑马"公司牵头组建了"辛集优质专用小麦产业协会"。"黑马"公司通过"公司＋专业协会＋农户"的模式，进行优质专用小麦产业化经营。专业协会理事长由公司经理担任，理事会成员有县种子公司、县农技中心、9 个乡镇 53 个村委会负责人以及 26 个专业大户或村民代表作为中心会员组成。个人会员每年交会费 0.5 元，村委会、农技中心作为团体会员每年交会员 300 元，"黑马"公司与县种子公司交 1000 元，专业协会一年会费收入 3 万—4 万元左右。专业协会的主要功能：（1）作为中介组织与鉴证人，监督"黑马"公司、村委会与农户签订"三方产销与服务"合同；（2）组织团体会员单位对种植优质专用小麦的农户进行系列化服务；（3）协调、安排种植与收获计划，由团体会员村委会组织实施；（4）协调收购价格；（5）组织对农户会员进行无偿技术培训、参观、交流等各项活动。目前，该市优质专用小麦种植面积已由 1996 年的 2500 多亩扩大到 20 多万亩，占全市小麦面积的 40%，公司通过专业协会每年收购 20 万吨优质专用小麦，其中 10 万吨加工自用，10 万吨销售。

此外，很多地方的龙头企业通过与经纪人签订农产品购销合同，经纪人再同农户以文字协议或口头约定的方式，从农户那里收购农产品。

"公司 + 中介组织（中介人）+ 农户"这种组织的主要特征：一是中介组织（或中介人）在产业链条各环节中主要起组织、协调和监督作用；二是中介组织（或中介人）往往通过当地的农技推广部门对合同农户实行单项、多项或系列化服务；三是中介组织（或中介人）作为中间环节，从龙头企业获得一定的组织费用（有的地方叫管理费用）。

（三）"农民专业合作经济组织 + 农户"组织类型

这是一种以农户家庭承包经营为基础，农民自愿参加，以一种农产品为主导产品的产前、产中、产后等环节，实行单项、多项或系列化服务的互助互利互惠的专业性经济组织。这种组织类型，有农村中能人牵头办的，有村委会牵头办的，有依托龙头企业、农技部门、供销社办的，等等，发展类型多种多样。

河南省浚县钜桥镇有一个农民养鸡协会，它是 1994 年由热心于养鸡事业的农村粮食经纪人靳福叶（女）牵头兴办的。现在，这个养鸡协会已在全县 5 个区，30 多个村，发展会员达 321 人。参加养鸡协会的条件：（1）养鸡专业户（一般都在 1000 只/户以上）；（2）会员养一只鸡交 0.05 元"组织费"给协会，同时还要有信誉好的介绍人作担保；（3）养鸡协会与会员签订合同并享受专业协会章程中规定的优惠，承担相应的义务等。全协会每年养鸡 180 万—200 万只，一年聚集的组织费用约 8 万—9 万元。这个养鸡协会为会员提供以下服务：（1）统一送鸡苗上门；（2）统一提供安全有效的兽药；（3）统一提供安全、优质饲料；（4）统一向龙头企业（永达公司、大用公司）申报销售计划，并组织运输车辆上门收购成鸡；（5）由养鸡协会派人与龙头企业结算，并及时将鸡款送到户；（6）由养鸡协会会长靳福叶作担保统一向信用社申请小额信贷（因靳福叶有一定的经济实力，有诚信度）；（7）由养鸡协会组织疫病防治，技术培训与技术服务。这个养鸡协会有章程、有较健全的工作制度、会议制度等。一年向会员按批发价提供饲料约 5000 吨、药品价值约 30 万元，一年举办 12 次培训班，每半年表彰一批会员，被表彰的会员可以免费得到养鸡协会提供的技术资料和禽药。

江苏省海门市京海肉鸡专业生产合作社。它是由国家级龙头企业海门市京海肉鸡集团发起并参股兴办起来的，社员每股缴纳 1000 元，现有团体会员京海集团 1 个和个人社员计 107 人，股金 10.7 万元，分配方式按股分红与按社员交易额分配相结合。该专业合作社做到了"七个有"：即（1）有完整的审批与注册登记手续，京海肉鸡专业合作社在南通市工商局注册登记，对社员都发了《社员证》。（2）有以"四统二分"双层经营为核心的组织章程和配套的管理制度（"四统二分"即：统一安排养鸡计划、统一供给饲料和养鸡设施、统一技术和疫病防治、统一回收成鸡；肉鸡合作社独立核算、自负盈亏；合作社盈余 50% 作为公积金、公益金，50% 盈余按股份和交易量大小作二次分配）。（3）有稳定的组织成员和领导管理机构及网络，有健全的民主管理机制，并按章程规定正常运行。（4）有经济实力，全社资产总额为 427 万元，其中流动资产 113 万元，固定资产 314 万元。近几年，虽受 SRAS 及禽流感的影响，但每年盈余仍保持在 40 万—60 万元之间。（5）有明确的注册商标。（6）有稳定的无公害食品生产基地。以肉鸡合作社为载体完成了农业部农业产业化示范项目"无公害饲料推广应用基地"。（7）有固定的办公场所、业务活动阵地及健全的档案管理，合作社制订的重要制度、财务活动及大事都及时向社员公布明示。2004 年，京海肉鸡专业生产合作社通过 107 位社员连接和带动了海门周边地区 6000 多户农民发展肉鸡业。

各种类型的农民专业合作经济组织尽管在称谓上并未统一，有的叫专业合作社，有的叫农民专业协会，有的叫农民专业技术协会，还有的叫农民合作协会等，但在运行中都呈现出以下明显几个特征：（1）具有明显的群众性、专业性、互利性和互助性；（2）体现了"民办、民管、民受益"的原则；（3）根据市场需求和社员（会员）的需要开展力所能及的服务；（4）专业合作经济组织内部经济关系有的较为紧密，有的较为松散，紧密度取决于社员的认识、社员的需求、有无资金以及经济实力和服务能力等多种因素影响。

（四）"农产品专业批发市场＋中间商＋农户"组织类型

这种组织类型是以市场带动型为表现形式。专业批发市场在这一种组织类型中的主要作用：一是提供鲜活农产品交易场地；二是对进场客商（中间商）实行服务、协调、管理、监督。专业批发市场作为管理者一般不直接参与生产经营活动（但也有少数专业批发市场管委会自己兴办一些农产品加工或流通企业，并通过自办的企业与基地的农户签订产、销合同），农产品批发市场作为龙头，一般是通过进场交易的中间商（客户）与农户建立一定的产销关系而得以实现的。

　　江苏省常州市凌家塘农产品批发市场，是农业部定点大型专业批发市场，2004年交易额达60多亿元，它带动农户的主要方式，是通过进场的"中间商（客户）＋农户"，进场交易的中间商（客户）有1600多个，其中约有60%的中间商与原产地农户建立了相对稳定的农产品产销合同关系，基地面积约400万亩，带动农户达20多万户。

　　这种组织类型的主要特征：（1）绝大多数专业批发市场的管委会是一个管理机构，而不是经济实体或企业；（2）进场交易的农产品多数是鲜活产品；（3）进场交易的中间商（客户）是某一农产品销售的经济实体和市场主体；（4）这种模式与农户的关系一般是较为松散的，即使中间商与农户签订了合同，但多半为产销合同，多数中间商一般不为农户提供除收购农产品以外的其他服务。

　　以上四种类型，是现阶段我国农业产业化经营的主要组织类型。根据农业部农业产业化办公室调查统计，到2004年底，各种模式所占比例大致如下："公司＋农户"类型约占总数约43.6%，农民专业合作经济组织等中介组织类型约占36.4%，"专业批发市场＋中间商＋农户"约占9.3%，其他占11.9%。随着市场经济的发展，各类型农业产业化组织所占比重将会有变动，从发展趋势看，"公司＋农民专业合作经济组织＋农户"以及农民专业合作经济组织等模式的比重将会逐步增加。此外，近几年来，在农垦系统体制改革的进程中出现了一大批以国有农业企业为主体的垂直一体化的农工商综合体组织形式，这是一种紧密的组织类型，它的主要特点是农产品的生产、加工、销售等各环节都统一在一个独立核算的企业内部，产、加、销各环节实际上是该企业的一个部门或车间或生产队。一般将这种类型归到"其他"组织类型中。

三　农业产业化经营的利益机制

　　参与农业产业化经营的各市场主体或利益主体，能否在农业产业化经营的组织体系内得到比较合理的利润，这是激励各市场主体或利益主体积极性和创造性的动力，是能否维系农业产业化经营组织体系并得到发展的基础。因此，如果说组织模式是农业产业化经营组织的"外壳"的话，那么，利益机制则是农业产业化经营运行机制的"内核"。通过利益机制才能实现龙头企业与农户联结的利益共同体关系，这种利益共同体关系，其实质是在利益机制约束下的对立统一的关系。从经济学角度看，当前我国农业产业化经营的利益机制与分配方式主要有以下几种：

（一）　以农产品合同为纽带的利益分配机制

参与农业产业化经营的龙头企业与农户之间，或龙头企业与农民专业合作经济组织之间，或龙头企业与其他中介组织（中介人）之间都签订农产品产销合同。产销合同主要规定了双方的责任、农产品的品种、质量、交售时间、收购价格以及龙头企业承诺的服务内容和项目等。其中价格是农产品产销合同最关键的问题。绝大多数通过价格调整来保证龙头企业与农户有一个较为合理的收益，从一定程度上讲，所谓利益机制，就是农业产业化经营组织内部的价格形成机制。目前，普遍采用的方式有：

1. 合同保证价格。

这是产业化经营组织内部的一种非市场价格。一般按农产品"生产成本＋最低利润"（生产成本不含活劳动成本）计算，或者以前 2—3 年应季市场平均价格计算，确定保证价格。在农产品市场价格起伏不定的情况下，合同保证价格，可以确保农户获得稳定的利润，只负盈不负亏，市场风险完全由龙头企业来承担。龙头企业为获得稳定、优质原料，也从长计议，分担农户市场风险；况且合同保证价格也并非市场保护价格，龙头企业必须科学地预测年度间农产品市场价格波动的情况，来确定当年度合同保证价格，同时龙头企业还要采取以丰补歉的措施，来规避和减少市场风险，获得较为稳定的收益。这种合同保证价格，在养殖行业比较多见，一些畜禽加工龙头企业在合同中承诺，根据年份不同农户每交售一只鸡（或鸭）可以保证得到1. 2—1. 5 元的纯收入（含活劳动成本）。

2. 市场保护价格＋随行就市。

这是产业化经营组织内部的非市场安排和市场安排相结合的一种价格形态。保护价的定价基础是"生产成本＋合理利润"。合同规定，当市场价格低于合同保护价时，龙头企业按保护价收购；当市场价格高于合同保护价时，龙头企业就按市场价格收购。这是目前最为普遍采用的一种方式。这种方式，确保了农户的收益，风险完全由龙头企业承担。因此，农户也容易接受。

3. 优惠提供主要生产资料。

由于批量较大，龙头组织可以从农资生产企业拿到出厂价或批发价，提供给合同（订单）农户。这是农业产业化经营组织内部的一种"非市场安排"。目前，这种做法比较普遍。

4. 二次分配（或称返还利润）。

就是在龙头企业与农户的合同中，除了按保护价或市场价收购农户农产品外，有的龙头企业还将农产品加工、销售增值的一部分利润返还给所签约的农户。操作办法一般以农户按合同交售给龙头企业的交易额的多少来返还。返还的方式，有的以奖励形式，有的则明确是利润返还。如安徽省阜阳市金牛集团（上市公司）每年从企业所得利润中拿出1%—2%，约35万—45万元奖励给合同农户。但该集团一般不付现金，而是以良种、兽药、化肥等生产资料形式奖励。河南北徐集团在小麦加工增值部分中，每公斤提取0.10元，再返还给合同农户。江苏省鑫缘茧丝绸集团公司，从政府给企业的减税所得收益中，拿出一部分资金通过各行政村的茧农"组合组"返还给合同内茧农，近3年来，每年平均返还给农户的金额约800万—900万元。

以"合同"为纽带的利益分配机制，使龙头企业与农户的外部交易关系转为组织体系内部化，从而提高比较效益，节约交易费用。

（二）以生产要素契约为纽带的利益分配机制

这是龙头企业与农户之间建立一种以生产要素为联结纽带的利益调节机制。即龙头企业或农民专业合作经济组织通过将包括资金、土地、水面、技术、劳动力等在内的生产要素以不同方式进行产业整合并按照各要素在产业化组织体系内部的贡献大小进行分配的一种利益机制。以要素契约为纽带的利益分配机制，将经济利益与生产要素贡献相联系，产业链条各环节的市场主体或利益主体联结更为紧密。在农业产业化经营运行的实践中，大约有以下几种方式：

1. 租赁机制。

龙头企业租赁农户承包的土地、山林、水面，目的在于建设企业自己的专业化、规模化的原料生产供给基地，同时实施标准化生产，为合同内的一般农户起到示范作用。凡是采用租赁机制的龙头企业，租赁农户承包的土地时，做法比较慎重，在变更土地、水面、山林使用权之前，先与当地农户、村委会、乡镇政府或原所有权单位进行充分的协商，在租赁时间、租赁费用、租赁期间对承包户或原所有权单位的补偿金额与补偿办法等方面达成一致意见后，再将上述内容列入租赁协议。凡是实行土地、山林、水面租赁的，都不允许改变其用途。凡是对农户承包的土地实行连片租赁的，龙头企业除要支出租金外，原承包农户有优先权承包已出租的土地。维系龙头企业与农户关系的纽带是租赁契约和关于出让承包土地使用权后的农民的补偿办法等协议。

2. 补偿机制。

目前有两种做法：一种是赊销制。即由龙头企业对合同内的农户垫付所有生产资料资金，合同农户按合同价格交售给龙头企业时，龙头企业在扣除生产资料垫付的资金后，将剩余货款返还农户。这种做法，在养殖产业上，采用得较多，如吉林德大公司、广东温氏集团等都采用这种办法。第二种是贸易补偿制。即由龙头企业（出资方）向原料基地合同内的农户提供生产建设资金，由农户提供土地、水面、劳动力及设备等，投产后大部分农产品按合同价格直接销售给龙头企业，并以产品货款的一部分抵付龙头企业投入的资金，当龙头企业投入的资金分年度（一般2—3年）收回后，协议就自动终止。这种补偿机制的特点是，相当于出资方的龙头企业以资金要素，用预付定金的方式提前订货，通过这种方式建立稳定的、一定规模的农产品原料供给基地；而缺乏资金的农户则可以土地、水面、劳动力和设备作为要素投入，这样，各自优势通过一体化经营产业链的整合得到互补，对双方都有利。

3. 租赁和转包相结合的机制。

即农户（或村集体经济组织）作为出资方建设农业设施，龙头企业作为租赁方将出资方建的农业设施租赁并再转包给农户经营。作为出资方的农户建设农业设施的资金来源小部分（大约占总标的金额的20%—30%）为自筹，大部分（约70%—80%）向信用合作社或农业银行申请小额贷款，而龙头企业则是贷款的担保方。河南省鹤壁市淇县永达、大用两个以肉鸡深加工为主营产品的龙头企业就是运用租赁和转包相结合的办法，不仅解决了规模化养殖基地建设缺土地、缺资金的困难，用这种办法建成了20多个专业化、标准化的养鸡场，年饲养肉鸡近8000万只；而且通过这种办法又带动近1000户养鸡专业大户致富，又使3000多名参与养鸡的一般农民有了稳定的收入来源。

（三）合作制和股份合作机制

这是一种主要以劳动、资产等要素为纽带的利益分配机制。但与上述其他分配方式最大的不同点是，合作制是农民专业合作经济组织将盈余在按一定比例扣除公积金、公益金之后，剩下的部分按其成员与合作社交易量的多少，再分配返还给其社员。股份合作制除了按交易量多少返还盈余外，再加上"按股分红"。

贵州省长顺县威远农业合作社是于2000年10月由县农经站牵头，联合威远镇和李家山镇的 120 名种姜大户和 42 名特色蔬菜大户发起成立的。经过 3 年的发展，这个合作社社员已有 576 人，其中科技种植（养殖）示范户 38 户。合作社对社员实行"五统一"服务，即"统一供应良种、统一栽培技术、统一栽培时间、统一品牌包装、统一产品销售"。全社种植生姜和特色蔬菜 2200 亩。2003 年销售生姜和特色蔬菜 2923 公斤，合作社直接收入 6.415 万元，获利润 2.6943 万元，社员户均增加收入 1730 元。威远合作社是股份制合作社，社员分一般社员和骨干社员两种，一般社员需缴纳 10—50 元资格股，可以从合作社得到良种、技术、信息等服务，享受合作社利润返还。骨干社员除缴纳 50 元资格股外，还需缴纳 200 元固定股，骨干社员参加合作社组织的各项活动时，可以领取每天 10 元的劳务补偿费，年底累计发放。合作社从经营服务收入中扣除当年服务成本后，在年终盈余中，提取 10% 公积金，用于扩大生产或弥补上年亏损；提取 5% 公益金，用于文化、福利事业；提取 40% 为股金红利，按每股 50 元计红利分配给骨干社员；提取 40% 为发展基金，用于扩大再生产；提取 5% 为风险基金，用于新品种、新技术示范或弥补市场风险损失。

　　江苏省高邮市甘垛镇棉花产销合作社，是由当地几位农民于 2000 年发起创办的。目前，入社社员达到 2710 户，其中跨乡、跨县的社员分别达到 260 户和 350 户。合作社拥有固定资产 500 多万元，股金 27.1 万元，植棉面积 21000 亩。2003 年实现总收入 1 亿元，利税 450 万元，社员人均纯收入达到 4400 元。每年二三月份，合作社与社员签订种植收购合同，核定植棉品种、面积、交售数量、方法，合作社承诺以每 50 公斤收购价格高于同期周边地区 10—20 元的价格，确定最低保护价，并实行敞开收购，依质论价，现金结算。年终合作社依照社员交售品种、数量，凭售棉发票进行二次加价结算，具体幅度根据当年棉花加工销售利润水平，按每公斤子棉 0.12—0.32 元予以兑现，品种新、等级好的子棉加价幅度较高。合作社恪守合同，按时足额结算兑现，取信于民，即使在棉花市场行情下滑、经营效益下降的情况下，也不克扣棉农的利益。合作社兴办的轧花厂还积极为社员提供就业渠道，增加社员收入。合作社每年从加工流通环节税后利润中提取 35% 作为风险调节基金、15% 作为公积金、10% 作为公益金，剩余利润实行二次分配和股金分红。四年来，合作社累计向社员二次分配 130 多万元，公益性投资 75 万元，社员务工增收 160 万元，入社社员每年人均增收 600 元以上。社员把入社好处概括为："品种优良，生产省心，销售顺畅，价格优惠，效益可靠，实惠多多"，形象地把合作社称为"避风港"。

由于我国农民专业合作经济组织尚处在发展的初期，因此，在实践过程中，真正实施合作制分配机制的还比较少。

上述以要素为纽带的利益机制其好处是：通过龙头组织对资金、土地和劳动力等要素的整合，再注入农业投入品、技术和企业管理等要素，使龙头组织与农户的联系更为紧密。

为保证农业产业化利益机制正常运行，增加龙头组织的凝聚力，往往在产业组织体系内部采取了一些"非市场安排"的措施。这种"非市场安排"措施被称为"利益机制的保障措施"。主要包括以下几个方面：

1. 资金扶持。

建设农产品生产基地的主体应该是农民，但农民缺乏资金，这是妨碍基地建设的一大制约因素。龙头企业为了建立稳定的、专业的、标准化的原料生产基地，往往发挥企业的优势，采取多种方式解决合同农户发展生产、建设基地的资金难题。具体做法是：①"垫付"，即龙头企业为农户垫付生产或建设农业设施所需资金，然后从合同农户交售的农产品的货款中扣回；②"统贷"，即龙头企业向银行统一贷款，然后，低息或无息转贷给合同农户，利息或息差由企业承担并逐年在企业成本中摊销；③"担保"，龙头企业以自己的实力与信誉为申请信用社和农行贷款的合同农户提供担保；④"投入"，即对基地农业设施建设采取多元化投入政策，"龙头企业投一点，农户投一点，政府投一点"的"三个一点"来建立生产基地；⑤"赊销"，龙头企业对合同农户生产农产品原料所需的生产资料采取全部赊销或部分赊销的措施；⑥"优惠"，龙头企业以低于市场价的优惠价格向合同农户提供生产资料或其他农业投放品。龙头企业通过这些措施，来增强凝聚力。

2. 系列化服务。

龙头企业为合同农户提供产前、产中、产后系列化服务。通过系列化服务，增强龙头企业的凝聚力，以确保所需原料供给稳定、及时且优质。有经济实力的大中型龙头企业自己建立一套服务体系，但大多数龙头企业则是通过现有的农技推广部门等组织资源，为合同农户提供系列化服务。

3. 建立风险基金。

为了防范农产品生产中的自然风险与市场风险，一些龙头企业或地方建立了风险基金，方式有：一是龙头企业自建，即将经营利润划出一定比例，作为风险基金并列入企业成本。也有的企业从税后利润中扣出某个比例作为风险基金。二是龙头企业与合同农户共建，每年分利前企业拿出一点，农户拿出一点共同设立风险基金。三是政府与龙头企业共建，政府从支农财政划出一定资金，龙头企业从利润中也划拨一定资金，共同建立风险基金，专款专用。四是地方政府从财政支农资金中拿出一部分作为支农风险准备金，实行专户专款专用。

通过上述"非市场安排"的保障措施，对农业产业化经营组织体系有效运行和维系体系内部各市场主体的利益关系有着十分重要的意义。

四　农业产业化龙头企业

农业产业化龙头企业，是指以市场为导向，通过多种形式的利益联结机制带动农户的农产品加工或流通企业。进入21世纪以来，随着农业产业化经营快速发展，参与农业产业化经营的龙头企业不断增加，经各级认定的龙头企业近5万家，占规模以上同行业农产品加工企业的比重由2000年的25%，提升到2004年的50%以上。其中，经省市区认定的省级龙头企业约1800家。

为了促进、培育和引导一批大中型农业产业化龙头企业，较快提高企业竞争力和带动能力，使之成为引领农业结构调整的骨干力量，成为参与国际农产品市场竞争的主力，从2000年开始，由农业部、财政部、商务部、国家发改委、国家税务总局、中国人民银行、中国证监会和中华全国供销合作总社8个部门组成"全国农业产业化联席会议"，并在省级龙头企业的基础上，共同选择一批有优势、有特色、有基础、有前景的企业为国家农业产业化重点龙头企业。按照国家8部门规定的标准和程序，先后三次被认定的农业产业化国家重点龙头企业共有582家。国家重点龙头企业不是终身制，按照8部门制定的运行监测办法，每两年对它们的运行状况监测一次，2004年国家8部门对第一、二批372家重点龙头企业的运行状况进行了监测，先后淘汰了36家，占9.7%。监测表明，被监测合格的国家重点龙头企业总体运行状况良好，企业经济实力增强，到2003年底，国家重点龙头企业总资产规模平均为8.15亿元，比2001年提高了35.61%，平均固定资产规模3.24亿元，提高了25.1%；平均每个企业的销售收入达9.71亿元，提高了23.5%。另据统计，到2005年底，年销售收入超过50亿元的已有20多家，超过百亿元的有7家，平均年销售利润率保持在2%—8%之间（不同行业的农产品加工企业销售利润率不尽相同）。同时，带动农户的能力也明显增强。2001年第一批监测合格的龙头企业平均带动农户9.76万户，共带动农户 1337.12 万户，占全国农村总户数的 5.65%。2003 年监测合格的龙头企业平均带动农户 11.45 万户，共带动农户 4008.73 万户，占全国农村总户数的 16.9%。

农业产业化龙头企业在农业产业化经营组织体系中的地位十分重要。它外连市场，内连农户，起着关键作用，它除了加工增值外，还具有下列功能：

（一）农业产业化龙头企业是"以工补农"的重要载体

龙头企业通过多种利益机制、分配方式和相应的保障措施等方式，实行"以工补农"，使参与农业产业化经营的农户得到实惠：

1. 龙头企业提供给合同农户的农业生产资料价格一般比非合同农户低 5% 左右；

2. 稳定和提高了农产品销售价格。龙头企业从合同农户收购的农产品价格一般比非合同农户高出 5%—10% 左右；

3. 通过新品种推广和技术培训提高了农产品的品质和产量；

4. 有的合同农户还从龙头企业的利润返还中得到实惠；

5. 通过龙头企业的系列化服务，降低了农户生产风险与市场风险。据不完全调查，到 2004 年底，农业产业化龙头企业能为农户进行系列化服务的比重由 2000 年的 30% 提高到 70% 以上。其中龙头企业为合同农户垫付生产资金、实行信用担保、赊销生产资料等措施，在很大程度上缓解了农户资金困难。

（二）农业产业化龙头企业是实行农业一体化经营的核心

龙头企业面对市场，一方面将市场信息传递给原料生产基地，一方面按照现代工业管理的理念，引导和组织合同（订单）农户进行农产品原料生产。农业产业化龙头企业推动农业结构调整的机制，就是与合同（订单）农户建立的利益机制。与行政手段推动相比，这种方式有四大优势：一是产销和产加销一体化经营，消除了过多的中间环节，使农民与龙头企业直接实行产、加、销衔接，减少了农业结构调整的盲目性；二是联结紧密，龙头企业通过与农户建立利益联结机制，减少了农户市场风险，提高了农民在结构调整中的积极性；三是龙头企业在产业化经营中，根据市场需求来引导生产、加工增值和组织销售。市场需求的变化，推动了供给结构的不断调整和优化；四是产业化经营在科技推广和应用方面具有明显优势，一方面龙头企业面对激烈的市场竞争，对新技术、新成果、新品种和专用品种有强烈的需求，它通过多种形式与科研、教学单位结成产学研共同体，提高了科技开发水平与科技成果转化率；另一方面凭借龙头企业的实力和与农民的联系，可以很快地把科技成果直接应用到生产实际，提高广大农民科学种田的水平。

（三）农业产业化龙头企业是农业科技创新的主体

在发展农业产业化经营的进程中，不少龙头企业，特别是一些大中型龙头企业为适应市场竞争，以科技为先导，加快了科技进步的步伐，运用新的实用技术（包括新品种、新材料、新工艺）和高新技术于产业链条相关环节，提高了产品科技含量，增加了产品附加值和产品档次，成为科技创新的主体。

目前，龙头企业的创新模式中又可分为以下几种形式：

1. 龙头企业自建科研开发机构。据不完全调查，国家级重点龙头企业中大约有50%以上建立了自己的研发机构，有近20%的龙头企业已成为国家级或者省级技术研发中心。

2. 以龙头企业为主体依托相关涉农科研院校建立科研开发机构。目前又分几种：

①资本联合型。即科研院校或专业技术人员以自有的知识产权、科技成果或专利技术作为股份入股龙头企业；

②联合攻关型：

——由龙头企业出资联合研发；

——由龙头企业与科研院校共同出资攻关；

——由国家财政出资攻关（主要是承担国家或省级重点课题）。

③技术指导型。即龙头企业常年或短期聘请专业技术人员为企业顾问，进行技术指导或培训。

④龙头企业依托科研院校建立博士后流动站。目前食品加工业企业已有约17家企业建立了博士后流动站（工作站）。

（四）农业产业化龙头企业是调整农业结构的重要力量

在农业结构调整中，农业产业化龙头企业为了获得稳定、及时、优质的农产品原料，在我国农产品优势产区建立原料生产基地，促进了优势农产品聚集。这些基地，是龙头企业推动农业结构调整的"切入点"，是带动农户的"结合部"。近几年来，农业产业化龙头企业原料生产基地发展的趋势一是种植业基地向专业化、区域化发展，养殖业基地向专业大户、养殖小区发展；二是种养品种向专门化、良种化发展；三是生产技术向标准化发展；四是基地建设向无公害、有机农业和生态农业发展。很多龙头企业，特别是许多大中型龙头企业选择农产品优势产区的县、市，甚至跨省区建基地，众多基地集聚，逐步形成了优势农产品产业带，如沿海地区形成的优势水产品、园艺产品产业带，中部地区粮油等优质农产品产业带，西部地区的特色农产品产业带，黑龙江、内蒙的乳业、饲料玉米产业带等。在产业带中，以大中型农业产业化企业为龙头，以农产品原料生产基地为基础，通过利益联结机制，带动广大农民，运用现代化企业管理理念，实行农业产、加、销一体化经营，建立一套新的农业生产经营体制和运行机制，为实现现代农业打下了良好基础。

同时，在未形成优势农产品产业带的县、市，发挥县域源优势，以生产某种农产品的若干同类型中小型加工或流通企业为支撑，以"一乡一业"或"一村一品"为基础，形成有较大密度和较大规模优势的农产品加工或流通企业集群，从而形成产业集群，使资源转化为产业优势、商品优势。

农业产业化龙头企业也促进了畜牧业发展。我国农业产业化程度最高的是畜牧业产业化。据调查统计，目前，奶业和肉鸡业产业化率达80%以上，肉制品加工业的产业化率也在70%以上。这是由于：（1）畜牧业新品种和养殖业新技术广泛推广，促使畜牧业生产得到很大发展；（2）随着畜牧业养殖形式向专业大户与养殖小区的发展，提高了畜产品商品率，畜产品市场竞争形势严峻。在市场的作用下，畜产品加工龙头企业与饲养农户之间、饲养农户与饲料厂之间、饲养农户与畜禽良种繁育场之间，都需要在产品品种、产品质量、产品价格和利益方面等进行协调统筹，于是出现了众多的畜牧业一体化经营的龙头企业，提高了畜牧业产业化程度。同时，由于畜禽养殖业不受农村家庭土地承包制的约束，因此许多畜产品加工企业，在产品扩张和市场扩张的同时，运用资本运营手段，加速了企业资本扩张，形成了一批年产值超过50亿、100亿的大型畜产品龙头企业。这些大型畜产品加工企业经济实力强，带动能力强，辐射面大，有力地促进了畜牧业发展。到2004年，畜牧业总产值已突破万亿大关，占农业总产值的比重达到33.6%，畜牧业已成为我国农业的支柱产业，优化了我国农业产业结构。

农业产业化龙头企业促进了农产品加工业发展。发展农产品加工业，是调整与优化农业结构的重要目标之一。随着农业产业化龙头企业的发展，促使我国农产品加工业有了长足的发展。2001年，全国农产品加工业产值达21201.23万亿元，到2004年达到39901.59万亿元，比2000年增长88.2%，农产品加工业的增长速度高于同期国民经济增长速度。同时，农产品加工业产品质量有了显著提高，不少龙头企业实施品牌战略，为市场提供了大批产品附加值较高、具有特点的名牌产品，据不完全统计，我国农产

（包括食品）名牌产品中大约有80%是国家级和省级龙头企业所创。

　　农业产业化龙头企业的科技创新，促进了农业整体素质的提高。主要表现在：一是龙头企业在原料的供给环节，按照市场需求，建设专业化、规模化的种养业原料生产基地。这些原料生产基地基本上实现了品种良种化、生产技术标准化，有的还同无公害基地建设、农业科技示范场建设以及农业科技园区建设结合在一起，从而提高了一体化经营中农产品原料供给的科技含量。

　　二是龙头企业在农产品的加工环节，通过自主研发新产品或引进新技术，提高了农产品加工产品的科技含量，延长了产业链条，增加了产品附加值。吉林长春大成实业集团是一家玉米加工能力达200万吨的大型玉米加工企业。该集团企业十分重视科技创新，先后建立了长春大成设计研究院、大成集团农研院及生物工程、多元化工醇、变性淀粉、淀粉糖、淀粉聚酯5个专业研究所和技术研究中心，建立了国家级的饲料工程技术中心和赖氨酸专业中心，形成了一支在国内具有较高知名度、各类专业技术人才达100多人的科技队伍。通过科技开发，促使玉米粗加工向精深加工发展，实现了玉米从食品到工业原料的转变，增加了玉米产品的附加值。20世纪90年代末，大成集团主营产品是淀粉、蛋白粉、纤维饲料和玉米油，使每吨玉米产值从平均900元增值到每吨1980元左右；进入21世纪，大成集团先后开发并生产了淀粉糖、变性淀粉、氨基酸等系列产品，运用生物和发酵技术，提高了玉米加工的科技含量，使玉米加工产品增值平均每吨3000—12000元左右，赖氨酸产量从1.5万吨发展到年产30万吨，成为目前世界上最大的赖氨酸生产企业。2004年，针对国际市场能源紧张，石油价格不断攀升的市场新情况，大成集团又集中力量进行以玉米为原料替代石油生产玉米化工醇的科研攻关，2004年底建成了世界独一无二的年产2万吨玉米化工醇项目，预计2006年可建成20万吨玉米化工醇生产项目，成为全球玉米生物化工新兴行业的排头兵。

　　据不完全调查，大约有40%的国家级龙头企业，实现了产品生产一批、储备一批、研发一批的良性、可持续发展，从而增强了龙头企业经济实力和带动农户的能力。

　　三是龙头企业的科技创新，提高了农业产业链的竞争力。科学技术是产业链竞争力的核心。龙头企业科技创新，促进了农业技术及农产品加工技术、销售技术进步，农业产业链的资源配置已从劳动密集型组合配置，逐步向土地集约型组合配置、技术适用型组合配置和资本节约型组合配置转化，这势必提高整个农业产业链的科技素质，从而增强农产品国际竞争力。2004年，全国龙头企业出口创汇额约200亿美元，比2000年增长近2倍。其中，国家重点龙头企业中出口创汇额超过1000万美元的有131家，超过5000万美元的有26家，超过1亿美元的有10家。陕西富安果业是一家苹果加工企业，该企业在引进国外新技术、新工艺的同时，加强了包括果渣在内的苹果综合利用技术开发，建立了高效、节约、生态、循环的果业产业链，实现了"全园全果综合利用"，2005年，该企业生产出的果汁、鲜果、果干和香精出口创汇1亿多美元，利润1.2亿人民币，比过去单项浓缩果汁加工出口，增值60%以上；同时果渣发酵处理生产优质的有机蛋白饲料，以优惠价向基地农民提供，建立了40多万亩绿色无公害果业生产基地。

此外，以农业产业化龙头企业为主体的农业科技创新体制和机制的建立，为农业科技创新主体和技术运用主体紧密集合搭建了一个有效的平台。龙头企业作为农业科技创新主体在科技成果转化、推广新品种、新技术的同时，还十分重视采用多种形式加强对劳动者的技术和文化素质培训，引导劳动者的思想观念向现代化转变。

五　农业产业化经营水平有待提高

从总体上看，我国农业产业化经营，经过了十多年的发展，总结了不少成功经验，取得了显著成效；但是目前仍然处在发展的初始阶段，农业产业化经营运行机制还不尽完善，农业产业化经营组织体系不够健全、不够稳定，农业产业化经营水平有待提高。当前存在的主要问题是：

（一）利益机制不够完善

1. 缺乏利益联结的约束机制。

合同（订单）已成为农业产业化经营普遍采用的运行方式，然而，在不少地方合同（订单）本身并不规范，有的合同没有明确龙头企业和农户签约双方和权、责、利以及违约的处罚方法。有的合同只是表述龙头企业对农户的要求，约束和违约处罚，而对龙头企业没有任何约束条款。有的合同（订单），就像计划经济时代的"征购任务订单"、"通知书"，没有体现平等互利原则。还有的在收购价格约定上，未经科学预算，收购价不合理，导致到收购时，不是龙头企业违约拒收，就是农户违约不售。

2. 保障措施不到位。

有的龙头企业对农户承诺在基地建设的小型设施上予以扶持，但由于种种原因未能兑现，失去了农户的信任。有的龙头企业承诺一些服务项目，也未能兑现。特别是遇到市场较大波动或自然风险时，一些龙头企业缺乏承负能力，失信于民。目前，绝大多数的龙头企业，尚未建立风险保障机制。

3. 中介出问题。

一些大中型企业，难与千家万户签合同，于是就委托中介代理收购农产品。目前不少龙头企业以乡镇政府、县乡农业社会化服务部门、村委会和经纪人等作中介。由于有的中介缺乏为"三农"服务的意识，上游同龙头企业签约后，下游却不同农户签合同，或者只以"征购任务通知单"或下达分配种植面积的行政命令形式给村委会；有的中介只想获取中介费用，甚至从中倒卖而渔利，给农民的收购价格压得很低，损害农户利益；还有的中介（主要是经纪人）缺乏履约的行为能力，只同龙头企业签约，不同农户签约，收购农产品时，到市场上随意采购；还有的乡镇政府、村委会，利用中介财务结算的机会，损害农民合法权益。总之，中介不能正确、积极履行中介职责，导致合同不能履行。

4. 有的龙头企业没有建立稳定的农产品原料供给基地，采购原料随意性大，农民得不到稳定的预期，往往造成"订单"落空。

5. 信用度低。

一些地方的合同履约率低，除了存在上述问题外，市场经济中的信用匮乏也是一个重要原因。主要表现在"公司＋农户"这一类型中，公司与农户是"竹竿打狼，两头害怕"：公司怕市场价格高于合同价时，农户不履行合同，把产品私自卖到市场上去；农户怕市场价格低于合同价格时，公司不履行保护价格收购，拒收产品或压级压价。同时，由于一些小农户经营规模过小，商品率很低，小农户的投机性强，即产品收获后，谁价格高就卖给谁，造成违约。此外，一方违约后，另一方面又难以通过协商、仲裁或法律程序来维约，这是造成履约率不高的又一社会因素。

（二）龙头企业集中度低、分散度大，规模小、实力弱

多数龙头企业科技创新能力较弱，产品科技含量较低、产业链条短；带动及辐射能力不强，缺乏产业关强度大、科技水平高、经济实力强、带动面大的大型龙头企业是当前面临的共性问题。据不完全统计，全国近 5 万个龙头企业中，绝大多数是小型加工或流通企业。

同时，龙头企业的技术装备也是比较落后，大约 80% 的农产品加工企业的技术装备水平是处于 20 世纪 80 年代的世界平均水平，15% 左右处于 90 年代水平，只有 5% 达到 21 世纪初的国际先进水平。

（三）产业的中介组织发育滞后

一是农民专业合作经济组织发展较缓慢，且经济实力脆弱，不少农民专业合作经济组织是"三多三少"：即不收会费的多，收会费的少；没有财务的多，有财务的少；没有积累的多，有积累的少。一些农民专业合作经济组织虽有章程和一些规章制度，但是未能很好实施，组织比较松散，行为不够规范，同时多数地方缺乏政府对农民专业合作经济组织的政策扶持与引导；二是农业行业协会职能不明确，会员代表性不全面，再加上由于体制方面的原因造成农产品行业协会产、加、销分段设置，妨碍了其功能的发挥，不适应农业产业化龙头企业发展的需要，不能很好地应对农业国际市场的竞争。

（四）资金仍然是制约农业产业化发展的一大制约因素

据近几年对国家级龙头企业不完全调查，有50%以上的龙头企业缺少收购农产品所需的流动资金，60%以上的龙头企业缺少技术改造和设备更新资金。同时不少龙头企业信贷担保问题仍未很好解决，多数省、自治区、直辖市并未按中央要求把国家级龙头企业纳入中小企业贷款担保体系中。此外，银行贷款利率多数是上浮，加重了本来就微利的龙头企业的财务负担。

六　发展农业产业化经营的主要对策

为进一步提高农业产业化经营水平，引导其向更深层次、更高水平发展，当前需要进一步理清发展的思路，提出相应的发展对策。

（一）明确发展农业产业化经营的指导思想和战略目标

今后几年，发展农业产业化经营的指导思想是：坚持科学发展观，围绕提高我国农业综合生产能力和增加农民收入这两条主线，以科技创新为动力，大力提高农业产业化经营的水平，为发展现代农业奠定坚实基础，为建设社会主义新农村作贡献。

发展农业产业化经营要做到四个结合：

一是要把发展农业产业化经营与农业和农村经济结构战略性调整结合起来。把农业产业化经营作为调整农业结构的重要带动力量，按照市场需求，发展龙头企业和农民专业合作经济组等各类中介组织，把资源优势变成商品优势、产业优势、区域优势。通过龙头企业的带动，促进农业结构优化，产业升级。

二是要把发展农业产业化经营与稳定和完善家庭承包经营结合起来。通过农业产业化经营把家庭承包经营的优越性与龙头组织开拓市场、引导生产、加工增值、科技创新、资本集聚等优势有机结合，带动分散经营的农户进入市场，形成规模效益，使农民真正得到实惠。

三是要把发展农业产业化经营与农产品加工企业改造升级结合起来，增强龙头企业科技创新能力，提高农产品加工业的科技含量，延长其产业链条，提升我国农产品市场竞争力。

四是要把发展农业产业化经营与完善和提高农业社会化服务水平结合起来。要适应市场经济的需要，建立以市场为导向，以农产品加工与销售企业为龙头，以国家农业技术部门为骨干，以农民专业合作经济组织为生力军的农业社会化服务体系新格局。

五是要把发展农业产业化经营与保护和优化生态环境结合起来，实现农业可持续发展。

今后几年农业产业化经营的发展目标是：

（1）以国家和省级龙头企业为重点，在全国范围内形成一大批产业关联度大、技术装备水平高、经济实力雄厚、带动能力强的龙头企业和企业集团，在农业和农村经济结构调整中发挥更大作用。

（2）以完善利益机制为纽带，建立稳定、高效的农业产业化组织体系。

（3）以市场为导向，依托区域优势，在全国各地形成不同层次、各具特色的农业主导产业一体化经营的优势农产品产业带，在产业带中实现生产专业化、技术标准化、管理企业化，促进发展现代农业，率先实现农业现代化。

（4）通过发展农业产业化经营，带动更多的农户，促进农民收入稳定增长。

（5）通过发展农业产业化经营，进一步完善以家庭承包经营为基础，多元化、多形态统分结合的农村经营体制，加快形成符合农业现代化要求的农业经营管理运行机制。

（二）大力培育经济实力强、带动能力大的龙头企业

龙头企业是农业产业化经营组织体系中的关键环节，也是提高我国农业产业化经营水平的关键。龙头企业经济实力强或弱，经济效益高或低，经营规模大或小，直接影响农业产业化经营的发展水平，也直接影响它所带动农户的收入。

从目前我国农业产业化龙头企业现状来看，很重要的一项任务，就是要逐步增强龙头企业的竞争能力。龙头企业的竞争力最终要反映在企业主营产品的市场竞争能力，企业的科技创新能力，以及企业长期赢利和发展能力三个方面。为此要：

1. 加大龙头企业科技创新力度，不断完善以龙头企业为主体的农业科技创新体系。

农业科技创新实际是对农业生产要素的新组合，农业科技创新不仅是指科学技术的发明创造，也包括把科学技术运用到企业中，形成一种新的生产力，以使企业获得更好的经济效益与可持续发展能力。农业产业化龙头企业的科技创新包括多方面、多层次，其内容主要有：①优势农业资源的研发与创新；②新技术、新产品、新材料、新工艺的研发与创新；③企业经营管理体制与机制创新；④市场及品牌开拓创新等。

提高龙头企业的科技创新能力，是增强龙头企业竞争力的核心。为此：

（1）要根据农业结构战略性调整的目标，来调整龙头企业科技创新目标，要把龙头企业科技创新作为农业结构调整有效的技术支撑，形成与农业结构调整相适应的现代农业科技创新体系。

（2）要根据国内外市场需求，明确龙头企业科技创新的重点。龙头企业科技创新的重点要从过去的以增产技术为重点的同时，调整到以提高农产品质量、安全、卫生为重点；农产品加工技术、工艺及设备从过去以引进为主，调整到以原创性创新，集成创新以及引进、吸收、消化和再创新为主。

（3）要根据国内外市场多种需求，加强农业高新技术、农产品精深加工和副产品综合利用的研究和开发；加强农产品现代技术、生物技术及其技术装备的研究和开发；加强农产品贮运、保鲜技术的开发与研究。

（4）建立与完善农业产业化龙头企业科技创新开发体系。形成一个以农业产业化龙头企业为主体、涉农科研院校为支撑、农业技术推广、教育和培训体系为子系统的新型的农业科技创新体系。在这个创新体系当中，要建立和创造有利于创新的环境，包括政策环境、投入环境、用人环境、激励环境等，使各部门、各系统分工明确、布局合理、相互协调、运行高效，加快出成果、出人才。

（5）建立多渠道的投入体制。农业技术可分公益性技术与竞争性技术两大类。对于农业公益性技术的研发，由于它具有保密性差、模仿性强、非排他性和创新时效滞长等特征，这类公益性技术是社会公共产品，尽管它的研发成果的社会经济效益明显，但创新主体难以回收研发投入。因此，对于农业公益性技术的研发，应以政府投入为主。而对于竞争性技术，特别是农产品精深加工技术以及现代高新技术的研发，由于它可以形成自主知识产权和企业专有资产，并可得到较高的投资回报。因此，对于这类竞争性技术的研发，应引入市场竞争机制，以农业产业化龙头企业为创新主体、投入主体和应用、受益主体。对竞争性技术的研发，政府可根据不同情况予以全额支持和补助。

2. 加强资本运营。资本运营是指企业外部交易型战略的运用，兼并、参股、控股、并购与重组是资本运营的核心。

从20世纪90年代中期以来，我国一些国有农业产业化龙头企业，在超前意识的驱动下，利用历史给予的机遇，完成了股份制改造，在上海、深圳证交所上市；截至2004年底我国农业产业化龙头企业在上海、深圳交易所及境外上市的已达40多家。上市的农业产业化龙头企业大多数取得很大的发展：企业资产规模成倍增长，远远超过上市前若干年增长幅度的总和；先进技术的引进，新产品的推出，极大地增强了多数上市公司的市场竞争能力。

同上市公司相比，企业的兼并、收购、参股、控股、重组同样是扩大与增强企业资本的重要手段。纵观当今国内外实力雄厚的农产品加工大型企业、企业集团的成长史，可以发现，他们大都通过资本运营手段的多次运用，才取得现有企业的规模、市场份额和竞争优势；对于我国众多的农产品加工流通中小型企业来说，通过资本运营不仅可以谋生存，更可以求发展，实现"强强联合"、"强弱联合"、"以强吃弱"或"以小吃大"。

实施资本运营，有助于迅速扩大企业的经营规模，增强企业资本扩张能力；有助于降低企业进入新行业、新市场的成本，迅速增值其可支配资本；有助于迅速扩大市场份额，形成更有力的竞争优势；有助于有效利用农业资源，实现生产要素的优化组合，从而防止产业同构，低水平重复建设。因此，要迅速培育一批大型或特大型农产品加工、流通企业，参与国内外市场竞争，通过资本运营的战略手段，是一条捷径。

在运用资本运营战略时，要注意以下几点：

①切忌行政"捏合"。

②要充分考量与精心策划。要聘请专家和投资银行，对自身企业状况、同行业发展状况及市场需求状况等作系统研究，拟订出切实可行的资本运营方案。

③在资本扩张的过程中，在优化企业资本结构与资产重组的同时，要注意调整和优化企业的产品结构。

④企业的资本扩张必须同企业的经营管理能力、资金融通调度能力与市场开拓能力相适应，否则会适得其反。

3. 切实抓好无公害食品生产、加工、销售体系建设。

现阶段，在省级和国家级重点龙头企业中90%以上是食品加工业和流通企业。食品安全、卫生是各国十分关注的大事，生产无公害食品是市场的需求，也是加入WTO后，我国食品生产的大势所趋，人心所向。要加工、生产无公害食品，必须要从源头抓起，从选择与建设无公害原料基地抓起，不仅在基地选择上是无污染的，在基地种植、养殖全过程包括农业投入品都必须符合国家无公害质量安全标准，这就要求龙头企业，不仅要得到ISO9001和QS质量认证，更要逐步建立和实施HACPP认证体系，对食品生产危害点和质量全过程实行监控。为此，龙头企业要迅速而认真地建立以下六大体系：一是无公害食品原料生产基地体系；二是无公害食品科技研发体系；三是无公害食品质量安全监测体系；四是无公害食品农业投入品安全体系；五是无公害食品加工体系；六是无公害食品运输、销售体系。建立这些体系除了靠龙头企业自身投入外（如：加工、销售以及企业内部监测体系等）更多的是靠同其他行业、部门、企业的战略联盟和合作，使不同产业、不同行业、不同部门、不同企业的优势，通过龙头企业组织和协调得到合理整合。

4. 积极培养造就农业产业化龙头企业职业经理人队伍。

农业产业化龙头企业与一般的工业品加工企业除了经营管理的许多共性外，还有它有别于工业企业的一些特性：一是要带动农户，并使他们从中得到实惠；二是农产品原料生产地域性较强，并且大都是鲜活产品；三是农产品收购、加工季节性强，农产品原料运输量大，且宜腐烂变质；四是农产品及加工品货架期（保质期）短，且要求安全、卫生，社会敏感度大；五是某些农产品销售具有明显的区域性等。

总之，农业企业特别是农业产业化龙头企业的经营管理，是以现代农业，即以大农业为基础，具有明显的专业化、产业化、市场化、信息化和国际化属性，涉及农产品的产前、产中、产后各环节。由于农业的季节性、气候性和地域性强，农产品市场同时受自然规律、生命规律和市场规律的控制，农业企业特别是农业产业化龙头企业要同时承担市场风险、自然风险、贮运风险及信用（社会）风险等。因此，一般经营管理人才缺乏农业生产技术及农业企业的知识背景，难以适应龙头企业的复杂多变。同时从企业发展的过程来看，能否有效运用企业内部管理型战略与企业外部交易型战略，最根本的问题还是企业经营管理层的素质。目前，我国农业产业化龙头企业管理层的素质差异很大，甚至有不少龙头企业的经营管理理念与手段，仍然沿袭传统的模式，尽管一些企业已经进行了股份制改造，但旧的管理理念与方式的惯性力仍很强劲。因此，要使龙头企业做强做大，当务之急，是要迅速培养、造就一批龙头企业的职业经理人团队，使他们逐步具备龙头企业经营管理者的管理胜任能力，包括：政策执行能力、开拓创新能力、信息获得能力、决策判断能力、组织协调能力、知人善任能力、经营监控能力、时间管理能力、知识适应能力、人际关系能力等。他们不仅要熟练掌握运用MBA知识和技能，而且要学会同农民打交道，组织农民、教育农民；他们不仅要追求企业利润最大化，而且要使其带动的农户得到实惠，做到企业与农户"双赢"；他们不仅要精明能干，而且要有诚信、有道德。鉴于此，加大对龙头企业经理人的考核、培训是一项十分重要而有意义的工作。同时，建立有中国特色的农业MBA理论体系，加强农业企业高级管理人才的培训，是一个值得重视的问题。

农业产业化龙头企业竞争力的提升，是一个逐步发展的过程，没有捷径可行，只有遵循市场经济规律，认真总结发展经验，努力开拓进取，不断提高自主创新能力，才能修成"正果"。

（三）完善利益机制，建立健全稳定、高效的农业产业化组织体系

发展农业产业化经营，要在健全农业产业化组织体系方面下大工夫。要区别不同情况，发展诸如"龙头企业＋农户"、"龙头企业＋专业合作经济组织＋农户"、"专业合作经济组织＋农户"以及"专业批发市场＋中间商＋农户"等多种组织模式。

建立稳定的利益联结机制是完善农业产业化经营组织体系的核心。工作重点是引导利益机制向规范化、制度化发展。

1. 合同文本要规范化。

合同文本要明确各参与主体的责、权、利，明确运行规则与违约罚则。合同约定的价格要体现公平的原则，使合约双方都能承受。龙头企业与农户的合同与一般的经济合同相似，但也有其不同点，最大的不同点，一是经济合同的签约双方都是有一定实力的经济实体，双方都具有企业法人地位；而龙头企业与农户签订的合同双方，一方是企业法人，另一方多为自然人，且是弱势群体。二是经济合同签约主体一般是2个或2—3个，而龙头企业与农户合同的签约主体除一方是企业外，另一方可能是千家万户，也可能是多个中介组织。三是当出现违约时，经济合同的一方，可以走民事法律程序调解、仲裁或法院裁定；而龙头企业与农户的合同，在一方违约时，难以行使法律程序。由于龙头企业与农户合同的这些特殊性，更需要有关行政主管部

门加以指导、引导与教育。有条件的地方，可根据不同产业，拟订不同的合同样本，作为示范样本，使之逐步规范。要对农民进行法律意识、履约意识的教育，提高合同履约率。

2. 要逐步完善产业化运行机制的保障措施。

实践证明，保障措施是完善利益联结机制的重要举措，凡是有保障措施的农业产业化经营组织，利益机制运行就较为规范、有效率。

(1) 组织保障。除行政主管部门外，应要求龙头企业设立专门部门或有专人负责健全利益机制的各项工作，有不少龙头企业设有农业产业化办公室或基地建设部，这种做法应该提倡。在这里，特别要提到的是龙头企业以乡镇政府作为中介与乡镇政府签订合同的问题。由于乡镇政府是行政法人，并不是市场主体，出了问题无力承担经济责任；同时，一些乡镇政府一旦接下"订单"，往往以追求"政绩"为目标，采取简单或强迫命令的方式。乡镇政府在经济活动中既当裁判员，又当"运动员"的做法，并不可取。实践证明，各种类型的农民专业合作经济组织是实施组织保障的重要中介组织，有条件的地方要积极、稳妥地引导、兴办，逐步朝着"公司＋专业合作社＋农户"的组织模式发展。

(2) 专业大户保障。龙头企业在建立稳定的适度规模的农产品原料基地时，要逐步培育一批商品率高的专业大户，或由专业户聚集而建立的养殖小区，龙头企业可以与专业大户或养殖小区建立稳定的利益联结机制，再以专业大户为骨干来带动一般专业户。

(3) 系列化服务保障。提倡龙头企业对农户进行系列化服务，以增强龙头企业的凝聚力和农民的信任感，有助于利益机制规范化运作。

(4) 以多种形式设立风险保障基金。在遇到市场风险与自然风险时，增强龙头企业的承载或承受能力，不至于出现拒收合同农户农产品的情况，保护双方权益。

3. 鼓励和提倡农民用土地使用权、产品、技术和资金等要素入股，采取股份制、股份合作制、合作制等多种形式与龙头企业形成利益共同体。与农民形成风险共担、利益共享机制的龙头企业，应该成为政府扶持的重点。

(四) 积极发展农民专业合作经济组织

实践证明，农民专业合作经济组织已成为农业产业化经营的重要组织资源。根据国际合作社联盟给合作社下的定义，结合我国合作事业实践，我国农民专业合作经济组织的性质和内涵大体上包括以下几层意思：

(1) 它是以农民这一弱势群体中的专业农户为主体，能够提高广大农民进入市场组织化程度的自治性组织。

（2）要实施人退社自由、民主管理、社员经济参与、教育与培训；以及合作社之间合作和联合等合作制的一些基本原则。

（3）它是以劳动联合为主，不以资本联合为主。其成员缴纳的会费，是获得其成员资格的一个条件。其成员入股的资金所获的报酬有限，不是其成员一般不得入股。

（4）它是社员共同约定、共同管理、共同经营的一种特殊企业，对内以服务为宗旨，对外追求最大利润。

（5）它的价值观是自由、民主、平等、公平、团结和共同富裕。

（6）它是在保持社员私有资产所有权的同时，对合作经济组织的资产保持共同所有权，而该组织资产共有的程度则由社员共同约定。

（7）它体现的是生产要素的组合方式，严格地说它是一种专业性产业经营组织方式，而并非特定的所有制形态。

尽管改革开放以来我国农民专业合作经济组织有了长足的发展，但它毕竟是一种新型经济组织，不少地方的农民对它并不了解，据浙江省农业厅与浙江大学农业现代化和农村发展研究中心调查，有40%的被调查农户表示不了解农民专业合作经济组织，有38%的农户表示知道一点，而真正知道的只有22%。因此，通过试点、示范等多种形式，使广大农村干部和农民群众逐步了解和认识农民专业合作经济组织的性质和作用，是当前及今后一个时期一项重要工作。

这里，特别要指出的是，《中华人民共和国农民专业合作社法》已经颁布，从2007年7月1日起开始施行。这是我国农民专业合作社建设与发展史上的里程碑。要准确把握《农民专业合作社法》的基本精神。在指导农民专业合作社发展时，要把握：

1. 依法正确引导。

兴办和发展农民专业合作社是要有条件的，这些条件主要有：

（1）农民的合作需求。农民为了规避市场风险，获得一部分流通领域的增值利润，减少中间商（经纪人）的盘剥，提高农产品竞争力，就会产生合作需求。由于市场竞争而产生的这种合作需求，就是产生和发展农民专业合作社的原动力。

（2）专业农户的数量。专业农户尤其是专业大户，特别需要产前、产中、产后的多样化服务。在一个社区或一个区域内生产同一农产品的专业农户越多，合作需求越大。专业农户尤其是专业大户是兴办和发展农民专业合作社的组织资源和主体力量。

（3）热心合作事业的带头人。这些人大部分是农村中的"能人"，他们有一定的组织领导能力和文化知识，愿意为群众办事，在群众中有威信和号召力。这些带头人，一般是农村中的专业大户，农村基层干部或返乡务农的知识青年。这些"能人"是发展农民专业合作社的骨干分子。

（4）依法加强政府的支持。政府思想开放，善于发现新事物，更新观念，能为兴办和发展农民专业合作社创造一些较为宽松的环境，制定一些力所能及的扶持政策。这是农民专业合作社能否健康发展的保证。

我国农民专业合作事业的发展实践证明，凡是不顾主客观条件，一味追求"达标"、"快上"、"政绩"的观点和做法，都不利于农民专业合作社的健康发展。正因为兴办和发展农民专业合作社是需要条件的，所以，只是在那些条件基本具备的地方，才会产生和发展农民专业合作社。这就是为什么改革开放20多年来，我国农民专业合作社发展缓慢并呈点片状分布的重要原因之一。

2. 要坚持"民办、民管、民受益"原则。

发展农民专业合作社，必须始终坚持"民办、民管、民受益"这一基本原则，把它办成农民自己的合作组织。在引导农民专业合作社向着"民办、民管、民受益"方向发展过程中要坚持以专业农户为主体，体现专业性；要坚持入退社自愿，不要强求；要有比较明晰的产权关系；要引导专业合作社积极开展力所能及的服务和经济活动。

3. 要依法规范运行机制。

运行机制包括：民主管理和决策机制、开展多样化或系列化服务机制、财务管理和审计机制、盈余积累和分配机制以及合作社经营管理人员培训与聘用机制等。有了健全的、良好的运行机制，农民专业合作社才有凝聚力。

4. 要逐步增强农民专业合作社的经济实力。

目前，一些行之有效的做法有：生产销售无公害食品并打出标识、树立品牌；开展农产品分级、保鲜、包装、贮运、销售等生产经营活动；适当收取会费或吸收股金；健全财务和积累机制；有条件的兴办小型初加工和流通实体，等等，逐步提升专业合作社经济实力。

（五）大力发展新型农业行业协会

发展我国农业行业协会的总体思路是：一方面改造现有一部分农业行业协会，使它们真正向行业中介组织发展；另一方面通过试点，按照市场经济规律，逐步培育发展一批新型农业行业协会。所谓"新型"农业行业协会，其主要特点，就是能真正发挥促进行业发展，保护行业合法权益，约束行业自律的功能。

在目前的情况下，兴办和发展我国农业行业协会还是要坚持"民办官助"的原则：

（1）农业行业协会必须是社团法人。

（2）农业行业协会应该由农业企业发起，主体是农业产业化龙头企业及农民专业合作社。

（3）农业行政管理部门在转变职能中，要把一部分不应该由行政部门承担的职能转移到行会协会中去，使其具有一定的工作手段，主要有：企业市场准入的初审建议，价格协调职能，行业发展规划建议，违规处罚建议，贸易争端的仲裁和起诉及应诉，参与开拓国际市场等。

（4）要规范化。可借鉴国外行业协会的经验，制定农业行业协会"示范章程"，各行业协会可以参照"示范章程"，拟订该行业协会的具体章程。

（5）政府要给予适当的资助。

（六）加大政策引导与扶持力度

2000年，国家八个部委出台了扶持发展农业产业化经营的若干意见。自2001年以来，历次中央农村工作会议都出台了一些政策，引导农业产业化经营健康发展。如2004年，农业产业化财政项目紧紧围绕国家粮食安全和实施优质粮食产业发展工程，重点扶持了21个粮食加工型项目，14个出口型项目。据调查，35个项目，中央财政资金投入2940万元，带动地方财政资金投入5100万元，带动银行贷款9060万元，企业及农户自筹资金6.65亿元。21个粮食加工龙头企业共带动粮食生产基地建设386.5万亩，项目区内粮食产量达到180万吨。2004年，中央扶持资金用于生产基地良种、新农药、化肥补助及新技术推广达2445万元，占总资金的81.5%，辐射带动标准化生产基地建设423.6万亩，推广新品种70多个，推广新技术120余项。用于农民培训的资金495万元，累计培训农民110万余人次，发放各类培训的资料近130万份（套），有力地提高了基地原料生产的科技水平，提高了农民科技素质。可以这样认为，中央财政农业产业化项目资金，起到了"四两拨千斤"之效。

当前，一方面要进一步将已出台的政策落到实处；另一方面，为适应加入WTO后的新情况以及发展农业产业化经营出现的新问题，建议从宏观上进一步加大农业产业化经营政策引导与扶持的力度。

1. 各级财政要继续安排农业产业专项资金。

财政公益性资金主要用于：对符合产业政策的技术改造贷款项目贴息，培训农民补贴，新技术、新品种、新产品研发项目补贴，对开拓国际市场的宣传费用、参展费用给予补助，对符合农业优势产业的龙头企业大型技改项目、农业高新技术项目，财政可以参股或注入资本金形式给予支持等。

2. 制定发展农民专业合作社相关法规和扶持政策。

一是加强法制建设，把农民专业合作社纳入法制管理轨道，规范其行为、维护其权益、促进其发展，并借助农民专业合作社的力量，实现政府农村经济社会发展目标。

二是通过农民专业合作社实施"绿箱政策"。

①财政设立专项资金扶持农民专业合作社，其主要用于：信贷贴息、对农民专业合作社推广新品种、新技术以及兴办小型加工项目等进行补贴或资助；对农民专业合作社建立有机食品出口生产基地，实施标准化生产的，予以补贴或资助；对农民专业合作社开展培训予以资助；把农民专业合作社纳入农业科技示范园区建设、科技示范场建设以及农业科技成果转化资金项目范围内。

②免征农民专业合作社所得税和农产品加工增值税，对于农民专业合作社直接出口农产品的，实行全额退税。

③在信贷政策上，实行"小额信贷"，并建立适合其特点的信贷抵押和担保机制。

④在金融政策上，结合农村基层信用社改革，兴办和发展农村合作金融，允许和提倡农民专业合作社内部建立规范的、有监控手段的资金融通机制。

⑤由政府出一点，合作社出一点，建立农民专业合作社风险保障机制。

政府适当的政策引导和扶持，可以吸收更多的农民加入合作事业，这是增加农民收入，全面建设小康社会的明智之策。

3. 切实解决农产品加工企业税负过重的问题。

据调查，我国农产品加工企业比一般工业品生产企业税负平均高出2.5个百分点。建议：

（1）进一步调减农产品加工企业所得税税率；

（2）重点调整粮食、油料、蔬菜、水果、畜产品、水产品等精深加工企业的增值税税率，使之趋于"零"税率；

（3）科学、合理地划分农产品初加工、精深加工产品品种；

（4）为促进农产品加工企业加快设备更新和技术进步，增强企业积累能力，把以农产品为原料的食品工业企业纳入消费型增值税试点；

（5）为鼓励农产品出口创汇，提高农产品出口退税率，采取增值税征多少退多少的政策；

（6）鼓励农业产业化龙头企业建立风险保障基金，风险保险基金可在所得税税前列支。

4. 加强扶持农业产业化经营的金融服务。

（1）农业银行和其他商业银行，对国家级和省级龙头企业收购农产品所需资金和贸易融资所需资金的贷款，在有效防范风险的前提下，从快从简办理；

（2）对国家级和省级大中型粮棉油加工和营销龙头企业，收购大宗农产品资金，凡符合条件的，由农业发展银行发放贷款，专款专用，封闭运行；

（3）国有商业银行和股份制银行，对国家级和省级农业产业化龙头企业的技改项目所需信贷资金，在论证、评估的提前下，给予优先安排；

（4）对于国家级农业产业化龙头企业，在国家贫困地区建立原料生产基地、开展扶贫开发等项目，经评估并建立有效监管机制的前提下，可利用国家扶贫信贷资金由龙头企业统贷统还；

（5）对国家级农业产业化龙头的大型项目和大型基地建设项目，国家开发银行提供中长期信贷支持；

（6）国家进出口银行抓紧建立和完善农产品出口信贷机制；

（7）根据农业产业化龙头企业实际情况，国家和省级要建立切实可行的农业产业化龙头企业信贷担保体系，可以采取建立担保基金、担保公司、动产质押、仓单质押等多种形式，解决龙头企业贷款担保问题；

（8）对农业产业化龙头企业信贷，采取优惠浮动利率；

（9）鼓励和支持农业产业化龙头企业利用境内外资本市场，筹集发展资金。在符合上市资格的前提下，适当降低国家级龙头企业上市的门槛。对已上市的龙头企业，在配股、增发与可转换债券发行方面，比照电力、交通、能源等基础性产业，给予优惠政策；

（10）允许利用境内外社会资金，建立农业产业化产业发展基金，探索建立农业产业化多元化的投融资体制；

（11）积极探索建立农业政策性保险体系，鼓励各类保险公司以多种方式发展农业保险产业。

5. 鼓励龙头企业科技创新。

符合条件的龙头企业，可命名为国家或省级农业高新技术企业，国家科技风险资金把农业高新技术企业作为支持重点之一。符合条件的龙头企业按程序申请国家相关的重大科研课题项目，有条件的建立"博士后流动工作站"。中央和地方用于引进农业新品种、新技术、新材料、新生产资料的资金，安排一定比例支持龙头企业。龙头企业研究开发新产品、新技术、新材料、新工艺以及与科研单位进行技术合作、新技术开发和向基地农户推广新品种、新技术的各项费用，可按有关规定和程序抵扣当年部分应纳所得税额。购买国产加工设备替代进口设备进行技术改造的龙头企业，可以得到国家一部分补贴，也可按规定享受抵免企业所得税政策。对于龙头企业按照国家产业政策和有关规定引进的国外加工生产设备，可免征进口关税和进口环节增值税。鼓励龙头企业加速折旧，提高折旧率，加大提取开发新产品费用，增强龙头企业技术创新能力。

6. 整合政策资源。

将现有相关部委的政策资源，如财政部相关资金（含农业综合开发），国家发改委相关资金（含高新技术专项），农业部相关资金和国务院扶贫办相关资金等与发展农业产业化结合起来，形成合力向国家级和省级龙头企业及其生产基地建设倾斜，充分发挥资金使用效率与效益，以引导农业产业化经营更加健康、有序发展。

第十四章

农业产业化经营中的农业企业
财税补贴政策研究

本章作者认为，在中国农业的发展和农业产业化的发展进程中，农业龙头企业起着非常重要的作用；政府必须采用财税优惠政策，来促进农业龙头企业的更快发展。本章研究认为，作为对农业行业进行扶持的销售税金等"非专向性补贴政策"，有一定的政策效率，而作为对特定企业的扶持，所得税减免和政府补贴等"专向性补贴政策"则明显缺乏政策效率。本章作者建议在补贴方式上，应改专向性补贴为非专向性补贴。

一 我国农业产业化财税补贴政策回顾

（一）我国农业产业化政府扶持政策发展阶段

20 世纪 90 年代以后，我国的国民经济运行环境发生了较大的变化，我国农业和农村经济也进入了一个新的发展阶段，农业和农村经济出现了新的矛盾和问题，主要表现在：随着农业综合生产能力的提高，主要农产品供给实现由长期短缺向供求基本平衡、丰年有余的历史性转变；随着农产品市场化程度的提高，农业发展由受资源约束转变为受资源和市场双重约束；随着人民生活水平的提高，农业发展由解决温饱转向在保持总量平衡的基础上更加注重质量和效益。

而随着经济环境的变化，我国农业和农村经济出现了新的矛盾和问题（刘振伟、张红宇，2003），主要表现为：第一，多数农产品产量大于需求，一些低质的农产品更是出现大量积压、价格下跌、增产不增收的现象；第二，农业生产结构性矛盾突出，农产品品种不够丰富，低质产品过剩而优质产品相对不足；第三，农产品的科技含量低，加工程度不高，增值能力和出口创汇能力不强；第四，农业生产的区域优势不明显。这些矛盾和问题交织在一起，突出表现为农民收入增长缓慢，城乡和地域农民收入差距不断扩大。要解决这些矛盾和问题，不仅必须对农业和农村经济结构进行战略性调整，而且农业产业组织方式也有必要进行重大创新。

农业产业化经营制度被视为继农村家庭承包经营之后的第二次制度革命，其结果诞生了农业产业化一体组织。用制度经济学的观点来看，是"一种能够给有关主体带来制度净收益的新兴交易方式"，即能够使市场各方受益，尤其能解决"小农户"与"大市场"之间的矛盾。这种理论依据奠定了农业产业化政策以农民利益为出发点的基本思路（沈晓明，2002）。基于农业产业化对提高农民收入的重要意义的论证，产业化经营制度受到空前的重视，并迅速上升为我国农业领域近 10 年来的一项非常重要的公共政策。为了加速推动农业产业化的发展，中央政府在一系列重要政策文件里都肯定了农业产业化经营对我国农业发展的重要意义，强调了对农业产业化经营的扶持。

根据农业产业化的发展情况和国家对农业产业化发展的扶持重点的变化，可以把国家对农业产业化的扶持政策分为三个阶段。

第一阶段为 1993—1995 年，中央的农业政策强调的重点仍是在完善家庭承包制的同时大力发展一体化经营，这一点可以从中央农业政策文件中体现出来。其中 1993 年下发的《中共中央、国务院关于当前农业和农村经济发展的若干政策措施》（中发［1993］11 号）要求"以市场为导向，积极发展贸工农一体化经营。通过公司或龙头企业的系列化服务，把农户生产与国内外市场连接起来，实现农产品生产、加工、销售的紧密结合，形成各种专业性商品基地和区域性支柱产业"。1995 年下发的《中共中央、国务院关于做好 1995 年农业和农村工作的意见》（中发［1995］6 号）提出要"坚持稳定和完善农村基本经营制度，大力发展各种形式的一体化经济组织"。

第二阶段为 1996—1998 年，此阶段为我国农业产业化正式起步和摸索与发展的阶段，而中央农业政策只是在 1996 年下发的《中共中央、国务院关于"九五"时期和今年农村工作的主要任务和政策措施》（中发［1996］2 号）中要求"要以市场为导向，立足本地优势，积极兴办以农产品加工为主的龙头企业，发展具有本地特色和竞争力的拳头产品，带动千家万户发展商品生产，带动适度规模经营的生产基地建设和区域经济的发展"，虽然强调积极发展龙头企业，但是对龙头企业的扶持并没有在政策中体现出来。

第三阶段为 1999 年至今，中央在一系列农业政策中不仅强调了农业产业化对农业结构调整的重要意义，提出对农业产业化进行扶持的同时突出了扶持农业产业化中龙头企业的工作重点。在 1999—2002 年四年的中央农村工作文件中都连续提到了扶持农业产业化经营，扶持龙头企业。其中 1999 年下发的《中共中央、国务院关于做好 1999 年农业和农村工作的意见》（中发［1999］3 号）提出"发展农业产业化经营对于调整、优化农业结构，提高农副产品加工水平具有重要的带动作用。各地要选择一批市场开拓能力强的龙头企业，予以扶持"。2000 年 10 月 11 日，在中国共产党第十五届中央委员会第五次全体会议通过的《中共中央关于制定国民经济和社会发展第十个五年计划的建议》中提到"要把农业产业化经营作为推进农业现代化的重要途径，鼓励、支持农产品加工和销售等企业带动农户进入市场，形成利益共享、风险共担的组织形式和经营机制"。而 2000 年下发的《中共中央、国务院关于做好 2000 年农业和农村工作的意见》（中发［2000］3 号）更是明确提出"要在全国选择一批有基础、有优势、有特色、有前景的龙头企业作为国家支持的重点，在基地建设、原料采购、设备引进和产品出口等方面给予具体的帮助和扶持，各地也要抓好这项工作"。

另外，在 2001 年下发的《中共中央、国务院关于做好 2001 年农业和农村工作的意见》（中发［2001］2 号）中继续强调"要重点扶持有条件的龙头企业建设农产品生产、加工、出口基地，引进、开发和推广新品种、新技术，增加市场竞争力和对农民的带动力。对农产品加工企业、批发市场、合作组织等各种类型、各种所有制的农业产业化经营龙头企业，只要有市场、有效益，能够增加农民收入，都要一视同仁，给予扶持"。而在 2001 年 3 月 15 日第九届全国人民代表大会第四次会议批准的《中华人民共和国国民经济和社会发展第十个五年计划纲要》中明确提出"农业产业化经营是推进农业现代化的重要途径。鼓励采取'公司＋农户'、'订单农业'等多种形式，大力推进农业产业化经营。支持农产品加工企业、销售企业和科研单位带动农户进入市场，与农户形成利益共享、风险共担的经营机制。采取财政、税收、信贷等方面的优惠政策，扶持一批重点龙头企业加快发展"。

而接下来在 2002 年下发的《中共中央、国务院关于做好 2002 年农业和农村工作的意见》（中发［2002］2 号）中要求"各级财政都要增加投入，中央和省级要专门安排资金，支持农业产业化基地建设、科研开发和技术服务，对重点龙头企业的贷款给予贴息。适当提高农产品加工和流通企业购进农产品原料的增值税进项抵扣率，促进农产品加工和出口。农业银行要安排一定的规模和资金，优先支持符合贷款条件的龙头企业。安排国债资金支持技术改造，要把国家重点龙头企业纳入支持范围，把农产品加工企业作为全国中小企业信用担保体系的优先扶持对象"。

从国家出台的扶持农业产业化的政策可以看出，国家农业产业化政策中重点扶持龙头企业的特点非常明显，不仅细化到了龙头企业的原料、生产加工、产品销售等环节，同时也涉及企业的投融资以及产品进出口等方面的优惠政策。从政策制定的部门来看，个别部门为了突出扶持某些行业制定了特殊的扶持政策，如农业部为促进饲料业的产业化以及粮食总局为了推进粮食产业化分别制定了相关扶持政策，但是总的来说，2000 年八部委联合下发了《关于扶持农业产业化经营重点龙头企业的意见》，统一了各部委的政策意见，也成为各地制定相应产业化扶持措施的主要政策参照，扶持龙头企业成为各地扶持农业产业化的重要手段，例如，2002 年上海制定了《上海市农业产业化重点龙头企业认定管理办法（试行）》，同年，云南省委、省政府下发了《关于推进农业产业化经营的意见》，北京制定了《关于信贷支持农业产业化的实施意见》，2003 年，福建省下发了《关于加快农业产业化经营的意见》，在这些政策文件中，无论是财税支持还是各级龙头企业的申请、认定等方面，明显可以看到 2000 年八部委联合下发的政策文件的烙印。这样，从中央到地方，就形成了一个相对完整的农业产业化龙头企业扶持政策体系。

由于政府的农业产业化政策主要是以起着龙头作用的农业企业为载体来实施的，因而下文对政策绩效的分析将主要围绕农业企业来展开。

（二）农业产业化经营中农业企业所享受的财税补贴政策

从整体来看，国家对农业产业化企业的扶持政策主要体现在信贷政策、财税政策以及许多其他政策方面。

在信贷政策方面，为了明确农业信贷政策的重点，引导农业经济结构调整和产业化的发展，1998 年 2 月，中国人民银行下发了《关于加大信贷投入、强化信贷管理促进农业与农村经济发展的通知》，规定确保支农信贷资金来源，加大农业信贷投入。国家银行新增支持农业发展的贷款不低于新增全部贷款的 10%。其中，要求农业银行应坚持"三性"原则，把贷款主要用于支持种养业、以农副产品加工为主的龙头企业、农产品生产基地、农村市场体系、农业基本建设和农业社会化服务体系的建设。

2002 年末，中国农业银行总行下发了《关于进一步做好农业产业化信贷工作的指导意见》，进一步确立了支持农业产业化经营的重点，完善了支持农业产业化经营的金融服务措施，适当放宽了龙头企业、基础设施和公共服务项目使用扶贫贷款的条件。政策支持重点是：一是规模型、特色型、科技型农业；二是优势主导产业；三是支持 500 家国家级、省级重点龙头企业，增强牵引带动力；四是支持农产品基地建设，增强依托辐射力；五是支持农产品市场体系建设，增强整体联动力；六是支持农业科技成果转化，增强发展推动力。

除信贷政策之外，为了鼓励特定产业的产业化发展，相关部门还制定了特殊的有针对性的扶持政策。例如，2001 年 8 月国家粮食局下发了《国家粮食局印发关于发展粮食订单收购推进粮食产业化经营的意见的通知》。要求各地政府加强支持力度，培育和扶植发展粮食订单收购的龙头企业；加强对订单收购的引导和服务；采取积极措施，提高订单履约率；加强对生产环节的引导和支持，提高粮食订单收购的产业化程度。又如，为了鼓励饲料产业的发展，2002 年 7 月，农业部发布的《关于促进饲料业持续健康发展的若干意见》和《全面推进"无公害食品行动计划"的实施意见》提出，应积极通过多种产业化经营形式，促进农业产业化龙头企业带动农民按照市场需求调整农产品品种布局和结构，提高农产品生产规模化和组织化程度，提升农产品质量安全水平；鼓励饲料企业采取订单农业、公司＋农户等方式，把生产、加工、销售等环节连接起来，形成较为稳定的产销关系和利益关系。各地区和有关部门要将符合条件的饲料企业列为农业产业化龙头重点企业，优先予以扶持。

由于本章所要研究的是农业产业化中的财税补贴政策，因而下文将对财税补贴政策作一重点介绍。

1. 所得税优惠政策。

（1）所得税减免。

所得税减免是政府给予农业产业化龙头企业的最重要的扶持政策，它的支持力度非常大。对于中央一级由八部委认定的农业产业化国家重点龙头企业，国家税务总局发文要求各级税务部门对国家重点龙头企业从事种植业、养殖业和农林产品初加工取得的收入，暂免征收企业所得税，但免税的种植业、养殖业、农林产品初加工业必须与其他业务分别核算。而具体到各省市，比照中央政策，也纷纷出台了相应的所得税减免优惠政策，对于其认定的省级龙头企业也给予各种不同程度的企业所得税免征或减征。甚至有些县级政府也出台了相似的政策，如浙江宁海县规定对本县县级以上（含县级）农业龙头企业从事种植业、养殖业和农林产品初加工所得，暂免征收所得税。①

---

① 资料来源：宁海侨网 http：//www.nhqw.gov.cn/index。

所得税减免政策对农业产业化龙头企业的扶持力度，我们可以清楚地从龙头企业上市公司的财务业绩表现上看出来。在所得税减免之前，农业产业化龙头企业上市公司执行的所得税税率有 7.5%、14.85%、15% 和 33% 之分。如果《办法》规定的所得税减免优惠落到实处，那么龙头企业的利润将有很大的改善，减免税收直接变成了企业当年增加的利润。例如，维维股份是第二批国家农业产业化重点龙头企业之一，仅免征所得税就可使公司 2003 年当年利润增长 10% 左右；而同属第二批国家重点龙头企业的丰原生化（柠檬酸行业中的龙头企业），免征所得税对公司 2003 年业绩影响则更大，据估计至少可提升当年利润的 30% 左右。①

所得税减免的扶持力度，还表现在该项政策对农业产业化龙头企业的明显倾向性上来。2001 年底，在公告所得税减免的全部 10 家上市公司中，国家重点龙头企业就占了 7 家，它们分别是农产品（深圳市农产品股份有限公司）、正虹科技、承德露露、顺鑫农业、双汇发展、金健米业和莲花味精。②

（2）所得税抵扣。

农业产业化龙头企业不仅享受所得税率低的好处，它们还同时享有税前抵扣环节的种种优惠。

①关于技术开发费的扣除。国家财政部、税务总局于 1996 年 4 月下发的《财政部、国家税务总局关于促进企业技术进步有关财务问题的通知》（财工字［1996］41 号），并于同年 9 月补充下发了《国家税务总局关于促进企业技术进步有关税收问题的补充通知》（国税发［1996］152 号）。主要内容为：一是企业研究开发新产品、新技术、新工艺所发生的各项费用，不受比例限制，计入管理费用。二是盈利企业研究开发新产品、新技术、新工艺所发生的各项费用，比上年实际发生额增长 10% 以上（含 10%），其当年实际发生的费用除按规定据实列支外，年终经由主管税务机关审核批准后，可再按其实际发生额的 50%，直接抵扣当年应纳税所得额；增长未达到 10% 以上的，不得抵扣。亏损企业发生的研究开发费用，只能按规定据实列支，不实行增长达到一定比例抵扣应纳税所得额的办法。三是企业为开

---

① 郭锐：《农业产业化龙头企业上市公司分析》，《证券时报》（http：//www. p5w. net），2003 年 3 月 13 日。

② 资料来源：《2001 年年底公告税收获优惠政策的上市公司一览表》，证券之星网站，http：//finance. stockstar. com/ar/72. asp。

发新技术、研制新产品所购置的试制用关键设备、测试仪器，单台价值在 10 万元以下的，可一次或分次摊入管理费用，等等。根据《农业产业化国家重点龙头企业认定和运行监测管理暂行办法》（以下简称《办法》），上述政策也适用于农业产业化国家重点龙头企业。

②关于购买国产设备抵免企业所得税问题。根据财政部、国家税务总局于 1999 年 12 月下发的《财政部、国家税务总局关于印发〈技术改造国产设备投资抵免企业所得税暂行办法〉的通知》（财税字〔1999〕290 号）文件的规定：凡在我国境内投资于符合国家产业政策的技术改造项目的企业，其项目所需国产设备投资的 40% 可从企业技术改造项目设备购置当年比前一年新增的企业所得税中抵免。在《办法》的规定中，这一政策也同样适用于农业产业化国家重点龙头企业。从全国范围看，并不仅仅是国家重点龙头企业享受此项优惠政策，很多省级、县级政府也纷纷参照《办法》，将同样的优惠授予本级别的农业产业化龙头企业。

2. 增值税优惠政策。

增值税减免虽然不是政府专门为扶持农业产业化出台的优惠政策，但我国大部分的农业企业却一直享受增值税减免的优惠待遇。根据《财政部国家税务总局关于提高农产品进项税抵扣率的通知》（财税〔2002〕12 号），2002 年 1 月 1 日起，增值税一般纳税人购进农业生产者销售的免税农业产品的进项税额扣除率由 10% 提高到 13%。进项税抵扣率的提高直接降低了农产品收购及其加工企业的税收负担，增加了涉农企业的利润，也为农产品赢得了一定的价格空间，提高了农产品的出口竞争力。

为了进一步降低农业生产成本，根据我国税法规定，生产和销售饲料、化肥、农药、农机、农膜的企业已经连续多年享受免征增值税的优惠待遇；农产品销售企业，如果销售的是自产农产品，那么免征增值税；如果销售的是外购农产品，那么适用 13% 的税率。2000 年以后出台的农业产业化龙头企业扶持政策进一步强调，要落实龙头企业增值税减免优惠政策。

另外，为了鼓励重点龙头企业发挥比较优势，参与国际竞争，提高产品竞争能力，对于符合国家高新技术目录和国家有关部门批准引进项目的农产品加工设备，除按照国务院下发的《国内投资项目不予免税的进口商品目录》所列商品外，免征进口关税和进口环节增值税。

3. 出口退税及其他税收优惠政策。

出口退税，是我国政府鼓励出口竞争的重要政策。对于外贸业务多的农业龙头企业，出口退税成为企业补贴收入的重要来源之一。

　　另外，各地根据当地农业发展的特点，除了落实龙头企业在享有所得税减免、增值税返还、出口退税三项税收优惠的同时，还出台了其他的一些税收优惠政策，其中减免农林特产税是一项常见的优惠政策。比如，云南省委、省政府在 2002 年 12 月出台的《关于推进农业产业化经营的意见》中要求：对云南本省新开发的特色农副产品生产基地，给予一定数额和期限的农业特产税减免；在荒山、荒地、荒滩、荒水建设的农林特产基地，从取得收益之年起，免征 3 年农林特产税及营业税；对新建或扩建的大型农产品批发市场 3 年内市场管理费给予 30% 的优惠。

　　4. 财政补贴政策。

　　(1) 一般性财政支农补贴。

　　首先，从 1995 年至今，国家出台的农业财政政策中多次强调了通过财政手段重点引导农业产业化的发展，支持龙头企业带动型的产业化模式。其中财政部最早于 1995 年 12 月下发了《关于财政部门支持农业产业化发展的意见》(财农字〔1995〕335 号)，要求明确财政支农的目标，促进农业实现规模化和商品化经营，实现农产品增产增值，增加农民收入。多渠道、多层次筹集资金，支持农业产业化的发展；各级财政部门要坚持有偿扶持与无偿支援相结合，以有偿扶持为主的原则，积极安排支持农业产业化发展的资金。财政支持农业产业化发展要因地制宜，突出资金投放重点。各级财政部门用于农业产业化发展的资金，要适当集中，重点支持粮棉油主产区围绕优势农产品和农业支柱产业，有效配置资源，加强农产品生产、加工转化、销售等环节的有机联系，对农产品生产有优势，农业生产已有一定程度规模化、商品化的地区，要重点支持龙头加工、流通企业的发展，支持现有加工、销售企业进行技术改造、上档次、上规模，发挥龙头企业的带动作用。对具有一定加工、流通基础，转化加工、销售企业有一定水平的地区，要重点支持农产品生产形成基地化、规模化，使农产品生产与转化加工、销售相适应。对农产品产加销一体化已具有一定基础的地区，要重点支持经科教的有机结合，使农业产业化向更高层次发展。

　　其次，为了推动农业产业化发展，规范中央财政支持农业产业化的政策措施，1997 年财政部下发中央财政支持农业产业化〔包括种植业、养殖业产业化（不含水产）、水产产业化、国有农业企业产业化〕立项指南，即《中央财政支持农业产业化立项指南（试行）》(财农字〔1997〕261 号)。强调重点扶持龙头企业或基地与农民（农工）之间建立各种形式的利益共同体、科技含量高的农业产业化项目、可持续农业的发展项目以及有利于乡镇企业、国有农业企业、事业单位改革、改组、改制和加强管理的农业产业化项目。

再次，2000 年八部委联合下发了《关于扶持农业产业化经营重点龙头企业的意见》（农经发［2000］8 号），指出为了引导龙头企业大范围的带动生产基地和农户，形成龙头企业加生产基地和农户的产业化经营新格局，对于重点龙头企业带动的生产基地建设等，中央财政要继续给予支持，地方财政也要作出具体安排。

国家通过以上的政策文件，明确了扶持农业产业化和龙头企业的财政资金的切入点和侧重点，并在后两个政策文件中突出了对龙头企业的重点扶持。

（2）专项财政补贴。

从 2000 年以来，国家财政每年都安排一定专项资金支持农业产业化的发展，由农业部、财政部等有关部门负责落实。2003 年 4 月 1 日，在四川成都召开的全国农业产业化工作座谈会上圈定今年农业产业化财政专项扶持对象：重点扶持从事 11 个优势农产品品种生产加工、以 35 个优势农产品生产区域为基地的国家重点龙头企业；支持以国家重点龙头企业带动，由农民专业合作社为中介，由农民直接经营的标准化基地的生产、加工以及服务设施建设；支持龙头企业出口产品的包装、储藏、保鲜等具有国内外先进水平的技术引进、技术开发和推广。

农业龙头企业接受的财政补贴类型，主要有出口创汇贴息、财政补助两类。出口创汇贴息同出口退税一样，是政府鼓励农产品出口竞争的一项优惠政策。如浙江宁海县对龙头企业收购本地农产品加工的农副产品自营出口的，以 2000 年为基数，超基数部分每美元奖励人民币 4 分；2001 年后首次出口的企业，按当年实绩计奖，每美元奖励人民币 5 分。[①]

龙头企业接受的财政补贴，主要来自地方政府。补贴款名目也很多，就 2002 年的财政补助情况来说，中水渔业接受有海洋渔业资源探测经费；赣南果业接受有新产品开发补助资金、生产经营补贴收入；顺鑫农业接受有北京市政府冻猪肉专项储备费用补贴；丰原生化接受有财政专项补助污水治理补贴款等。

（三）政策小结

上述财税补贴政策，从性质上来说，可以大体分为两类。

---

① 资料来源：宁海侨网 http://www.nhqw.gov.cn。

一类是对特定企业的优惠，包括所得税减免政策和除出口创汇贴息以外的大部分的专项财政补贴政策。本书称之为"专向性补贴政策"。其特点是：这类优惠政策不是给予所有的农业企业，而是仅给予由各级政府所认定的龙头企业（国家级的、省级的、县级的等）；

另一类是对涉农企业的普遍补贴和优惠。包括增值税减免政策、出口退税政策、农业特产税减免政策和出口创汇贴息政策等。其特点是：这类优惠政策所面对的不是特定的企业，而是对符合一定条件企业（如从事涉农产业、农产品出口创汇）的扶持，从本质上来说，这类政策不是对农业企业的扶持政策，而是对农业产业的扶持政策。本书称之为"非专向性补贴政策"。

严格来讲，所谓对农业产业化龙头企业的财税支持政策，应当指第一类政策，即"专向性补贴政策"。而事实上，在我国，这一类政策的支持力度要远高于第二类政策。

二　农业产业化经营中的农业企业财税补贴政策绩效分析：农业上市公司案例

（一）分析思路

从理论上来说，对我国农业产业化建设中财税补贴政策的政策绩效进行全面评估，应包括以下内容：

该项政策对企业财务效益、竞争能力和成长性的影响评估；

该项政策对区域产业结构调整和农民增收的影响评估；

该项政策对行业和市场环境的影响评估；

甚至还包括：

该项政策对政企关系的影响评估。

对上述影响进行全面的、定量的评估显然是非常困难的工作。本节试图从政府的政策逻辑出发，提出一个可操作的评估方法。

具体来说，本节的研究思路如下：

根据本章前面的分析，可以将政府的政策预期理解为：农业企业在享受了政府的优惠政策之后，能够比享受政策之前更为发展壮大，从而更有利于带动农民增收致富与区域产业结构的调整。因此，如果农业企业的发展壮大与企业是否享受了政府的财税优惠政策以及享受优惠的多少之间没有关联关系，那么，可以认为政府的政策目标没有达到。根据这一逻辑，可以用判断企业是否享受财税优惠以及享受优惠的多寡是否对企业的发展壮大有影响来评估政府的政策绩效。

这一研究思路可用下述框图表示出来：

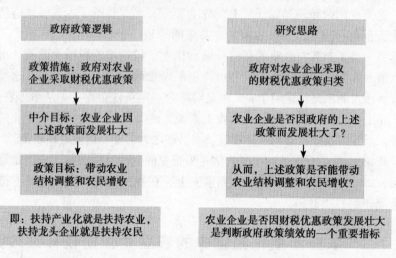

图 14 - 1　政府政策逻辑与本报告研究思路框图

（二）补贴政策下的企业理性行为：一个简单的理论模型

政府给予农业产业化龙头企业的优惠政策，包括所得税减免、增值税返还、出口退税补贴、公益性补贴、价格补贴等形式，它们或者相当于降低了企业成本，或者相当于增加了企业的收益。在假设龙头企业是经济理性人、追求利润最大化的基本前提假定下，根据这些补贴对企业产出行为的影响是短期还是长期，分为激励企业增加短期产出的补贴形式和激励企业增加长期产出的补贴形式。

1. 激励企业增加短期产出的补贴政策对企业行为的影响。

这类财税补贴主要包括增值税返还、出口退税补贴、财政贷款贴息、公益性补贴和价格补贴形式，它们具有一个共同的特点：相当于降低了产品成本或提高了产品价格，在企业规模不变的情况下，这类补贴也会直接刺激企业提高产出水平。

我们考虑龙头企业的短期利润最大化模型，假定投入品 1（即农产品原料）为变动投入，投入品 2 为固定投入 $\bar{x}_2$；$f(x_1, x_2)$ 为企业的生产函数，设 $f'(g)$ 为 x_1 的减函数，即边际产出递减；产品价格为 p；两种投入品的价格分别为 w_1 和 w_2。企业的利润最大化可以表示为：

$$\max_{x_1} pf(x_1, \bar{x}_2) - w_1 x_1 - w_2 \bar{x}_2$$

设 x_1^* 为利润最大化条件下投入品 1 的最佳投入水平，这时产品价格乘以投入品 1 的边际产出应等于投入品 1 的价格，即：

$$pMP_1 \ (x_1^*, \ \bar{x}_2) \ = w_1 \quad \text{或} \quad MP_1 \ (x_1^*, \ \bar{x}_2) \ = \frac{w_1}{p}$$

龙头企业接受的这类政府补贴 s，相当于降低投入品成本，$w_1 - s$，或提高产品价格，$p + s$。以补贴相当于提高产品价格为例。设 x_1^{**} 为龙头企业接受补贴后利润最大化条件下投入品 1 的最佳投入水平，此时应满足：

$$MP_1 \ (x_1^{**}, \ \bar{x}_2) \ = \frac{w_1}{p + s} < MP_1 \ (x_1^*, \ \bar{x}_2)$$

由于边际产出递减，因此可以得出 $x_1^{**} > x_1^*$，即龙头企业接受补贴后，产出增加，所使用的农产品原料增加。

2. 激励企业增加长期产出的补贴政策对企业行为的影响。

这类补贴的主要形式是所得税减免。所得税减免是龙头企业享受补贴的最重要形式，一般占到扶持量的 50% 以上。在 2000 年后，中央及各级地方政府更是给予具备资格的龙头企业以免征所得税的优惠。

所得税减免优惠，不同于增值税减免等第三节所列的其他优惠措施，它对企业短期和长期经营决策的影响是不相同的。

(1) 对短期而言，所得税减免不影响企业的生产经营决策

对企业的短期利润最大化模型来说，所得税税率 t 对企业的行为影响可用下式表示：

$$\max_{x_1} pf \ (x_1, \ \bar{x}_2) \ - w_1 x_1 - w_2 \bar{x}_2 \ (1 - t)$$

利润最大化条件下投入品 1 的最佳投入水平 x_1^*，满足以下条件：

$$pMP_1 \ (x_1^*, \ \bar{x}_2) \ = w_1$$

我们可以发现，所得税税率 t 的高低并不影响企业的短期经营决策。

(2) 对长期而言，所得税减免会增加企业可分配利润，大大加快企业的投资回收速度，刺激企业扩大规模，从而同样达到提高产出量的目标。

企业的规模决策模型如下：

$$V = \frac{P \ (1 - t)}{(1 + r)} + \frac{P \ (1 - t)}{(1 + r)^2} + L + \frac{P \ (1 - t)}{(1 + r)^n} \approx \frac{P \ (1 - t)}{r}$$

V 代表企业的投资，它取决于未来净收益的资本化。P 代表利润，这里简化为各年利润不变；t 为所得税率；r 为贴现率。当政府给予企业所得税减免后，所得税率 t 下降，企业未来各期净收益增加，企业愿意投资的水平 V 就会增加。企业投资规模增加，不难得出企业的产出也会增加。

　　根据前面的分析，可以看出，从理论上来讲，如果一个企业是利润最大化的追求者，无论哪种形式的政府补贴，都会达到激励企业增加产出的效果。政府对龙头企业进行补贴，应该对企业业绩有明显的正作用。

（三）假说

　　根据前面的理论分析，可以看出，无论哪种形式的补贴，从理论上来说，都应当会达到激励企业增加产出的效果。如果现实确实也如此，那么国家对产业化龙头企业的财税扶持政策就可以认为是有效率的。但是这一结论有待于实证研究的证实或证伪。

　　在此我们先进行一些简单的统计分析。表 14 - 1 中我们选择了与农业产业化经营相关的 58 家农业上市公司 2000—2002 年的财务数据进行分析。按照这些公司 2002 年相对于 2000 年的主营业务收入的增长幅度，我们将它们分为低、中低、中等、中高和高 5 个组，然后观察这 5 个组的企业的所得税综合税率（指所得税与主营业务利润的比例）。如果综合所得税税率较低的企业，其主营业务增长速度较快，那么，这就意味着政府通过所得税减免等给予龙头企业的优惠政策可能会是有效的。但是，表 14 - 1 的数据却显示：在农业上市公司中，所得税综合税率越低的企业组，其主营业务收入的增长速度却有越低的趋势。例如，所得税综合税率最低（ - 4.3% ）的企业组，其主营业务收入的增长速度也最低；所得税综合税率最高的两个组（分别为 8.8% 和 5.6% ），也是主营业务收入增长速度最快的两个组。这似乎表明，所得税税负的减少并没有对企业业务的增长表现出积极的作用。

表 14 - 1　　　按主营业务收入增长速度分组的农业上市公司的所得税综合税率 （%）

	总平均	低	中低	中等	中高	高
平均	3.7	- 4.3	1.7	6.7	8.8	5.6
	(0.154)	(0.307)	(0.037)	(0.058)	(0.102)	(0.053)
最小值	- 99.0	- 99.0	- 6.7	- 1.1	0.1	0.5
最大值	36.9	25.3	8.0	23.4	36.9	18.0

　　注：（1）主营业务收入增长为各上市公司 2002 年相对于 2000 年的增长幅度；（2）所得税综合税率为所得税与主营业务利润的比率；（3）低、中低、中等、中高、高组各占企业数量的 20%；（4）括号内为标准差。

　　有鉴于此，我们有理由对国家所给予产业化龙头企业的财税扶持政策的实际效率表示怀疑。为了进行更严密的实证分析，本课题组在此所提出的有待检验的假说是：

原假说：农业企业的产出是政府补贴的函数，政府财税补贴对企业的产出水平有显著的促进作用；

备择假说：政府财税补贴对农业企业的产出没有促进作用。

本章提出的原假说实际上也是政府扶持龙头企业的理论依据，如果扶持政策操作、龙头企业行为符合市场化竞争机制的话，那么应该可以得到政府想要的结果——政府的各项优惠政策会带来企业的收入增长。我们下面将对这一假说进行检验，看是接受、还是拒绝原假说。

（四）样本与数据

1. 样本的选择。

从系统的财务数据的获取角度来考虑，本节选择了1995年以来与农业产业化经营相关的农业上市公司进行跟踪分析。选择农业上市公司作为研究原本的理由是：

（1）上市公司历年的财务数据均是公开的，因此，选用农业上市公司作为研究样本可以满足实证研究对数据的要求；

（2）农业上市公司的信息公开披露制度提供了完整、具体、具有连续性的财务数据，与其他来源的农业企业财务数据相比，更具有公信力。

在我国政府对农业企业的扶持中，可计量的补贴包含了所得税优惠、增值税返还、出口退税补贴、财政贷款贴息补贴，以及一些公益性补贴和价格补贴。其中，所得税优惠是企业享受的最主要补贴。由于2000年会计处理方式发生变化，上市公司会计年报中，"所得税返还"从"补贴收入"中转出，直接从"应交所得税"中扣除，故"补贴收入"的账面数额减少。这就导致了2000年以后和1999年以前的补贴收入所含科目不一致。由于所得税优惠是政府对龙头企业财税扶持的主要方面，也是本章分析的重点，出于数据一致性的考虑，本研究将分别利用1995—1999年和2000—2003年两个时期的上市公司面板数据对假说进行验证。

所有样本数据来自证监会公布的各上市公司相关年份的公布年报。

2. 1995—1999年样本企业的基本情况。

1995—1999时期的样本量包括61家农业上市公司，其中包含后来成为国家重点龙头企业中的大部分上市公司（41家中的33家）。61家样本公司1999年的主要财务指标见表14-2。1999年，农业上市公司平均总资产规模达9.1亿元，主营业务收入平均为5.4亿元，实现利润总额平均为6974万元，接受的政府补贴收入平均每家为831万元，占利润总额比重的 11.9%。

表 14-2　　　　　1999 年农业上市公司的主要财务指标

证券代码	证券名称	总资产（万元）	主营业务收入（万元）	利润总额（万元）	补贴收入（万元）	补贴收入占利润总额比重（%）
000019	深深宝 A	47015	6569	3269	0	0.0
000048	ST 康达尔	151570	83506	7756	40	0.5
000509	天歌科技	61646	23752	3640	320	8.8
000576	广东甘化	147505	45014	2103	198	9.4
000663	永安林业	88110	32544	5690	2668	46.9
000702	正虹科技	74047	67977	6158	88	1.4
000713	丰乐种业	74209	30192	6487	0	0.0
000735	罗牛山	101511	20874	5091	730	14.3
000769	菲菲农业	82473	28597	1360	0	0.0
000780	草原兴发	122681	99800	14107	5096	36.1
000798	中水渔业	111934	41061	8893	499	5.6
000829	赣南果业	41847	15332	2087	997	47.8
000833	贵糖股份	106972	59313	316	0	0.0
000848	承德露露	52058	73964	13983	2090	14.9
000860	顺鑫农业	102674	63631	9594	2474	25.8
000876	新希望	67834	52577	7242	0	0.0
000885	ST 春都	96834	45578	3203	1515	47.3
000895	双汇发展	129536	240083	20299	1249	6.2
000911	南宁糖业	99283	90597	6312	5454	86.4
000918	亚华种业	97070	26554	6638	1599	24.1
000930	丰原生化	108030	48290	4781	47	1.0
000972	新中基	58702	39220	3646	689	18.9
000998	隆平高科	17874	11461	2722	0	0.0
200019	深深宝 B	47015	6569	3269	0	0.0
200992	中鲁 B	50826	91193	10028	58	0.6
600073	上海梅林	139282	56227	11598	0	0.0

续表

证券代码	证券名称	总资产（万元）	主营业务收入（万元）	利润总额（万元）	补贴收入（万元）	补贴收入占利润总额比重（%）
600075	新疆天业	160661	72729	8727	2523	28.9
600093	禾嘉股份	68147	19399	4223	82	1.9
600095	哈高科	123665	39507	7114	314	4.4
600108	亚盛集团	166933	61441	13323	2111	15.8
600127	金健米业	70064	51058	6357	780	12.3
600180	九发股份	57333	27730	7095	0	0.0
600186	莲花味精	251892	125347	23066	4185	18.1
600189	吉林森工	106891	43367	11722	951	8.1
600191	华资实业	76951	34070	7623	171	2.2
600195	中牧股份	103657	84253	11187	31	0.3
600225	天香集团	83710	33432	3476	197	5.7
600242	华龙集团	29671	9092	2907	0	0.0
600248	秦丰农业	23824	15267	3088	0	0.0
600257	洞庭水殖	12531	3601	1402	60	4.3
600265	景谷林业	28756	16161	3485	545	15.7
600275	武昌鱼	32241	10936	6734	765	11.4
600298	安琪酵母	21838	15335	5005	1157	23.1
600300	维维股份	70709	91751	12189	4143	34.0
600305	恒顺醋业	19118	12618	2472	0	0.0
600311	荣华实业	40289	39158	4582	0	0.0
600313	*ST 中农	78827	136727	3637	0	0.0
600359	新农开发	126263	63262	7485	76	1.0
600371	华冠科技	18665	9264	1699	0	0.0
600506	香梨股份	20666	3208	1497	0	0.0
600537	海通集团	18922	16970	1843	279	15.2
600559	裕丰股份	34130	25576	805	729	90.6

续表

证券代码	证券名称	总资产 （万元）	主营业务收入 （万元）	利润总额 （万元）	补贴收入 （万元）	补贴收入占 利润总额比重 （％）
600597	光明乳业	107738	146272	9068	1116	12.3
600598	北大荒	456452	175947	34348	446	1.3
600672	ST英教	90383	69552	27316	1083	4.0
600695	＊ST大江	197512	181508	2669	0	0.0
600737	新疆屯河	103012	31177	10026	2485	24.8
600762	金荔科技	36890	4951	－5459	61	－
600844	大盈股份	162593	46319	2323	422	18.1
600887	伊利股份	99615	115080	11102	0	0.0
600893	ST吉发	188985	72926	995	197	19.8
	平均	91280	54188	6974	831	11.9

注：1999 年以前的上市公司会计年报中"补贴收入"科目包括所得税返还、增值税返还、出口退税返还、财政贴息以及其他财政补助；"－"表示由于公司利润为负值，而无法计算相关比率。

数据来源：巨灵信息网。

观察农业类上市公司 1995—1999 年的财务指标变化，我们可以发现政府对农业类公司的扶持力度迅速加大，1995 年平均每家公司接受政府的补贴收入仅有 47 万元，到 1999 年迅速增加到 831 万元，补贴收入对利润的贡献越来越大，从 1995 年的 1.2% 猛增到 1999 年的 11.9%。

表 14-3　　　　1995—1999 年农业类上市公司财务指标变化

年份	平均总资产 （万元）	平均主营业务收入 （万元）	平均利润总额 （万元）	平均补贴收入 （万元）	补贴收入占 利润总额比重 （％）
1995	39039	34619	4095	47	1.2
1996	46031	38016	4746	62	1.3
1997	58093	47806	5120	164	3.2
1998	77639	51028	6669	512	7.7
1999	91280	54188	6974	831	11.9

资料来源：根据巨灵信息网数据整理。

3. 2000—2003 年样本企业的基本情况。

2000—2003 时期样本包括 58 家农业上市公司,[①] 其中含国家重点龙头企业中的所有 41 家上市公司中的 40 家。58 家样本公司 2002 年的主要财务指标见表 14 - 4。2003 年,农业上市公司平均总资产规模达 19.5 亿元;主营业务收入平均为 12.6 亿元;实现利润总额平均为 6820 万元;接受的政府补贴收入平均每家为 325 万元,占利润总额比重的 9.6%;缴纳所得税平均为 2060 万元。

表 14 - 4　　　　　2003 年农业上市公司的主要财务指标

证券代码	证券名称	总资产(万元)	主营业务收入(万元)	主营业务利润(万元)	利润总额(万元)	补贴收入[1](万元)	补贴收入占利润总额比重(%)	所得税(万元)	所得综合税率[2](%)
000048	ST 康达尔	137728	85623	12308	1245	50	4.0	598	4.9
000061	农产品*	329390	196911	47133	19743	75	0.4	2730	5.8
000509	天歌科技	108067	16601	3920	1453	9	0.6	308	7.9
000576	广东甘化	149717	50469	10280	1026	18	1.8	69	0.7
000623	吉林敖东*	188153	57382	34729	10418	1995	19.1	1547	4.5
000663	永安林业	82854	31220	8353	1783	318	17.8	2	0.0
000702	正虹科技	148285	136164	16685	3113	10	0.3	1448	8.7
000713	丰乐种业	85541	38232	11280	748	0	0.0	73	0.6
000735	罗牛山	216721	35712	7326	2091	30	1.4	0	0.0
000780	草原兴发	364148	210415	43597	3975	129	3.2	2	0.0
000798	中水渔业	84482	17049	2888	3494	18	0.5	130	4.5
000829	赣南果业	166499	215505	25249	9281	16	0.2	1382	5.5
000833	贵糖股份	139970	75599	9729	-4104	0	0.0	9	0.1
000848	承德露露	114465	104891	34459	6116	0	0.0	2580	7.5
000860	顺鑫农业	193864	132461	28458	9519	1909	20.1	604	2.1

①　我们所选的 58 家公司,包括了 2000—2003 年中所有与农业和农产品有关的上市公司。在这些公司中,如意集团 (000626) 和武昌鱼 (600275) 的主业已经不是农业,在此不予列入;ST 春都 (000885)、ST 中农 (600313) 和 ST 生态 (600709) 三家公司均被会计师事务所出具了保留意见,在此也未包括在样本之内。

续表

证券代码	证券名称	总资产（万元）	主营业务收入（万元）	主营业务利润（万元）	利润总额（万元）	补贴收入[1]（万元）	补贴收入占利润总额比重（％）	所得税（万元）	所得综合税率[2]（％）
000876	新希望	323611	198536	32973	17085	405	2.4	786	2.4
000895	双汇发展	310531	717946	95296	42494	451	1.1	10552	11.1
000911	南宁糖业	167950	150078	28853	10385	0	0.0	2020	7.0
000918	亚华种业	223624	118640	42605	3070	0	0.0	603	1.4
000930	丰原生化	471709	154736	28488	14497	0	0.0	4030	14.1
000972	新中基	191815	94883	21812	8796	272	3.1	−	−
000998	隆平高科*	103235	37459	10514	2173	0	0.0	242	2.3
200992	中鲁 B	56274	31887	5834	−21514	0	0.0	0	0.0
600075	新疆天业	337181	185970	33762	7662	389	5.1	215	0.6
600084	新天国际	540003	251519	34066	7284	114	1.6	1391	4.1
600093	禾嘉股份	105435	22541	7477	1754	10	0.6	442	5.9
600108	亚盛实业	256804	103356	16207	10279	37	0.4	816	5.0
600127	金健米业*	237093	54506	6969	−13525	0	0.0	235	3.4
600180	九发股份	169920	83332	13438	7810	0	0.0	354	2.6
600186	莲花味精	460838	121965	23339	3091	0	0.0	1206	5.2
600189	吉林森工	186194	82863	22660	10150	2101	20.7	0	0.0
600191	华资实业	202398	98119	19327	9507	90	0.9	909	4.7
600195	中牧股份	131076	111225	26747	3142	252	8.0	934	3.5
600225	天香集团	140055	42715	4296	2277	95	4.2	316	7.3
600242	华龙集团*	75248	11047	4375	817	30	3.7	0	0.0
600248	秦丰农业	110561	46531	10971	1710	36	2.1	833	7.6
600257	洞庭水殖	103792	30987	8274	2249	11	0.5	207	2.5
600265	景谷林业	86145	20943	5076	1491	1324	88.8	268	5.3
600300	维维股份	245766	166065	40500	16795	701	4.2	4178	10.3
600305	恒顺醋业*	61134	26690	9532	4462	0	0.0	1326	13.9

续表

证券代码	证券名称	总资产（万元）	主营业务收入（万元）	主营业务利润（万元）	利润总额（万元）	补贴收入[1]（万元）	补贴收入占利润总额比重（%）	所得税（万元）	所得综合税率[2]（%）
600311	荣华实业	143126	44094	8414	5993	0	0.0	89	1.1
600313	中农资源	98183	142608	7873	-14400	286	-2.0	715	9.1
600359	新农开发	218472	88836	23541	9451	0	0.0	1020	4.3
600371	华冠科技*	31033	15990	3575	2371	0	0.0	780	21.8
600466	迪康药业	87234	15392	7212	1547	63	4.1	21	0.3
600506	香梨股份	71247	8279	3135	1618	29	1.8	0	0.0
600537	海通集团	61373	29492	8341	4012	970	24.2	45	0.5
600559	裕丰股份	57029	26118	6676	1902	97	5.1	38935	0.0
600597	光明乳业	346083	598105	194591	39092	1362	3.5	10864	5.6
600598	北大荒	764020	186633	90348	38343	0	0.0	0	0.0
600695	大江股份*	159314	129650	3228	-23876	115	-	203	6.3
600703	天颐科技	73255	61465	7157	3127	1224	39.2	0	0.0
600737	新疆屯河*	632022	194352	72138	17347	4887	28.2	2375	3.3
600752	哈慈股份	380507	217380	78551	15457	407	2.6	169	0.2
600762	金荔科技*	67028	14026	5498	2567	0	0.0	33	0.6
600837	都市股份	88695	18440	7423	3015	0	0.0	1199	16.1
600887	伊利股份	58218	14934	2712	7210	140	1.9	127	4.7
600893	ST吉发*	122987	97533	13584	4042	0	0.0	0	0.%
	平均	194278	108140	24031	5908	353	5.7	1753	4.4

注：*注释的企业数据为2002年公布的年报数据，其2003年年报没有公布；1. 根据我国会计制度改革，2000年后上市公司会计年报所得税返还从"补贴收入"中转出，改为直接从"应交所得税"中抵扣；2. 这里的所得税综合税率为所得税与主营业务利润的比率；"-"表示由于公司利润为负值，而无法计算相关比率。

资料来源：根据中国证监会公布的各上市公司年报数据整理，http：//www.csrc.gov.cn。

　由于2000年我国会计制度改革，所得税返还从"补贴收入"科目转出，改为直接从"应交所得税"中扣除，我们可以发现，农业上市公司在2000—2003 期间接受的政府补贴收入比 1999 年前有所减少，2002 年平均每家公司接受的政府补贴为 397 万元，而 1999 年为 831 万元。但根据沈晓明等（2002）对所得税返还实际扣除额的跟踪，证明事实上补贴仍是增加的。

表 14 - 5　　　　　　2000—2003 年农业类上市公司财务指标变化

年份	平均总资产（万元）	平均主营业务收入（万元）	平均主营业务利润（万元）	平均利润总额（万元）	平均补贴收入（万元）	补贴收入占利润总额比重（％）	平均所得税（万元）	所得税综合税率（％）
2000	116000	66400	13100	5130	296	5.8	977	7.5
2001	141000	75500	17400	5460	381	7.0	597	3.4
2002	166000	92600	21500	4140	397	9.6	1270	5.9
2003	195000	126000	25200	6820	325	8.5	2060	4.3

资料来源：根据中国证监会公布的各上市公司年报数据整理，http：//www.csrc.gov.cn。

（五）对假说的检验

1. 变量选择和采用形式。

要验证假说"农业企业的产出是政府补贴的函数"，就是看政府补贴对农业企业产出有无明显作用。用函数表示就是：

$$y = f(s, x_1, \cdots, x_n)$$

y 为企业的产出，s 为政府补贴（或支持），$x_1, \cdots, x_n$ 为影响企业产出的其他变量，包括企业的资本投入、劳动投入、管理能力以及企业特征变量（如组织方式，行业性质、管理水平），等等。由于我们使用的是上市公司公布的会计年报数据，无法得到企业的具体资本、劳动投入、管理能力、企业特征方面的数据。但如果不包括这些信息，我们估计的方程参数将是有偏的。为尽量克服这个缺陷，我们使用了面板数据，即假定所省略掉的变量在2000—2003 年四年内没有发生变化，从总体上看，应当说这个假定是合理的。例如，企业的管理能力、职工数量等一般在连续四年内变化不会太大。

（1）具体的变量选择。

● 被解释变量——农业企业业务的扩张，用企业主营业务收入来代表；

● 解释变量——政府的扶持力度。

1）2000—2003 年样本：由于 2000 年后我国会计制度的改革，2000—

2003 年的模型设计中，政府扶持考虑了所得税综合税率、主营业务税金税率、补贴收入三个变量。

a）所得税综合税率，由于上市公司的不同分公司、不同行业[①]所适用的所得税率可能不同，因此需要计算上市公司整体的所得税税负水平，即所得税综合税率。这里需要说明的是，本章所使用的所得税综合税率用企业所缴纳的所得税与主营业务利润的比重表示，而不是所得税与利润总额的比率。这样处理，是因为在利润总额中包括了投资收益和为经营安全性计提的大量准备金，投资收益一般无须再缴纳所得税，而大多数准备金也不允许在税前抵扣。这时，要反映企业真正的所得税税负水平，用所得税与主营业务利润的比率表示更为合适。

b）主营业务税金税率，用主营业务税金及附加与主营业务收入的比率表示，主营业务税金及附加主要包括增值税、营业税、消费税、城市维护建设税、教育费附加和交通附加费。

c）企业接受的政府补贴收入，根据上市公司财务报表解释，2000 年以后的利润表中的"补贴收入"科目包含了增值税退还、出口退税、财政贷款贴息、公益性补贴、价格补贴等内容。

2）1995—1999 年样本：1999 年以前的会计年报中，因为补贴收入中包括了所得税返还额，因此政府扶持政策变量中没有所得税综合税率。可以直接用企业接受的政府补贴收入来代表。

（2）变量采用形式。

一般来说，政府对企业的财税补贴多少与企业的规模大小成正比例。对同一类企业来说，税收返还（特别是增值税返还、出口退税）本身就应该是企业的经营收入的正函数；而政府财政补贴的发放一般也考虑企业的规模，规模大的企业补贴多一些，规模小的少一些。因此，为真正使不同规模龙头企业接受政府扶持的力度大小以及企业业务增长状况有可比性，应该忽略企业规模的影响而对各变量采用相对指标，为此我们估计的模型形式中各变量采取比率形式：被解释变量为主营业务收入/总资产；解释变量中，政府财政补贴水平用补贴收入/总资产表示，企业税负水平（所得税税负水平和主营业务税金税负水平）也为百分比形式。

---

① 国家税务总局在《关于明确农业产业化国家重点龙头企业所得税问题的通知》中要求：只对重点龙头企业从事种植业、养殖业和农林产品初加工业取得的所得，暂免征收企业所得税。（2001 年 11 月 15 日，国税发〔2001〕124 号）

　　为进行对比，我们的研究中也给出了未消除企业规模影响的情况下，政府财税补贴对企业业务扩张的影响的模型估计形式，这可以直观看出政府补贴数量的多少对企业业务扩张量的直接影响。

　　2. 1995—1999 年样本时期的实证分析结果。

　　（1）消除企业规模影响，政府财税补贴对企业业务扩张影响的模型估计方程（比率形式）。

　　用比率形式表示的估计方程为：

$$mnincmcp_{it} = \delta_1 + \delta_2 d96_t + \delta_3 d97_t + \delta_4 d98_t + \delta_5 d99_t + \beta_1 sbsdcp_{it} + a_i + u_{it}$$

$mnincmcp_{it}$ 表示第 i 个公司第 t 年的主营业务收入与总资产的比重；$d96$、$d97$、$d98$、$d99$ 分别代表 1996 年、1997 年、1998 年和 1999 年的年份虚变量；$sbsdcp$ 表示补贴收入与总资产的比重，补贴收入包括所得税返还、增值税返还、出口退税、财政贷款贴息及其他财政补助；a_i 为无法观察到的变量造成的误差，它可以与解释变量相关；u_{it} 为随机误差项，它与解释变量不相关；δ_1 为常数项，δ_2、δ_3、δ_4、δ_5 分别为年度虚变量的系数，β_1 是我们所感兴趣的政府财税补贴收入变量——$sbsdcp$ 的系数。

　　差分后我们实际估计的函数形式为：

$$\Delta mnincmcp_{it} = \delta_2 d96_t + \delta_3 d97_t + \delta_4 d98_t + \delta_5 d99_t + \beta_1 \Delta sbsdcp_{it} + \Delta u_{it}$$

　　可以发现，δ_1 和 a_i 在差分时就去掉了，正因为去掉了 a_i，我们得到的所感兴趣的 β_1 系数估计值才是无偏的。

　　得到的估计方程如下：

$$\Delta mnincmcp = 1.02 - 0.08 d96 - 0.18 d97 + 0.36 d98 - 0.42 d99 + 0.80 \Delta sbsdcp$$
$$(-1.26) \quad (-3.19)^{***} \quad (-6.14)^{***} \quad (-7.12)^{***} \quad (0.34)$$

R^2: within = 0.257　　　between = 0.005　　　overall = 0.041

Wald chi2 （3） = 70.68

　　括号中的数字为 t 统计的绝对值；＊＊＊表明估计值在单尾检验中分别在 5% 和 1% 的可信水平上明显不为零。

　　系数估计及相应的 t 统计表明，与我们所期望的不同，政府的财税补贴（subsidy）对农业龙头企业业务增长作用并不明显。我们还可以发现，年份虚变量的系数都为负值且很显著，这表明龙头企业每一元资产带来的收入从 1995 年到 1999 年都是下降的。

　　（2）未消除企业规模影响，政府财税补贴对企业业务扩张影响的模型估计方程（对数形式）。

　　在未消除企业规模影响的情况下，企业主营业务收入和政府财税补贴均用对数形式表示，估计方程形式为：

$\ln(mnincm_{it}) = \delta_1 + \delta_2 d96_t + \delta_3 d97_t + \delta_4 d98_t + \delta_5 d99_t + \beta_1 \ln(subsidy_{it}) + a_i + u_{it}$

$mnincm_{it}$ 为第 t 年第 i 个企业的主营业务收入，为第 t 年第 i 个企业接受的政府财税补贴，包括所得税返还、增值税返还、出口退税、财政补助额。

差分后我们实际估计的函数形式为：

$\Delta\ln(mnincm_{it}) = \delta_2 d96_t + \delta_3 d97_t + \delta_4 d98_t + \delta_5 d99_t + \beta_1 \Delta\ln(sudsidy_{it}) + \Delta u_{it}$

方程估计结果如下：

$\Delta\ln(mnincm) = 9.47 + 0.29d96 + 0.26d97 + 0.31d98 + 0.48d99 + 0.12\Delta\ln(subsidy)$

$$(1.7)^* \quad (1.64)^* \quad (1.98)^{**} \quad (3.08)^{***} \quad (3.26)^{***}$$

R^2：within $= 0.31$　　　between $= 0.05$　　　overall $= 0.04$

Wald chi2（3）$= 30.84$

括号中的数字为 t – 统计的绝对值；$*$、$**$、$***$ 分别表明估计值在单尾检验中在 10%、5%、1% 的可信水平上明显不为零。

系数估计及相应的 t 统计表明，在不消除企业规模影响的情况下，政府补贴量的增加对企业业务扩张确实有明显影响，但需要注意的是，一方面，我们可以发现其贡献相当有限，政府财税补贴量增加 1%，企业主营业务收入才扩张 0.12%；另一方面，如前所述，这种不消除企业规模影响的分析并不能作为我们判断政府补贴政策是否有效率的主要依据。

3. 2000—2003 年样本时期的实证结果分析。

（1）消除企业规模影响，政府财税补贴对企业业务扩张影响的模型估计方程（比率形式）。

用比率形式表示的估计方程为：

$mnincmcp_{it} = \delta_2 + \delta_2 d01_t + \delta_3 d02_t + \delta_4 d03_t + \beta_1 sbsdcp_{it} + \beta_2 incmtxrt_{it} + \beta_3 sltxrt_{it} + a_i + u_{it}$

$mnincmcp_{it}$ 表示第 i 个公司第 t 年的主营业务收入与总资产的比重；$d01$、$d02$、$d03$ 分别代表 2001 年、2002 年、2003 年的年度虚变量；$sbsdcp$ 表示补贴收入与总资产的比重；$incmtxrt$ 表示所得税综合税率；$sltxrt$ 表示主营业务税金税率；a_i 为无法观察到的变量造成的误差，它可以与解释变量相关；u_{it} 为随机误差项，它与解释变量不相关；δ_1 为常数项，δ_2、δ_3 分别为年度虚变量的系数，β_1、β_2 和 β_3 分别为三个政策扶持变量 $sbsdcp$、$incmtxrt$、$sltxrt$ 的系数。

差分后我们实际估计的函数形式为（δ_1 和 a_i 在差分时去掉）：

$\Delta mnincmcp_{it} = \delta_2 d01_t + \delta_3 d02_t + \delta_4 d03_t + \beta_1 \Delta sbsdcp_{it} + \beta_2 \Delta incmtxrt_{it} + $

$\beta_3 \Delta sltxrt_{it} + \Delta u_{it}$

我们得到的估计方程结果如下:

$\Delta mnincmcp = 0.610 - 0.022d01 - 0.024d02 - 0.035d03 + 2.304\Delta sbsdcp +$
$\qquad\qquad\quad (-0.84)\quad (-0.91)\quad (-0.83)\quad (0.79)$

$\qquad\quad 0.008\Delta incmtxrt - 5.365\Delta sltxrt$
$\qquad\quad (0.30)\qquad\qquad (-5.64)^{***}$

R^2: within $= 0.2003$ \qquad between $= 0.0157$ \qquad overall $= 0.0286$

$P = 0$

括号中的数字为 t 统计的绝对值; ＊＊＊表明估计值在单尾检验中在1%的显著水平上明显不为零。系数估计及相应的 t 统计表明,主营业务税金税负水平对企业业务增长有反向作用,主营业务税金税率下降1%,主营业务收入相对于总资产的比率上升5.36%,这点与预计的相同;而补贴收入和所得税减免对企业业务增长作用并不显著。主营业务税金税负水平的高低主要由当地的税收和产业政策决定,它一般对所针对行业的所有企业都是普遍适用的,而所得税减免则是政府专门对有"农业产业化重点龙头企业"称号的特定企业的优惠,它也是被政府所认可的"农业龙头企业"可以享受的最大优惠。据沈晓明(2002)估计,如果把企业少交的税收算作补贴的话,所得税减免要占到政府对龙头企业补贴的一半以上。

(2)未消除企业规模影响,政府财税补贴对企业业务扩张影响的模型估计方程(对数形式)。

未消除企业规模影响,企业主营业务收入和政府财税补贴均用对数形式表示,税负水平仍以百分比形式表示,估计方程形式为:

$ln(mnincm_{it}) = \delta_1 + \delta_2 d01_t + \delta_3 d02_t + \delta_4 d03_t + \beta_1 ln(subsidy_{it}) + \beta_2 incmtxrt_{it} + \beta_3 sltxrt_{it} + a_i + u_{it}$

差分后我们实际估计的函数形式为(δ_1 和 a_i 在差分时去掉):

$\Delta ln(mnincm_{it}) = \delta_2 d01_t + \delta_3 d02_t + \delta_4 d03_t + \beta_1 \Delta ln(subsidy_{it}) + \beta_2 \Delta incmtxrt_{it} + \beta_3 \Delta sltxrt_{it} + \Delta u_{it}$

用对数形式表示得到的方程估计结果与前面比率形式得到的估计结果类似,方程估计结果如下:

$\Delta ln(mnincm) = 19.939 + 0.048d01 + 0.151d02 + 0.281d03_t + 0.025\Delta ln$
$\qquad\qquad\qquad\quad (0.50)\quad (1.59)\quad (2.68)^{***}\quad (0.84)$

$\qquad (subsidy) + 0.079\Delta incmtxrt - 22.221\Delta sltxrt$
$\qquad\qquad\qquad (1.11)\qquad\qquad (-7.42)^{***}$

R^2: within = 0.49　　　between = 0.15　　　overall = 0.18

P = 0

括号中的数字为 t – 统计的绝对值；＊＊＊表明估计值在单尾检验中在 1% 的可信水平上明显不为零。

系数估计及相应的 t 统计表明，补贴收入和所得税减免对企业的主营业务收入增长均无明显作用，只有主营业务税金税率的降低对企业业务发展有积极作用，主营业务税金税率下降 1 个百分点，也就是说如果一般现在主营业务税金税率为 6%，如果降为 5%，那么龙头企业主营业务收入将增长22%。主营税金及附加中主要包括增值税、营业税和消费税及其附加。[①]

（六）分析结果与讨论

1. 分析结果。

在 1995—1999 年、2000—2003 年两个时间段样本四个方程的估计中，仅有 1995—1999 年样本中未消除企业规模影响的方程估计能够支持原假说；在 2000—2003 年样本的估计所选择的三个政策变量中，主营业务税金税率的降低对企业业务的发展有积极作用，这与预期的结果一致，但是，主营业务税金优惠主要属于我们前文所说的"非专向补贴政策"，在严格意义上来说不属于对产业化龙头企业的扶持政策，而补贴和所得税减免是政府扶持农业龙头企业的两种主要财税政策，且基本属于"专向性补贴政策"，对这两个主要政策变量的估计均与原假说的预期不一致。这样，三个方程估计（包括所有两个可以作为主要判断依据的比率形式的方程估计）实际上均拒绝了原假说而支持了备择假说，即：政府的扶持政策对农业企业业务扩张并没有明显的积极作用。

另外，在对估计结果进行分析时需要引起注意的一个重要政策背景是：政府对农业龙头企业进行大规模、系统的扶持是在 2000 年以后。例如，2000 年八部委联合下发了《关于扶持农业产业化经营重点龙头企业的意见》。根据这一文件精神，2001 年、2003 年和2004 年，政府确定了三批国家重点扶持的农业产业化龙头企业，并对这些企业在财税政策方面给予了大量优惠。另外，如本章第一节所述，2000 年八部委联合下发的对国家重点龙头企业的扶持措施，也成了各地落实中央政策的依据和制定扶持省级或者地方龙头企业的参照。因此，分析国家农业产业化龙头企业财税扶持政策的政策绩效，应以 2000—2003 年的数据评估作为主要的依据。而前文的分析

---

① 企业缴纳的主营业务税金附加，按增值税、营业税和消费税所缴纳税额的一定比率计算。

表明，这一时期的数据评估是不支持原假说的。

2. 分析结果可靠性讨论。[1]

（1）关于解释变量的内生性问题。由于企业所得税与个人所得税不同，其税率是固定税率而非累进税率。因而不存在"主营业务收入增加，税率负担自然增加"这一内生性问题。

（2）关于分析样本的有效性。有观点认为，以农业上市公司为样本不能代表农业企业的总体状况，况且农业上市公司与非上市公司相比，财务造假的动机和可能性甚至更大，因为上市成功可以获得巨大的利益。

本项研究对此看法的可靠性没有研究。但如果上市公司不是行业中的优秀企业、公司上市存在系统性的造假，那么这意味着是对中国资本市场功能的否定。如果本章对现行农业产业化农业企业财税补贴政策效率的否定是令人难以接受的，那么这种对中国资本市场的否定则更令人难以接受。反过来说，如果认为公司上市制度存在系统性的寻租行为，那么，比公司上市制度更不严密和更不透明的农业企业财税补贴制度，存在系统性寻租行为的可能性就更大，从而使得财税补贴政策绩效低下。

（3）关于补贴效率的标准。有观点认为，国家给予农业龙头企业以财税补贴，其目的并不是要企业发展壮大，而是希望能将工商资本吸引到农业领域，以促使农民增收。也就是说，财税补贴政策的政策目标不是农业企业发展壮大，而是使工商资本愿意继续投放在农业领域，否则将会对农民就业和增收不利。

本章作者不认同这种观点。首先，前文对相关政策文件政策逻辑的总结已经表明政府的政策目标与上述观点不符；其次，如果企业财务绩效与企业是否享受补贴以及享受补贴的多少没有关联，这样的政策无论如何也不能说是有效率的。

（4）关于行业差异。有观点认为，在本章的计量经济分析中，没有区分农业行业内部不同子行业之间的差异性，而这种差异性将造成不同农业子行业之间行业收益率的不同。因而，财税补贴的效率如何，应联系不同子行业来进行分析。

---

[1] 本章初稿曾在中国社会科学院农村发展研究所、中国人民大学农业与农村发展学院、中国农业大学经济管理学院的学术讨论会及中国经济学年会上宣读过。多位评论人对论文提出了评论，本小节的讨论可视为针对主要评论意见的答复。感谢上述讨论会诸位评论人的评论意见，但作者文责自负。

我们认为，这一观点未能充分理解本章的计量经济分析方法。本章运用面板数据进行的差分方程分析中，其核心之处在于：考察某一企业是否会因财税补贴政策而影响其财务绩效。也就是说，分析结果表明的是财税补贴政策对企业收益率变化的影响，而不是对企业收益率绝对值的影响。因而，也就没有必要区分子行业进行分析。

综合上述讨论，本节得出的结论是：就农业上市公司的情况分析来看，[①] 我国的农业企业财税扶持政策是缺乏效率的，主要的扶持政策，即政府补贴、所得税减免对企业业务增长均无明显作用。这不仅与我们在理论上的推测不一致，也与政策界的期望和预想不一致。

三　农业产业化经营中农业企业财税补贴政策效率低下的原因探讨

如前所述，在理论上可以很容易地证明，政府的财税补贴政策应该会对企业产出产生明显的激励作用，这也是我国政府扶持农业龙头企业的理论依据。但理论上本应成立的结论在我国的龙头企业这里却得不到验证。对其中原因的探讨需要有更为深入的调研分析，本文在此仅能对其原因进行探讨性的分析。

（一）农业龙头企业的扶持方法与市场经济环境不适应

扶持农业龙头企业是目前国家支持农业产业化的主要政策。政府的意图是通过扶持规模大、效益好的农业企业，使之能带动农业发展和农民致富。那么，如何判断哪些企业符合政府的政策条件呢？从逻辑上来说，可以有两个途径。一个是通过创造良好的市场环境和正常的市场竞争，使那些管理水平高、顺应市场需求的企业能在竞争中脱颖而出，真正做大做强，成为农业龙头企业。这是"市场决定论"；另一个思路是，政府通过自己的判断，找出具有良好市场前景的企业，并予以财税政策等方面的支持，使之能在政府的扶持下做大做强，成为农业龙头企业。这是"政府决定论"。

从目前的情况来看，目前我国对农业产业化龙头企业的扶持政策所遵循的完全是第二个思路。这是因为，在实际操作中，一般的做法是：各级政府通过申报、评审和认定程序，决定哪些企业可以成为政府扶持的龙头企业，并享受政府的财税优惠政策。

---

① 虽然需要指出的是，基于前文的理由，我们认为农业上市公司样本足以具有代表性。

这种"政府决定论"的做法是低效率的。关于现代市场经济条件下的政府和市场，必须提及的一个基本的理念就是：面对未来瞬息变化的各种条件，政府只能是一个"有限理性"者，也就是说，究竟什么企业能发展好，政府并不能作出准确的判断，这种判断只能由市场来做。这是为什么计划经济必须让位于市场经济的本质原因之一。目前的政府财税补贴政策，实质是以计划的方法代替市场作出选择。这种选择很难判断出所选择的是否是真正优秀的企业。

政府和评审专家对未来企业发展趋势判断能力的有限，可以从农业上市公司的造假案上看出来。以上市的农业企业来说，2001 年有银广夏和蓝田股份的财务造假案，2002 年则有天歌科技、亚华种业、中农资源、ST 春都、中鲁 B 等（尹中立，2003）。这些公司之所以财务造假，必定是因为自身的真实赢利能力较差，可是，这些企业都曾经得到过政府部门的各种不同形式的补贴和支持政策；另外一个例子是，2001 年所确定的 151 家农业产业化国家重点龙头企业，在后面 1—2 年间由于企业自身发展的问题被取消"农业产业化国家重点龙头企业"资格的有 14 家，占 10%。可见，在市场经济环境下、在企业面临着多重约束和多重选择的情况下，希望以专家评审来判断企业未来的发展前景和行为选择，是典型的计划经济思维，在市场经济环境下，其有效性是非常难以达到的。

（二）对审批资源的争夺削弱了扶持政策的效率

如果各级政府能超然于现实利益之外，所不足的仅仅是"有限理性"，那么，问题也不至于最糟糕。但是，在现实中，一个企业如果能被认定为"龙头企业"，那么它可以享受到的好处非常多。在名额有限的情况下，企业自身质量的好坏就难以成为评选的真正标准，严重的寻租行为也将有可能发生。

审批制度等于政府"设租"。在财政补贴资源（名额）的政府审批制度下，正常的政企关系有可能会被扭曲，使得企业间的竞争变得不公平起来。

（三）政府政策目标扭曲了部分企业的行为

政府扶持某个农业企业，给予其政策上的优惠，是有其政策目标的。政府与企业之间等于有一种交易关系：政府给企业政策优惠，作为回报，企业帮助政府实现一部分政策意图。所谓"政策意图"，包括：期望龙头企业通过带动市场，帮助部分农民就业，增加农民的销售收入；通过传播技术提高农民的整体素质；甚至希望参与办学校、医院、乡村道路等农村社区服务体系建设；等等。

但是，在市场经济环境下，企业的目标应当是获取最大化的利润。这一点，农业企业与其他类型的企业并无二致。不追求利润最大化的农业企业不会是健康的、有持续竞争力的企业。当企业与政府之间的关系过于密切、企业所承担的社会职能越来越多的时候，其市场职能将越来越削弱。正如有的研究者（沈晓明，2002）所言，当违背规律，向企业施加改变目标序列压力时，许多企业的经营方式也发生了改变，即，与政府讨价还价来取代纯粹的市场规则，用政府补贴补偿公益性投入，以此作为稳定的利润来源。其结果是，企业市场性目标和公益性目标界限模糊，主营业务萎缩，竞争力逐渐减弱，与政府期望龙头企业充当国际竞争主体的愿望背道而驰。

蓝田公司的案例（尹中立，2003）是一个极端公司的案例，但是该案例所反映的现象在现实中却不是极端的。

有资料表明，蓝田公司自1996年上市以来，5年时间里创造了净资产收益率高速增长、公司主营业务收入、净利润、股价年年翻番的神话，堪称农业产业化的典型与奇迹。但是，在一团团迷雾被揭开之后，该公司欺诈上市和制造虚假利润的事实浮出水面。事实上，到2001年止，该公司的真实经营状况其实是亏损的。

但是，就是这样一个亏损企业，却对其发祥地瞿家湾这个贫瘠的边远穷村进行了整体规划和开发，从通电修路到办厂办生态农业园；从扩大圈地和湖面到让农民进厂务工，为农民盖楼；从翻修恢复建设革命老区到大规模建设旅游设施；从办学到参股办医院等种种公益活动。相应的，在蓝田股份发展的过程中，当地政府给予了极大的支持，如大规模地廉价追加租赁湖面和土地，组织村民迁移，减免税收等，极大地给予了这个龙头企业优惠政策。政府政策目标和企业行为目标都发生了偏差。

（四）小结

对农业企业财税扶持政策效率低下的原因分析是一件非常困难和复杂的事情。本章进行了一些探讨。总的来说，我们的核心观点是：政府目前对农业龙头企业的确定和扶持方法，采用的是计划经济的逻辑思维，这一思路在市场经济环境中是不适用的。它不仅无法真正选择出一个好的企业，而且由于人为"设租"，造成了各级地方政府和农业企业的寻租行为，使得大量非经济因素影响到了财税扶持政策的执行，从而破坏了公平的市场竞争，降低了政策效率；这一政策思路还扭曲了部分企业的行为，不利于企业的健康发展。

　　本项研究可以引发的思考是，政府的财政专项农业支持资金的发放机制应该如何才更有效率？许多人往往相信，只要在扶持企业的资格认定上（如认定标准、认定程序）加强工作，就能够解决上述问题。这就涉及了一个基本的理念判断，即：政府到底是有限理性还是无限理性的？本应由市场加以鉴别的东西（如企业质量的好坏），政府是否也能做到？我们对此问题的回答是否定的，因此，绝不能对政府的能力做过高的估计。从公共政策的角度来说，必须认真思考的一个问题是：为了促进农业产业的发展，政府有效的扶持环节和扶持方式究竟应该是什么？

四　结论与政策建议

（一）结论

　　为了促进农业企业的发展壮大，进而来扶持农业和农民，各级政府给予了农业企业特别是其中的龙头企业各种优惠政策和优惠补贴，其扶持力度越来越大。[①]

　　然而，本章运用1995—1999年61家、2000—2003年58家农业上市公司的数据进行的实证分析结果却表明：作为扶持农业和农民的两种手段，对行业的扶持和对特定企业的扶持，其政策效率不同。作为对农业行业进行扶持的销售税金等"非专向性补贴政策"，有一定的政策效率，而作为对特定企业的扶持，所得税减免和政府补贴等"专向性补贴政策"则明显缺乏政策效率。因此，我国政府对所谓龙头企业的扶持政策是低效率的。

　　我们对农业上市公司的案例研究显示：由于政府对农业企业的扶持对农产品加工龙头企业的主营业务增长并无明显作用，甚至是那些接受政府补贴少的企业更具备经济效益，政府扶持并没有直接带来所期望的农业企业相关产出的增长，因而也就谈不上通过扶持农业企业来带动当地农产品原料的产销，"扶持龙头企业就是扶持农民"这一想当然的提法并不成立。这意味着，无论是何种原因，至少就目前的情况来说，政府对农业龙头企业继续进行扶持的政策依据并不充分。

　　本章对这一财税扶持政策效率低下的原因进行了探讨。我们认为：政府目前对农业企业进行财税补贴的方法，采用的是计划经济的逻辑思维，这一思路在市场经济环境中是不适用的。它不仅无法真正选择出一个好的企业，

---

　　① 例如，国家级重点龙头企业的数量由2001年的151家增加到了2004年的523家。

而且由于人为"设租"，造成了各级地方政府和农业企业的寻租行为，使得大量非经济因素影响到了财税扶持政策的执行，从而破坏了公平的市场竞争，降低了政策效率；这一政策思路还扭曲了部分企业的行为，不利于企业的健康发展。

另外值得指出的是，中国已经加入 WTO，在这一背景下，任何公共政策的制定都应符合 WTO 有关规定和我国政府加入 WTO 的承诺。然而，我国目前的农业产业化龙头企业扶持政策不仅不符合 WTO 的"非歧视"原则，也存在遭受反倾销和反补贴的指控的潜在可能性。从这一角度来说，也必须对这一政策进行改进。

为了避免对本章研究结论的误解，本章作者认为在此有必要强调以下几点：

（1）本项研究无意否定"农业产业化"这一农业组织创新模式；

（2）本章作者同样认为，在中国农业的发展和农业产业化的发展进程中，农业龙头企业起着非常重要的作用；

（3）本章作者同样认为，政府必须采用财税优惠政策，来促进农业龙头企业的更快发展；

（4）本章作者所不能认同的仅仅是目前政府对农业企业的财税扶持政策方式。我们认为目前的这一政策不仅是低效率的，而且也与 WTO 规则不符。

（二）政策建议

本章的分析结论具有很强的政策含义。总体来说，本章的核心建议是：在补贴方式上，应改专向性补贴为非专向性补贴。

前文的定量分析表明：非专向性补贴政策的政策绩效要好于专向性补贴政策。对特定企业的专向性补贴不仅效率低下，而且不符合 WTO 的"非歧视"原则，也存在遭受反倾销和反补贴的指控的潜在可能性。而针对农业行业的非专向性补贴则不存在这一问题。

这两种补贴政策的区别在于：前者是对行业的扶持，而后者是对特定企业的扶持。从扶持机制上来说，在非专向性补贴政策中，政府的主要职能是界定好补贴标准，凡是达到这一标准的企业均可享受到补贴政策的好处，政府没有挑选企业的权力，能否享受到优惠是否市场所决定的；而在专向性补贴政策中，哪些企业能够享受补贴，不是由市场而是由政府来决定的，在这里，政府代替市场来选择企业，这种机制有两个弊端：一是，以有限理性的政府代替市场来选择企业，不会做得比市场好。更重要的是，由于赋予了政府挑选企业的权力，就意味着"设租"，也就意味着准备好了"寻租"的土壤。这两个弊端的存在，必然使得专向性财税补贴政策的效率低下。本章的分析结果已对此予以了印证。

结合前文的研究，我们在此提出以下三项具体的政策建议：

1. 设立"农业产业化财税补贴基金"。

本项研究建议：必须尽快改变目前各种通过评审来确定补贴对象的农业产业化财税补贴政策，可以考虑设立"农业产业化财税补贴基金"，公布该基金的补贴标准，凡是达到该补贴标准的一切经济实体均可以申请该项基金，经基金管理部门核实后，即给予补贴。该项基金的设立应遵循以下原则：

该基金的补贴标准和条件完全公开；

补贴条件不是"事前"的，而是"事后"的，即根据企业实际已经发生的经济活动，而不是企业承诺的经济活动，以可靠的凭证来补贴；

任何符合条件的企业均可申请该项补贴；

为降低操作成本，中央补贴基金的标准（如对企业购入农产品原材料的数量要求）应比较高，各地方政府可以设立标准相对更低的补贴基金，以形成多层次的补贴政策。

事实上，这一改革并不意味着取消了对农业企业的扶持。因为，即便是按照前述原则设立补贴基金，那么，也只有业绩好、规模大、带动能力强的农业龙头企业才能从中获益，从而对这些企业是一种扶持。但是，与评审制度相比，设立补贴基金在补贴机制上有本质的区别：前者是一种计划手段，政府相关部门掌握了补贴资源，不仅难以"找出"真正的好企业，而且极易导致寻租行为，因而极易导致政策的无效率；后者则是运用市场机制来鉴别优质企业，将具有更高的政策效率。

2. 对农业和农产品加工业实行并落实普惠性的税收优惠或减免政策。

虽然目前我国的相关税法税则对农业龙头企业有所得税减免、所得税抵扣、增值税优惠等税收优惠政策（具体参见本章第一节），但这些政策目前存在两个问题，必须加以解决。

（1）这些政策目前不是"非专向性"的，而是主要针对政府所评定、确认的农业龙头企业。

例如，目前政府对农业和农产品加工企业所实行的税收优惠政策，所强调的是"适用于农业产业化国家重点龙头企业"，这就使得这些优惠政策变成了"专向性补贴"。本项研究的建议是，应尽快将这种"专向性补贴"改为"非专向性补贴"，使之成为对农业和农产品加工行业的普惠性政策。

（2）目前即便是针对农业龙头企业的各项税收优惠政策，也没有完全落到实处。

根据实地调研的了解，目前针对农业产业化国家重点龙头企业的上述税收优惠政策，并没有完全落到实处，由于种种原因，有许多企业实际上并未享受到按规定本应享受的税收优惠政策。因此，必须确保出台的各项税收优惠政策的落实，使农业和农产品加工业确实得到税收方面的实惠。为此，有关部门可以组织专项调研，找出目前政策不落实的原因，提出相应的对策；并可以测算实行普惠性的税收政策后，可能对中央和地方财政收入所造成的影响。

3. 注重扶持中小型农业企业、特别是各类中小型农产品流通实体。

对大型的农业龙头企业实行财税优惠政策，虽然有助于培养其带动能力和国际竞争力，但是目前的产业化财税优惠政策所针对的都是大型企业，则是不合适的。一方面，大型农业企业无论是资金获取还是抗风险能力，都要强于小企业，财税优惠政策的边际效果因而会小于小型企业；另一方面，小型农业企业特别是小型的农产品流通企业，在联结农户与市场中起着非常重要的作用。例如，根据我们在山东莱阳的调研，虽然莱阳有龙大、北海等较大的蔬菜加工企业，但是，在莱阳的蔬菜生产中，这些企业所直接建立的蔬菜生产基地并不占主要部分，大量的农户蔬菜的销售，所依赖的是农村中小型的蔬菜流通企业（有的被命名为"合作社"，而实际上是企业性质）和个人（所谓"能人"），这些个人和小型的蔬菜流通企业在农户和大型蔬菜加工企业之间起着重要的桥梁作用。

因此，今后的财税优惠政策导向不能仅关注大型农业企业，而应注重扶持中小型农业企业特别是各类中小型农产品流通实体。从操作成本上讲，中央的优惠政策可定位于大型企业，而地方政策可更多地定位于小型企业，以形成一个多层次的农业产业化财税补贴政策体系。目前国家重点龙头企业的评定标准之一是：申报国家重点龙头企业，首先必须是省级重点龙头企业，这实际上就将中央与地方的政策对象重叠了，是不合适的。

参考文献

杨小凯：《数理经济学》，国防工业出版社 1985 年版。

王广森等著：《结构变革与农村发展》，中国财政经济出版社 1990年版。

卢良恕：《中国中长期食物发展战略研究》，中国农业出版社 1991年版。

周其仁：《中国农村改革：国家与所有权关系的变化》，《中国社会科学季刊》1994 年第 8 期。

徐增文：《农村劳动力的流动与农业劳动力的流失》，《中国农村经济》1995 年第 1 期。

方甲主编：《产业结构问题研究》，中国人民大学出版社 1997 年版。

李瑞昌、李增年等：《关于农业产业化的三个问题》，摘自《农业产业化的理论与实践》论文集，中国农业出版社 1997 年版。

张新民主编：《中国农村、农业、农民问题研究（农村篇）》，中国统计出版社 1997 年版。

范小健、牛若峰、李惠安等编著：《农业产业化经营概论》，中国农业科技出版社 1998 年版。

黄季焜、[美] 斯·罗泽尔：《迈向 21 世纪的中国粮食经济》，中国农业出版社 1998 年版。

谭秋成著：《乡镇集体企业产权结构的特征与变革》，湖南人民出版社 1998 年版。

伍超标：《经济计量学导论》，中国统计出版社 1998 年版。

赵树凯：《纵横城乡——农民流动的观察与研究》，中国农业出版社 1998 年版。

张帆：《中国的粮食消费与需求》，《管理世界》1998 年第 4 期。

周晓虹：《流动与城市体验对中国农民现代性的影响——北京"浙江村"与温州一个农村社区的考察》，《社会学研究》1998 年第 5 期。

姚洋著：《中国农村土地制度安排与农业绩效》，《中国农村观察》1998

年第 6 期。

邓英淘著：《中国农村宏观经济的监测与分析》，《经济研究参考》1998 年第 30 期。

郭克莎、王延中著：《中国产业结构变动趋势及政策研究》，经济管理出版社 1999 年版。

[美] 哈罗德·德姆塞茨：《所有权、控制与企业——论经济活动的组织》，经济科学出版社 1999 年版。

刘鹤、杨伟民著：《中国的产业政策——理念与实践》，中国经济出版社 1999 年版。

徐逢贤等著：《跨世纪难题：中国区域发展差距》，社会科学文献出版社 1999 年版。

杨万江：《危机与出路：中国粮食结构与农业发展新论》，社会科学文献出版社 1999 年版。

赵树凯：《缓解就业压力要坚持城乡统筹——城市中的农村劳动力问题》，1999 年 3 月，国务院发展研究中心信息网。

张正河、谭向勇：《论中国乡城人口迁移》，《财经问题研究》1999 年第 1 期。

秦晖著：《传统中国社会的再认识》，《战略与管理》1999 年第 6 期。

叶兴庆：《论新一轮农业结构调整》，《中国农村经济》1999 年第 11 期。

蔡昉：《2000 年中国人口问题报告——农村人口问题及其治理》，社会科学文献出版社 2000 年版。

何安耐、胡必亮等：《农村金融与发展》，经济科学出版社 2000 年版。

林善浪、柳树清、张国著：《中国农村经济结构调整研究》，中国农村科技出版社 2000 年版。

黄佩民：《农业结构调整要面向市场需求——再谈"三元结构"种植问题》，《农业技术经济》2000 年第 2 期。

龙方：《论政府在农业结构调整中的责任》，《农业经济问题》2000 年第 9 期。

高强、赵贞：《我国农户兼业化八大特征》，中华神农网 2000 年 9 月。

农业部软科学委员会办公室：《2001 年农民收入与劳动力转移》，中国农业出版社 2001 年版。

农业部软科学委员会办公室：《农业结构调整与区域政策》，中国农业出版社 2001 年版。

"农村劳动力流动"课题组:《中国农村劳动力流动的回顾与展望》,2001 年 6 月,人民网经济专题。

都阳:《中国贫困地区农户劳动供给研究》,华文出版社 2001 年版。

郭晓鸣、赵昌文:《以农民合作的名义:1986—1999 年四川省农村合作基金会存亡里程》,《世纪周刊》2001 年第 1 期.

谢平:《中国农村信用合作社体制改革的争论》,《金融研究》2001 年第 1 期。

王雅鹏:《农业结构调整的动力机制分析》,《经济问题》2001 年第 2 期。

谭秋成著:《集体农业解体与土地所有权重建:中国与中东欧的比较》,《中国农村观察》2001 年第 3 期。

张正河:《农业国的城市化》,北京出版社 2001 年版。

温铁军:《民间信用与民间借贷研究:农户信用与民间借贷课题主报告》,中经网(www. cei. gov. cn)2001 年 6 月 7 日。

中国人民银行货币政策分析小组:《中国货币政策执行报告》,2002 年第 1 季度。

白南生、宋洪远等:《回乡,还是进城——中国农村外出劳动力回流研究》,中国财政经济出版社 2002 年版。

陈甬军、陈爱民主编:《中国城市化:实证分析与对策研究》,厦门大学出版社 2002 年版。

杜青林:《中国农业和农村经济结构战略性调整》,中国农业出版社 2002 年版。

刘尚希等:《地方政府或有负债:隐匿的财政风险》,中国财政经济出版社 2002 年版。

杨德才:《工业化与农业发展问题研究——以中国台湾为例》,经济科学出版社 2002 年版。

朱钢:《财政性农业投入与农业税收》,载于中国社会科学院农村发展所等著《2001—2002 年:中国农村经济形势分析与预测》,社会科学文献出版社 2002 年版。

朱力:《中国民工潮》,福建人民出版社 2002 年版。

李强:《当前我国城市化和流动人口的几个理论问题》,《江苏行政学院学报》2002 年第 1 期。

贾康、白景明：《县乡财政解困与财政体制创新》，《经济研究》2002年第2期。

郭剑雄、王学真：《城市化与农业结构调整的相关性分析》，《财经问题研究》2002年第3期。

宋洪远、黄华波、刘光明：《关于农村劳动力流动的政策问题分析》，《管理世界》2002年第5期。

沈晓明：《论农业产业化政策的市场性目标与公益性目标的冲突——兼析农业上市公司的竞争力减弱现象》，《农业经济问题》2002年第5期。

沈晓明等：《补贴政策对农业上市公司的影响与调整》，《中国农村经济》2002年第6期。

张车伟、蔡昉：《就业弹性的变化趋势研究》，《中国工业经济》2002年第5期。

陈锡文：《加入世贸组织与我国农业的发展》，《农业经济问题》2002年第6期。

陈锡文、韩俊：《如何促进农村富余劳动力有序转移》，国研网2002年5月12日。

劳动保障部培训就业司、国家统计局农调队：《2000年中国农村劳动力就业及流动状况》2002年9月2日。

农业部发展计划司：《农业结构战略性调整——理论、政策与实践》，中国农业出版社2003年版。

［英］保罗·切希尔、［美］埃德温·S.米尔斯主编：《区域和城市经济学手册》第3卷，安虎森、朱妍等译，经济科学出版社2003年版。

蔡昉、王美艳：《中国人口老龄化与养老保障制度改革》，《中国人口年鉴》，2003年版。

蔡昉等：《劳动力流动的政治经济学》，上海三联书店、上海人民出版社2003年版。

李剑阁：《农民就业、农村金融和医疗卫生事业问题的几点意见》，《比较·第七辑》，中信出版社2003年版。

陈锡文主编：《中国政府支农资金使用与管理体制改革研究》，山西经济出版社2003年版。

陈锡文主编：《中国县乡财政与农民增收问题研究》，山西经济出版社2003年版。

杜青林主编：《中国农业和农村经济结构战略性调整》，中国农业出版社 2003 年版。

林善浪、张国编:《中国农业发展问题报告》,中国发展出版社 2003 年版。

林善炜:《中国经济调整战略》,中国社会科学出版社 2003 年版。

林善炜:《中国经济结构调整战略》,中国社会科学出版社 2003 年版。

廖洪乐等:《中国农村土地承包制度研究》,中国财政经济出版社 2003 年版。

梅建明,陈秀华:《转型时期农户兼业经营状况分析——以湖北省为例》,"第三届中国经济学年会",2003 年。

彭代彦:《农业生产要素配置和农产品供给的计量分析》,华中科技大学出版社 2003 年版。

宋洪远等编:《"九五"时期的农业和农村经济政策》,中国农业出版社 2003 年版。

[日] 速水佑次郎:《发展经济学——从贫困到富裕》,社会科学文献出版社 2003 年版。

尹中立:"中国上市公司资本效率研究——以农业上市公司为主的实证分析",中国社会科学院研究生院 2003 年博士学位论文(打印稿)。

朱钢:《财政性农业投入与农业税收》,载于中国社会科学院农村发展所等著《2002～2003 年:中国农村经济形势分析与预测》,社会科学文献出版社 2003 年版。

张玉林:《分级教育体制下的教育资源分配与城乡教育差距》,《中国农村观察》2003 年第 2 期。

马栓友、于红霞:《转移支付与地区经济收敛》,《经济研究》2003 年第 3 期。

朱守银等:《中国农村金融市场供给和需求》,《管理世界》2003 年第 3 期。

栾敬东、李靖:《农业结构调整动力与机制创新》,《农业经济问题》2003 年第 4 期。

蔡昉:《城乡收入差距与制度变革的临界点》,《中国社会科学》2003 年第 5 期。

罗依·伯尔:《关于中国财政分权问题的七点意见》,《比较》2003 年第 5 期。

范小建:《对农业和农村经济结构战略性调整的回顾与思考》,《中国农村经济》2003 年第 6 期。

国家发展改革委农经司课题组：《关于入世后我国农业的投入支持政策探讨》，《宏观经济研究》2003 年第 7 期。

张红宇著：《中国农业管理体制：问题与前景》，《管理世界》2003 年第 7 期。

张红宇：《就业结构调整与中国农村劳动力的充分就业》，《农业经济问题》2003 年第 7 期。

冀名峰：《我国农业管理体制调查与分析》，《经济研究参考》2003 年第 43 期。

宋洪远、庞丽华、赵长保：《统筹城乡加快农村经济社会发展》，《管理世界》2003 年第 11 期。

农业部：《去年我国外出务工农民超过 9400 万人》，国研网 2003 年 4 月 2 日。

陆子修：《劳动力转移的客观必然性——中国民工潮现象透视》，《中华工商时报》2003 年 4 月 25 日。

彭伟步：《医疗卫生事业不能完全推给市场》，《中国青年报》2003 年 12 月 25 日。

张明艳：《我国邮政储蓄的现状、问题及改革思路》，www. haucc. com/jrym/j12/j03031803. h，2003。

朱希刚等：《技术创新与农业结构调整》，中国农业科技出版社 2004 年版。

农业部畜牧兽医局：《饲料粮变化趋势及对策》，《中国牧业通讯》2004 年第 2 期。

肖文韬：《户籍制度保护了二元劳动力市场吗》，《中国农村经济》2004 年第 3 期。

温铁军：《解读中央一号文件：农民富，中国富》，新华网 2004 年 2 月 12 日。

王梦奎：《中国现代化进程中的两大难题：城乡差距和区域差距》，《中国经济时报》2004 年 3 月 16 日。

杜青林：《在全国农业产业化工作会议上的讲话》，2005 年。

中国统计年鉴有关各卷

王小映：《农民的土地财产需要法律保护》

R. Stone：Linear Expenditure Systems and Demand Analysis：An Application to the Patten of British Demand, *Economic Journal*, 1954, xxxxxxIv, pp. 511—527.

Stiglitz & J. E. & A. Weiss: Credit Rationing in Markets with Imperfect Information, *American Economic Review*, 1981, Vol. 71, No. 3.

Catherine Halbrendt, and et al: Rural Chinese Food Consumption: the Case of Guangdong, *American Journal of Agricultural Economics*, 1994, 76, pp. 794—799.

Wen, James: The Land Tenure System and Investment Mechanism: The Case of Modern China, *Asian Economic Journal*, 1995, November Issue: pp. 233—259.

D. Gale. Johnson: *China's Rural and Agriculture Reform in Perspective*, *a presentation at a workshop*, Beijing, 1998.

Kuo S. Huang and Biing – Hwan Lin: Estimation of Food Demand and Nutrient Elasticities from Household Survey Data, *Technical Bulletin*, No. 1887, US-DA, 2000.

V. K. Ramachandran & Madhura Swaminathan: *Financial Liberalization and Rural Banking in India* (第三届中外农业现代化比较国际研讨会会议论文集), 2003.